I0752087

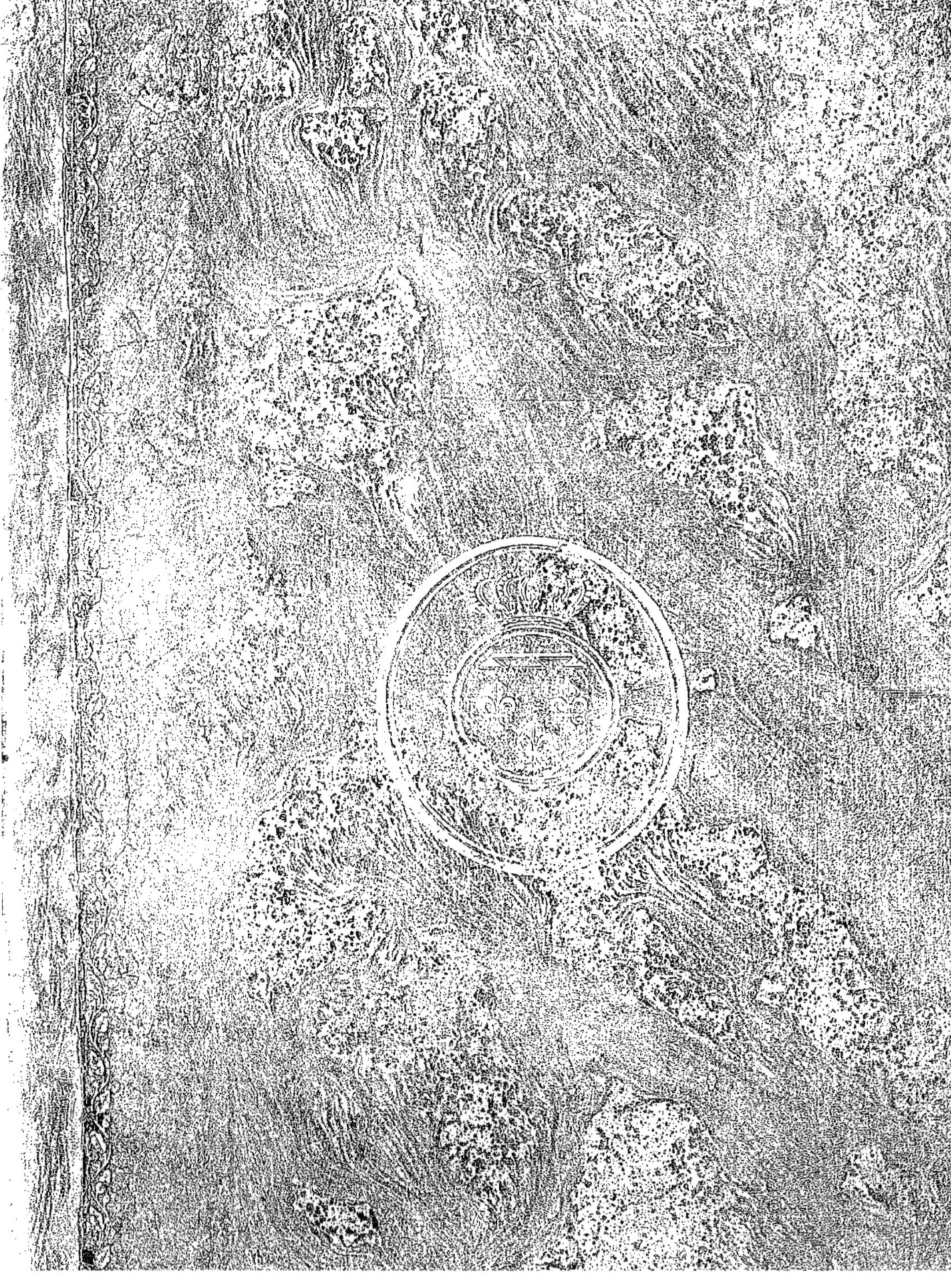

MANUEL

DES

JEUNES ARTISTES ET AMATEURS

EN PEINTURE.

STRASBOURG,
De l'imprimerie de F. G. Levrault, imprimeur du Roi.

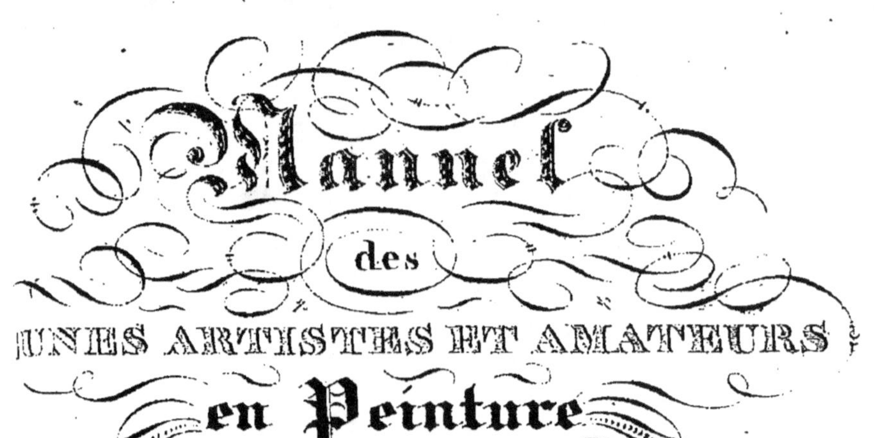

Manuel des Jeunes Artistes et Amateurs en Peinture

par

M. P. L. Bouvier;

Peintre, Membre de la Société des Arts de Genève,
ancien Élève de l'Académie de Paris.

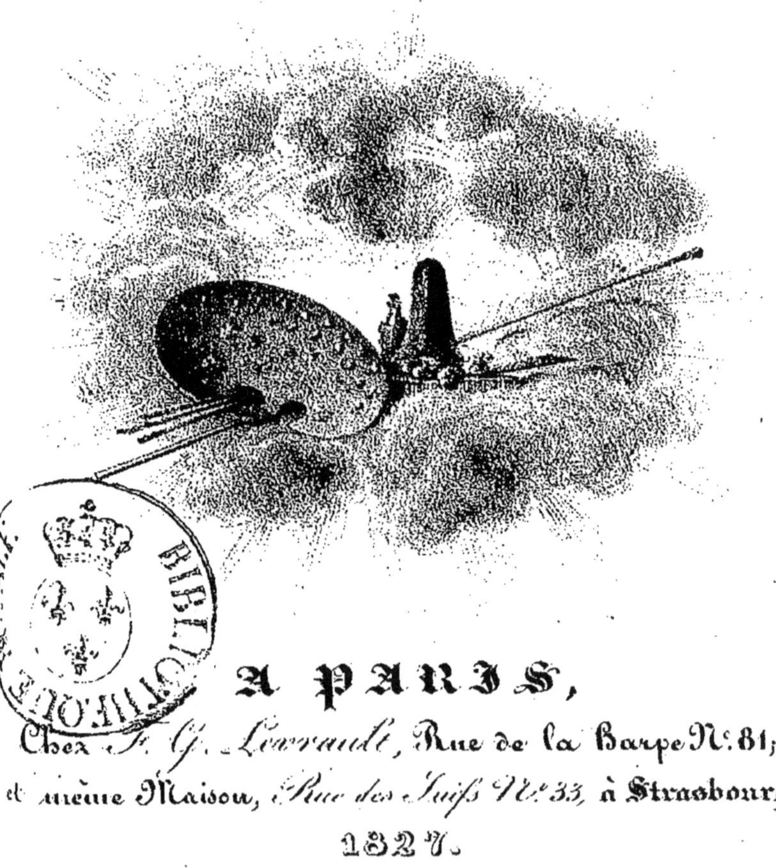

A PARIS,

Chez F. G. Levrault, Rue de la Harpe N.° 81;
et même Maison, Rue des Juifs N.° 33, à Strasbourg.

1827.

INTRODUCTION.

Je publie cet essai, fruit de quarante années d'études et d'expériences, dans l'espoir d'être utile à une classe assez nombreuse d'amateurs et de jeunes artistes qui, trop éloignés des villes où se rassemblent les meilleurs maîtres et où fleurissent les arts, se trouvent privés d'en recevoir des leçons, et n'ont souvent même aucun moyen de s'instruire de tout ce qu'ils devraient connaître et se procurer, afin de se livrer à leur goût pour l'étude de la peinture.

Je ne sache pas qu'aucun auteur ait travaillé sur le plan que j'ai adopté; je ne connais aucun ouvrage qui renferme assez de détails et de développemens pour qu'un jeune élève puisse s'essayer seul dans l'art de la peinture, sans autre guide que des leçons écrites.

Mon projet ne fut d'abord que de publier mes longues et nombreuses expériences sur la nature des couleurs et leur emploi, d'après l'effet qu'elles doivent produire relativement aux intentions de l'artiste : l'on verra, dans le corps de l'ouvrage, avec quels soins mes expériences ont été faites quand j'ai dû m'assurer, non-seulement que telle couleur est bonne et durable employée seule, mais que, mélangée avec telle autre ou avec toutes les autres, elle ne les altère pas et n'en est pas altérée elle-même.

C'est particulièrement sur l'épreuve d'une multitude de mélanges que j'ai dirigé mes recherches, l'art des mélanges étant plus spécialement du ressort d'un peintre que du ressort d'un chimiste.

Ce fut d'abord comme peintre que j'entrepris ces expériences, et afin de me composer une palette que je pusse employer avec confiance; j'ai pensé ensuite que les résultats de ma persévérance pourraient être de quelque utilité à d'autres qu'à moi : c'est sous ce rapport que j'ose espérer d'être utile non-seulement aux commençans, mais encore aux artistes.

Le besoin de donner des exemples pour tous les cas auxquels s'appliquent mes expériences m'a forcé de les puiser dans la pratique et les règles mêmes de l'art; alors mon plan s'est agrandi : j'ai conçu la possibilité de me rendre plus utile, en offrant à mes lecteurs, sur toutes les parties de la peinture, des détails pratiques; détails indispensables qu'ils apprendront facilement de la bouche d'un maître, mais qu'ils ne trouveront pas dans un autre livre.

Dans le cours de mes leçons j'ai dû supposer mon élève déjà assez fort sur le dessin au crayon; mais, pour ce qui concerne la peinture, je n'ai jamais perdu de vue que, lorsqu'on s'adresse à des novices, il faut tout leur dire, et entrer dans les plus grands détails sur les objets qu'ils devront se procurer, commes pierres à broyer, chevalet, boîte à couleur, pinceaux, palettes, etc. J'ai donné de chacune de ces choses une description assez minutieuse pour qu'à l'aide des planches on puisse aisément me comprendre, et faire exécuter sous ses propres yeux tout ce dont on aura besoin.

Parmi les divers procédés que j'indique à mon élève, il s'en trouvera peut-être quelques-uns que les meilleurs artistes ne dédaigneront pas d'adopter. Dans tous les arts, si les personnes qui se sont livrées à des recherches avaient communiqué à leurs confrères les procédés particuliers qui leur ont réussi, les arts y auraient gagné : ces moyens auxiliaires ne donnent pas le talent, mais ils facilitent le travail de l'artiste.

Pour instruire avec succès un commençant, il ne faut presque pas le perdre de vue; il faut, à chaque chose qu'il entreprend, le conduire, et lui enseigner comment il doit l'exécuter et pourquoi il doit s'y prendre de telle ou de telle manière. Pour remplir cette tâche autant qu'il est possible de le faire dans des leçons écrites, je me suis supposé chargé en effet d'instruire et de former un élève : cet élève demeure chez moi; c'est constamment sous mes yeux qu'il étudie.

Après les leçons préliminaires je lui fais composer, en suivant une méthode raisonnée, une première palette pour l'ébauche d'une tête, et je lui donne les instructions nécessaires pour s'en servir et faire cette ébauche; après cela il fera une seconde palette, plus riche que la première, avec laquelle il achevera son tableau, en suivant toutes les directions que je lui aurai données au fur et à mesure qu'il travaillera à telle ou telle partie.

Si, après cette seconde reprise, son tableau une fois sec exige encore des retouches partielles, je lui indique les moyens de les exécuter isolément sans faire des taches apparentes et sans repeindre partout.

Quand l'élève connaîtra bien la science des mélanges, je l'engagerai à simplifier sa palette, en réduisant d'un tiers au moins le nombre et la graduation des différentes teintes; mais à son début j'ai voulu qu'il en fît un grand nombre, afin qu'il apprît plus sûrement de quoi on les compose et comment on les modifie. Plus tard, familiarisé avec cette manœuvre, il composera, au bout du pinceau et à mesure qu'il en aura besoin, une certaine quantité de ces teintes modifiées, sans les ranger d'avance sur la palette.

Il serait superflu d'entrer ici dans plus de détails, et d'énumérer les leçons théoririques et pratiques que je donne à mon élève.

Être utile a été mon seul but, y parvenir sera la seule satisfaction j'aie ambitionnée.

MANUEL
DES
JEUNES ARTISTES ET AMATEURS
EN PEINTURE.

Ire LEÇON.

Observations relatives à chacune des trente-huit couleurs indiquées dans la table, à la fin de l'ouvrage.

BLANCS.

N.° 1.er *Blanc de Crems ou Cremnitz.*

C'est le plus parfait de tous les blancs dont on fasse usage dans la peinture à l'huile. Il est tiré du plomb comme le n.° 2; mais il est beaucoup plus purement fabriqué, c'est-à-dire que le plomb est bien oxidé également, sans qu'il y reste de petites parcelles de plomb vif, comme il s'en trouve souvent dans le blanc de plomb ordinaire, ce qui lui ôte sa blancheur. Il est indispensable pour peindre les chairs, les linges, les ciels, et toutes les choses qui exigent de la fraîcheur et de la pureté dans la couleur, comme, par exemple, les fleurs et les belles et brillantes étoffes. Je conseille à tous ceux qui ne peignent pas de grands tableaux, de ne faire usage que du blanc de Crems, sans quoi leurs petits ouvrages prendront promptement une teinte sale et dégradée. Il se vend dans le commerce en petits pains carrés de deux à trois pouces cubes. Le meilleur doit être fort lourd et d'un blanc pur, ne tirant ni sur le gris, ni sur le bleu, ni sur le jaune. Il faut qu'il soit dur, non friable, et qu'à la cassure il soit franc; il faut de plus qu'en le portant sur la langue il la happe, c'est-à-dire qu'elle s'y colle un peu.

Ce blanc doit être broyé à l'eau trois et même quatre fois avant que d'être mis à l'huile; il en devient beaucoup plus beau. A chaque broyée on le ramasse lorsque la couleur a atteint la consistance d'une pommade, et on le fait sécher sur du papier par petits tas ou grains, qu'on appelle *trochisques*.

Ces *trochisques* ne doivent pas être d'un gros volume, la grosseur d'un noyau de prune est suffisante. On relève la couleur avec une spatule de corne [1], en sorte qu'elle en prenne chaque fois la quantité convenable, et l'on secoue la spatule du côté du dos par le milieu, en la frappant contre un angle dur, comme un petit bâton, ou seulement le bord d'une table : cette petite secousse fait tomber les *trochisques* sur le papier, et on les fait sécher ensuite à l'abri de la poussière. On répète cette opération deux ou trois fois sur le blanc, après quoi l'on peut lui faire subir le mélange

---

1 On verra à la planche II ce que c'est qu'une *spatule*, qui se nomme aussi le *couteau à couleur*, et l'on en trouvera l'explication à la 3.e leçon, en note.

e l'huile, et on garde le surplus en poudre sèche dans ne bouteille pour d'autres broyées à l'huile.

Il faut que la couleur soit parfaitement sèche, oit pour la broyer à l'huile, soit pour l'enfermer en *ochisques* dans une boîte ou un flacon, sans quoi la ouleur s'altérerait par l'humidité restante. L'on fait le même pour toutes les autres couleurs qu'on veut onserver toutes broyées, séchées et en trochisques ; ais pour celles-ci il n'est pas besoin de les broyer plus 'une fois à l'eau.

Il faut que ces *trochisques* soient séparés de trois à uatre lignes les uns des autres, afin de faciliter leur lessiccation ; on les met sécher au soleil ou sur un oêle, pour qu'ils restent le moins possible exposés à 'air et à la poussière. Ils s'enlèvent très-facilement de lessus un papier, quand ils sont bien secs.

N.° 2. *Blanc de plomb.*

Ce blanc, qu'il ne faut pas confondre avec le blanc e céruse [1], n'est qu'un oxide de plomb, comme le lanc de Crems; mais il est fait avec moins de soin et e précautions : aussi est-il moins blanc et moins cher, e qui fait qu'on l'emploie volontiers quand on peint e grands tableaux qui exigent une grande quantité de ouleur, dans les fonds et autres grandes parties, où la

1. La céruse est un amalgame d'oxide de plomb et de marne blanche. l paraît que la marne que les Hollandais possèdent dans leur pays, a eaucoup plus de corps et de pesanteur que celle qu'on trouve ailleurs, ce qui donne la supériorité à leur céruse.

beauté du blanc n'est pas d'une absolue nécessité, et surtout pour les ébauches. Du reste, tout ce qu'on vient de dire sur le blanc de Crems, peut s'appliquer à celui-ci; mais l'on peut s'en tenir à une broyée à l'eau avant de le mettre à l'huile, à moins qu'on ne tienne à l'avoir aussi pur que possible.

Il est bon de prendre quelques précautions en broyant les blancs; il s'en exhale une odeur très-malfaisante, surtout quand on les broie à l'huile. L'on fera bien de faire cette opération ou en plein air, en évitant de se placer sous le vent, ou en tenant la fenêtre ouverte avec un courant d'air, si l'on broie dans la maison.

Un de mes amis m'a indiqué un procédé pour obtenir du blanc de toute pureté. Je n'ai pas eu occasion d'en faire l'essai moi-même, mais j'ai toute confiance dans sa véracité et sa bonne foi; d'ailleurs ce procédé, qui est pratiqué par d'autres, porte avec soi tout ce qu'il faut pour convaincre de son efficacité, étant fondé sur des principes que le raisonnement ne peut qu'approuver.

Prenez, je suppose, une livre, plus ou moins, de beau blanc de Crems, faites-lui subir, en petites parties, une première broyée à l'eau, sans vous attacher à ce qu'il soit très-fin; vous le relèverez de dessus la pierre en bouillie de l'épaisseur d'une forte crême, et vous aurez soin que les premières broyées ne sèchent point, mais qu'elles se conservent un peu liquides. Pour cela vous mettrez chaque relevée de couleur dans un pot neuf bien vernissé, ou dans un bol de faïence ou de terre de pipe.

Quand tout votre blanc est broyé et qu'il est en bouillie assez épaisse, versez par-dessus cette bouillie la valeur d'un gobelet à boire de très-bon vinaigre blanc distillé; vous remuerez et brouillerez le tout toutes les heures, et cela durant une journée : vous prendrez, pour le remuer, un tuyau de pipe neuf, que l'acide du vinaigre n'attaquera pas. Si votre vinaigre est bon et bien distillé, il nettoiera toutes les petites particules étrangères qui peuvent se trouver dans le blanc, en sorte qu'il ne restera plus rien qui puisse ternir votre couleur. Cette couleur ainsi préparée donne un blanc très-parfait; mais il faut avoir soin d'en extraire tout le vinaigre par des lavages récidivés, et jusqu'à ce que l'eau qui surnage sur le blanc (quand on l'a laissée reposer) n'ait plus aucune saveur d'acidité en la portant sur la langue. Ce blanc ainsi rebroyé à l'eau pure, au moins trois fois, est d'une qualité supérieure; employé aussi à l'eau de gomme pour peindre la gouache, il est léger, très-subtil, et ne reluit point sur le papier, comme il arrive au blanc de Cremnitz qui n'a pas subi cette opération.

Pour l'usage de la peinture à l'eau, il ne faut prendre que l'écume et la crême qui se forment dessus après qu'on les a bien fouettées avec un petit balai de bois blanc pelé et sans écorce, comme pour battre les œufs à la neige. Ce blanc est encore excellent pour peindre la miniature; mais pour ce dernier genre de peinture on y mêle moitié d'alumine, ou terre d'alun, ce qui le rend très-léger.

La chimie a trouvé d'autres blancs très-beaux, et qui, dit-on, ne s'altèrent point du tout, à quelque exhalaison qu'on les expose. Je n'ai point eu occasion d'éprouver ces blancs, ainsi je n'en peux rien dire; mais comme ils pourront être plus connus dans la suite, je crois devoir en parler ici. L'un de ces blancs se fait avec du régule d'antimoine, ou autrement dit avec la neige ou fleurs argentines du régule d'antimoine; l'autre se compose des fleurs de zinc : ils sont l'un et l'autre tirés de substances minérales, en sorte qu'ils doivent avoir assez de corps ou d'opacité pour couvrir la toile employés à l'huile.

JAUNES.

N.° 3. *Jaune de Naples.*

Ce jaune est le seul jaune-clair qui soit bon; il est indispensable surtout aux peintres de paysages et de fleurs, et l'on en tire aussi un bon parti pour tous les autres genres de peinture; mais il ne faut jamais s'en servir pour le mélanger dans les parties éclairées des chairs : l'ocre jaune vaut infiniment mieux; d'ailleurs, outre que le jaune de Naples verdit un peu, il attaque plusieurs autres couleurs; étant chargé d'arsenic [1], il dénature surtout le blanc et les cinabres. Mais il peut être employé utilement dans les reflets des chairs du

---

1 Un artiste m'a assuré qu'il était parvenu à purifier complétement le jaune de Naples, et à lui ôter toutes ses qualités malfaisantes sans le priver de sa jolie couleur, et cela en lui faisant subir des lessives récidivées d'eau chaude. Il met son jaune dans un grand pot neuf vernissé, et il place ce pot, avec beaucoup d'eau chaude, dans un poêle ou fourneau modérément chauffé, de façon à entretenir une évaporation continuelle sans ébullition. On remue la couleur avec un petit bâton plusieurs fois par jour; mais, avant de la remuer, on a soin d'enlever

côté de l'ombre; il couvre très-bien; et comme il tient lieu de blanc dans ces parties peu brillantes, on peut se servir d'ocre rouge-clair au lieu de cinabre; et alors il est fort bon, et même beaucoup meilleur que le blanc, parce qu'il est un peu moins opaque, lourd et froid. Il est excellent encore pour toucher le feuiller des arbres dans les grandes lumières, les métaux jaunes, ainsi que pour peindre des fleurs et des draperies jaune-clair. Il fait de fort jolis verts-clairs en le mêlant soit avec le bleu de Prusse, soit avec l'outremer. Il faut le broyer avec beaucoup de propreté, et surtout ne jamais le relever ni le triturer avec une spatule de fer, d'acier ou de tout autre métal, sans quoi il verdit sur-le-champ. Les spatules de corne blonde ou d'ivoire sont les seules bonnes pour tous les cas.

N.° 4. *Ocre jaune-clair.*

Ce jaune est excellent, quoiqu'en apparence très-commun [1]; il est surtout indispensable pour les carnations, et il est bon à tout. Sans les ocres l'on ne saurait quelle autre couleur leur substituer. Sa teinte, un peu orangée plutôt que verdâtre, fait que, mélangé avec

---

l'écume qui s'est formée dessus, et ensuite on ajoute de nouveau de l'eau. Cette opération est longue et surtout très-dangereuse; elle peut même devenir mortelle, si l'on s'expose à respirer cette évaporation arsenicale. Je ne l'indique ici que pour tout dire, mais je ne la conseille point.

1 L'ocre jaune est la même substance que Waltin et d'autres appellent jaune de Berri, parce qu'on en trouve dans le Berri.

les rouges et les blancs, il ne perd jamais de sa pureté ni de son éclat, d'autant plus qu'il n'attaque aucune autre couleur et qu'il n'est pas susceptible d'en être attaqué. Cette précieuse qualité permet au peintre de mélanger l'ocre sans crainte avec toutes les autres couleurs. Elle couvre passablement bien la toile, sans être lourde. C'est donc une excellente couleur, et qui est préférable, pour beaucoup de choses, et surtout pour peindre les chairs, à tous les autres jaunes. Mais l'ocre claire dont il est ici question est si remplie de pierres à feu et d'autres corps étrangers, qu'elle exige un lavage très-soigné quand on l'achète en pains bruts ou en poudre, comme elle se trouve dans le commerce; et après cela il faut la broyer avec le plus grand soin et fort long-temps, pour qu'elle se manie agréablement et qu'elle ne perde pas ses belles et bonnes qualités.

(Voyez la 4.e leçon, où il est parlé de la manière usitée pour laver les couleurs, etc.)

N.° 5. *Ocre de rue ou Jaune-obscur.*

Ce jaune-obscur remplace l'ocre jaune-clair dans tous les mélanges d'ombres qui doivent être d'une teinte vigoureuse, et qui seraient affaiblis par l'ocre claire n.° 4; mais n'en faites jamais usage pour toutes les teintes lumineuses, tant des chairs que de tout autre objet qu'on veut tenir d'une teinte brillante, parce qu'il pousse toujours un peu au brun, surtout quand on le mêle avec le blanc. Mais cette couleur est bonne à tout autre usage. Elle couvre bien, sans être trop opaque;

mélangée avec le bleu de Prusse, elle [illegible] des verts-chauds très-utiles; et mélangée de noir [illegible] un peu de rouge-brun, elle donne des tons excellens pour les fonds, les terrains, les meubles, etc. J'estime fort cette couleur quand elle est de bonne qualité et qu'elle n'est pas de celle qui est bitumineuse, ce qui la fait noircir.

N.° 6. *Jaune indien* (*indian jellow*, en anglais).

Ce jaune, quoique d'une substance végétale, à ce que je présume, n'en est pas moins d'une solidité à toute épreuve, et qui ne peut se comparer qu'à la beauté de sa couleur, approchant de la plus belle gomme gutte. Mais, au lieu que cette dernière est une gomme qui ne peut pas être employée à l'huile [1], le

---

1 L'on peut dépouiller la gomme gutte de sa gomme naturelle, et en tirer un jaune très-pur et très-vif qui se réduit en poudre, et dont plusieurs peintres de paysages font usage en Suisse, soit pour l'aquarelle, soit pour la gouache et pour la miniature. Il se pourrait que ce résidu, ainsi dépouillé de sa gomme, fût un bon jaune jonquille, propre à être employé à l'huile : je l'ignore, ne l'ayant pas éprouvé autrement qu'à l'eau. C'est un essai à faire; mais je suppose que ce ne peut être pour l'huile qu'une couleur propre à glacer, car elle n'a presque point de corps. L'on met quelques onces de gomme gutte bien choisie dans un pot vernissé qui soit neuf et n'ait jamais servi, l'on jette de l'eau filtrée dessus, et on la laisse fondre; chaque jour on rejette toute l'eau, en s'arrêtant lorsqu'on voit le sédiment jaune près de s'écouler avec l'eau jaune qu'on veut rejeter; on ajoute de la nouvelle eau à la place de celle qu'on a enlevée, et assez pour qu'il y en ait quatre ou cinq pouces au-dessus du jaune; on fait cette opération pendant au moins six semaines, après quoi l'on recueille le jaune, qu'on fait sécher, et qui peut servir à rehausser comme le jaune de Naples, tant il est dégommé.

jaune indien réduit en poudre et ensuite bien desséché avant que de le délayer à l'huile, est d'une nature tellement propre à teindre toutes les autres couleurs par la ténuité de ses molécules, qu'il n'est propre qu'à faire des glacis [1], ou à être mélangé dans les ocres ou dans le jaune de Naples, quand on veut vivifier leur couleur et les rendre plus brillans en beau jaune; mais comme il n'a pas assez de corps par soi-même, il ne faut point s'en servir pour empâter : il ne couvre pas du tout.

Ce jaune n'est pas encore très-connu; il vient d'Angleterre, et je suis un des premiers, je crois, qui l'ait fait connaître sur le continent. Il est assez cher; il se vend à Londres six schellings, c'est-à-dire à peu près six francs, l'once. Mais, au reste, il est tellement léger, et il foisonne si abondamment, qu'avec une once on en a pour l'usage de bien des années, car on en emploie peu.

Il faut le bien choisir. Il y en a beaucoup dont la couleur jaune tire sur le verdâtre. Il est fort bon pour glacer des verts dans le paysage et pour beaucoup d'autres choses; mais je préfère celui qui est d'un jaune doré, couleur de la fleur qu'on nomme bouton-d'or, parce qu'on en peut faire tout ce qu'on veut, soit des verts, soit des glacis de jaune éclatant pour les draperies, les fleurs, etc. Il faut bien se garder d'en jamais faire entrer dans les teintes des chairs ni dans les ciels; il absorberait toutes les teintes par sa qualité

---

1 Voyez la 4.e leçon, pour les glacis et les préparations.

foisonnante, et l'on ne pourrait plus s'en débarrasser. Mais, je le répète, le *jaune indien* ne peut être remplacé par aucun autre jaune pour glacer par-dessus de l'ocre ou du jaune de Naples, quand ces dernières couleurs sont bien sèches. On obtient alors un jaune dont aucun autre n'approche pour la beauté. On s'en sert utilement encore pour modifier certains tons, comme je l'indiquerai dans la suite, en le mélangeant tantôt avec des ocres, tantôt avec du bleu de Prusse, ou de la laque, ou de l'outremer, suivant les glacis ou les préparations qu'on a dessein de faire.[1]

De plusieurs autres espèces de jaunes dont il ne faut pas faire usage.

Ce sont, 1.° le jaune de chrome; 2.° le jaune minéral; 3.° les laques jaunes; 4.° les orpins; 5.° les stils de grain de Troyes et autres, etc.

Je n'ai point fait entrer dans l'indication des bonnes couleurs aucune de celles ci-dessus, parce qu'elles altèrent les autres couleurs, s'altèrent elles-mêmes, ou bien parce qu'elles ne sont pas durables.

Le jaune de chrome est d'un jaune éclatant et doré qui couvre bien et se manie à merveille; mais c'est une couleur qui change et fait changer toutes celles qu'on lui associe. L'on peut hasarder de s'en servir pour les rehauts de certaines étoffes jaunes et les brillans des

---

1 N'oubliez pas que, pour employer toutes espèces de couleurs en glacis, il faut y ajouter de l'huile grasse, et surtout à toutes celles qui sont peu siccatives : il n'y a que le blanc où il n'en faille jamais faire entrer.

dorures, pourvu qu'on l'emploie pur et à sec, c'est-à-dire sur un dessous tout-à-fait sec, en touchant son ouvrage franchement : il change alors beaucoup moins. Mais si vous le mêliez avec du blanc ou du bleu de Prusse, il deviendrait affreux. Ainsi, à tout prendre, il vaut beaucoup mieux n'en faire aucun usage : l'ocre jaune et l'ocre de rue, suivant le cas, valent beaucoup mieux ; elles ne s'altèrent jamais ; et si votre intention est de produire un jaune très-brillant, vous y parviendrez aisément en les glaçant de jaune indien quand elles sont sèches.

Le jaune minéral noircit et altère les autres couleurs ; il est d'ailleurs tout-à-fait superflu.

Les laques jaunes ne sont pas solides ; elles perdent toutes plus ou moins leur couleur.

La laque d'Anvers ne pâlit pas ; mais elle perd sa teinte jaune, et devient brunâtre, exposée à l'air ou au soleil.

Tous les orpins sont dangereux et mauvais, parce qu'ils contiennent beaucoup d'arsenic, ce qui détruit toutes les autres couleurs ; et c'est pour cette raison qu'il faut les rejeter.

Quant au stil de grain de Troyes, qui est d'un fort joli jaune citron, il n'a aucune solidité, et devient blanc sale au bout de fort peu de temps. Je le rejette donc avec tous les stils de grain d'Angleterre et autres, car ils sont tous plus ou moins sujets à s'évaporer ; d'ailleurs, rien de plus aisé que de savoir s'en passer, en leur substituant des couleurs au moins aussi belles, et qui sont de toute solidité. Laissons toutes ces couleurs perfides ou douteuses aux vernisseurs et aux carrossiers, mais ne les employons pas dans les ouvrages de l'art. [1]

ROUGES DIVERS.

N.° 7. *Ocre rouge-clair.*

On trouve de l'ocre rouge native. C'est celle que je préfère, parce qu'elle est plus lumineuse que celle qu'on obtient par la calcination de l'ocre jaune-clair n.° 4. Néanmoins celle-ci est fort bonne aussi; elle devient rouge en la calcinant dans une cuiller de fer sur quelques charbons ardens. Peu de minutes suffisent pour la faire devenir de l'ocre rouge-clair; mais pour cet effet il ne faut pas la laisser en gros pains, telle qu'on la trouve dans le commerce; il faut la concasser en petits morceaux de la grosseur à peu près d'une noisette [2]. Cette couleur rouge n'est pas à beaucoup près d'une couleur aussi éclatante que le sont les cinabres; mais dans beaucoup de cas elle leur est préférable, parce qu'elle est moins âcre à l'œil et qu'elle est plus harmonieuse dans certains mélanges, soit dans les chairs, soit dans les draperies et dans le paysage, ou autres teintes lourdes. Elle a d'ailleurs la grande et inestimable

---

1 Le jaune de chrome peut être employé sans danger dans la miniature et la gouache. Il ne change pas sensiblement délayé à l'eau gommée; mais il ne faut s'en servir que pour les fonds et quelques draperies, en évitant de porter le pinceau à la bouche, de même que si vous employez des orpins, le blanc et le jaune de Naples : ce sont des poisons très-corrosifs.

2 Voyez la 6.e leçon.

qualité d'être très-innocente de sa nature, et de pouvoir être employée partout sans courir le moindre risque qu'elle attaque les autres couleurs ou qu'elle en soit altérée. L'ocre rouge-clair remplace avec avantage les cinabres pour toutes les teintes locales des chairs, toutes les fois qu'on a des teints mâles à peindre; en un mot c'est une couleur excellente et qui est de toute solidité.

N.° 8. *Ocre rouge-brun, ou brun-rouge foncé.*

On trouve du brun-rouge natif; mais on peut l'obtenir en faisant calciner de l'ocre de rue n.° 5. On s'y prend de la même manière que pour calciner l'ocre jaune dont je viens de parler.

Ce brun-rouge foncé est très-vigoureux; mais il ne faut l'employer qu'avec discrétion, car il augmente beaucoup d'intensité à l'huile, et foisonne prodigieusement. C'est pourquoi vous ne l'emploîrez dans aucune partie claire et lumineuse, et surtout pas dans les lumières des carnations, ni même dans les ombres douces. Réservez-le pour toutes les ombres et les touches obscures et vigoureuses, et particulièrement celles des narines, de la bouche, en y ajoutant beaucoup de laque foncée cramoisie, ainsi que pour les plus fortes ombres, mélangé avec de l'ocre de rue et de l'outremer foncé. Il est bon pour beaucoup d'autres cas, qu'il serait trop long d'énumérer, comme dans les draperies d'un rouge ou d'un brun obscur, et même pour les ombres des draperies rouge-clair, en les mêlant tantôt avec le cinabre, tantôt avec les laques de garance, suivant le cas. Je donnerai plus d'étendue à ces détails dans la suite. [1]

N.° 9. *Cinabre de Hollande.*

On fabrique en tout pays du cinabre; mais celui qu'on tire de la Hollande m'a toujours paru le meilleur. On en vend de toute espèce dans le commerce. Il faut se méfier de celui qui porte une couleur trop brillante et tirant sur la couleur aurore; ce qui est une preuve qu'il n'est pas pur et qu'on y a mélangé une portion de minium, qui est d'un rouge-orangé très-éclatant. Ce minium n'est autre que de l'oxide de plomb fortement calciné : or, cette couleur ne vaut rien pour les tableaux; elle noircit beaucoup quand on l'emploie à l'huile, et fait également noircir les cinabres qui sont composés de soufre et de mercure.

On vend aussi du cinabre natif et en aiguilles; on le trouve dans les mines de mercure. Il ne paraît pas d'un beau rouge extérieurement; mais en le broyant il prend une belle couleur. Il est recommandable à quelques égards, parce qu'on peut compter qu'il n'est pas falsifié; il m'a paru qu'il noircissait plus que le cinabre de Hollande, quand on le mélange avec le blanc; c'est pourquoi je m'en tiens à celui de Hollande en poudre [2]. Il produit un effet fort agréable pour

---

1 Voyez la 17.e leçon, pour la composition d'une palette d'ébauches. Voyez aussi la 19.e leçon, pour la palette à achever les chairs.

2 Les deux cinabres sont au nombre des couleurs qu'il ne faut pas mettre en vessie; ils deviennent trop visqueux; il vaut mieux les con-

les teintes fraîches des chairs, en le mêlant avec du blanc pour les roses, et avec une addition d'ocre jaune-clair pour la teinte locale des chairs.

Il ne faut jamais faire entrer la laque mêlée de blanc pour ébaucher des chairs, si fraîches qu'on veuille les faire; ce mélange devient trop froid : les cinabres valent mieux. [1]

N.° 10. *Cinabre ou vermillon de la Chine.*

Ce cinabre est d'une couleur plus carminée que n'est celui d'Europe. On l'emploie plus volontiers pour les tons rose-frais, en le mélangeant avec du blanc, et pour toutes les teintes lilas des chairs très-fraîches. On pourrait à la rigueur s'en passer; néanmoins il est assez commode d'en avoir pour certaines draperies d'un rouge un peu carminé : il devient très-beau, mélangé ou glacé avec de la laque rose ou cramoisie. Il fait aussi des roses moins froids que la laque pure, et moins jaunâtres que l'autre cinabre, mélangés l'un et l'autre avec du blanc. C'est au peintre à ne s'en servir qu'avec discernement, et à ne pas le prodiguer partout indis-

---

server en poudre, et ne les délayer à l'huile qu'en faisant sa palette. Ils n'ont pas besoin d'être passés sous la molette; ils sont l'un et l'autre impalpables; en sorte qu'il suffit de les bien triturer avec la spatule, quand on les délaie à l'huile, au moment de s'en servir. Ils sont d'ailleurs d'une nature très-peu siccative, et par là restent frais sur la palette plusieurs jours de suite; mais il ne faut y mettre que le moins d'huile qu'on pourra, et les tenir épais et fermes.

1 Quand je parle de laque, il est entendu qu'il n'est jamais question que des laques de garance, ou quelquefois de laque brûlée : les autres laques ne sont pas solides.

tinctement; sans quoi il tomberait dans le froid et la couleur vineuse. Il est certain que le cinabre d'Europe vaut beaucoup mieux pour faire des teintes locales de chairs, en le mêlant de blanc et d'ocre jaune-clair; il produit des teintes plus lumineuses.

Mais les cinabres ne peuvent être remplacés par aucun autre rouge analogue, dans la peinture à l'huile surtout; car l'ocre rouge-clair ne ferait pas des teintes assez fraîches pour les belles carnations de femmes et d'enfans, non plus que pour celles de beaucoup d'hommes.

Le vermillon ou cinabre de Chine se vend en petits paquets d'un ou deux pouces en carré. Le papier supérieur est bariolé de caractères chinois; et sous ce papier, qui fait la première enveloppe, on en trouve un second, de fabrique chinoise, qui est noir et lustré. Il coûte beaucoup plus cher que l'autre cinabre; mais avec un de ces paquets on en a pour longtemps, parce qu'on n'en fait que peu d'usage, comme on le verra dans les directions données pour faire les teintes de deux palettes. (Voyez les 17.e et 19.e leçons.)

N.° 11. *Laque de garance rose.*

Cette laque, ainsi que toutes celles de garance, est d'une solidité éprouvée et d'un rose très-fin. Il est fâcheux cependant qu'on ne soit pas parvenu à donner à ces laques un peu plus de corps, car alors elles ne laisseraient rien à désirer; mais néanmoins, telles qu'elles sont, on peut très-bien s'en contenter; et cette découverte, qui ne date, à ce qu'il paraît, que de vingt-cinq à trente ans, est des plus importantes, en ce qu'elle nous a enfin enrichis d'une couleur carminée de toute solidité, ce qui n'était pas le cas auparavant. Le bénéfice est encore plus appréciable pour la miniature, qui ne se peint qu'à l'eau gommée, ce qui n'enveloppe pas autant la couleur que le fait la viscosité de l'huile séchée; en sorte que les laques et les carmins qu'on employait ne tenaient pas six mois quand les miniatures étaient exposées à la lumière du grand jour, et pas six semaines quand on en exposait des essais au soleil : de manière que les ouvrages les plus précieux en ce genre n'avaient qu'une durée éphémère, ce qui désolait les artistes et en même temps tous les particuliers qui possédaient de leurs ouvrages les plus estimables. Il est à croire cependant que nos devanciers avaient déjà trouvé les moyens de composer des laques cramoisies fort durables, car l'on voit encore dans quelques-uns de leurs tableaux des fleurs ou des draperies de cette couleur qui n'ont presque rien perdu de leur premier éclat; mais cela est rare, et la plus grande partie des anciennes peintures, depuis le 15.e jusqu'au 18.e siècle, n'ont presque plus de couleur dans les lumières des draperies de cette espèce de rouge. Il est vrai qu'ils ne les coloraient qu'en glacis, en les préparant presque blanches dessous, ce qui ne laissait qu'une superficie de laque bien mince; mais il n'est pas moins certain que, si ces laques eussent été d'une nature aussi tenace que l'est la bonne laque de garance, ces draperies, et mille autres teintes où ce rouge est entré, ne seraient pas aussi passées et dépouillées que nous les voyons aujourd'hui.

Il est cependant des laques de garance qui sont beaucoup moins parfaites que d'autres, ce qui prouve qu'il est assez difficile de les bien faire. Je ne me suis jamais servi d'aussi belles laques, roses et cramoisies, tant pour la vivacité de leur couleur que pour le corps qu'elles ont, que celles qu'on m'a procurées de Berlin et de Munic. J'en ai souvent employé et essayé au soleil de celles fabriquées en France, et je ne les ai point trouvées aussi fournies ni aussi pures de couleur que celles que j'avais achetées en Allemagne, où cette découverte s'est faite. J'en ai encore de ces dernières dont les essais datent de vingt-sept ans, et je puis assurer qu'ils sont, à bien peu de chose près, aussi vifs qu'au moment où je les fis, quoique ces laques ne soient délayées qu'à l'eau gommée et qu'elles aient été constamment exposées au grand jour du midi, et par conséquent au grand soleil. Au reste, je ne doute pas que les Français, qui sont si avancés dans la chimie, comme dans toutes les autres sciences, ne soient parvenus à obtenir de la racine de garance les mêmes résultats que ceux dont je viens de parler; et comme il y a déjà quelques années que je n'ai pas eu occasion de me procurer des laques de Paris, je dois croire que celles qui s'y fabriquent actuellement ont acquis tout le degré de perfection qui manquait à celles que j'y ai achetées précédemment. Depuis que j'ai écrit cet article, j'ai effectivement acheté à Paris des laques de garance, claires et foncées, aussi belles qu'on peut le désirer.

Il faut la choisir (pour la laque rose n.° 11) du rose le plus pur, et qu'elle ne tire point du tout sur la teinte violâtre. Elle se vend en grains de la grosseur d'un très-petit pois et au-dessous. Cette couleur, bien que d'une apparence très-claire à la vue, ne laisse pas d'avoir encore assez de force et d'intensité quand elle est délayée à l'huile, ainsi qu'à l'eau, quand on la gomme beaucoup, ce qui est absolument nécessaire, sans quoi elle n'aurait pas plus de force et de couleur que n'en a le rouge que les dames s'appliquent sur les joues.

Quand ces laques de garance ne sont pas bien faites, non-seulement leur couleur n'est pas très-pure; mais en outre elles ont si peu de corps, qu'il faut en mettre une épaisseur démesurée pour obtenir la teinte pourprée, ce qui forme des encroûtemens de couleur et d'huile grasse extrêmement désagréables à l'œil.

J'ai fait une multitude d'essais (à l'eau gommée) de toutes sortes de belles laques, soit d'Angleterre, soit de Paris, de Venise ou d'ailleurs; j'en ai fait tout autant des carmins les plus vantés; mais, comme aucune de ces laques n'était colorée par la garance, aucune n'a tenu au soleil plus de trois ou six semaines, au bout desquelles il ne restait presque plus que l'alumine, qui est la terre qui sert de fond à la teinture que donne, soit la cochenille, ou tout autre moyen qu'on emploie pour teindre la terre d'alun [1], tandis que les bonnes laques de ga-

[1] Pour faire des expériences sur la solidité des couleurs, il faut fair les essais de couleur à l'eau gommée : l'on connaît beaucoup plus promptement quel est leur degré de solidité et de durée.

rance ne me présentent depuis vingt-sept ans presque aucune altération.

Au surplus, la supériorité de la laque de garance est tellement reconnue aujourd'hui, qu'il est superflu de m'étendre en éloges sur ses qualités : nous avons une grande obligation aux chimistes qui nous ont fait ce don précieux. Qu'on juge de la solidité de ces laques quand on les emploie à l'huile, puisqu'elles ont une si grande indélébilité employées seulement à l'eau gommée et exposées au soleil vingt-sept ans de suite. Elles sont en même temps d'une innocence telle que, quelles que soient les couleurs qu'on mélange avec elles, elles ne peuvent les attaquer, à moins qu'on ne fasse usage de celles que j'ai cru devoir bannir pour toujours de la palette, et que j'ai déjà en partie signalées. J'indiquerai ailleurs à quels usages on doit employer les laques; je me borne, pour le moment, à en parler d'une manière générale.[1]

Il ne faut pas mettre les laques en vessie; elles se graissent trop promptement : on en délaiera une certaine quantité pour les besoins du moment. Elle est

---

1 Voyez pour cela la 4.e leçon, sur les glacis et leurs préparations, et la 17.e leçon, pour faire méthodiquement une palette à finir les chairs. Voyez la 18.e leçon, pour repeindre les chairs; et encore à l'article du brun composé, n.o 27.

J'invite d'avance tous ceux qui emploîront les laques pures ou mélangées avec d'autres couleurs qui ne sèchent que difficilement ou lentement, de les délayer à l'huile d'œillet très-ferme, afin d'y pouvoir ajouter, sans qu'elles deviennent trop liquides, un tiers d'huile grasse au moment de l'emploi.

d'ailleurs si peu siccative de sa nature, qu'elle peut se conserver fraîche et bonne pendant plusieurs jours sur le coin de la palette, pourvu qu'on n'y mêle point d'huile grasse qu'au moment même de s'en servir. Pour cela l'on se sert de la petite *glace dépolie* mentionnée et figurée sur la planche 1.re, figure *R*, et du petit broyon de la même planche, figure *Q*, n.o 4. On écrase, *à sec*, la quantité nécessaire de laque, ce qui la réduit bientôt en poudre fine; puis on y ajoute peu à peu la quantité d'huile d'œillet nécessaire, en n'en incorporant que le moins possible, afin que la couleur reste très-ferme; et, en quelques tours de la petite molette n.o 4, on a une couleur impalpable, qu'on pose sur le bord gauche de la palette. *L'on fait de même de toutes les couleurs qu'on ne met pas en vessie*, excepté pour les cinabres, pour lesquels la trituration à la spatule suffit. On voudra bien se le rappeler une fois pour toutes, car je ne le redirai pas, pour éviter trop de répétitions.

Tout ce qu'on vient de dire de la laque rose peut s'appliquer également à la laque de garance foncée n.o 12 : elles sont absolument de même nature. Je n'en dirai que quelques mots dans l'article qui va suivre, et pour tout le reste on pourra consulter celui-ci.

N.o 12. *Laque de garance foncée ou cramoisie.*

Celle-ci ne paraît point, quand on ne la voit que sèche et en grains, aussi vive en couleur que la rose dont on vient de parler. Plusieurs de ces grains sont inégaux de teinte; on en voit une partie d'un brun violet, comme s'ils étaient brûlés. Mais quand le tout est délayé, la teinte en est fort belle, et passablement plus obscure ou foncée que l'autre; elle est beaucoup plus saturée en couleur de pourpre, aussi ne l'emploie-t-on pas pour les mêmes cas : on la réserve pour toutes les choses qui exigent de la force et de la vigueur. (Voyez l'indication des articles qui en font mention, à la note de la page 21.) Au surplus, cette laque foncée se vend plus cher que la première : il paraît qu'elle est plus difficile et plus longue à faire que la rose. J'ai acheté à Berlin des laques de deux teintes assez différentes, quoique toutes deux extraites de la garance. L'une est d'un violet très-foncé, et paraît presque noire quand elle est délayée à l'huile : elle est très-précieuse dans beaucoup de cas, à cause de son extrême vigueur; et en la mêlant avec de la terre de Sienne calcinée, elle donne un ton d'une profondeur et d'une transparence qui ne laisse rien à désirer : mais je n'ai jamais pu m'en procurer depuis. Il paraît que ce produit a été dû au hasard et à de certaines chances fortuites auxquelles la chimie est très-sujette; mais j'en fais cependant mention, afin de faire connaître ce produit, qu'il serait très-précieux de pouvoir fixer. L'autre espèce de laque m'est venue de Munic en Bavière : elle est, au contraire, d'une teinte rouge-chaud, presque orangée. Ce produit n'est pas aussi rare que le précédent; j'en ai revu plusieurs fois. Elle a bien son mérite; mais comme on peut obtenir cette même teinte par le mélange d'un beau jaune, comme celui de *l'Inde* n.° 6, il n'est pas aussi essentiel de chercher à s'en procurer. Je m'en tiens donc aux deux laques de garance indiquées n.os 11 et 12, en conseillant à ceux qui pourraient se procurer de celle qui est d'un beau violet brun, dont j'ai parlé plus haut, de ne pas laisser échapper l'occasion d'en faire l'acquisition; mais qu'ils prennent toujours bien leurs précautions pour s'assurer que cette couleur foncée ne lui est pas donnée par une teinture étrangère à la garance, comme sont les bois de teinture, etc.; car l'on falsifie les couleurs comme les vins et tant d'autres choses.

N.° 13. *Laque de Venise brûlée, ou, à sa place, Carmin brûlé.*

Cette couleur, qu'on brûle soi-même, est très-remarquable et très-utile par son extrême vigueur, tout en conservant une teinte pourprée; et ce qu'il y a de particulier, c'est qu'elle devient solide en la brûlant: qualité qu'elle n'a point sans cela [1]. L'on obtient une teinte qui ne peut être comparée qu'à celle du précipité d'or de Cassius, ou à la riche couleur des œillets pourprés

---

1 Il faut choisir une laque bien fournie en couleur et de teinte foncée, sans être violâtre. La bonne laque de Venise ne doit pas changer au jus de citron, soit à l'alcali fixe en liqueur, ou bien encore au bon vinaigre blanc distillé. Elle est bonne, si elle ne devient pas violette à l'alcali et jaunâtre au vinaigre. Au surplus, l'on cherche et l'on fait des essais jusqu'à ce qu'on en trouve qui acquière la teinte désirée en la brûlant. Voyez la 5.e leçon, pour la manière de brûler le carmin ou la laque de Venise.

foncés, qu'aucun autre mélange ne peut rendre qu'imparfaitement. Rien n'est comparable à la profondeur de ce ton, qui cependant ne tire pas sur le noir, quoiqu'il paraisse aussi obscur que lui. On s'en sert très-utilement, soit dans les plus grandes vigueurs d'une draperie pourpre, violette ou brune, soit dans les trous des narines, de l'intérieur de la bouche et d'autres profondes refentes. Elle trouve encore son emploi dans beaucoup de mélanges, soit avec l'asphalte, soit avec le brun composé n.° 27, soit avec les terres de Sienne ou avec le brun de Prusse, couleur de bistre n.° 22, soit enfin pour donner de la vigueur au brun-rouge foncé n.° 8, ou au rouge d'Angleterre n.° 14 ; mais il n'en faut pas faire excès : il faut réserver cette immense ressource pour les dernières touches de vigueur dans toutes les parties qui le requièrent, et où le mélange du noir parmi des laques ôterait la belle transparence qu'on veut obtenir. On peut encore en tirer parti dans les fleurs pourpre ou violet foncé veloutées. Cet auxiliaire des deux laques de garance peut bien dédommager amplement du reproche qu'on leur fait d'être trop peu vigoureuses, car il supplée à tous les besoins, et cependant très-peu de peintres à l'huile en font usage : le carmin brûlé n'est à peine connu que des peintres en miniature. Mais toutes les laques ne donnent pas cette riche couleur quand on les brûle; celles de garance ne valent rien pour cela, non plus qu'une multitude d'autres : il faut de celles qui sont faites de cochenille pure, comme doit être celle qu'on appelle laque de Venise; et à défaut de celle-ci, il faut se procurer un des meilleurs carmins, fait aussi de pure cochenille : ce dernier réussira toujours; mais il est plus coûteux que les laques. Je ne saurais assez dire quelle puissance l'on acquiert, pour de certaines parties, avec cette couleur pourpre extrêmement foncée.

On a été souvent surpris, en voyant des vigueurs pourpres plus intenses que le noir même, et d'une transparence parfaite, et on m'a consulté sur la manière de leur confection.

N.° 14. *Rouge d'Angleterre.*

Cette couleur se travaille aisément, sèche assez bien, et elle est d'une teinte plus vive et moins jaunâtre que l'ocre rouge foncé n.° 8. Elle est bonne dans les draperies rouges pour en faire les ombres, soit mélangée avec la laque, soit pure, suivant la teinte de la draperie. Il est d'autres cas où sa couleur, vive et forte, peut convenir ; mais néanmoins il faut en être très-économe, principalement dans les chairs, et surtout n'en pas faire des mélanges en remplacement des autres bruns-rouges n.ºs 7 et 8, parce qu'il foisonne avec une telle abondance qu'on n'en est pas le maître, et qu'il teint tout en rouge. Ne l'employez guère que pour les draperies rouges, comme je l'ai déjà dit; c'est pourquoi ce n'est pas la peine d'en mettre sur la palette journellement, et encore tout aussi peu d'en faire une vessie : bornez-vous à en avoir en poudre qui soit déjà tout broyé à l'eau, et vous n'en délaierez à l'huile que pour les cas rares, où vous jugerez en avoir besoin.

C'est un rouge dont on peut à la rigueur se passer; le rouge n.° 8 peut suffire à tout : je ne l'indique ici que pour qu'on sache ce que c'est, et qu'on ne se laisse pas trop séduire par sa vive couleur. Du reste je ne lui connais pas d'autres qualités malfaisantes, si ce n'est qu'il est un peu âcre et qu'il foisonne trop, ce qui est un inconvénient grave pour les mélanges, mais pas du tout pour être employé pur, ou mêlé de belle laque foncée pour les plis obscurs des draperies rouges ou cramoisies, ou pour les touches très-fortes des narines, de la bouche, etc.

BLEUS.

N.° 15. *Bleu d'outremer clair* (ou le moins foncé en bleu).

Il n'y a véritablement que deux espèces de bons bleus pour la peinture à l'huile; savoir, les outremers pour de certaines choses, et le bleu de Prusse pour d'autres. J'en ai cependant indiqué deux autres : l'un est le bleu de *smalt*, et l'autre le bleu de *Thénard*. Ces deux derniers bleus sont des produits tirés du cobalt.

L'outremer n'est point une couleur factice; on le tire de la pierre ou marbre qu'on appelle *lapis lazuli*. Cette pierre est très-précieuse : les anciens en faisaient des colonnes, ou seulement des chapiteaux pour leurs temples et leurs palais les plus magnifiques, et les modernes les plus riches, surtout les princes, en ont quelques meubles fort rares, comme des tables ou des chambranles de cheminée. Cette pierre ne se trouve guère qu'en Orient; mais depuis quelque temps on en a découvert des carrières en Sibérie. Elle est parsemée de bleu mêlé de blanc, de gris, et souvent aussi de noir et de brun : des filons, brillans comme de l'or, la traversent en tout sens, et en font la pierre la plus belle qu'on puisse voir, surtout quand elle est plus chargée de bleu que de toute autre couleur. L'outremer que je possède, et dont je fais usage, provient des états de l'empereur de Russie. Nous sommes trois amis [1] qui devons ce *lapis* à la munificence de deux frères [2], nos compatriotes, quoique nés en Russie, riches et honnêtes négocians, amis des arts et des artistes, qui ont bien voulu nous favoriser d'une belle quantité de ce lapis qu'ils ont rapporté de Russie. Nous nous sommes tous trois occupés à en extraire l'outremer, et l'un de nous, M. Tœpffer, a trouvé un nouveau procédé d'extraire le bleu du *lapis*, que nous avons tous adopté, et que je me fais un plaisir, avec sa permission, de communiquer à tous ceux qui liront cet ouvrage; parce qu'il est plus expéditif que celui qui a été employé jusqu'à présent. Je m'en occuperai dans un article à part; quant à présent, je ne parlerai que des bonnes qualités inhérentes à l'outremer.

Cette belle couleur est en même temps la plus excellente, la plus durable, mais aussi la plus coûteuse de

---

1 M. Tœpffer, M. Masset et moi. Le premier, célèbre peintre de paysages ornés de charmantes figures; et le second, peintre de portraits très-renommé.

2 MM. J. et F. Duval, possédant chacun une très-belle collection de tableaux, et même des antiques en marbre de la plus rare beauté.

toutes les couleurs qui composent la palette. Il s'en fait de divers prix, en raison de l'intensité du bleu : c'est naturellement le plus chargé en bleu foncé, couleur de bluet, qui coûte le plus cher, et c'est pour cela qu'on l'appelle de première qualité; et les cinq ou six autres espèces, toujours moins chargées de bleu, diminuent aussi de prix en raison de leur qualité, jusqu'à la dernière, qu'on appelle *la cendre d'outremer*. Celle-ci me paraît inutile, et même nuisible, parce qu'elle ne contient presque point de bleu, et que tout le reste n'est que du rocher gris ou blanc, etc., ce qui la rend sujette à brunir. Quant à moi, je n'en fais aucun usage, d'autant plus que l'économie qu'on pense faire est à peu près nulle. Et voici pourquoi : si je veux faire une teinte de bleu très-clair, comme est la cendre d'outremer, je l'obtiens beaucoup plus pure avec une très-petite quantité de bon outremer que je mêle avec beaucoup de blanc, ce qui me fait une couleur qui couvre bien, tandis que le rocher grisâtre qui forme la cendre n'est pas un bon blanc par lui-même, en sorte qu'il ne couvre point la toile; d'ailleurs ma couleur, mêlée de beau et bon blanc, se manie bien plus grassement que la cendre, qui est diaphane, et qui contient des particules de rocher, toujours plus ou moins malfaisantes.

Quant à moi, je ne fais pas cette distinction de cinq ou six qualités, quand je fais de l'outremer; je n'en fais que de deux ou trois qualités au plus, c'est-à-dire que je mêle et confonds ensemble les deux premières, et que j'en fais une seconde de tout ce que ma pâte me produit ensuite, en ne l'exprimant pas jusqu'à la cendre, qui m'est inutile. Je n'ai que faire, en effet, d'un bleu extrêmement chargé et foncé, tel que le premier qui sort de la pâte, d'autant plus que les couleurs mises à l'huile deviennent toujours plus obscures. J'en ai réservé seulement un petit flacon pour peindre la miniature, et celui que me donnent les deux premières qualités mêlées ensemble, me suffit et au-delà, ainsi que celui que je forme en second lieu pour en avoir de plus clair [1]. Ces deux qualités suffisent amplement à tout; mais les marchands, d'Italie surtout, qui fabriquent ce bleu, trouvent très-bien leur compte à distinguer toutes ces sortes de qualités, qui leur permettent aussi d'avoir toutes sortes de prix; et ils les multiplient ainsi par pure spéculation, pour en débiter à chacun suivant ses moyens. [2]

Qualités distinctives de l'outremer.

Cette couleur peut s'appeler celle par excellence, et sans laquelle on ne peut se flatter de faire des ouvrages brillans et durables. Ce bleu ne s'altère jamais, et n'attaque aucune autre couleur; il résiste au feu le plus vif sans perdre la beauté de sa teinte; et si l'on pouvait lui reprocher quelque chose, ce serait de gagner toujours plus en intensité, à mesure qu'il vieillit,

---

1 Voyez la 6.e leçon, pour la nouvelle manière d'extraire et de séparer la partie bleue du *lapis*, et d'en faire de l'outremer.

2 Voyez la même leçon, pour connaître les différens prix de l'outremer et les adresses pour s'en procurer de Rome.

employé à l'huile, plutôt que de perdre la moindre partie de son éclat et de s'affaiblir; en sorte qu'il faut plutôt craindre de l'employer trop chargé que craindre le contraire, surtout *dans les ciels et dans les demi-teintes douces des chairs*, etc.

(Voyez, à la 6.e leçon, le moyen certain de connaître l'outremer pur d'avec celui qui serait falsifié.)

Usage qu'on doit faire des outremers.

Cette couleur est trop précieuse pour qu'on l'emploie dans les ébauches; ce serait d'ailleurs fort inutile. J'en excepte cependant les ciels purs et sereins, lorsqu'on peint sur une préparation de couleur *dorée* ou *orangée*, comme je me propose de le conseiller dans un autre article[1]; mais pour tout autre ciel ou préparation, il faut remplacer l'outremer par un des noirs bleuâtres, dans lequel vous mêlerez, pour les ombres, un tiers de bon bleu de Prusse anglais, et du blanc en proportion du besoin que vous en aurez, en sorte que votre teinte devienne d'un joli gris-bleu. Cette teinte, qui est fort douce, et qui ne change point, deviendra aussi belle que vous le voudrez, quand vous la repeindrez ensuite à l'outremer, à la seconde reprise. Je préviens les jeunes élèves que cette ébauche pour un ciel ne leur paraîtra pas d'un beau bleu, et ils seront tentés

---

1 Les meilleurs d'entre les noirs bleuâtres sont ceux qui, à l'indication de la table, sont marqués de trois * * *, et surtout le n.° 31, fait avec des bouchons de liége fin.

de le faire au bleu de Prusse[1] pur, mêlé de blanc; mais ils verront qu'ils n'obtiendront qu'une couleur âcre, qui percera toujours plus ou moins à travers l'outremer qu'ils coucheront par-dessus; tandis que, s'ils la font avec le mélange de noir tel que je l'indique, leur ciel deviendra très-harmonieux, pourvu toutefois qu'ils mettent beaucoup de blanc dans la teinte et qu'ils la tiennent un peu plus claire qu'elle ne devrait être, parce que le noir, et surtout le bleu de Prusse, repoussent toujours un peu, et deviennent plus intenses au bout de quelque temps : d'ailleurs on ajoute au noir et au bleu de Prusse une pointe de laque ou de cinabre de Chine (mais fort peu), pour éviter que le bleu de Prusse ne pousse au vert, ce qui est son principal défaut, surtout quand il n'est pas de la meilleure qualité.

Si l'on ébauche un ciel d'orage et nuageux, l'on n'y fera point entrer de bleu de Prusse : le noir, le blanc, et quelquefois un peu d'ocre rouge-clair, ou même quelque peu d'ocre jaune-clair, seront les couleurs qui conviendront le mieux. Le ton bleuâtre que donnent les noirs ***, ou ceux ** avec le blanc, es déjà très-prononcé; en sorte qu'en y ajoutant seulement un tiers de bleu de Prusse, on obtient un to suffisamment bleu pour les ébauches, soit qu'on fass

---

1 Je dirai, une fois pour toutes, que le bleu de Prusse de fabrication anglaise s'altère beaucoup moins que tous les autres. Ainsi, quan je parle du bleu de Prusse, il doit être entendu que c'est de l'anglais quand je n'explique pas le contraire. Il est possible cependant qu'on e trouve maintenant d'aussi bon en France.

des draperies, de l'eau, un ciel, ou toute autre chose qui n'exige pas le bleu le plus vif dès l'ébauche, comme certaines fleurs et certaines draperies de soie bleu très-tendre. Dans ce dernier cas il faut ébaucher les grandes lumières à l'outremer mêlé de blanc : mais ces cas sont rares. Ce qu'il y a encore de meilleur à faire dans ces sortes d'occasions, c'est de peindre les lumières avec du blanc pur, et après que l'ébauche est sèche, on glace le tout avec de l'outremer. Mais j'entrerai dans plus de détails sur ce procédé, qui a été suivi par les anciens, et qui l'est encore par les peintres modernes. L'on sait qu'aucune chose, aucun objet ne conserve sa couleur vive dans l'ombre ; or, en ébauchant ces objets quelconques avec un bleu grisâtre ou rompu, il arrive tout naturellement qu'en glaçant d'outremer pur également partout, les lumières qui reçoivent cet outremer sur du blanc pur, deviennent très-belles, et que toutes les ombres et les demi-teintes conservent une partie de leur ton grisâtre, et même roussâtre, ce qui produit l'effet désiré [1]. Cette manière de faire a beaucoup de rapport avec le lavis [2], lorsqu'après avoir fait les ombres à l'encre de la Chine on étend ensuite sur toute une draperie une teinte de bleu très-mince : partout où le papier blanc est réservé pour les grandes lumières, le

---

1 Voyez la 4.e leçon, sur les glacis et leurs préparations.

2 Le lavis est une espèce de demi-peinture, qu'on fait sur du papier blanc avec des couleurs très-liquides et transparentes, comme celles qu'on étend sur les cartes de géographie. Les aquarelles ont une plus grande variété de couleurs, et se rapprochent davantage d'une véritable peinture. Les dessins au lavis n'ont que quelques teintes légères

bleu reste vif et pur, tandis que par-dessus les ombres et les demi-teintes qui sont déjà couvertes d'encre de Chine ou d'une teinte un peu rousse dans les ombres, le bleu devient beaucoup plus terne. Ainsi, lorsque vous peindrez une draperie bleue plus ou moins claire, et que vous aurez intention qu'elle devienne d'un beau bleu brillant, ébauchez-la d'abord, comme on vient de le dire, avec un mélange de deux parties de noir, une partie de bleu de Prusse, et la quantité de blanc nécessaire à chaque teinte que vous ferez, pour avoir une échelle de quatre ou cinq tons différens, l'une pour les plus fortes touches d'ombre, en y mêlant un peu d'ocre rouge, quelquefois d'ocre jaune, et les quatre autres avec toujours davantage de blanc, par gradations, sans rouge ni jaune, jusqu'à ce que vous arriviez aux lumières les plus vives, que vous réserverez pour ne les couvrir que de blanc tout pur. Ayez soin néanmoins de tenir vos différentes lumières larges, c'est-à-dire un peu plus étendues qu'elles ne le sont dans votre modèle, et faites en sorte qu'elles se fondent imperceptiblement avec le blanc, afin qu'il n'y ait rien de tranché et de dur. Vous peindrez toute votre draperie avec soin, en ayant l'attention de poser les principaux plis et les ombres à leur place et dans leur véritable forme,

---

de différentes couleurs, et le plus souvent même on ne lave qu'avec de l'encre de Chine, ou de la sépia, ou du bistre, etc. On lave ou l'on dessine au lavis aussi sur du papier gris ou d'autre espèce de couleur, en relevant les lumières avec du blanc, mais toujours au pinceau, et avec des couleurs légèrement gommées.

ce qui devient nécessaire lorsqu'on doit repeindre à la seconde fois par simples glacis, et qu'on ne veut réempâter que le moins possible. Quand votre ébauche est bien sèche, et que vous la reprenez pour achever l'ouvrage, c'est alors que, délayant de l'outremer tout pur, vous en passez un glacis presque égal partout, à la manière *du lavis*, en ayant néanmoins l'attention de charger un peu plus de bleu les parties que vous jugerez devoir l'être, et vous vous servirez pour cela d'huile blanchie[1]. Cela fait, vous reprendrez avec soin tous vos plis, vos ombres, etc., pendant que votre glacis est frais, et vous achèverez ainsi votre étoffe dans toutes les parties, en glissant çà et là quelques tons rompus et quelques reflets brunâtres, violâtres, verdâtres, etc., si la nature ou votre original vous l'indique; mais conservez vos lumières pures, et si vous jugez à propos de réveiller quelques yeux de plis avec un peu plus d'empâtement de couleur, faites-le librement et spirituellement, en accordant le mélange d'outremer et de blanc que vous prendrez pour cela

---

1 Toutes les fois que vous étendrez une couleur par glacis, n'oubliez pas d'ajouter un quart, ou quelquefois même un tiers d'huile grasse, et surtout dans les couleurs qui ne sèchent que difficilement.

L'huile grasse ordinaire étant très-rousse, je vous invite à vous servir, à la place de celle-ci, de l'huile blanchie, toutes les fois que vous craindrez de trop ternir votre couleur, ce qui sera le cas pour les roses tendres, les bleus clairs, les lilas, les gris de lin, les verts d'eau et les jaunes citron, etc. (Voyez ce que c'est que l'huile blanchie, leçon 7.e) Quand vous ferez usage de cette huile blanchie, vous délaierez toute votre couleur avec elle, sans y mêler d'huile ordinaire, parce qu'elle est beaucoup moins siccative que l'huile grasse.

avec la teinte locale que vous aura produite votre glacis général.

Vous verrez que votre draperie, faite de cette manière, présentera une teinte générale très-harmonieuse et très-pure, et vous emploîrez cependant vingt fois moins d'outremer que si vous l'aviez repeinte en pleine pâte; et d'ailleurs vous auriez été également forcé de rompre votre beau bleu et de le salir dans les ombres, sans quoi vous n'auriez obtenu qu'une peinture de porcelaine, ou, pour mieux dire, de faïence.

On peut suivre la même méthode pour toutes les étoffes légères et de couleur tendre et délicate : telles sont les étoffes *couleur de rose*, qu'on glace avec de la belle laque de garance rose, après avoir préparé les ombres au gris de lin, ou seulement un peu plus rosâtres dans de certaines parties des plis qui le demandent, et toujours en n'étendant, à l'ébauche, que du blanc pur dans les plus belles lumières, comme si l'on faisait du linge. Faites de même pour les *lilas tendres*, les *jaunes citron*, les *verdâtres*, etc. Le *jaune indien* fera à merveille pour le glacis d'un *jaune citron;* il pourra encore vous servir pour glacer en *vert d'eau*, en le mêlant de plus ou moins d'*outremer*. Pour les *lilas*, vous mêlerez l'outremer pur le plus clair avec de la *laque rose*, plus ou moins de l'une ou de l'autre, suivant que le lilas tire sur le bleu ou sur le rose. Observez bien que, pour toutes ces teintes de glacis, on n'y mêle jamais la moindre parcelle de blanc; sans quoi vos ombres et vos demi-teintes prendraient un aspect louche et farineux : c'est uniquement à la teinte très-mince et fort transparente de votre glacis que vous devrez l'intensité de couleur que vous aurez intention de lui donner, comme si vous peigniez à l'aquarelle. Ainsi, si vous étendez votre *laque* ou votre *outremer* très-légèrement, vous obtiendrez une couleur rose ou un bleu très-tendre; si vous l'étendez une fois plus forte ou plus chargée, votre bleu ou votre rose, quoique pris dans le même paquet de couleur, sera une fois plus chargé en bleu ou en rose, ainsi de suite.[1]

Qu'on ne croie pas cependant qu'un simple glacis doit suffire pour achever une draperie, une fleur, ou tout autre objet qu'on traite par glacis; il faut, comme on l'a déjà dit, reprendre tous les plis, et leur donner toute l'expression et la forme qui leur est propre. Il arrive quelquefois qu'on n'est pas satisfait de la teinte d'un premier glacis; en ce cas l'on achève également son ouvrage, et lorsqu'il est entièrement sec, l'on reglace une seconde fois, soit pour modifier la teinte, soit pour lui donner un degré d'intensité général de plus. Je n'ai pas craint d'entrer dans beaucoup de détails sur ce procédé, parce qu'il est très-utile, et que d'ailleurs je me mets toujours à la place de ceux pour lesquels je fais ce petit traité élémentaire, que je dois

---

1 On sent qu'il ne faut glacer qu'avec des couleurs très-solides, sans quoi ces glacis n'auraient aucune durée. C'est ce qui est arrivé à tant de peintures anciennes et modernes, où les glacis ont presque entièrement disparu; en sorte que plusieurs de leurs draperies, glacées de laque ou de mauvaises couleurs jaunes, sont devenues presque blanches dans les lumières. Mais l'on n'a pas cela à craindre avec les couleurs que j'indique; elles sont de toute solidité.

toujours supposer ignorer toutes ces choses; quant aux autres, ils n'ont qu'à passer légèrement sur tout ce qu'ils savent déjà.

Lorsque vous reprendrez un tableau pour l'achever, après que vous aurez reconnu que l'ébauche est suffisamment sèche[1], je vous engage à ne plus vous servir que d'outremer pur à la place du *noir mélangé de bleu de Prusse*, surtout pour *les chairs*, *les lointains*, *les belles draperies*, *les fleurs*, etc. : l'outremer pur doit vous tenir lieu de noir dans toutes les teintes composées pour peindre les chairs[2], et il ne faut plus y

---

1 Il est très-essentiel de ne jamais reprendre une ébauche, pour l'achever, avant qu'elle ne soit parfaitement sèche, sans quoi vous verriez votre ouvrage se détériorer, et toutes vos teintes changer et se salir au bout de peu de temps, parce que la reprise d'un tableau emprisonne l'huile des couleurs de l'ébauche par les nouvelles couleurs qu'on met par-dessus, et cette huile, ne pouvant plus s'évaporer, ternit tout l'ouvrage. Quand donc vous jugerez votre ébauche bien sèche, vous ratisserez toutes les trop grandes épaisseurs et hauteurs de couleur avec une lame arrondie au bout et bien également tranchante, et pour le faire avec sûreté, vous vous placerez de façon à ce que le jour vienne tout-à-fait de côté sur votre ébauche, et qu'il n'éclaire que les aspérités élevées de la couleur. Il faut y aller avec ménagement, en tenant la lame du couteau presque droite et en n'appuyant que très-légèrement. Cela fait, vous laverez à grandes eaux votre ébauche, en vous servant pour cela d'une grande éponge fort douce. Vous continuerez pendant quatre ou cinq minutes, et toujours avec beaucoup de nouvelle eau, puis vous humerez le restant de cette eau avec l'éponge bien exprimée, et, après avoir enlevé presque toute l'humidité, vous essuierez doucement le tableau avec un linge blanc qui ne dépose pas de fils. Vous achèverez de le sécher, ou au soleil, ou à une certaine distance du feu, mais pas trop proche. Toutes vos couleurs prendront mieux sur la toile après cela.

2 Voyez la palette pour finir, leçon 17.^e

mêler ni noir ni bleu de Prusse. Vous ferez de même pour les beaux ciels bleus, ainsi que pour les teintes diverses des nuages; les tons en deviennent plus fins et plus variés, à moins que vous n'ayez un ciel à peindre qui soit d'une teinte extrêmement brumeuse et froide, comme un ciel d'hiver ou un brouillard épais, encore ne sera-ce que par économie que vous vous servirez de noir bleuâtre; car les gris qu'on compose avec les outremers mêlés de blanc, d'ocre rouge-clair et d'ocre jaune, en employant plus ou moins des uns ou des autres, selon la teinte des gris, sont toujours plus harmonieux et plus fins. On peut en dire autant des étoffes de soie blanches, comme les satins, les taffetas, etc. Quoiqu'il soit bon que vous en soyez instruits, je ne vous le conseille pas pour vos études, mais pour le temps seulement où vos ouvrages auront atteint le degré d'excellence auquel vous devez espérer d'arriver. Remplacez encore l'outremer par le bleu de Thénard n.° 19, mais bannissez le bleu de Prusse lorsque vous achevez les chairs; il est trop âcre, et il change toujours davantage en vieillissant, ce qui rompt tout l'accord de vos teintes : le noir pur, ou mêlé de très-peu de bleu de *smalt* ou de *Thénard*, vaudrait infiniment mieux.

Prenez bien garde que, si vous vous servez de smalt n.° 18; il n'en faut mettre que fort peu, surtout si c'est pendant l'été, parce qu'il sèche si promptement qu'il ne vous laisserait pas le temps d'achever votre ouvrage. En ce cas vous ferez bien de prendre le bleu de Thénard, qui sèche beaucoup moins vîte.

Nous venons de voir qu'en achevant un tableau, il faut bannir de la palette le bleu de Prusse pour toutes les teintes des chairs, ainsi que pour tous les bleus délicats et clairs, les lilas, etc., et que, si l'on ne veut pas faire la dépense de l'outremer, il faut se servir du bleu de Thénard en été, et du smalt en hiver, ou à volonté encore du même bleu de Thénard.

Il n'en est pas de même pour les étoffes bleu foncé, et spécialement pour celles de laine, qui sont toujours plus ou moins pelucheuses ou veloutées, telles que les draps, les *bathes* ou *royales*, etc.; elles doivent se peindre avec le bleu de Prusse mélangé de plus ou moins de *noir*, de *laque foncée*, de *brun-rouge* et de *blanc*. (Voyez à cet égard la 19.e leçon, sur les draperies en général, où l'on trouvera cet article traité avec plus de précision et de détails.)

L'on verra aussi, à l'article *bleu de Prusse*, que cette couleur sert très-utilement à composer des verts et des bruns, ce à quoi l'outremer ne serait pas toujours aussi propre dans plusieurs cas.

N.° 16. *Outremer de première qualité, ou le plus foncé en bleu.*

Toutes les qualités d'outremer provenant de la même substance, du *lapis lazuli*, je n'aurai que peu de chose à ajouter ici à ce que j'en ai dit dans l'article précédent. Comme les différentes qualités ne diffèrent entre elles que parce qu'elles sont plus ou moins chargées de bleu, l'on réservera tout naturellement celui qui est le plus foncé pour toutes les teintes qui exigent de la force et de la vigueur, soit en l'employant tout pur dans de certaines choses de couleur bleue, soit en s'en servant comme de noir dans les ombres les plus obscures des chairs, tandis que les outremers plus clairs servent à composer les teintes qui sont plus douces et moins obscures. Consultez pour cela la 17.e leçon, où se trouve la composition des teintes d'une palette pour achever les chairs. Il est inutile de m'étendre davantage sur cette qualité première de l'outremer; je me bornerai seulement à un seul exemple où son emploi est nécessaire, ce qui fera présumer tous les cas analogues où il sera bon de s'en servir de préférence. Je suppose que vous ayez un velours, ou un satin, ou un très-beau drap bleu foncé à peindre, et qu'après l'avoir presque entièrement achevé sans employer l'outremer, vous jugiez néanmoins qu'il soit nécessaire d'embellir la teinte locale de ces étoffes bleu foncé, vous attendrez que votre tableau soit parfaitement sec, et alors vous glacerez ces diverses étoffes avec l'outremer de première qualité; vous coucherez ce glacis avec cet outremer tout pur, si la teinte bleu-barbeau le demande; mais, si elle doit tirer un peu sur le violâtre (comme cela est presque toujours le cas dans les étoffes bleu très-foncé, et surtout dans celles de soie), vous mêlerez passablement de *laque* n.° 12 la plus foncée parmi l'outremer, jusqu'à ce que vous ayez trouvé la véritable teinte de l'étoffe que vous copiez. C'est à vous de la chercher. Mais comme ces deux couleurs ne sèchent que très-difficilement, surtout en hiver, vous aurez soin (je ne crains pas de le répéter encore) de délayer toute la couleur de ce glacis avec de l'huile blanchie[1], en y joignant une très-petite partie d'huile grasse ordinaire pour accélérer la dessiccation, au cas que votre huile blanchie n'ait pas assez de cette propriété. Mais si vous faisiez ce glacis à l'huile grasse pure, elle est si rousse qu'elle ternirait trop votre beau bleu, et il deviendrait bientôt verdâtre. C'est pourquoi je recommande de n'en ajouter que fort peu; ce peu contribuera puissamment néanmoins à faire sécher votre glacis[2] : dans tous les cas, ayez attention que votre couleur ne soit pas trop liquide; il faut, au contraire, la tenir très-ferme. Je me sers aussi de cette huile blanchie pour retoucher bien des choses, sans être obligé de repeindre partout; ce qui réussit fort bien, parce qu'elle est presque aussi blanche que de l'eau, en sorte qu'elle ne laisse aucune tache autour de la partie repeinte : avantage qu'on n'a pas avec l'huile d'œillet ordinaire. Je mêle aussi quelquefois un peu de smalt dans l'outremer et dans les couleurs obscures, qui sèchent mal d'elles-mêmes, comme dans les noirs et les terres de Cassel et de Cologne; mais, pour ces dernières, je ne les fais qu'à l'ébauche, afin d'éviter de me servir trop tôt d'huile grasse, qui forme toujours des épaisseurs désagréables.

---

1 Voyez la 7.e leçon, pour l'huile blanchie, et l'usage qu'il faut en faire.

2 L'on peut aussi mêler un peu de smalt n.º 18, pour aider ce glacis à sécher, surtout en hiver.

Il ne faut pas se servir en même temps d'huile grasse et de smalt, cela ne réussit que fort mal; il ne faut faire usage que de l'un ou de l'autre de ces siccatifs séparément. (Voyez l'article Smalt, n.° 18.)

N.° 17. *Bleu de Prusse* (de fabrication anglaise).

Ce bleu a été inventé en Prusse par un nommé Dippel; c'est pourquoi il s'appelle *bleu de Prusse.* Il aurait été plus convenable, ce me semble, de lui donner le nom de son auteur, comme on l'a fait pour l'espèce de bleu qu'a trouvé par la chimie M. Thénard. Quoi qu'il en soit, ce bleu s'imite actuellement partout ailleurs qu'en Prusse; mais je dois avouer que celui qui se fabrique en Angleterre m'a toujours paru de meilleure qualité et supérieur à ceux de toutes les autres fabriques : il faut qu'ils aient un procédé particulier pour le faire. Je ne doute pas qu'avec des soins et quelques nouvelles recherches on ne parvienne à le faire d'aussi bonne qualité en France que partout ailleurs; il ne s'agirait que de vouloir s'en occuper avec l'intention bien prononcée d'arriver à la plus grande perfection dans cette recherche.

Le bleu de Prusse anglais se soutient, d'après mes propres expériences, depuis plus de vingt-sept ans, employé seulement à l'eau gommée, et toujours exposé au grand jour, et même au soleil d'été. Il n'a éprouvé aucune altération sensible pendant ce laps de temps considérable, quoique mélangé avec du blanc de Crems, ainsi qu'avec des ocres, des rouges, et différentes autres couleurs. Cependant celui qui est mêlé avec du cinabre est passablement altéré ; mais cette altération de teinte n'a eu lieu que bien des années après qu'il a été couché en essai : d'où l'on peut conclure qu'un bleu de Prusse bien fait est presque inaltérable employé à l'eau. Il n'en est pas tout-à-fait de même quand il est employé avec de l'huile : il a verdi ou roussi ; mais cependant fort légèrement, si je le compare à tous les autres bleus de Prusse que j'ai essayés en même temps ou depuis.

Il n'en est pas moins une couleur très-précieuse, même pour la peinture à l'huile, parce qu'il fait des verts charmans mélangé avec différens jaunes, et que même, employé avec du blanc et des correctifs de laque, de noir ou d'ocre rouge, il peut rendre les plus grands services ; mais il ne faut pas l'employer tout pur mêlé seulement avec du blanc : sa teinte a quelque chose d'extrêmement dur et âcre, et ne se trouve en harmonie avec aucune autre couleur. Il est donc ainsi d'une utilité très-grande dans la peinture, et surtout pour composer certains verts pour lesquels l'outremer, qui est d'ailleurs trop cher, ne rendrait pas les mêmes services, parce qu'il n'a pas, comme le bleu de Prusse, la propriété de teindre les jaunes, en s'y incorporant d'une manière indéfinie par la ténuité extrême de ses molécules. Cependant pour les verts clairs et à demi gris-violâtre des différens plans de verdure déjà plus ou moins reculés dans le lointain, les verts faits avec l'outremer et le jaune de Naples sont plus fuyans et plus harmonieux ; ils participent davantage de la teinte des lointains, qui eux-mêmes doivent toujours être peints, pour la seconde fois, à l'outremer. (Voyez la 5.e leçon, où j'entre dans de plus amples détails sur la nature des différens verts, et sur la manière de traiter le paysage en général.)

N.° 18. *Bleu de smalt ou de cobalt.*[1]

Ce bleu approche beaucoup de la teinte de l'outremer ; il a cependant un œil un peu plus violâtre. On s'en sert pour peindre l'émail et la porcelaine ; mais, quand on l'emploie à l'huile ou à l'eau, il n'a point les belles qualités de l'outremer ; et quoique beaucoup de peintres s'en servent par économie, et que je m'en sois servi moi-même pendant assez longtemps pour la même raison, je n'en fais plus grand usage, surtout depuis que je me trouve être bien fourni d'outremer. Ce n'est pas que j'aie trouvé qu'il changeât, comme quelques personnes me l'ont dit ; mais sa nature trop dessiccative m'a souvent mis dans l'embarras, particulièrement en été, en peignant des chairs ou de grands ciels. Le plus beau se tire de Bâle en Suisse, ou d'autres villes d'Allemagne ; il coûte de sept à huit francs l'once : il est très-finement pulvérisé, mais non pas broyé. Voici pourtant ce que j'ai à dire en faveur de l'emploi de cette couleur pour certains cas :

Elle a la propriété singulière, et souvent fort commode, de faire sécher très-promptement toutes les cou-

---

1 Il ne faut pas le confondre avec le bleu de Thénard.

leurs dans lesquelles on peut en mélanger un peu, sans les altérer sensiblement, et cela sans le secours d'aucune espèce d'huile siccative : *il serait même mauvais d'y en mettre*. J'ai déjà dit que le smalt peut entrer dans l'outremer, dans les noirs et dans les bruns, sans le moindre inconvénient, d'autant plus qu'il n'en faut qu'une vingtième partie, et moins encore, pour qu'il fasse l'effet désiré, celui d'accélérer la dessiccation de ces couleurs, qui sèchent très-lentement d'elles-mêmes; et, d'ailleurs, comme le smalt n'est qu'un verre bleu, il n'a point la propriété de *teindre* les autres couleurs en se divisant à l'infini, comme le fait le bleu de Prusse et quelques autres couleurs; en sorte qu'il ne paraît pas sensiblement dans les mélanges, à moins qu'on ne le mêle avec profusion : mais sans cela ses particules restent toujours isolées, et ne foisonnent point en proportion de toutes les autres couleurs. N'étant pas chimiste, je ne sais trop à quoi attribuer sa qualité extrêmement dessiccative; mais il est de fait que tout celui dont nous nous sommes servis depuis plus de vingt ans, mes amis et moi, et que nous avons toujours tiré de Bâle, a produit constamment cet effet. Il n'en est pas de même du bleu de Thénard, qui est aussi une couleur tirée du cobalt. J'ignore quelle en est la cause; mais un habile chimiste m'a dit que le bleu de Thénard n'était qu'un sel tiré du cobalt, et que, sous cette nouvelle combinaison, il devait perdre en grande partie sa faculté dessiccative : je n'en peux dire davantage [1]. Quoi qu'il

---

1 L'on m'a dit que le bleu de Thénard provient de l'acétate de cobalt. Il est d'un très-joli bleu. Tous les marchands de couleurs en vendent à

en soit, l'un et l'autre sont d'un emploi à l'huile fort différent, et je préfère le bleu de *Thénard* au *smalt* de Bâle pour peindre de grandes parties (quand on ne veut pas employer l'outremer), parce qu'il laisse le temps au peintre de travailler tranquillement l'ouvrage qu'il a entrepris. Un autre habile chimiste de notre pays, M. le professeur Tingri, qui a écrit un ouvrage sur les vernis, il y a déjà vingt ou vingt-cinq ans, assure, au contraire, qu'un des défauts du smalt, c'est de ne sécher que difficilement. Je lui en ai parlé dans le temps ; il a paru fort surpris de l'assertion contraire, et de l'expérience que nous en avions faite constamment, mes amis et moi, et il ne savait à quoi attribuer la différence de ses propres expériences avec celles de notre longue pratique, si ce n'est à la différente nature des smalt eux-mêmes. A présent que je connais le bleu de Thénard, qui ne sèche pas très-promptement, je ne serais pas éloigné de croire que le bleu qu'il tirait du cobalt se rapprochait beaucoup plus de la composition de celui de Thénard que de celle du smalt que nous employons, et dont je veux parler ici.

Mais, pour en revenir à mon smalt, j'ajouterai qu'en en mêlant dans certaines autres couleurs pour hâter leur dessiccation, il faut bien se garder de dépasser la quantité que j'ai indiquée, si on l'emploie dans une saison chaude et sèche, et surtout lorsqu'il y a encore du blanc dans le mélange ; vous n'auriez alors que

---

Paris, et ils le nomment indifféremment bleu de cobalt ou de Thénard ; mais ils ont une grande différence à l'emploi, comme on vient de le dire.

quatre ou cinq heures pour pouvoir manier votre couleur, parce que le blanc d'une part, et le smalt de l'autre, sont deux siccatifs très-puissans. Un de mes amis, M. Tœpffer, dont j'ai déjà eu occasion de parler, a fait autrefois un grand usage du smalt; il m'a assuré qu'il le croyait dangereux à employer en remplacement de l'outremer, surtout pour les ciels; parce qu'il a éprouvé, m'a-t-il dit, que le smalt ne se lie pas bien avec l'huile, et qu'il finit par se détacher de la toile quand on en enlève un vieux vernis pour en remettre un nouveau, ou bien seulement lorsqu'on lave un peu vivement le tableau avec de l'eau. Waltin parle du cobalt comme d'une couleur qui change; mais je soupçonne beaucoup que, comme il n'était qu'un très-habile vernisseur, et point du tout un peintre en tableaux, il ne se sera servi que d'une qualité de cobalt ou de smalt très-inférieure, tels que ceux qu'on trouve dans le commerce sous le nom de *bleu d'azur*, dont on fait usage pour bleuir le linge ou les chandelles. Or, ce bleu n'est point du tout épuré; et d'ailleurs il se peut encore que, pour lui donner plus d'éclat et de coup d'œil, on y mêle quelque substance tirée du cuivre, comme les cendres bleues ou le bleu d'Anvers, etc.; car il n'est guère probable qu'un vernisseur, quelque soigneux qu'il soit dans ses ouvrages, emploie des couleurs de sept à huit francs l'once.

Au reste, je n'offre ici que mes conjectures, et je n'affirme rien. Tout ce que je puis dire, c'est que jamais cela ne m'est arrivé; mon smalt n'a jamais poussé au vert; il ne s'est pas davantage détaché de la toile.

J'ai encore plusieurs ouvrages, faits depuis au moins vingt ans, qui sont absolument dans le même état où je les ai faits, et où tous les bleus ne sont que du smalt. Beaucoup de peintres en font usage, surtout en Allemagne et en France; mais il ne peut s'établir aucune comparaison entre le smalt et l'outremer : c'est pourquoi je ne m'en sers plus guère que pour en mêler quelque peu dans les ébauches avec des couleurs brunes, pour hâter leur dessiccation, comme je l'ai déjà dit. Quand je reprends un tableau pour l'achever, je préfère me servir d'huile grasse pour les noirs et d'huile blanche pour les couleurs claires. Cette dernière ne laisserait rien à désirer, si elle n'était pas un peu trop visqueuse, ce qui la rend trop gluante au pinceau quand on peint de grandes parties, comme un ciel ou une grande draperie; néanmoins elle rend de très-grands services, et je la conseille sincèrement pour bien des cas.

N.° 19. *Bleu de Thénard, tiré aussi du cobalt.*

Ce bleu porte le nom de son inventeur, célèbre chimiste français; mais il n'a pas la qualité, ou, si l'on veut, l'inconvénient d'être aussi siccatif que le précédent. Je n'ai pas une très-longue expérience sur cette couleur, qui est au reste assez nouvelle; car, si je ne me trompe, elle n'est guère connue que depuis dix-huit ou vingt ans. J'ai eu peu d'occasions de m'en servir, par la raison qu'ayant beaucoup d'outremer, je l'ai préféré à tout autre bleu de cette teinte; mais les essais que j'en ai faits, il y a déjà une douzaine d'années, me paraissent se bien soutenir, et d'ailleurs je n'ai point appris qu'on s'en soit plaint, quoiqu'on en fasse beaucoup plus d'usage en France que du smalt proprement dit.

S'il se soutient bien, mêlé avec toutes les couleurs (ce qui est assez probable, vu la nature de sa composition), il n'y a pas de doute qu'il puisse remplacer l'outremer mieux qu'aucun autre bleu que je connaisse; parce que, outre qu'il se travaille assez bien, il ne sèche pas trop promptement. Du reste il a la même teinte que le smalt, et par conséquent il se rapproche assez de celle de l'outremer.

Au surplus, je suspends mon jugement sur cette couleur, que je connais trop imparfaitement pour oser ni la conseiller ni la proscrire; mais, d'après ce que j'en sais, il me semble que ce n'est pas trop hasarder que d'en peindre des draperies à la place d'outremer, quand ce sont des étoffes d'un bleu gai. Mais je préviens qu'on ne réussit guère à faire des glacis, ni avec le bleu de Thénard ni avec le bleu de smalt : l'un et l'autre ne foisonnent pas assez, si fin qu'on puisse les broyer, et leurs particules restent toujours trop anguleuses et trop isolées; d'ailleurs ils perdent la moitié de leur belle teinte bleue quand on veut les broyer jusqu'à extinction, et cette teinte alors devient un peu grisâtre.

BRUNS.

N.° 20. *Terre de Sienne non calcinée* (couleur brun-fauve).

Cette terre est d'un beau brun, elle est très-solide et fort transparente; mais, comme elle ne couvre pas assez, elle n'est pas bonne pour les ébauches : l'ocre de rue n.° 5 vaut, dans ce cas, beaucoup mieux, parce qu'elle a plus de corps; d'ailleurs les terres de Sienne poussent l'une et l'autre un peu au brun-noir, surtout quand on les mélange avec du blanc, qui développe encore davantage cette tendance; parce qu'étant bitumineuses, l'effet qu'elles ne produisent seules qu'au bout d'un certain laps de temps, a lieu plus promptement quand on les allie à des couleurs métalliques. Il n'y a qu'une seule terre de Sienne; mais comme en la calcinant elle prend une couleur rouge-brun orangé, on la distingue pour cette raison en *terre de Sienne non calcinée* et *calcinée*. Leur principal mérite gît dans une belle transparence, qui est fort utile dans les glacis et les préparations; mais je me sers très-peu de la non calcinée, à cause de sa forte tendance à noircir, et je lui préfère beaucoup le brun de Prusse [1], qui n'a point cet inconvénient, est tout aussi transparent et d'une couleur moins jaunâtre, et par-dessus tout sèche beaucoup plus facilement. Je ne m'arrêterai donc pas davan-

---

1 Voyez la manière de faire les bruns de Prusse, l'un, couleur de bistre, n.° 22, et l'autre, n.° 23, au contraire d'un brun orangé.

tage à la terre de Sienne non calcinée, d'autant plus que nous aurons plusieurs autres bruns[1] du même ton, et qui valent mieux pour l'usage. Il n'en est pas de même de cette même terre quand elle est calcinée; elle porte avec elle un ton chaud moins facile à remplacer, et pourvu qu'on n'en fasse pas excès, c'est une bonne couleur, légère et transparente.

N.° 21. *Terre de Sienne calcinée* (couleur brun-orangé).

L'on vient de dire que cette couleur est absolument la même substance que la précédente : la seule différence qui les distingue ne provient que de la calcination. Voici comment on la calcine :

Mettez de la terre de Sienne non calcinée dans une cuiller de fer, après l'avoir rompue en morceaux, dont les plus gros ne doivent guère dépasser la grosseur d'un gros pois; faites rougir le tout sur un feu vif, jusqu'à ce que la couleur elle-même soit devenue rouge vif comme la cuiller : versez-la dans une assiette propre, et l'opération sera faite. Cette couleur est très-solide, et d'une transparence parfaite; mais il ne faut pas non plus s'en servir avec le blanc, parce qu'elle tend à noircir, et que d'ailleurs elle ne couvre pas du tout; elle foisonne tellement aussi que, pour peu qu'on en mette dans un mélange, elle absorbe par sa couleur toutes celles qu'on lui associe. Il faut donc n'en user que sobrement, tantôt

---

1 Voyez aussi l'article du brun composé n.° 27.

pour réchauffer une teinte qu'on trouve trop grise ou froide à l'ébauche, et alors on ne fait que glacer, et tantôt pour la mêler, soit avec les laques foncées n.ºs 12 et 13, soit avec l'outremer foncé n.º 16, pour des touches d'ombres les plus vigoureuses dans les carnations. Disons en général qu'elle n'est guère propre qu'aux glacis et aux préparations [1], par exemple pour des glacis d'arbres roux, tels qu'on en voit beaucoup en automne, ou pour des *terrasses* [2] vigoureuses sur les premiers plans, pour des glacis de draperies d'un jaune orangé, ou brunes du côté de l'ombre ; pour des meubles d'acajou, etc. ; en un mot, partout où l'on veut produire un ton chaud, vigoureux et puissant ; mais elle est d'une telle force par sa teinte, qu'elle fait approcher de l'œil tous les objets qu'on glace par son moyen : en sorte qu'il faut bien se garder d'en jamais faire usage autrement que pour les premiers plans d'un tableau, qui sont censés être les plus rapprochés de l'œil du spectateur. Au surplus, on ne peut indiquer tous les cas où il est bon d'employer telle ou telle couleur ; mais ce qu'on vient d'en dire doit suffire à tout lecteur intelligent pour lui donner une juste idée des propriétés de cette couleur et de l'usage qu'on en doit faire.

Comme cette belle couleur pousse un peu au noir avec le temps, il faut la ménager, et n'en coucher qu'une

---

1 Voyez la 4.e leçon, pour les glacis et les préparations.

2 On appelle *terrasses*, tous les devants de terrains qui ordinairement sont sur le premier plan d'un tableau, et qu'on tient souvent dans l'ombre pour le piquant de l'effet.

petite quantité, c'est-à-dire, un peu moins que la place qu'on travaille ne semblerait l'exiger.

N.° 22. *Brun de Prusse* (couleur de bistre).

Cette couleur est une de celles qu'il faut faire soi-même : on ne la trouve point à acheter. Je l'appelle *brun de Prusse*, parce que c'est avec cette couleur qu'on l'obtient, c'est-à-dire, avec du bleu de Prusse très-obscur, mais de toute autre fabrique que de celles d'Angleterre, car avec ce dernier on ne peut y réussir. Je ne saurais en dire la raison; mais c'est une chose de fait : ce qui prouve qu'il y a une différence assez essentielle entre la composition des bleus de Prusse d'Angleterre et ceux des autres pays. Il arrive donc quelquefois que le bleu de Prusse ordinaire est préférable à celui d'Angleterre; mais ce n'est pas comme couleur bleue; c'est dans deux cas seulement : le premier, pour faire le bistre dont il est ici question; le second, pour en obtenir un noir excellent, dont nous allons bientôt faire mention. Passé cela, j'ai toujours employé le bleu de Prusse anglais de préférence à tous les autres comme couleur bleue.

Je ne saurais assez recommander l'emploi de cette charmante couleur de bistre; elle a tous les avantages réunis de l'*asphalte*, de la *momie*, de la *terre de Sienne non calcinée*, sans en avoir les inconvéniens. Je tiens cette découverte de mon ami M. Tœpffer, et je puis dire qu'il m'a rendu un grand service en me la communiquant. Elle est aussi belle et bonne à l'eau qu'à l'huile; elle ne change point du tout; elle est d'une transparence parfaite, d'un ton très-harmonieux; elle se marie avec toutes les autres couleurs sans inconvénient, et par-dessus tout cela elle sèche très-bien, et mieux que toutes les couleurs propres à faire des glacis et des préparations. Elle ressemble beaucoup à l'asphalte pour la teinte, ainsi que par sa belle transparence; en sorte qu'elle lui est préférable à tous égards. J'ai des tableaux, exécutés depuis plus de vingt ans, dans lesquels j'ai fait grand usage de cette couleur en glacis, soit en l'employant pure, soit mélangée avec des laques du bleu de Prusse ou des outremers; je puis affirmer qu'elle n'a pas subi le moindre changement : elle est du même ton qu'elle était à l'emploi, n'ayant ni noirci ni passé; en un mot, c'est une couleur parfaite sous tous les rapports. Elle se travaille très-bien, et l'on n'a presque pas besoin d'y mettre de l'huile grasse quand on l'emploie en glacis, ou du moins une très-petite quantité suffit; ce qui est très-avantageux, car l'huile grasse noircit par elle-même, et par conséquent fait noircir toutes les couleurs où l'on est obligé d'en mettre beaucoup; de plus l'on évite ces épaisseurs croûteuses que produit toujours l'huile grasse quand on est dans le cas d'en mettre à plusieurs reprises sur une même place dans un tableau.

Néanmoins, ainsi que toutes les couleurs très-diaphanes, elle n'est propre qu'à faire des glacis ou des dessous de préparations. Il est donc inutile de s'en servir dans les ébauches, car elle ne couvre point assez la toile. Ce brun *couleur de bistre* n'est presque point connu ; il ne l'est que par quelques artistes à qui mes amis et moi en avons parlé.

Il se fait, comme je l'ai déjà dit, avec du bleu de Prusse non anglais, pourvu qu'on ne choisisse pas les plus communs, qui sont d'une teinte trop claire : il ne s'agit que de le brûler à l'air. (Voyez la manière de le faire, à la Xe leçon. Mais je répète encore qu'il ne vaut rien pour empâter et couvrir la toile.[1])

N.° 23. *Autre Brun fait avec du bleu de Prusse anglais* (couleur rouge-orangé).

Ce brun se fait avec du *bleu de Prusse anglais*. Je l'ai obtenu par hasard, en cherchant à faire le brun précédent couleur de bistre, sans avoir jamais pu y réussir ; mais j'ai obtenu une autre sorte de brun qui, sans être d'une absolue nécessité, a pourtant bien son mérite. Il sèche passablement bien ; il ne s'altère nullement, soit pur, soit mélangé ; il est d'une ténuité aussi grande que le précédent, et il a la même transparence. Mais sa teinte est fort différente : il est à peu près de la couleur de la terre d'Italie[2] non calcinée ; mais il ne noircit point comme elle, ce qui fait qu'il lui est très-

---

1 On appelle *empâter*, peindre à la brosse avec une couleur abondante et bien nourrie, qui couvre entièrement la toile : c'est le contraire de ce qu'on appelle glacer, où l'on n'étend la couleur que fort mince.

2 La terre d'Italie est bannie de ma palette, malgré le beau ton qu'elle porte, parce qu'étant très-bitumineuse, elle noircit beaucoup avec le temps.

préférable. Néanmoins il n'empâte point, à cause de sa grande légèreté; mais il produit des glacis encore plus beaux que la terre de Sienne calcinée, sans jamais noircir. Il est beaucoup plus beau que l'ocre de rue n.° 5, dont il porte un peu la couleur, quoique plus vif et plus rougeâtre; il est tellement doux et fin, qu'on n'a presque pas besoin de le broyer. Il paraît que ce produit n'est qu'une espèce d'ocre extrêmement raffinée qui provient de la partie ferrugineuse qui entre dans la composition du bleu de Prusse, en sorte que cela donne une ocre pure sans mélange de marne.

Cette ocre est recommandable pour ceux qui peignent avec beaucoup de soin de très-petits tableaux, et qui sont jaloux de n'employer que des couleurs très-pures; mais elle coûterait trop cher pour peindre de grands ouvrages, parce qu'il n'en reste que peu pour une assez grande quantité de bleu anglais qu'il faut calciner.

N.° 24. *Asphalte, ou Bitume de Judée.*

Ce que j'ai dit de l'asphalte plus haut n'est pourtant pas une raison pour l'exclure des bonnes couleurs : les peintres s'en sont toujours servis, et les Flamands surtout. Cette couleur est excellente pour faire des glacis, à cause de sa belle couleur de bistre, de sa transparence parfaite, et de la facilité que sa nature, extrêmement divisée, donne à l'étendre par glacis aussi minces qu'on peut le désirer. Elle se mélange d'ailleurs avec toutes les autres couleurs transparentes, et par conséquent on peut lui donner le ton juste auquel on veut atteindre; mais elle a l'inconvénient de noircir, inconvénient qui provient, en premier lieu, de sa nature bitumineuse, et en second lieu, de ce qu'elle ne sécherait presque jamais si on ne l'employait pas à l'huile grasse toute pure.

C'est pour cette raison qu'il ne faut jamais s'en servir pour glacer des plans tant soit peu éloignés. L'inconvénient ne se ferait pas sentir tout de suite; mais, au bout d'un certain temps, ces glacis, venant à noircir, détruiraient toute harmonie. Il ne faut en faire usage que dans des parties d'ombres extrêmement obscures, et là où il n'y a pas à craindre de jamais être trop vigoureux.

Pour toutes les autres parties je préfère le brun de Prusse n.° 22, couleur de bistre, qui porte, à peu de chose près, la teinte de l'asphalte, et qui n'a aucun des inconvéniens que je viens de signaler.

Quelques peintres se servent de l'asphalte en le broyant d'abord à l'eau pure d'une manière impalpable, puis ils le laissent sécher sur la pierre, ainsi étendu sur toute sa superficie; après quoi ils le relèvent avec la spatule, ce qui le réduit en une poudre extrêmement fine et déliée. Ils mettent ensuite cette poudre dans une petite boîte de buis bien fermée.

C'est dans cet état qu'ils en délaient avec de l'huile grasse pure au moment où ils veulent s'en servir. Ils y trouvent le grand avantage que cette couleur devient beaucoup moins gluante et visqueuse que lorsqu'elle est depuis long-temps en vessie; mais je ne la trouve pas aussi divisée ni aussi belle que quand on la fait dissoudre au feu dans de l'essence. (Voyez la manière de procéder à cette opération, leçon 10.°)

Réflexions relatives à toutes ces espèces de Bruns.

J'ai donné l'indication de tous ces divers bruns, parce qu'ils sont tous, et chacun spécialement, plus propres à une chose qu'à une autre. Il semblerait d'abord qu'une seule de ces couleurs devrait suffire à tous les besoins, et en effet cela pourrait se faire; mais un peintre déjà initié dans les ressources de l'art sait toujours en faire un choix pour ce qu'il a en vue d'exécuter, et connaissant les propriétés naturelles de tous ces bruns analogues, il se décide pour l'un ou l'autre, selon la convenance et l'expérience qu'il a acquise. Je viens d'en donner un exemple en parlant de l'asphalte, qui ne convient que pour les plans très-rapprochés, ou pour les trous profonds, les cavernes, etc. Il en est de même des autres espèces de bruns; chacun a sa propriété particulière. Mais il est impossible de tout dire et de tout prévoir dans un enseignement de cette nature, où il n'y a jamais de marche absolument fixe. Chacun suit son inspiration. Il n'y a qu'une longue expérience, jointe à un esprit d'observation et à une organisation excellente pour être bon coloriste en général, qui puisse guider un peintre dans tous les labyrinthes et les mystères de la couleur. Je me suis donc borné à indiquer les couleurs que j'ai reconnues être bonnes, tout en signalant en même temps quels sont leurs inconvéniens, suivant l'emploi qu'on veut en faire. C'est au jeune artiste maintenant à se servir de son discernement pour ne les employer qu'avec réflexion, d'après les données générales que je lui ai indiquées.

J'aurais trop à faire aussi si je voulais rendre compte de toutes les raisons qui m'ont fait rejeter une multitude d'autres couleurs que beaucoup de peintres emploient journellement, par la seule raison qu'elles ont quelque chose de séduisant au premier coup d'œil, sans s'être donné la peine d'en faire des essais, ni le temps nécessaire pour les constater par l'expérience.

Peu jaloux de la durée de leurs productions, ils se livrent sans prudence à toutes les nouvelles couleurs qu'on leur présente; ils suivent ainsi le torrent, sans trop se soucier de ce que leurs tableaux deviendront par la suite, et pourvu que leurs yeux se satisfassent pour le moment, ils ne pensent guère à l'avenir. Cela est de très-peu d'importance pour la foule des artistes médiocres, assurément, mais non pas pour les autres. Une multitude d'excellens tableaux ne se seraient pas évanouis, ou entièrement détériorés, sans cette fatale insouciance; et sans puiser des exemples dans les tableaux anciens, dont un grand nombre sont devenus si noirs, je ne parlerai que de ceux des deux peintres les plus renommés de l'Angleterre, qui ont vu leurs ouvrages détruits ou défigurés de leur vivant : ce sont ceux du chevalier J. Reynolds et du célèbre West, que la mort n'a enlevé aux arts que depuis peu d'années. Cet exemple, que je pourrais accompagner de beaucoup d'autres, de tous les temps et de différens pays, est suffisant sans doute pour engager tous les bons artistes à ne pas se livrer inconsidérément à l'emploi hasardeux de toutes les couleurs qu'on leur présente; et si les réflexions que je fais à ce sujet peuvent les rendre plus soigneux et plus circonspects, j'aurai lieu de me féliciter des résultats de mon travail et de toutes les expériences que j'ai faites à cet égard. Mon livre assurément ne peut pas donner du talent à ceux qui en sont dépourvus, ni augmenter celui de ceux qui en ont; mais du moins mes recherches et ma longue persévérance peuvent être de quelque utilité à l'art sous ce rapport; car j'ose affirmer que ceux qui auront confiance dans la palette que je leur indique, n'auront jamais à se repentir d'avoir suivi mes directions, et c'est là vraiment la seule ambition qui m'anime.

Comme il n'entre pas dans mon plan, ainsi que je viens de le dire, de motiver toutes les raisons que j'ai eues de rejeter plusieurs couleurs, je ne les passerai pas, à beaucoup près, toutes en revue; je ne laisserai pas cependant de dire un mot en passant de celles qui sont le plus en usage, afin qu'on évite de s'en servir.

De la Momie.

Cette couleur, assez en vogue, n'est solide ni à l'air ni au soleil; elle est couleur du *brun de Prusse* n.° 22, si ce n'est qu'elle est plus jaunâtre; elle sèche plus difficilement encore que l'asphalte : c'est un vrai bitume comme ce dernier, et de plus c'est un corps gras. En voilà bien assez pour la rejeter, d'autant plus que sa teinte ne présente rien de plus séduisant que les bons bruns indiqués plus haut.

De tous les Stils de grain.

Ils ne sont solides ni les uns ni les autres; ils s'évaporent tous plus ou moins; et même celui d'Angleterre, si vanté, n'est pas beaucoup plus solide que les autres: il devient d'ailleurs inutile. Quant au stil de grain de Troyes, il ne faut pas seulement en parler; c'est ce qu'on appelle un déjeûner du soleil.

Je serais tenté de croire que les jolis tableaux de Breugel et de ses parens, dont les arbres et les lointains sont devenus si bleus, ont été peints, pour les verts, avec cette mauvaise couleur, et que, quand ils les ont faits, leurs verts étaient d'un très-bon ton de couleur; mais le jaune s'est entièrement évaporé, et il n'est resté que l'outremer.

Le Jaune minéral.

Ce jaune, dont on ne fait que trop usage depuis quelque temps, est une très-mauvaise couleur. On la tire du mercure. Elle noircit très-promptement; mais on est d'abord séduit par sa jolie teinte jaune jonquille. Le jaune de Naples vaut beaucoup mieux, malgré ses inconvéniens, et quoique sa teinte soit moins vive.

La Gomme gutte.

Elle n'est pas bonne à l'huile; elle n'est pas même bonne à l'eau, à moins qu'on ne la dépouille de sa gomme, comme je l'ai indiqué dans la note de la page 9.

La Laque jaune d'Anvers.

Elle n'est, comme les autres, qu'un stil de grain, qui est peut-être un peu plus solide; mais si elle ne s'évanouit pas au soleil, elle perd sa jolie teinte fine pour devenir d'un vilain jaune sale, moins beau qu'aucune ocre. Mes amis et moi, à qui on l'avait beaucoup vantée, en avons fait l'essai, qui nous a constaté ce que je viens d'en dire.

J'ai déjà parlé ailleurs de l'estime que méritent les orpins, ainsi que le jaune de chrome : toutes ces couleurs ne valent rien. (Voyez la page 11.) Je suis bien étonné que Lairesse ait pu conseiller d'aussi mauvaises drogues.

Des différentes espèces de Laques carminées, ou autres que celles de garance.

On vend une multitude de laques carminées, ou violettes, ou cramoisies, etc. Elles sont très-séduisantes; mais gardez-vous bien d'en faire usage : elles n'ont aucune fixité. Il n'y a que celle dite *de Venise* que je vous conseille, si vous en trouvez de la véritable, pour la brûler et en faire la couleur pourpre très-foncé indiquée sous le n.° 13.

Quant à toutes les autres, méfiez-vous-en, et tenez-vous-en, croyez-moi, aux deux laques de garance n.os 11 et 12. J'ai essayé plus de cinquante sortes de celles qui ne sont pas extraites de la garance, sans qu'aucune d'elles, et même les meilleures, résistassent plus que quelques mois, essayées à l'eau et au soleil. Mais procurez-vous un grand nombre d'échantillons de ces laques, faites-en l'essai à l'alcali et au vinaigre, comme je l'ai indiqué page 24, et quand vous verrez qu'elles résistent à cette épreuve, mettez-les de côté, pour voir celles de toutes qui vous donneront la plus belle teinte pourpre très-foncé après les avoir brûlées. Il y en aura sans doute un grand nombre qui deviendront grisâtres; elles ne valent rien pour faire le n.° 13. Les laques de garance même deviennent grises à la brûlure, ce qui prouve que ce n'est pas toujours à la solidité qu'elles ont dans leur état naturel, qu'on peut juger qu'elles sont bonnes pour les brûler. (Voyez l'article de la laque brûlée, page 24.)

Quant à toutes les laques vertes, violettes, et mille autres qui abondent chez les marchands de couleurs, il peut y en avoir de meilleures les unes que les autres, surtout dans les vertes; mais à quoi cela peut-il servir? N'avez-vous pas une palette qui peut vous donner tout cela en couleurs sûres et éprouvées? Ce serait une duperie, par conséquent, de courir la chance d'employer des couleurs douteuses dont vous n'avez aucun besoin réel, d'autant plus que, pour vous assurer de leur qualité, il faudrait au moins attendre dix-huit ou vingt-cinq ans d'épreuve.

Mais quand on vous présentera des couleurs qui auront bonne mine, et dont vous entendrez parler avec éloge, prenez-en un échantillon et faites l'essai.

Voici comment on peut s'assurer qu'une couleur est

non-seulement bonne et solide en elle-même, mais que, de plus, elle s'accorde bien avec les autres.

Vous ferez d'abord deux essais à l'eau gommée, parce que, de cette manière, le soleil, l'air, ou le grand jour, agiront plus promptement sur la couleur, et qu'il vous faudra moins de temps pour éprouver ce qui concerne sa solidité. Vous mêlerez ensuite une autre portion de cette nouvelle couleur avec plusieurs de celles dont vous faites usage à l'ordinaire, comme du blanc, du cinabre, tous les jaunes et les bleus, et même avec les bruns et les noirs, qui servent à empâter dans les ébauches. Vous coucherez ces essais de manière qu'à l'un des bords il y ait une assez forte épaisseur de couleur, sans qu'il y en ait trop, et vous l'affaiblirez progressivement jusqu'au bord opposé, comme serait une ombre qui se perd jusqu'au grand blanc. Quand vous serez arrivé à la teinte la plus faible, ce qui se fait plus promptement que je ne mets de temps à le décrire, vous tracerez à cet endroit un trait un peu ferme, soit avec la même couleur, soit avec un crayon de mine de plomb, afin de ne pas perdre la trace de l'endroit le plus mince de votre essai. Cela fait, vous le numéroterez, et vous aurez un petit livret où vous noterez le jour, le mois et l'année de l'essai, et le nom de la couleur, afin d'aller le consulter dans le cas où vous viendriez à oublier ce qu'est cette couleur, ainsi que celles avec lesquelles vous l'avez mélangée; le lieu d'où elle vous vient, son prix, etc. Vous ferez ainsi ces essais à l'eau sur une belle et forte carte, parce que de l'ivoire, qui vaudrait mieux, vous reviendrait trop cher. Chaque essai devra avoir la grandeur du tiers d'un domino à jouer, au moins pour les couleurs à l'eau : ainsi vous pourrez en placer une vingtaine sur une grande carte à écrire. Chaque carte portera son numéro particulier pour vous y reconnaître, et chaque essai en aura aussi un, depuis le n.° 1 jusqu'à 20. Votre petit livret aura les mêmes chiffres avec des explications, en sorte que vous pourrez savoir de suite quelle est telle couleur qui (par supposition) portera le n.° 16 de la carte n.° 3, et ainsi de suite. J'ai dit qu'il fallait faire tous ces essais doubles, et cela pour mettre une de ces cartes au grand jour et au soleil, et l'autre constamment enfermée et à l'ombre. De cette manière cette dernière conservera à peu près toute sa fraîcheur, et vous servira de point de comparaison pour connaître au juste les altérations qui se seront opérées dans la carte correspondante exposée au soleil.

Ce n'est pas tout encore ; il vous faut faire les mêmes essais à l'huile. Vous les ferez de la même manière, en couchant la couleur du fort au faible, et vous les ferez aussi doubles, afin d'en exposer un au soleil, et l'autre pendu ou cloué quelque part à l'air, mais non pas enfermé, parce que les couleurs délayées à l'huile changent de teinte et se détériorent sensiblement quand on les prive d'air.

Il est sous-entendu que vous prendrez les mêmes précautions pour numéroter chaque carton ou morceau de toile en particulier, et chacun des essais que contiendra cette bande de toile. Vous aurez un autre livret exprès pour les couleurs à l'huile, où vous répéterez tous les numéros, et où vous noterez toutes les explications convenables. Mais, au lieu de faire ces essais à l'huile sur une simple carte, vous les ferez sur un morceau de bon carton préparé ou à l'huile ou à la colle, ou sur une bande de toile imprimée à l'huile, comme on l'a indiqué[1] plus loin; et pour n'être pas pris au dépourvu quand le hasard vous offrira quelque nouvelle couleur à essayer, vous ferez bien d'imprimer d'avance vingt-cinq ou trente de ces morceaux de carton ou de toile. Il les faut au moins d'un demi-pied de long sur cinq pouces de large, ou à peu près, parce que les essais à l'huile doivent être du double ou du triple plus grands que ceux à l'eau, afin de mieux savoir à quoi vous en tenir. Cela fait, vous laisserez vos essais faire leur épreuve pendant quelque temps, mais en ayant soin de les placer de manière que ni la pluie ni la poussière ne puissent les endommager. Mais n'oubliez pas, je le répète, de mettre le plus grand ordre dans vos numéros, tant sur les essais mêmes, ou à côté, que sur les numéros qui seront la répétition des premiers, sur les pages de votre petit livre. Expliquez très-bien aussi quels sont les noms des couleurs, la personne de qui vous les tenez, à quelle date vous avez fait ces essais, si telle couleur est facile ou difficile à broyer et à travailler, si on vous l'a beaucoup vantée, à quel prix elle se vend, de quel pays elle vient, etc. Toutes ces sortes de particularités sont indispensables dans des

---

1 Voyez la manière dont il faut s'y prendre pour imprimer les toiles, cartons ou panneaux, soit à l'huile, soit à la colle, leçon 30.e

épreuves de ce genre, où l'on doit se reconnaître au bout de douze, vingt, et même quarante ans et plus.

Ce travail ne se présentera pas très-souvent; ainsi ne perdez pas courage. Cela se fait plus promptement qu'il ne semblerait, d'après l'explication très-détaillée que je viens d'en donner, et vous aurez au moins la satisfaction de pouvoir vous rendre à vous-mêmes et aux autres le même service que j'ai la satisfaction de vous rendre aujourd'hui; car, bien que l'assortiment de couleurs que je vous offre maintenant paraisse ne rien laisser à désirer, il est possible néanmoins que la chimie fasse encore de précieuses découvertes pour la peinture; cela est même très-probable, et ce ne sont point des avantages à négliger : mais il faut vouloir se donner la peine de faire les épreuves. Quant à moi, je n'ai pas laissé une seule couleur, à moi connue, sans la soumettre à l'essai, ou aux essais que je vous engage à faire sur les nouvelles couleurs qu'on vous présentera.

Voici un petit exemple, fort en raccourci, de la méthode que j'emploie pour ces essais : 1.° le nom de la couleur, de qui elle me vient, etc., et la date du jour, du mois et de l'année de l'essai; 2.° mélangée par moitié (je suppose) avec du blanc; 3.° mêlée *dito* avec du cinabre, etc., ainsi de suite, à mesure que je fais un nouveau mélange.

N.° 25. *Terre de Cassel* (brun-noirâtre).

Cette excellente couleur pourrait être classée parmi les noirs aussi bien que parmi les bruns, car elle a une telle force, qu'elle ombre les noirs même. Mais comme elle présente une teinte brun-bistre quand on la couche très-mince, et qu'elle a beaucoup de transparence, elle n'est pas propre à faire des noirs à l'ébauche, parce qu'elle ne couvre pas assez. Elle est d'un brun extrêmement intense quand on la couche par-dessus un brun d'ébauche, et en ce cas elle vaut infiniment mieux que les noirs, qui sont presque tous plus ou moins lourds et d'une teinte froide : en sorte qu'on peut, avec la terre de Cassel, obtenir des vigueurs qu'aucune autre couleur ne peut donner. Du reste elle est facile à manier, et on la broie en peu de temps; mais elle est assez bitumineuse, en sorte qu'il ne faut jamais la mêler avec les blancs, ni avec aucune couleur gaie et claire; elle les attaquerait : au surplus, ce serait tout-à-fait inutile. Les noirs sont préférables dans les mélanges, et on leur donne la teinte brune en y mêlant des rouges-bruns et des ocres brunes, plus ou moins, selon ce qu'on veut faire. Il faut donc réserver la terre de Cassel pour achever un tableau, et ne s'en point servir à l'ébauche. Elle vous donnera tous les bruns désirables, en la mêlant, soit avec la laque foncée, soit avec la laque brûlée, soit enfin avec les noirs : mais ce dernier mélange est rarement utile, puisqu'elle porte déjà d'elle-même la teinte noir-jaunâtre. Elle est à peu près couleur de la *sepia*, dont on se sert pour les lavis : on peut la coucher, comme elle, par teintes plus ou moins épaisses ou minces, et c'est selon l'épaisseur que vous lui donnez qu'elle acquiert plus ou moins d'intensité, et qu'elle paraît plus ou moins obscure.

Elle sert très-utilement pour achever toute espèce de teintes de cheveux, depuis ceux qu'on appelle châtains jusqu'à ceux qui paraissent noirs. Elle vous fournira, comme on l'a déjà dit, les touches les plus fortes des draperies noires, brun-foncé, etc. Elle est surtout d'un grand secours dans le paysage, pour les plus grandes vigueurs des troncs d'arbres et des terrains du premier plan, ainsi que pour peindre des rochers caverneux ou des trous profonds dans l'architecture.

Elle est ce qu'on peut désirer de mieux pour peindre le noir de la pupille dans les yeux, en y mêlant de la laque brûlée n.° 13 et un peu de bleu de Prusse pur. Ce mélange donne le noir le plus profond; mais l'on ne doit s'en servir que pour finir, car à l'ébauche il faut peindre la pupille en noir-brunâtre.

Ce noir, composé de terre de Cassel, de laque brûlée et d'un peu de bleu de Prusse, est tellement noir, qu'il ne faut que très-rarement en faire usage pour d'autres choses que des étoffes noires ou la pupille des yeux : il paraîtrait trop dur dans toute autre chose.

La terre de Cassel est du nombre de celles qui ne sèchent guère sans huile grasse : elle a cela de commun avec toutes les couleurs sombres, transparentes, et plus ou moins bitumineuses.

N.° 26. *Terre de Cologne* (brun-violâtre).

Cette terre est moins transparente et d'un ton plus rouge-violâtre que la précédente, et par conséquent elle couvre mieux : elle peut donc servir dans les bruns des ébauches. Néanmoins je ne la trouve pas indispensable; je n'en fais presque point usage : l'on peut facilement s'en passer, et la remplacer par un mélange de noir et d'ocre rouge, qui couvre encore mieux. D'ailleurs je crains un peu les couleurs toutes faites; elles rendent le peintre paresseux et négligent, et malgré lui il en met un peu partout, ce qui jette de la monotonie dans la couleur de ses ouvrages; au lieu que, quand il est appelé à composer ses teintes par des mélanges, il y met plus de variété, et ses ouvrages en plaisent davantage. Je pense aussi qu'il est bon de simplifier, autant que possible, les élémens de la palette, et qu'il est tout-à-fait inutile, et même préjudiciable et assez coûteux, d'avoir un trop grand nombre de couleurs en vessie, surtout de celles dont on ne fait que peu d'usage, parce qu'on en perd plus de la moitié, qui se sèchent ou deviennent grasses et visqueuses dans les vessies. Ayez donc de la terre de Cologne, mais qu'elle ne soit qu'en poudre déjà broyée à l'eau : elle pourra vous être utile pour faire de certaines draperies, dont la teinte se trouvera toute faite, soit en la mêlant avec un peu de blanc, ou de jaune, ou de rouge-brun, etc. Il est, en effet, assez agréable, dans le cas que je viens de signaler, de pouvoir compter qu'on retrouvera le ton juste d'une grande draperie dont la teinte est indéterminée, parce qu'il arrive assez souvent qu'on se trouve pris au dépourvu pour n'avoir pas préparé une assez grande quantité de couleur pour pouvoir l'achever en entier : mais ce n'est point une couleur qu'il faille de rigueur avoir dans un assortiment de vessies.

Je sais que plus d'un peintre donne de grands éloges à cette couleur, et à bien d'autres dont je ne fais que peu ou point de cas. En voici la raison. Chaque artiste prend telle ou telle couleur en affection, à l'exclusion de toutes celles qui lui sont analogues. Ce n'est point toujours qu'il ait reconnu que cette couleur est d'une nature meilleure qu'une autre; mais il cède à la force de l'habitude, ou bien il a été séduit, parce qu'une fois ou deux la partie qu'il a peinte avec cette couleur lui a bien réussi. Dès-lors il en mettra partout, comme si ce n'était pas à son talent qu'il doit ce succès, plutôt qu'à la qualité de la couleur qu'il a employée; comme si on ne le voyait pas quelquefois l'abandonner ensuite, en en disant encore plus de mal qu'il n'en avait dit de bien, et cela parce que son ouvrage n'a pas aussi bien rendu.

J'invite donc les jeunes artistes à ne pas céder à ces sortes de prédilections si communes parmi les peintres, et je leur demande, dans leur véritable intérêt, de s'en tenir aux couleurs que je leur conseille, et de les employer aux usages pour lesquels ma longue expérience et des recherches sans nombre m'ont convaincu qu'elles étaient le plus propres.

N.° 27. *Brun composé* (par un mélange).

Le brun composé dont je vais exposer tous les avantages, est une des ressources les plus utiles que je connaisse. C'est encore une des choses que je dois à mon ami M. Tœpffer.

Ce brun n'est point d'une teinte fixe, comme tant d'autres : on le compose à volonté, en lui donnant précisément la teinte qu'on désire, ce qui le rend propre à étendre des préparations et des glacis sur toute espèce de sujets et d'objets. Il n'y entre que les trois couleurs primitives, qui sont le bleu, le jaune et le rouge. De celles-ci dérivent toutes les autres, à l'exception du blanc et du noir, que les physiciens ne reconnaissent pas pour être réellement des couleurs, parce que, disent-ils, le noir pur absorbe à la fois tous les rayons de la lumière, et le blanc les renvoie tous. Au surplus, nous n'avons besoin pour les glacis ni du noir pur ni du blanc, ainsi je n'insisterai pas davantage là-dessus. J'ai dit que ce brun se compose des trois couleurs primitives : ce sont celles de l'arc-en-ciel, qui constituent les rayons du jour, et qui éclairent tous les objets visibles. On me dira peut-être que je ne parle ici ni *du* violet, ni du vert, ni de la couleur orangée : je réponds à cela qu'ils se trouvent par le fait dans ces trois couleurs; car avec le bleu et le jaune on fait le vert, avec le cramoisi (sorte de rouge) et le bleu on obtient le violet, et enfin avec le rouge et le jaune on fait l'orangé.

Voilà en effet toutes les couleurs dont se colore l'arc-en-ciel. L'on peut donc composer ce brun, et lui donner la teinte qu'on désire, en faisant dominer l'une ou l'autre de ces trois couleurs. Ainsi, on le rendra verdâtre en mettant peu de laque; on le rendra violâtre, en y mettant peu de jaune; rougeâtre, en y mettant peu de bleu; il deviendra de couleur chaude et orangée, en mettant peu de bleu et en laissant dominer le jaune et le rouge, etc.; enfin, on le rendra d'un beau brun parfait en partageant par égale portion ces trois couleurs mêlées ensemble, en ayant soin cependant de ménager le *bleu de Prusse*, qui a la propriété de teindre et d'envahir en quelque sorte la couleur naturelle des deux autres. En couchant ces glacis plus ou moins chargés, ou faibles, et en prenant des bleus, des jaunes et des laques plus ou moins foncés ou clairs, on obtient toutes les teintes imaginables.

EXEMPLE.

Composition du Brun composé pour glacer un plan déjà un peu éloigné, ou pour tout autre objet qu'on ne veut pas trop obscurcir, tel qu'une fabrique[1] *un rocher, un massif d'arbres, un terrain, une draperie, etc., ou même une partie d'ombre dans les chairs.*

Laque rose n.° 11;
Outremer clair n.° 15;
Ocre jaune-clair n.° 4;

Mêlez ces trois couleurs, en faisant dominer celle que vous voudrez, comme on l'a expliqué plus haut; mais ne glacez jamais sur ce qu'on appelle les lointains, qui prennent déjà la teinte bleuâtre.

---

1 On appelle, en terme de peinture, *fabrique*, tout bâtiment fait en maçonnerie.

Prenez les couleurs suivantes pour composer un brun plus intense :

Bleu de Prusse anglais n.° 17;
Ocre de rue n.° 5, ou jaune indien n.° 6;[1]
Laque cramoisie n.° 12.

Faites dominer celle de ces trois couleurs selon votre volonté, et glacez-en les plans rapprochés, etc.

Pour donner encore plus de force à ce brun, voici comment vous le composerez :

Bleu de Prusse anglais n.° 17;
Jaune indien (sans ocre) n.° 6;
Laque brûlée n.° 13.

Ce brun-ci ne doit s'employer que pour les plus grandes vigueurs. Vous ferez aussi dominer la couleur dont vous aurez besoin.

Avec cette ressource, qu'on peut varier à l'infini, l'on pourrait se passer de toute autre couleur à glacer, d'autant plus que toutes les couleurs qui composent ce brun sont d'une transparence et d'une solidité parfaite. Cependant je ne le conseille pas précisément : je dirai seulement que le bleu brûlé couleur de bistre n.° 22 et la terre de Sienne calcinée n.° 21 sont deux teintes toutes faites, très-propres à faire d'excellens glacis pour de certains objets, et qu'on aurait tort de les négliger; mais en même temps je crois de bonne foi qu'on ne ferait

---

1 L'ocre de rue n.° 5 n'est point aussi transparente que le jaune indien n.° 6; mais elle est préférable dans beaucoup de cas.

pas mal de se passer de tous les autres bruns, et surtout de l'asphalte, qui a de grands inconvéniens.

NOIRS.

Voici maintenant plusieurs espèces de noirs qui sont tous bons pour la peinture à l'huile. J'aurais pu en indiquer un beaucoup plus grand nombre encore, car presque toutes les substances réduites en charbon peuvent fournir du noir; mais il en est cependant dans le nombre qui sont de beaucoup préférables aux autres, soit par le ton qu'ils portent naturellement, soit parce qu'ils sont d'un noir plus ou moins franc et intense, soit parce qu'ils sont plus doux, plus veloutés et plus faciles à broyer, soit enfin parce qu'ils sèchent plus facilement que d'autres. J'en indique ici de neuf ou dix sortes, non que j'engage les jeunes artistes à se les procurer tous (ce qui serait fastidieux et inutile); mais je crois devoir les leur faire connaître, afin que dans l'occasion ils sachent à quoi s'en tenir sur leurs qualités distinctives.

N.° 28. *Noir d'ivoire.*

Celui-ci est d'un noir très-intense; il est doux, onctueux et facile à broyer. On en fait un grand usage; mais il sèche très-difficilement. D'ailleurs on y est souvent trompé : dans le noir d'ivoire du commerce, on mêle souvent beaucoup de noir d'os, qui ne sèche qu'après un temps indéfini.

N.° 29. *Noir de café.*

Ce noir, très-peu connu, ne se trouve point encore à acheter dans le commerce. Il est un des meilleurs qu'on puisse employer ; il est doux sans être gras, léger, presque impalpable, même avant que d'être broyé [1], et il donne des tons gris très-bleuâtres en le mêlant avec du blanc, qualité très-précieuse pour faire des bleus d'ébauche et des verts sourds. Il ne coûte rien que la peine de le faire, et je le préfère beaucoup au noir de vigne, bien que celui-ci soit excellent, parce que le premier est broyé en deux tours de molette, tandis que le noir de vigne fait ressort sous la molette, et ne se broie, à cause de cela, que très-imparfaitement ou très-longuement : d'ailleurs le noir de café sèche mieux que celui de vigne. Il est au reste d'une teinte très-fine et bleuâtre. Ce n'est pas un noir profond ; mais l'expérience nous a appris qu'il s'allie merveilleusement avec toutes les autres couleurs. Nous tenons ce noir d'un de nos compatriotes, habile paysagiste, qui réside ordinairement à Berlin, le même qui dit avoir trouvé le moyen d'épurer

---

1 Presque tous les noirs sont si légers, qu'ils surnagent quand on veut les broyer à l'eau, soit qu'on veuille s'en servir à l'eau gommée, soit qu'on veuille les garder en réserve en poudre sèche dans un flacon, pour s'en servir à l'huile dans l'occasion, inconvénient qui contrarie beaucoup le broyeur.

Voici un moyen très-simple de l'éviter. Il faut d'abord humecter le noir en poudre avec de l'esprit de vin avant que d'y verser de l'eau ; il s'affaissera de suite, et se mêlera promptement en deux ou trois tours de spatule ou de molette : alors vous y mettrez l'eau nécessaire pour le broyer, et il ne surnagera plus.

le jaune de Naples.[1] (Voyez la manière de le faire, leçon 11.e)

N.° 30. *Noir de papier.*

Ce noir est du genre du noir de vigne. Il est cependant beaucoup plus facile à broyer; mais il est assez long et ennuyeux à faire; et, quoiqu'il soit fort bon, nous sommes si riches en noirs, que je ne m'y arrêterai pas beaucoup. Il est fort doux, d'une jolie teinte fine, gris-bleuâtre. Mélangé avec du blanc ou des jaunes, on s'en sert avec avantage pour peindre le paysage, ou même les chairs. (Voyez la manière de le faire, à la note de la 12.e leçon.)

N.° 31. *Noir de bouchons.*

Ce noir est le plus léger, le plus fin et le plus bleuâtre de tous. Quelques-uns de mes amis l'appellent l'*outremer des gueux*, parce qu'il produit, par les mélanges, des teintes presque aussi fines que l'outremer. C'est beaucoup dire assurément. Il est si fin, avant même qu'il ait été broyé, qu'on pourrait presque s'en servir en ne le délayant qu'avec la spatule. Il a cela de commun avec le noir de café. Cependant l'un et l'autre sont plus beaux et meilleurs à travailler, quand on les passe sous la molette.

Il en est de même de toutes les couleurs; mieux on

---

1 M. Freschwise, l'un de nos collègues, membre de la Société pour l'avancement des arts, établie à Genève sous la protection du gouvernement, ainsi que mes deux amis MM. Tœpffer et Massot.

les broie, et meilleures elles sont : c'est un fait avéré. C'est pourquoi il ne faut pas transiger là-dessus, et se laisser gagner par la paresse : on paie trop cher cette négligence. Au surplus, le noir de bouchons de liége n'est point d'un noir de velours; c'est pourquoi il vaut mieux lui en préférer un autre, pour obtenir un noir parfait quant à l'intensité. Mais, pour les mélanges, il est admirable, et surtout pour les linges, les ciels, les lointains, et pour les différentes teintes rompues des carnations dans les ébauches. (Voyez la manière de brûler les bouchons, leçon 13.°)

N.° 32. *Noir de vigne.*

Ce noir est bon et beau, et on en fait un très-grand usage, surtout pour les grands tableaux, où l'on emploie beaucoup de couleur. Il est assez bleuâtre, et il va bien partout : en un mot, on aurait peu de chose à lui reprocher, s'il n'était pas très-difficile à broyer fin. Je lui préfère, pour cette raison, le noir de café, qui est au moins aussi beau, si ce n'est meilleur, qu'il ne coûte pas davantage, et encore moins, quand on le fabrique soi-même, et surtout parce qu'il est tout de suite broyé d'une manière impalpable. Néanmoins ceux qui seront à portée de se procurer des vessies de noir de vigne parfaitement broyé, auront raison d'en faire usage.

N.° 33. *Noir de Prusse.*

On obtient ce beau noir en brûlant du bleu de Prusse ordinaire, d'une bonne qualité, dans une boîte de fer bien lutée. Le bleu de Prusse anglais ne le donne pas. Il est d'un noir très-intense, fort doux et velouté, et très-agréable à travailler : il se broie en fort peu d'instans. Mais sa qualité la plus particulière, c'est qu'il sèche beaucoup plus promptement que tous les autres noirs : du reste, il est d'un noir bleuâtre, et il peut servir à tout. J'en fais grand usage, ainsi que mes amis. Il n'est presque pas connu des peintres, et il mérite de l'être. Mais je ne l'emploie que pour les draperies de couleur noire, parce qu'il revient plus cher que celui de café, qui est très-bon pour tout le reste. (Voyez la manière de brûler le bleu pour faire ce noir, leçon 14.°)

N.° 34. *Noir de Russie.*

Un ami, venant de Russie, m'a donné, il y a quelques années, un morceau d'un noir de ce pays. Je l'ai essayé : c'est une terre naturelle. On me l'a indiqué comme étant d'un noir extrêmement intense, ce qu'il m'a paru en effet; mais, comme tout le monde n'a pas la facilité de s'en procurer, je n'en parlerai pas : nous avons, au reste, assez de bons noirs.

N.° 35. *Noir d'os.*

Ce noir est fait avec des os brûlés : il est roussâtre et d'une belle teinte. Beaucoup de peintres en font cas; mais je remarque qu'il ne sèche qu'au bout d'un très-long espace de temps. Rien d'ailleurs n'est plus aisé que de donner la teinte rousse qui le distingue à tout autre noir : on n'a qu'à y mêler de la terre de Cassel, ou, si on le veut avoir encore plus chaud, de la terre de Sienne calcinée.

Je crois qu'on fera bien de ne pas se servir du noir d'os ; il faut l'employer avec trop d'huile grasse pour qu'il puisse sécher, ce qui est un inconvénient, à cause des épaisseurs croûteuses que ce procédé occasionne sur la toile.

N.° 36. *Noir de pêche.*

Il est un peu violâtre. On le fait en brûlant le bois des noyaux de pêche. Je crois que c'est un bon noir. On en fait grand usage, surtout à Paris ; mais nous avons tant de beaux et bons noirs, que je ne m'en sers pas. A quoi bon, en effet, avoir un noir qui porte une teinte violâtre ? On peut aisément la communiquer à tout autre noir qui sera d'une teinte vierge, en y mêlant de la laque, qui, loin d'affaiblir le noir, lui donnera plutôt de l'intensité.

Je me résume, en ne conseillant de tous ces noirs que le noir de café n.° 29, comme un noir excellent et abondant ; le noir de bouchons n.° 31, comme le plus fin et le plus bleuâtre ; et enfin le noir de Prusse n.° 33, comme le plus noir de tous.

Si l'on ne veut pas se donner la peine de faire ces noirs soi-même, je renverrai au noir de *vigne*, comme le plus bleu, et à celui d'*ivoire*, comme le plus noir.

VERTS.

N.° 37. *Vert-de-gris distillé ou en aiguilles.*

On sera sans doute fort étonné de voir figurer ici une couleur aussi corrosive; qu'on se donne la peine de lire cet article, et l'on se rassurera.

On ne glace avec le vert-de-gris que dans les cas, assez rares, où l'on a l'intention d'obtenir le vert le plus brillant possible, comme pour des plumages d'oiseaux, des papillons, des vitraux d'église, des draperies de soie ou de velours, et même quelquefois pour d'autres étoffes en laine d'un vert très-vif, comme sont certains schalls, et surtout enfin pour rendre l'effet brillant de certaines pierres précieuses de couleur verte.

Voici comment on peut, sans aucun inconvénient, se servir de cette belle, mais dangereuse couleur : vous ébaucherez et acheverez entièrement tous les objets que vous voudrez glacer avec du vert-de-gris, et vous les terminerez en tout point comme s'ils devaient toujours rester tels que vous les aurez peints. Faites vos verts avec le bleu de Prusse et l'un des jaunes-clairs n.° 3 ou n.° 4, en observant seulement de choisir plutôt le jaune de Naples que l'ocre, si vous voulez obtenir un vert très-gai; et, dans ce dernier cas, il vaut mieux faire le vert à l'outremer qu'au bleu de Prusse.

Observez bien seulement de tenir la teinte de vos verts beaucoup plus jaune que vous ne comptez les faire; on pourrait même, à la rigueur, commencer et achever entièrement en jaune l'objet qu'on veut faire devenir vert : c'est assez dire que vous ne sauriez tenir votre teinte trop jaunâtre. Elle deviendra d'un vert assez bleu quand vous l'aurez glacée avec le vert-de-gris, qui est d'une teinte extrêmement bleuâtre et froide. Je ne crains pas de recommander une seconde fois de terminer complétement votre draperie, votre plume, ou tout autre objet, avant que de penser à y appliquer le glacis. Il faut calculer son effet sur l'aspect qu'il aura quand il sera d'un beau vert, au lieu d'être d'un vert serin. Vous vous attacherez à y mettre tout le fini et tout l'effet désirables ; car le glacis une fois couché dessus, vous ne pourrez décidément plus rien retoucher. Mais ne mêlez absolument point de blanc dans votre vert-jaunâtre, il gâterait le tout. Cela une fois bien entendu, laissez sécher tout-à-fait votre ouvrage ; puis glacez sur tout l'objet une couche de jaune indien avec de l'huile grasse. Ce glacis doit être également étendu partout, et fort mince, si vous voulez tenir votre vert assez clair et brillant : il doit être plus nourri, si votre vert doit devenir plus ou moins foncé. Laissez encore bien sécher ce glacis, et qu'il n'y reste plus aucune viscosité. Après ces opérations, qui exigeront huit ou douze jours en été, et beaucoup plus en hiver, préparez-vous à mettre votre glacis au vert-de-gris. Voici la manière de s'y prendre :

Écrasez vîte un peu de vert-de-gris sur la pierre, ou sur une glace dépolie bien propre, et mettez-le en poudre fine avec la petite molette n.° 4. Il s'écrase et se pulvérise très-aisément.

Tenez votre gros pinceau tout prêt [1], et sans qu'il soit imbibé d'huile; mais que personne ne vienne vous détourner seulement une seconde, car cette opération demande la plus grande célérité, sans quoi l'on n'a pas le temps d'étendre uniformément le vert-de-gris.

Prenez du *baume de copahu* [2] et du beau vernis blanc à tableaux, qui soit fait avec de l'essence de térébenthine [3], délayez très-promptement, et en deux tours de molette, votre vert-de-gris, en mettant autant de copahu que de vernis, et ne tenez pas votre couleur aussi épaisse que pour peindre; rassemblez-la vîte au centre de votre glace, pour qu'elle ne se prenne pas trop promptement, et, avec votre brosse douce, blanche et neuve, étendez hardiment et rapidement votre glacis très-également partout, en évitant de passer et repasser souvent aux mêmes places, et continuez aussi long-temps que votre vernis est encore assez coulant et fluide pour se manier aisément; ne mettez pas plus d'épaisseur à une place qu'à une autre, et couchez votre glacis également, tant sur les clairs que sur les ombres, sans la moindre distinction; mais surtout dépêchez-vous, car vous n'avez

---

1 Une brosse douce, et qui ait bien toute la fleur du poil à l'extrémité, est préférable à un pinceau à plume. On proportionne sa grosseur à l'étendue du glacis qu'on a à faire; mais en général il ne faut pas la prendre trop petite.

2 On vend du baume de copahu chez tous les pharmaciens ou chez les bons droguistes. Il faut le choisir le plus blanc et le moins visqueux qu'on pourra le trouver.

3 Consultez la leçon 32.e, pour obtenir les meilleurs vernis à tableaux.

au plus qu'une minute ou deux pour étendre votre glacis.

Il est prudent de ne mettre que très-peu de couleur à ce premier glacis, parce que, si vous en mettiez une trop grande quantité, vous ne pourriez plus réparer cette faute : votre vert deviendrait trop foncé et resterait tel ; tandis qu'en y allant prudemment, vous avez la ressource de remettre une seconde couche de vert-de-gris après que la première aura eu le temps de se durcir, ce qui a lieu en été au bout de vingt-quatre heures.

Je ne saurais trop vous recommander de ne jamais repasser votre brosse sur une partie que vous auriez déjà abandonnée depuis quelques instans ; ce vernis se fige si promptement, que vos derniers coups de pinceau marqueraient à double, et vous auriez le chagrin de gâter toujours plus votre ouvrage à mesure que vous vous efforceriez de le raccommoder. C'est pourquoi il est essentiel de descendre par gradation, et de ne pas poser sa couleur là où l'on n'a pas l'intention ou le temps nécessaire de l'étendre très-également tout de suite.

Rien n'égale la splendeur des verts qu'on peut obtenir par ce moyen : les plumes de paon ne sont pas plus vives, non plus qu'aucune pierre précieuse de cette couleur. Mais, je le répète, il faut que la magie de l'effet soit tout entière sous ce glacis ; car on comprend fort bien qu'il ne fait que modifier le vert.

Partout où le peintre a voulu sacrifier la beauté de la couleur par des tons rompus et avilis, comme dans les ombres ou dans les profondeurs des plis, le vert ne paraît point trop brillant, parce que le vert-de-gris est presque aussi transparent que du verre; mais alors, dans les lumières, il brille de tout son éclat.

Cette couleur, toute dangereuse qu'elle est en elle-même, ne change nullement quand on l'emploie de cette manière : elle est tellement emprisonnée dans le copahu, qui devient fort dur, et dans le vernis, qui sêche à l'instant, que l'air n'a pas le temps de l'attaquer : en sorte que ce beau vert reste inaltérable. J'en ai la certitude; car il y a plus de quinze ans que j'ai usé de ce moyen extraordinaire pour des meubles de velours d'Utrecht, des schalls et des satins, et je puis affirmer qu'ils sont encore aussi brillans que le premier jour. Il est même dangereux d'en faire un usage trop fréquent, ou pour de trop grandes parties, parce que l'éclat de cette couleur tuerait toutes les autres.

Voici ce qui est arrivé à l'un de mes amis, pour n'avoir pas attendu que sa peinture fût suffisamment sèche avant que d'y mettre le glacis au vert-de-gris : la robe de velours qu'il a glacée de cette couleur s'est gercée partout; le copahu et le vernis ensemble, plus durs et plus forts que la couleur du dessous, l'ont grippée : en sorte que, dans ces milliers de gerçures et de petites fentes, on découvre jusqu'au fond l'impression de la toile. Cet exemple fait voir qu'il ne faut pas se hâter. Le vert-de-gris par lui-même est d'une teinte si froide, que, si on ne tenait pas le dessous très-jaune, ce vert serait presque bleu, et d'un ton âcre et désagréable.

N.° 38. *Laque verte.*

Je ne connais pas d'une manière certaine le nom que l'on donne habituellement à la laque verte dont je vais parler; c'est peut-être celle qu'on nomme *laque de gaude.*

On a plusieurs espèces de laques vertes que je réprouve toutes. Celle-ci peut être exceptée : elle est d'un vert gai et fort léger. J'en ai fait un essai en glacis, il y a environ six ans, sur une draperie verte d'un tableau qui m'appartient (car je n'aurais pas hasardé de me servir d'une couleur inconnue pour un ouvrage qui m'aurait été commis); elle s'est soutenue jusqu'à présent sans éprouver la moindre altération : elle est d'un très-joli vert-clair jaunâtre et d'une couleur très-vive.

Je ne puis pas encore porter un jugement définitif sur cette couleur; il n'y a pas assez long-temps qu'elle est éprouvée : mais je pense qu'elle peut être utile pour glacer certaines étoffes, certains verts d'arbres qu'on veut égayer; elle peut aussi rendre des services aux peintres de fleurs pour glacer les plus beaux verts des feuilles de leurs bouquets, et surtout celles que le jour traverse et éclaire en transparence. Mais il ne faudrait pas en faire abus, car sa couleur, posée en glacis, est d'un éclat perfide; il n'en faudrait placer que dans quelques parties d'une très-petite surface, ou du moins il faudrait que la peinture du dessous fût déjà rompue harmonieusement, afin que cette laque trop brillante ne pût briller que dans quelques petites places qui auraient été calculées et préparées pour produire cet effet.

On peut ne la glacer qu'avec de l'huile grasse, ce qui serait moins incommode que les glacis au vert-de-gris dont il est fait mention dans l'article précédent.[1]

Observations nouvelles, relatives aux Couleurs ci-dessus indiquées.

Je n'ai rien négligé pour indiquer quelles sont les meilleures couleurs, celles sur la durée desquelles on peut compter, et l'usage qu'il en faut faire, suivant leurs qualités particulières et selon le genre d'ouvrage auquel on veut travailler; je donnerai à la suite une méthode raisonnée propre à composer les teintes de la palette pour faire une ébauche de carnations et de tous les objets qui entourent les chairs; je ferai suivre cette leçon de toutes les indications absolument nécessaires pour employer cette palette avec succès et faire une bonne ébauche.

Plus loin j'indiquerai la composition d'une seconde palette, plus complète que la première, qui servira à achever les chairs, etc.; l'on trouvera à la suite également des directions détaillées pour se servir avec discernement de cette seconde palette. On ne doit pourtant pas s'attendre à ce que tout ce qu'il y a à dire et à prévoir puisse être renfermé dans un ouvrage élémentaire aussi peu étendu que celui-ci; j'aurais craint de devenir long et confus : mais j'ose espérer néan-

---

1 Cette laque se vend chez Bellot, rue de l'Arbre-sec, à Paris, et ailleurs.

moins que les personnes intelligentes et zélées qui voudront me suivre avec quelque attention, pourront trouver ici de quoi lever bien des doutes, et marcher seules dans les premiers pas de l'art de la peinture. C'est à ce but que je tends essentiellement. L'on me pardonnera, j'espère, quelques longueurs et des répétitions : j'ai mieux aimé tomber dans ce défaut que dans celui de n'être pas bien compris par trop de réserve et de brièveté.

Rien n'est plus embarrassant pour un jeune homme, ou un amateur, qui n'est pas à portée de recevoir les directions d'un bon maître, que de ne pas savoir comment s'y prendre pour composer les teintes de sa palette. Quelques auteurs en ont parlé, mais d'une manière si légère et si peu détaillée (du moins tous ceux que j'ai lus), que le peu qu'ils en ont dit n'est pas suffisant, à beaucoup près, pour conduire une personne qui n'a aucune connaissance préliminaire à cet égard.

La méthode que j'indiquerai me paraît si naturelle, qu'elle ne donnera aucune peine à composer. Les teintes se suivent et se succèdent par degrés insensibles, comme le font les touches d'un piano-forté. Cette palette est d'ailleurs assez abondante pour fournir à tous les besoins. L'élève pourra s'y reconnaître et s'y familiariser au bout de fort peu de temps.

Si par la suite, et lorsque l'élève ou le commençant aura acquis une certaine pratique, il préfère diminuer le nombre de ses teintes, et en faire une partie au bout du pinceau sur la palette, il aura raison; il fera bien de le faire, surtout pour la palette à finir, qui est la plus compliquée et la plus abondante en teintes rompues : mais je l'engage à ne pas se livrer trop tôt à cette économie de temps, parce qu'il peindra plus fraîchement et plus sûrement avec l'échelle de teintes que je lui indique. Malgré son étendue, elle ne suffira pas, à beaucoup près, pour exécuter tout ce que son modèle ou la nature lui offrira de variétés, puisqu'il faudra encore qu'il fasse une multitude de petits mélanges au bout du pinceau, en prenant un peu d'une teinte et un peu d'une autre, afin d'arriver juste à celle qu'il veut imiter. Mais il n'est pas moins vrai que, pour un commençant, il sera bien plus facile de composer une teinte quelconque, en voyant sur sa palette celles qui se rapprochent le plus de celle qu'il désire, que s'il était obligé, seul et sans guide, d'arriver à ce point avec des couleurs entières et toutes différentes de ce qu'il cherche. Bien loin d'avoir économisé le temps qu'il aurait consacré à faire une palette un peu variée, il en perdrait infiniment davantage en hésitations et en recherches pour faire ses teintes au bout de la brosse, et, de plus, elles n'auraient jamais la pureté et la fraîcheur de celles qui sont à peu près toutes faites.

(Voyez la leçon 17.e, pour faire une palette d'ébauche, et consultez en même temps la planche 7.e, pour l'arrangement des teintes.)

Quoique j'aie mis sur la même palette, représentée dans cette planche, l'arrangement des teintes qui servent à ébaucher et de celles qui servent à finir, je ne l'ai fait que pour éviter la confection d'une seconde planche. Mais l'on voudra bien se rappeler que les teintes d'une palette quelconque doivent toujours être placées sur le bord extérieur du bois, comme le sont celles de la palette *pour finir*, et que, par conséquent, les teintes de la palette d'*ébauche* devraient être rangées sur la même place qu'occupent, sur la planche 7.e, les teintes de la palette *pour finir*.

II.e LEÇON.

De l'Huile grasse, de la manière de la faire, et de son usage.

C'est improprement que cette huile, préparée comme nous allons l'indiquer, est appelée vulgairement *huile grasse;* elle est au contraire *dégraissée*, ce qui la rend siccative, et lui donne en même temps la propriété de faire sécher assez promptement toutes les couleurs avec lesquelles on l'incorpore. Je suppose qu'on lui a donné la dénomination reçue d'huile grasse à cause de sa qualité visqueuse, et parce qu'elle est beaucoup plus rousse et plus épaisse que l'huile de pavots, qui est celle dont on se sert ordinairement pour peindre les tableaux. Cette huile de graine de pavots porte elle-même un autre nom dans le langage des peintres : on l'appelle *huile d'œillet*, nom qui lui a été probablement donné à cause de la ressemblance des grands pavots avec le véritable œillet. Le vrai nom de l'huile grasse est *huile siccative;* mais, comme elle est généralement connue sous le nom d'huile grasse, nous lui laisserons cette dénomination.

Recette pour faire l'Huile grasse.

« Elle se prépare en mettant dans un pot tout neuf
« et vernissé une demi-once de litharge d'argent, au-
« tant de céruse calcinée, autant de terre d'ombre, et

« autant de talc ou de pierre à Jésus : en tout deux « onces de matières pour une livre d'huile *de lin*, « qu'on fait bouillir à feu doux et égal, de peur que « l'huile noircisse. Quand elle mousse, il faut l'écu- « mer. Lorsque l'écume commence à se raréfier et à « devenir rousse, l'huile est suffisamment cuite et dé- « graissée. Les matières, qui se trouvent alors déna- « turées en partie, laissent un marc ou sédiment dans « lequel se trouve une portion de la matière muqueuse « de l'huile, qui s'est combinée avec les ingrédiens « sous une forme emplastique. On laisse ensuite re- « poser l'huile ainsi desséchée et préparée, parce que, « dans les intervalles du repos, elle devient plus claire. « Plus elle est ancienne, meilleure elle est. Réservez-la « pour les occasions où vous en aurez besoin. »

Cette recette, que j'ai transcrite mot à mot de Wattin (dans l'Art du vernisseur, page 91), m'a parfaitement réussi. Elle est tellement siccative, quand elle est bien faite, que, si vous laissiez votre bouteille débouchée, il s'y formerait, au bout de quelques heures, à la surface, une forte peau, malgré que l'air n'y ait d'entrée que par un goulot assez étroit. Il faut donc la tenir constamment bouchée, et dans un endroit frais à l'abri du soleil.

Ne mêlez jamais l'huile grasse, en délayant vos couleurs sur la palette; car, au bout de deux ou trois heures, vous ne pourriez plus les manier et vous en servir. Il n'y a que quelques occasions où il faut la mettre dans les teintes que l'on prépare avec la spatule : c'est lorsque vous faites des glacis qui prennent peu de temps à étendre, ou bien lorsqu'on veut accélérer la dessiccation d'un fond, ou d'un terrain, ou d'une très-grande draperie, que vous comptez pouvoir achever en peu de temps. Vous pouvez également en faire autant pour peindre des cheveux, ou certains meubles de couleur obscure; mais n'ajoutez toujours qu'un quart, ou tout au plus un tiers, d'huile grasse dans votre couleur : cela est suffisant pour la faire sécher.

L'asphalte est la seule couleur qui exige d'être délayée et travaillée à l'huile grasse toute pure, sans quoi elle ne sécherait pas; c'est pourquoi je répugne à faire usage de cette couleur, comme je l'ai déjà dit dans la première partie. Pour toutes les autres couleurs, excepté pour la laque verte n.° 38, il ne faut en ajouter que tout juste ce qu'il en faut pour faciliter la dessiccation; et quant à ce qui concerne les teintes qui sont sur la palette (et surtout pour les chairs), il ne faut incorporer de l'huile grasse dans les couleurs brunes, qui sèchent mal sans cela, qu'à mesure qu'on en fait usage sur le tableau; ce qui se fait en en prenant un peu au bout du pinceau, pour la mêler avec la teinte qu'on choisit dans le moment même. On aura soin de puiser la couleur avant que de prendre l'huile grasse qu'on veut y faire entrer, et on posera ce qu'on en aura puisé sur le bas ou vers le milieu de la palette; sans quoi on gâterait bientôt les petits tas de couleurs, qui ne se maintiendraient plus assez long-temps frais.

L'usage général est d'avoir un peu d'huile grasse dans un godet de fer-blanc, qu'on accroche par un ressort sur le bord de la palette. Je n'aime pas cet usage pour peindre les petites choses, parce que, dans le fer-blanc, l'huile se dessèche promptement, et devient très-gluante.

Il est d'ailleurs impossible de ne pas la salir, en puisant constamment dedans avec un pinceau toujours plus ou moins chargé de couleur.

Ce godet est fort convenable pour ceux qui peignent de grandes choses, parce qu'étant large à sa base et plus étroit à son ouverture, on ne risque pas de laisser répandre l'huile quand on tient la palette avec négligence, d'autant que ce godet a environ deux ou trois pouces de hauteur. Si j'étais appelé à peindre de très-grandes toiles, je voudrais avoir ce godet en verre, pour y voir clair à travers, ce qui n'empêcherait pas de lui ajuster une monture en fer-blanc pour l'accrocher au bord de la palette; mais pour les petits tableaux je préfère un petit godet de sept ou huit lignes de profondeur seulement. Il faut se le procurer en verre, en porcelaine ou en ivoire, afin de pouvoir le nettoyer facilement et changer l'huile grasse souvent, quand on s'aperçoit qu'elle devient trop épaisse. Je fixe ce petit godet au-dessus du trou qui sert à passer le pouce pour tenir la palette : c'est une place où il ne gêne point du tout, et où il est commode de puiser l'huile avec le pinceau [1]; je le fais tenir avec une boulette de cire molle, qui n'est autre chose que de la cire vierge

1 Voyez la planche 7.e, pour le godet et tout ce qui concerne la palette.

amollie avec de l'huile d'olive. On les fait fondre ensemble dans une carte, au-dessus de la flamme d'une chandelle, et lorsque le tout est liquide, on y ajoute une pincée de couleur en poudre, comme, par exemple, du cinabre. Ce godet tient très-bien sur la palette avec cette cire, et l'on peut l'enlever et le remettre à volonté pour le nettoyer, ou lorsqu'on veut nettoyer la palette.

Il faut avoir l'attention de ne mettre que le moins d'huile d'œillet possible dans la préparation de toutes les couleurs qui exigent une addition d'huile grasse, sans quoi elles deviendraient trop liquides, et ne sécheraient que difficilement.

Il ne faut pas faire abus d'huile grasse, parce qu'elle forme des croûtes fort désagréables sur le tableau lorsqu'on en met trop, ou un trop grand nombre de couches les unes sur les autres. D'ailleurs, quand elle est trop épaisse, elle a elle-même beaucoup de peine à sécher à fond, parce que la superficie, qui sèche et se prend très-promptement, empêche que le dessous ne s'évapore, ce qui fait que ces places-là restent très-longtemps molles et visqueuses. Il faut en mettre un peu plus en hiver qu'en été, et surtout dans les noirs et les laques; mais en général une petite quantité suffit pour déterminer la dessiccation, excepté dans les glacis, où il en faut un peu plus. Il en faut mettre beaucoup moins pour faire les préparations. (Voyez la 4.e leçon, sur les glacis et les préparations.)

En général, une sixième ou même une huitième partie d'huile grasse, proportionnellement à la portion e couleur qu'on emploie dans l'instant où l'on peint, peut suffire pour faire sécher assez tôt, soit les préparations, soit les teintes sombres et vigoureuses des ombres des chairs. On voit, par cet exemple, que la quantité qu'on doit en prendre au bout du pinceau, quand on fait les teintes obscures des chairs, doit être bien peu considérable, puisqu'il faut la proportionner à la petite quantité de couleur qu'on puise dans les tas pour en faire un mélange sur le bas ou sur telle autre place vide de la palette.

Mais cela ne suffirait pas pour les laques et les noirs purs, non plus que pour la terre de Cassel et celle de Cologne, et encore moins pour l'asphalte.

Je n'ai pas craint d'entrer dans des détails minutieux sur l'emploi de l'huile grasse, parce que j'ai vu constamment que les élèves en abusaient, et ne craignaient jamais d'en trop mettre, ce qui noircit considérablement la peinture.

Il ne faut jamais en incorporer là où il entre du blanc, du jaune de Naples, ou toute autre couleur qui peut sécher aisément sans ce moyen ; n'en mettez jamais non plus dans les grandes et belles lumières des chairs, des linges ou des draperies de couleur gaie et claire. Il n'est qu'un ou deux cas où l'on peut se le permettre ; non pas pour les chairs, mais seulement pour certaines draperies laqueuses, lorsqu'on ne fait que les glacer avec de la laque toute pure ; mais dès qu'il y entre un peu de blanc, comme à l'ébauche, ce siccatif suffit. N'en ajoutez point d'autre, sans quoi votre rose deviendrait extrêmement sale. Quant à d'autres glacis de couleur

7

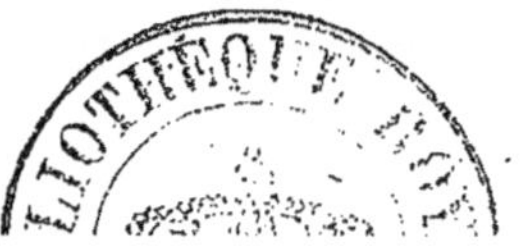

très-fraîche, par exemple les bleus-clairs, les lilas et les gris de lin, comme la moindre partie d'une huile rousse les ferait jaunir, n'employez alors que l'*huile blanchie*[1]; mais que la totalité de votre couleur propre à faire ce glacis soit délayée avec cette huile blanchie toute pure; alors la teinte de votre glacis restera égale, et séchera passablement, quoique moins vîte qu'avec l'huile grasse. N'employez jamais cette dernière ni dans les ciels ni dans les lointains; vous les terniriez en pure perte, attendu que la quantité de blanc qu'on incorpore dans ces sortes de choses suffit de reste pour qu'ils puissent sécher sans autre moyen. Les cinabres ne sèchent que difficilement sans une addition d'huile grasse; mais ce n'est que quand on les emploie purs, ou mêlés avec des laques ou d'autres couleurs qui sèchent peu : car dès qu'il y entre du blanc, cela devient superflu, à moins qu'on n'étende qu'un très-léger glacis, ce qui est très-rare; et alors il faut se servir de l'huile blanchie toute pure, sans aucune autre portion d'huile d'œillet ordinaire.

Quoique j'aie recommandé plus haut de ne jamais mettre d'huile grasse partout où il entre un mélange de blanc, il est cependant quelques occasions où l'on peut se le permettre; mais ce n'est que dans les choses où l'on ne craint pas que la teinte en soit un peu ternie, comme dans une draperie noire, bleu-foncé, ou

---

1. Voyez l'article de l'huile blanchie, leçon 8.e, et l'usage qu'on en doit faire. Cette huile sèche plus promptement que l'huile d'œillet ordinaire; mais elle est un peu visqueuse.

brune : il entre souvent du blanc dans les lumières, des deux premières surtout. Néanmoins on peut mêler un peu d'huile siccative, parce que ce sont des couleurs qu'on ne risque pas trop de ternir. On peut en dire autant des verts, des paysages, ou des draperies des premiers plans, ainsi que pour certains tons de rochers ou de murailles, dans lesquels une teinte roussâtre ne gâte rien. Je n'entrerai pas dans un plus grand détail à ce sujet; quand on aura acquis un peu de pratique sur tout cela, on saura facilement connaître les couleurs et les cas où il faut mettre ou ne pas mettre trop ou trop peu d'huile grasse.

Qu'on se persuade bien seulement qu'il vaut mieux pécher par le défaut d'en mettre trop peu, que par le défaut d'en mettre trop abondamment.

Au surplus l'on voit d'un coup d'œil, dans la liste nominale des couleurs, quelles sont celles qui exigent de l'huile grasse quand on les emploie sans blanc, ou sans une autre couleur qui les aide à sécher. On a vu que le smalt est aussi un fort siccatif.

III.e LEÇON.

Méthode pour mettre les Couleurs en vessie.

Je suppose la couleur suffisamment bien broyée à l'huile, et au degré d'épaisseur convenable. Il ne serait pas inutile de donner un exemple de ce degré d'épaisseur, car il est essentiel que la couleur ne soit ni trop dure ni trop liquide ; et ce dernier défaut est encore plus à craindre que le premier, parce que, outre que l'on ne peint pas bien quand la couleur est trop liquide, la quantité surabondante de l'huile ternit toutes les couleurs, et, de plus, elles se remplissent de poussière, à cause du temps qu'il leur faut pour sécher.

D'ailleurs, rien n'empêche qu'on ne puisse ajouter un peu d'huile aux couleurs qu'on trouverait trop fermes, au moment où on les entrepose sur la palette, tandis qu'on n'a pas la même ressource quand elles sont trop liquides, à moins que de s'astreindre à une manœuvre très-longue et assez pénible, qui est d'ajouter à la couleur un peu de la même couleur, broyée en poudre sèche, encore deviendrait-elle gluante et désagréable à travailler, parce que l'huile renfermée depuis un certain temps avec les couleurs dans les vessies devient plus ou moins visqueuse.

Je vais donc essayer de prendre un objet de comparaison qui puisse donner une idée assez juste du degré de consistance qu'il convient de donner aux couleurs. Je ne m'éloignerai pas trop de la vérité, en la comparant au degré de fermeté qu'a ordinairement le beurre frais en été dans un climat tempéré, comme Paris, par exemple. Il ne faut pas que la couleur puisse couler; mais elle ne doit pourtant pas résister au pinceau ni à la brosse, quand on en prend sur la palette. La couleur, sans être dure, doit pouvoir s'échafauder sans couler d'elle-même, quoique l'on penche ou qu'on renverse la palette en la tenant sens dessus dessous; et si l'on en prend avec la spatule gros comme une petite noisette, elle ne doit pas se détacher d'elle-même : elle doit être assez ferme pour qu'en penchant la spatule du côté de la tranche, le propre poids de la couleur ne l'entraîne pas, et ne la fasse pas tomber sans qu'on l'aide par une petite secousse, en frappant contre un angle avec le milieu du dos de la spatule [1], comme quand on secoue la couleur broyée à l'eau pour en faire des trochisques.

---

1 La spatule est une espèce de couteau de corne blonde, qui est ordinairement tout d'une pièce, ou qu'on peut emmancher à volonté. La grande figure X doit avoir environ douze pouces de longueur sur deux pouces de largeur dans le haut; elle doit être assez épaisse dans le bas, et avoir environ trois lignes : de là elle diminue d'épaisseur progressivement jusqu'à l'autre extrémité, où elle n'a plus que l'épaisseur d'une carte à jouer. Elle est coupée en biais : c'est là que doit être le tranchant qui sert à relever. Il faut les arranger soi-même : on ne les vend qu'ébauchées. On commence d'abord avec une lime, puis on achève l'ouvrage, soit en la ratissant avec du verre, soit en l'usant avec une pierre de grès et de l'huile. On pourrait tout aussi bien se servir d'eau; mais l'eau tourmente la corne, ce que l'huile ne fait pas. Il est

Pour que la couleur ait ce degré de fermeté, il faut qu'en commençant à y incorporer de l'huile, soit pour la broyer, soit pour la délayer quand elle n'est qu'en poudre; il faut, dis-je, que l'on ait un peu de peine à faire aller et venir la molette, ou la spatule, si ce sont des couleurs qu'on ne passe pas à la molette, comme les cinabres, etc. Pour cet effet vous ne l'abreuverez d'huile que petit à petit, en ajoutant toujours un peu plus d'huile à mesure que vous le jugerez nécessaire. Cette précaution est de rigueur; car sans cela vous humecteriez toujours trop vos couleurs. Elles paraissent être trop dures ou trop sèches en commençant; mais après quelques tours de trituration elles se trouvent être au bon point, parce que l'huile s'imbibe toujours davantage dans toutes les particules de la couleur [1]. Je suppose votre tas de couleur tout broyé et prêt à être mis en vessie : vous aurez chez vous de la vessie de porc, qu'il ne faut pas choisir trop dure ni trop épaisse;

---

très-agréable d'avoir des spatules bien faites, bien dressées, et qui relèvent nettement la couleur. Il faut que la petite spatule soit plus mince et plus souple que la grande. Du reste elle lui ressemble pour la forme; mais il faut pourtant qu'elle ait assez de force pour pouvoir écraser la couleur.

Voyez le dessin de la spatule (ou du couteau à couleur) sur la planche 2.e, figures X et Y. J'adopte la dénomination spatule, parce qu'elle est plus courte. Pour bien faire, il en faut une petite pour faire sa palette, et une grande pour relever la couleur quand on broie.

1 Voyez de quelle manière il faut laver et broyer les couleurs, soit à l'eau, soit à l'huile, leçon 4.e et suivantes, où vous trouverez également la description de tous les outils et arrangemens qui facilitent cet ouvrage.

il faut l'acheter toute soufflée et sèche, afin qu'elle reste bien étendue. L'on peut aussi se servir de morceaux du grand boyau, qui est plus souple, pour faire les très-petites vessies; mais celles-là se crêvent facilement. Vous coupez un morceau de cette vessie à peu près rond; vous avez auprès de vous une cuvette et de l'eau propre, dans laquelle vous le lavez et l'assouplissez, en faisant toujours la plus grande attention à ne pas perdre de vue le côté qui était l'intérieur de la vessie; car il est essentiel que ce soit celui-là qui reçoive la couleur : l'extérieur, étant toujours plus ou moins gras, la gâterait. Il ne faut pas faire tremper la vessie d'avance; il ne faut la plonger dans l'eau qu'au moment où toute votre couleur est prête à y être renfermée : sans quoi le morceau de vessie s'épaissirait en se retirant. Vous le frotterez un peu avec les doigts pendant qu'il est dans l'eau, afin de le laver, surtout du bon côté, qui est l'intérieur. Cela ne doit durer qu'une minute au plus; après quoi vous le retirerez, et vous en exprimerez l'eau, en le pressant fortement dans la main, en ayant toujours soin de vous rappeler le côté où il faudra placer la couleur. Vous aurez sur la table un linge propre, plié en six ou huit doubles; vous étendrez votre morceau de vessie dessus pour achever de le dessécher, en mettant l'intérieur en dehors. Vous aurez un autre petit linge plus fin, dont vous ferez un tampon, pour dessécher avec soin cet intérieur; mais vous ne ferez que frapper dessus, sans essuyer en allant et venant, de peur de gâter la vessie et d'en enlever des parcelles de fine peau. Vous frapperez donc à petits coups, en changeant de linge, si votre tampon vous paraît trop humide, jusqu'à ce qu'il n'y ait plus d'eau sur la vessie et qu'elle ne reste que souple.

Il faut que le morceau de vessie soit assez grand pour que vous puissiez envelopper toute votre couleur dedans sans la moindre difficulté. Ainsi je suppose, par exemple, que votre tas de couleur (bien rassemblé et bien rond, tel qu'il sera dans la vessie) soit du volume d'une noix; vous tiendrez votre morceau assez grand pour qu'il ait cinq fois le diamètre de votre couleur : en sorte que, quand elle occupera le milieu, il vous reste en tout sens deux diamètres pour la lier.

Votre vessie encore souple, mais sans humidité extérieure, devra être étendue sur la table. Vous prendrez alors votre tas de couleur avec la grande spatule, et vous ferez en sorte de la ramasser d'une seule fois, en un seul paquet, que vous placerez dans le centre de la vessie, en tâchant de ne pas l'étendre ni l'écraser, et vous secouerez légèrement le milieu du dos de votre spatule sur un angle ou sur un petit bâton, comme on l'a déjà expliqué ailleurs, pour faire tomber tout le paquet de couleur à la fois. Vous rassemblerez sur votre pierre tout ce qui y sera resté de couleur, ainsi que sur la spatule, et vous releverez le tout avec adresse, en le prenant par l'angle aigu de votre spatule, afin qu'en lui donnant encore une petite secousse, cela fasse lâcher prise à la couleur, qui tombera droit au-dessus du gros paquet. S'il vous en reste encore quelque peu, qui vaille la peine d'être recueilli, vous l'enleverez de nouveau avec l'angle le plus aigu, et vous pourrez encore le secouer; mais, s'il est trop léger pour tomber, alors vous l'essuierez sur votre vessie même, en l'approchant le plus près possible du centre.

Vous commencerez l'enveloppe en ne la repliant d'abord qu'en deux parties égales, comme est la forme d'un livre, et en tenant les bouts de la vessie de chaque main, sans presser la couleur, de crainte de la faire refluer à droite et à gauche.

Alors, en vous plaçant en face du jour, et en tenant la vessie élevée vis-à-vis de vos yeux, pour voir le paquet de couleur au travers, vous presserez doucement les deux parois avec les doigts, non pas à l'endroit où se trouve la couleur, mais tout à l'entour d'elle seulement, pour la mieux rassembler en un seul tas, et surtout pour qu'il n'y reste point d'air enfermé ; et pour cela vous rapprocherez toujours davantage vos doigts [1], et même vos ongles, du centre, en sorte que les deux parois de la vessie soient comme collées l'une contre l'autre : mais il faut laisser une petite issue par le haut et au centre, pour que l'air puisse s'en échapper. Quand cela sera fait, vous plisserez tout le haut de votre vessie, comme le haut d'une bourse ou d'un sac, et vous la lierez fortement avec du fil roux très-fort, en faisant cinq ou six tours, et en les rapprochant toujours plus près de la couleur, puis vous y ferez deux ou trois nœuds pour arrêter le tout.

Il vous restera, depuis la ligature en haut, un assez

1 Le pouce et l'index.

grand excédant de vessie, puisqu'il sera tout rassemblé dans cette place, comme quand on a lié le haut d'un sac. Il ne faut pas encore le couper, mais l'ouvrir et le développer, en le tirant un peu, jusqu'à l'endroit de la ligature, ce qui donnera à peu près la forme évasée d'un entonnoir. Vous regarderez alors quel est le bout ou le côté le plus long de cet excédant de vessie; vous le réserverez, en lui laissant au moins un pouce ou quinze lignes de largeur, ainsi que toute sa longueur: puis vous couperez tout le reste, avec des ciseaux, à demi-pouce au-dessus de l'étranglement de la ligature, et avec le bout restant, que vous aurez réservé, vous envelopperez toute la partie que vous aurez coupée, en le faisant passer par-dessus et en l'étendant tout au tour, comme un bouton que vous lieriez sur la première ligature. Cette seconde enveloppe est très-nécessaire pour consolider la première, parce qu'il arrive assez souvent qu'elle laisse échapper une partie de la couleur par en haut, quand on vient à presser la vessie pour la faire fluer sur la palette par l'ouverture qu'on lui fait par le bas; au lieu que cette dernière enveloppe, qu'on lie encore très-solidement, en faisant aussi plusieurs tours avec le fil, s'oppose tout-à-fait à cet inconvénient; en sorte que la couleur ne peut se faire jour, ni trouver une issue, quand on la presse, que par l'ouverture qu'on y pratique par le bas.

Il ne faut jamais presser la vessie pour en faire sortir la couleur que par le haut, depuis la ligature, en descendant toujours un peu plus bas, à mesure que la couleur diminue. Si on la presse indifféremment un peu partout, non-seulement on la refoule en haut, vers l'endroit de la ligature, qui est déjà vide, ce qui fait que la couleur s'y dessèche; mais l'on court risque de faire crever la vessie.

La plupart des peintres percent leurs vessies avec un clou : je n'approuve pas cette méthode. Il en résulte deux inconvéniens : on laisse le clou dans le trou pour qu'il ne se referme pas; le fer peut se combiner avec la couleur et l'altérer : lors même qu'il ne se combine point avec elle, son contact sèche la couleur. Je préfère le procédé suivant :

Je fais, droit au-dessous de la vessie, une incision en croix, de façon que chaque fente soit d'environ deux lignes : la couleur trouve ainsi une issue assez large pour s'échapper quand on presse la vessie; et quand on la repose sur son fond, les quatre lambeaux de la croix referment entièrement l'orifice, en sorte qu'il ne s'y insinue presque point d'air extérieur.

Il est vrai que, si l'on reste quelques jours sans retoucher la vessie, les parois se dessèchent (surtout avec le blanc) et se referment complétement; mais alors on reprend le canif, et l'on ouvre de nouveau la même incision sans difficulté, pour peu qu'on y mette d'adresse et d'attention. Au surplus, je n'indique ces petits soins que pour ceux qui voudront conserver plus long-temps leurs couleurs.

Voilà bien des détails, sans doute, et quelques-uns peuvent paraître minutieux; mais un peintre doit connaître toutes ces choses-là, pour les faire faire par d'autres, pour savoir si elles sont bien faites, ou pour les faire au besoin lui-même. Qu'on se souvienne, d'ailleurs, que j'écris principalement pour les personnes qui sont hors d'état, par leur position ou par leur isolement, de pouvoir se procurer toutes les choses nécessaires à la peinture. Il y en aura plus d'une, j'espère, qui ne me saura pas mauvais gré de m'être traîné sur des détails nécessaires, et pénibles à rédiger.

Les vessies de blanc doivent toujours être plus volumineuses que les autres, parce qu'on en dépense beaucoup : il est bon même d'en avoir toujours deux, afin de ne pas s'exposer à en manquer au milieu de son travail, ce qui peut devenir très-préjudiciable, surtout quand on peint un ciel ou d'autres grandes parties. Au surplus, on proportionnera le volume des vessies à la quantité de couleur qu'on juge devoir employer, selon la quantité d'ouvrage qu'on fait, et l'étendue des toiles qu'on a à couvrir. (Voyez une vessie de blanc d'une médiocre grosseur, planche 1.re, fig. *M*: elle est de la grandeur naturelle.)

Il faut aussi des vessies d'ocre jaune assez volumineuses. Quant aux laques et aux cinabres, on ne les met pas volontiers en vessie, il vaut mieux les avoir en poudre sèche, ne les délayer à l'huile qu'à mesure qu'on fait une palette et qu'on est sur le point de peindre; sans quoi ces couleurs se graissent. Je fais de même pour quelques couleurs précieuses, telles que l'outremer, le jaune indien, et d'autres dont on ne se sert que rarement : mais si l'on peint tous les jours, et long-temps de suite, il serait plus commode de les mettre en vessie, et surtout les outremers.

Pour maintenir vos vessies bonnes et fraîches aussi long-temps que possible, du moins pour celles que vous avez à double et à triple, ne les tenez point indifféremment dans votre boîte à couleur ou à tel autre endroit où elles pourraient se dessécher : enfermez-les dans une petite boîte de bois fermant bien, et celle-ci encore dans une autre. C'est à tort qu'on se sert de boîtes de fer-blanc ou de plomb : ces métaux font sécher les couleurs. Tenez cette double boîte de bois dans quelque endroit sec et à l'ombre : l'essentiel est de les priver de l'air et de la lumière. Si vous aviez préparé une forte provision de vessies, et que vous ne comptiez pas pouvoir les employer sur-le-champ, voici une manière très-sûre de les conserver une année, et même deux ou trois ans. Mettez-les dans un pot vernissé toutes ensemble, et baignez-les d'huile de noix, en sorte qu'il y en ait au moins deux pouces au-dessus des vessies [1] ; couvrez le pot et mettez-le au frais, même à la cave, et surtout à l'ombre : mais observez bien que ce procédé ne peut s'appliquer à des vessies qui auraient été ouvertes, ou qui seraient liées d'une manière trop lâche, parce que l'huile pourrait s'introduire dedans; c'est pourquoi je recommande l'emploi de l'huile de noix, avec laquelle on peut peindre quand elle est fort belle et claire. S'il s'en introduisait un peu

---

1 Avant que de mettre ainsi les vessies dans l'huile de noix pour les conserver, il faut les avoir préalablement renfermées dans une grande vessie toutes ensemble : cette grande enveloppe doit elle-même être parfaitement bien liée, afin que l'huile du pot ne s'y introduise pas.

dans quelqu'une des vessies, ce ne serait pas une raison pour les rejeter et les perdre; au lieu qu'avec l'huile d'olive, qui ne sèche point du tout, votre couleur serait décidément perdue.

Ne mettez jamais vos vessies dans l'eau, ni à la cave dans un endroit humide; elles s'y corrompent promptement : la vessie se décompose, se crêve, et la couleur est perdue.

Un grand nombre de peintres mettent aussi les restes d'une palette dans une assiette, avec de l'eau dedans : cela est bon pour le blanc et quelques autres couleurs qui ont plus d'affinité avec l'huile qu'avec l'eau; mais il n'en est pas ainsi des ocres, des outremers, du smalt, etc. : ils quittent l'huile pour s'amalgamer à l'eau, et le lendemain ces couleurs sont toutes décomposées et ne peuvent plus servir à rien.

Quand on ne veut pas perdre les restes d'une palette, qui peuvent encore servir, et qu'il serait dommage d'enlever, on peut les transporter, avec soin et propreté, sur un autre bois de palette : on les retrouvera encore passablement bons le lendemain. Quant aux couleurs qui auraient déjà une pellicule sur leur surface, il n'y a qu'à l'enlever délicatement avec la spatule : le dessous sera encore très-bon, si ce n'est pas pour peindre quelque chose de très-essentiel, comme un ciel, des chairs, etc.; et encore, si c'est en hiver, l'on peut tout faire avec elles, et même deux ou trois jours de suite. Mais, pour être plus sûr de son fait, voici ce que je conseille, et ce que je pratique pour moi-même : je ne tiens point ma palette dans ma boîte à couleur, comme on le fait ordinairement, outre qu'elle ne s'y conserve pas bien fraîche, il arrive qu'en la mettant dans sa niche ou en l'en retirant, on entame les petits paquets de couleurs, qui touchent souvent, par le haut, au bois de la boîte, ce qui brouille toutes les teintes. J'ai toujours à côté de moi une boîte de bois un peu plus grande que ma palette, et à peu près de même forme : cette boîte a environ quinze lignes de vide en élévation, et elle s'ouvre à charnière comme une tabatière. C'est là que j'enferme ma palette quand je ne m'en sers pas : elle est à l'abri de la poussière, parce que la boîte ferme à recouvremens, quoique librement, et je ne risque jamais de brouiller mes teintes. Quand je veux conserver la palette fraîche pour le lendemain, afin de m'éviter la peine d'en délayer une nouvelle, j'ai une autre boîte de fer-blanc, assez grande pour que la boîte de bois puisse y entrer : elle est aussi à charnière, et de même forme que la précédente. Ma palette, étant renfermée dans la boîte de bois, n'a point de contact avec celle de fer-blanc. J'enveloppe celle-ci d'un linge grossier très-humide, de façon à intercepter partout le contact de l'air extérieur, et de cette manière je la fais mettre à la cave, et sur la terre, jusqu'au lendemain, où je retrouve ma palette presque aussi fraîche que la veille. Si l'on m'objecte que je me contredis, ayant blâmé l'humidité et le fer-blanc, je ferai observer qu'ici ni l'une ni l'autre ne touchent les couleurs, puisque ma palette est dans la première boîte de bois. Je ne fais donc usage de celle de fer-blanc que pour pouvoir l'envelopper d'un linge mouillé sans inconvénient:

or, cette humidité ne traverse pas le fer-blanc; elle ne fait qu'intercepter l'air extérieur et maintenir ma couleur au frais.

Il faut que ce linge mouillé (qui n'est que de la toile d'emballage) fasse tout le tour de la boîte de fer-blanc, et qu'il y en ait trois ou quatre doubles les uns sur les autres. Le lendemain on essuie le fer-blanc, après l'avoir découvert et en avoir retiré la boîte de bois qui renferme la palette.

Il ne faut cependant pas pousser cette économie de couleur et de temps trop loin : il est un point où les couleurs, n'étant plus bonnes à travailler, vous feraient faire de la mauvaise besogne, et vous emploieriez plus de temps à les manier que vous n'en mettriez à faire une nouvelle palette. Il ne faut pas avoir trop de regrets de râcler une palette : un jour et demi, ou deux jours au plus, en été, est le terme le plus long pour la conserver, et trois ou quatre jours en hiver, en supposant toujours que vous avez pris les précautions que je viens de décrire. Au reste, il y a quelques mères-couleurs qui peuvent se maintenir fraîches plus longtemps que d'autres : tels sont les noirs, les bruns obscurs, les laques et les outremers. C'est à vous de voir si elles seront en assez bon état pour les conserver et les transporter sur la nouvelle palette. Les cinabres ne sèchent aussi que fort longuement. Mais si ces tas de couleur ne sont pas considérables, et qu'il ne vous en reste qu'une très-petite quantité, enlevez le tout, et refaites une nouvelle palette en entier. Il n'y a que les outremers (j'entends les outremers purs et sans mélange de blanc ni d'aucune autre couleur) que je vous engage à ne jamais jeter : enlevez-les; mais déposez-les dans un morceau de papier propre, et au bout de quelques années ils vous serviront encore pour des parties d'ombres, en les faisant rougir dans un creuset à feu ouvert. Il y restera peut-être quelques vestiges de l'huile brûlée; mais, en les lavant bien à l'eau chaude, et en les faisant sécher ensuite, ils seront encore bons pour beaucoup de choses.

Revenant au principal sujet de cette leçon, je n'ai plus qu'un mot à ajouter : je conseille aux commençans de mettre une étiquette sur toutes leurs vessies, en inscrivant le nom de la couleur sur une très-petite bande de papier, qu'on lie autour du moignon de la vessie; sans quoi ils ne s'y reconnaîtraient pas aisément. Mais au bout de quelques mois cela leur deviendra inutile, à cause de l'habitude qu'ils auront acquise; car, s'ils étaient un instant dans le doute, ils pourront s'éclaircir facilement en étendant une très-petite partie de la couleur sur l'ongle du pouce.

IV.e LEÇON.

Manière de laver les Couleurs brutes.

Les marchands ou fabricans de couleurs les lavent dans de grandes caisses ou jarres de bois, où il en peut entrer des quintaux. Ils pratiquent deux robinets, à différentes hauteurs, pour laisser d'abord écouler les premières eaux, sur lesquelles surnagent tous les corps légers; puis un autre, plus bas, pour séparer la bonne couleur d'avec le sédiment, qui est rempli de pierres et autres corps pesans. Comme il ne s'agit pas ici de conduire une fabrique, mais seulement de laver les couleurs nécessaires à la consommation d'un seul individu, je me renfermerai dans l'indication de ce que je pratique pour mon propre usage.

Quand vous achetez des ocres [1], et surtout l'ocre jaune-clair, ainsi que celle rouge-clair, qui contiennent beaucoup de pierres et de saletés, il est indispensable, avant de les broyer, de leur faire subir le lavage suivant, sans quoi la couleur serait non-seulement mal-

1 Il faut choisir les ocres qui sont du jaune le plus vif et le plus franc, et qui paraissent le moins pierreuses, soit jaunes ou rouges. L'ocre rouge-clair est l'ocre jaune-clair calcinée, et l'ocre rouge-foncé ou brun est l'ocre de rue, aussi calcinée, en les faisant rougir en gros morceaux, comme un œuf ou une noix, à un feu vif et à découvert, dans une cuiller de fer. La calcination rend ces ocres rouges, de jaunes qu'elles étaient. L'ocre de rue est beaucoup moins pierreuse que l'autre.

ropre, mais on aurait une peine infinie à la bien royer, à cause des pierres siliceuses qui s'y trouvent oujours mêlées, et qui sont d'une grande dureté.

Ayez un gros rouleau de bois de deux ou trois poues de diamètre, sur environ dix-huit ou vingt pouces de long; enveloppez votre paquet d'ocre dans de fort papier; placez-le sur une table et concassez-le, en le frappant de quelques coups; écrasez-le ensuite fortement, en faisant aller et venir le rouleau jusqu'à ce que l'ocre soit brisée et réduite en poudre grossière comme du gros sable; ôtez ensuite l'enveloppe de papier, et étendez une partie de cette poudre sur votre pierre à broyer : vous en prendrez le quart, la moitié, plus ou moins, selon la quantité que vous en aurez concassée, et selon la grandeur de votre pierre. Il ne doit pas y en avoir plus d'un quart de livre à la fois sur une pierre de quatre pieds carrés. Vous étendrez un peu cette poudre, et au lieu du rouleau de bois, dont vous aviez fait usage d'abord, vous vous servirez d'une bouteille ordinaire, que vous roulerez sur votre couleur pour la réduire en une poudre plus fine. Ayez soin cependant de ne pas appuyer trop fort, de crainte de couper le verre sur quelques pierres dures et anguleuses, ou d'écraser les pierres en même temps que la bonne couleur. Si, dans l'une ou l'autre de ces deux premières préparations, vous aperceviez des parcelles de pierre, vous les enleverez de suite, de crainte, encore une fois, de briser votre bouteille, qui doit être de verre noir et de forme cylindrique, ou à peu près.

Ayez ensuite trois grandes terrines communes, mais

vernissées, qui aient un bec pour écouler l'eau; jetez toute votre poudre d'ocre dans la plus grande des trois, et remplissez-la d'eau de fontaine jusqu'à un pouce du bord; puis vous agiterez toute la couleur, en la remuant avec un petit bâton propre, et cela pendant environ une minute, afin de séparer tous les corps qui peuvent surnager; laissez reposer la couleur jusqu'à ce qu'elle se précipite entièrement, et que l'eau qui est au-dessus paraisse claire; videz avec adresse cette eau, avec toutes les saletés qui surnagent; mais n'entraînez pas la couleur, car c'est celle qui reste dessus qui est la meilleure. Cela est fort aisé, pour peu qu'on y prenne garde, parce qu'il n'est pas nécessaire de vider toute l'eau, attendu que tous les corps qui surnagent, comme pailles, bois, crins, etc., s'écoulent facilement avec la première eau. Si vous apercevez encore des morceaux d'ocre qui soient trop gros, vous les écrasez dans la terrine avec le bout de votre rouleau. Vous répétez deux ou trois fois ce premier lavage, jusqu'à ce que la superficie de l'eau reste parfaitement limpide et claire, ce qui a lieu au bout de huit ou douze minutes. Après cela, brouillez de nouveau, et agitez fortement et vivement la couleur, en ayant toujours soin qu'il y ait de l'eau en abondance, et jusqu'à un pouce du bord environ. Tandis que toute votre couleur est comme suspendue dans l'eau, et sans attendre cette fois plus d'un quart de minute, vous la verserez dans la seconde terrine [1],

---

1 Ces terrines doivent avoir une espèce de bec sur le bord, pour faire écouler l'eau sans qu'elle puisse s'extravaser sur les côtés. Vous les

en y laissant passer toute la couleur, excepté le fond, qui contiendra la plus grossière, ainsi que les pierres, qui se seront précipitées au fond du vase. Vous remettrez de nouvelle eau dans la première terrine; vous agiterez de nouveau le sédiment, et vous en verserez l'eau, avant qu'elle se clarifie, dans la troisième terrine, en ayant soin de n'y pas aller trop brusquement, afin que les petites pierres qui sont au fond ne viennent pas à se verser sur la bonne couleur. Vous viderez alors l'eau de la seconde terrine, qui sera devenue claire, sur l'ancien dépôt de la première, sans entraîner la couleur; et enfin, successivement, vous recommencerez quatre à cinq fois cette opération, jusqu'à ce que vous ne voyiez plus au fond du premier vase qu'un sédiment grossier et rempli de pierres. Il ne faut pourtant pas pousser l'opération trop loin; cette couleur est à si bon marché, qu'il ne vaut pas la peine de perdre du temps à la recueillir toute, au risque même de la gâter : ainsi, rejetez tout-à-fait ce qui ne vous paraîtra plus valoir grand'chose.

Vous laisserez les terrines tranquilles jusqu'à ce que toute l'ocre se soit précipitée, et que l'eau qui est au-dessus soit claire comme celle de fontaine. Je suppose que vous ayez préalablement rejeté le dépôt pierreux, et lavé scrupuleusement la terrine qui le contenait; c'est alors dans cette première terrine, propre et

---

choisirez de dix-huit ou vingt pouces de diamètre, sur six pouces de profondeur environ. Il faut que ces terrines soient neuves et n'aient jamais servi, surtout pas à des choses grasses.

vide, que vous transvaserez toute votre bonne couleur. Mais, comme elle ne serait pas assez grande pour contenir l'eau des deux autres, vous aurez soin d'en verser ailleurs une grande partie sans entraîner de la couleur; et quand vous jugerez que la première terrine peut contenir le tout, vous rebrouillerez les deux autres l'une après l'autre, et vous mêlerez le tout ensemble dans la première terrine. Vous remuerez encore toute la couleur et l'eau avec votre petit bâton, afin de précipiter au fond le peu de pierrettes qui pourraient y être restées, puis vous laisserez le tout se reposer jusqu'à ce que l'eau redevienne parfaitement claire.

Alors vous décantez, c'est-à-dire vous videz très-doucement toute cette eau; mais vous vous arrêtez à temps, quand vous arrivez au moment où la superficie de la plus fine couleur commence à être entraînée avec l'eau. Vous la laissez reposer un peu, puis, avec une petite seringue, vous pompez avec précaution ce qui reste d'eau claire, sans le faire jusqu'à la dernière extrémité.

Cela fait, votre couleur se trouve très-bien lavée. Vous ne l'agiterez plus du tout; cela est très-essentiel. Faites alors sécher la couleur au soleil ou sur un poêle chaud, à l'abri de la poussière. Quand elle ne contiendra plus d'humidité, elle se fendra et éclatera, comme font les fortes terres en été.

Vous releverez alors l'ocre avec assez de précaution pour ne pas briser les divers morceaux qui se seront fendus et séparés par la dessiccation, et vous en ratisserez le dessous avec un couteau, pour enlever et rejeter encore les petites et très-fines pierrettes brisées, qui ont dû se précipiter au fond les premières, à cause de leur pesanteur spécifique.

Quand ces opérations sont terminées, ce qui ne prend pas beaucoup de temps, la couleur est pure, et se trouve prête à être broyée. Vous l'enfermez dans une boîte ou une bouteille, si celle-ci se trouve parfaitement sèche, et vous en prendrez au fur et à mesure que vous en aurez besoin pour la broyer. Mais je conseille toujours de la broyer à l'eau avant que de la mettre à l'huile : elle se broie mieux et plus promptement, et en quelques tours de molette vous en faites une vessie.[1]

C'est ainsi que vous laverez les ocres et toutes les couleurs terreuses qui vous paraîtront contenir des ordures ou des pierres, mais plus particulièrement les ocres jaune-clair n.° 4 et rouge-clair n.° 7.

Quant à l'ocre de rue n.° 5 et à l'ocre brun-rouge n.° 8, elles sont rarement sales; néanmoins un petit lavage leur fera grand bien.

Les terres de Sienne, de Cologne et de Cassel peuvent très-bien être broyées sans leur faire subir aucun lavage; elles n'en ont presque jamais besoin : c'est à vous de les examiner, et de voir si elles contiennent des corps étrangers.

C'est donc à ce petit nombre de couleurs que vous

---

1 Il s'entend que la couleur, après avoir été bien broyée à l'eau d'abord, doit être ensuite bien séchée en trochisques avant que d'être triturée à l'huile, ou avant que d'être conservée en dépôt, soit dans une boîte, ou, ce qui vaut mieux, dans une bouteille bouchée.

devez porter votre attention. Les autres sont ordinairement très-propres, et surtout les laques, les cinabres et tous les bleus, ainsi que les noirs; mais le jaune de Naples est souvent mêlé d'ordures. Cela dépend des soins de ceux qui le vendent. Vous l'examinerez soigneusement, et le laverez s'il est nécessaire.

Il me reste un mot à dire sur le choix des ocres, surtout quand on les achète en pain brut chez l'épicier (il vaut mieux les acheter en poudre).

J'ai déjà recommandé de les choisir d'un jaune ou d'un rouge franc et vif à la cassure : il faut rebuter celles qui ont une teinte louche et grisâtre, ou qui vous paraîtront trop graveleuses : les meilleures sont douces et savonneuses au toucher. Quant aux deux autres ocres, celle de rue et celle brun-rouge foncé, elles ne se vendent guère en pain; on les achète en poudre: mais encore faut-il les choisir d'une teinte franche et pure.

Il y a certaines ocres jaune-clair qui tirent un peu sur le jaune-doré : prenez de celles-là pour peindre les chairs, ainsi que pour les ciels et toutes les teintes chaudes. Il y en a d'autres qui sont plutôt d'un jaune tirant sur le verdâtre : celles-ci vous serviront à faire des verts et tous les mélanges qui s'y rapportent. Mais si vous deviez ne vous servir que d'une seule de ces sortes, il vaudrait infiniment mieux faire usage de celles jaune-doré que des verdâtres, parce que vous pouvez toujours donner aux premières la teinte verdâtre, tandis qu'il vous serait impossible de donner un jaune franc et doré à celles qui ne l'ont pas naturellement.

L'on vend aussi des ocres brunes couleur de terre 'ombre : ne vous y fiez pas; elles sont toujours perıdes, parce qu'elles sont bitumineuses, ce qui les fait ıoircir. Laissons ces terres d'ombre aux décorateurs : .e sont de mauvaises couleurs, quoique parfois il puisse s'en trouver par hasard de bonnes dans le grand nombre.

V.e LEÇON.

Des Outils nécessaires pour broyer les Couleurs.

Il faut avoir deux pierres à broyer, deux molettes, deux spatules, l'une grande et l'autre petite. (Voyez les planches 1.re et 2.e, où toutes ces choses sont représentées avec leurs formes, leurs proportions et leurs ajustemens.) Il faut en outre une table solidement fixée, pour qu'elle résiste aux efforts qu'on fait en broyant. J'indiquerai plus d'une manière de s'arranger pour cela, en signalant plus particulièrement celle qui m'a paru la meilleure, et dont j'ai imaginé et adopté l'ajustement.[1]

---

1 En 1801 j'entrevis la possibilité de broyer les couleurs, avec propreté et parfaitement, par des moyens purement mécaniques. Encouragé par l'espoir d'être utile aux arts, et même à l'humanité (car la profession de broyeur est des plus malsaines, et souvent même mortelle), je ne perdis pas un moment pour mettre mes idées au net, et m'assurer de mes moyens d'exécution par plusieurs petits modèles que je fabriquai successivement de mes propres mains.

Je m'en occupe encore maintenant, même plus que jamais, et en grand : j'ai l'espérance d'une réussite complète, tant pour les couleurs les plus fines pour tableaux, que pour les peintres en bâtimens : je suis à la veille, après beaucoup de dépenses, de temps et de persévérance, de voir mes tentatives couronnées d'un plein succès. Je ne m'étendrai pas davantage maintenant sur cette invention, où j'ai employé presque la moitié de ma vie et autant de ma fortune ; mais j'espère que bientôt le public en aura connaissance, et pourra en retirer les fruits.

De la grande Pierre à broyer.

Plus la pierre a d'étendue, plus le broyeur a de facilité pour accélérer son travail; mais il y a cependant des bornes raisonnables, auxquelles il faut s'arrêter. La bonne proportion pour un peintre de tableaux est celle de quatre pieds carrés de France, c'est-à-dire deux pieds sur chaque côté; mais comme les pierres dures et propres à cet usage, telles que sont les porphyres, les agates, etc., sont fort rares et chères, on peut leur substituer des glaces de Paris, épaisses de quatre ou cinq lignes, et plus encore. Ces glaces, qu'on peut se procurer à la fabrique royale, faubourg Saint-Antoine, à Paris, ne sont que *doucies;* c'est-à-dire qu'elles n'ont pas été polies : mais elles sont très-bien dressées, et le grain assez grossier de leur surface est précisément ce qu'il faut pour broyer. On cède ces glaces à bon compte, parce qu'elles ont presque toujours quelques bulles, ou des défauts qui les déprécieraient considérablement aux yeux des miroitiers, mais qui n'ont aucun inconvénient pour les broyeurs.

Cette qualité de verre est plus dure que la plupart des pierres communes dont les broyeurs font usage; et en admettant que l'emploi en détache à la longue quelques particules, la quantité en sera si peu considérable qu'il ne vaut pas la peine d'en faire mention. D'ailleurs le verre réduit en poudre impalpable n'a ni couleur ni consistance; c'est une poudre blanche, transparente, qui, mêlée dans la couleur, même avec abondance, n'y ferait presque aucun tort : elle aurait plutôt la propriété, comme le smalt, de faciliter la dessiccation. Je ne prétends cependant pas insinuer qu'on doive user de ce moyen ; je ne le signale que pour tranquilliser ceux qui craindraient, à tort, un mélange insensible produit par l'usure du verre. Les pierres de porphyre rouge ou d'agate sont, sans contredit, ce qu'il y a de meilleur ; ceux qui pourront s'en procurer d'assez grandes, feront bien de les acquérir : mais mon expérience m'a convaincu que l'usage des fortes glaces n'a aucun inconvénient. D'ailleurs, les agates et les porphyres sont d'un prix excessif, et coûteraient au moins vingt ou trente fois plus qu'une glace de même dimension. Il est beaucoup d'autres pierres dont on fait usage chez les vernisseurs, et même chez les marchands de couleurs pour tableaux, mais qu'il ne faut pas employer ; comme un certain grès, moins dur que le verre, et qui d'ailleurs a le grain si rude, qu'il s'use beaucoup, et salit toujours plus ou moins les couleurs délicates ; il peut d'ailleurs les altérer en s'y combinant : c'est un risque que l'on ne court point en se servant d'une glace épaisse. Toutes les espèces de marbres dont on fait des dessus de tables ou des chambranles de cheminées sont plus tendres que le verre, et principalement les marbres blancs ou gris-blancs. Les marbres noirs ou gris-obscurs, rouges, jaunes ou autres, déposent considérablement quand on broie sur eux ; on le voit pour les jaunes, et surtout pour celui de Naples ; ils deviennent presque verts : n'en faites donc aucun usage. Il est des espèces de granites qui seraient bons à cause de leur rande dureté, ainsi que certains silex; mais les premiers ont rarement le grain égal, et les seconds ne se rencontrent pas en tables assez grandes : il faut toujours en revenir aux porphyres ou aux glaces.

De la petite Glace ou Pierre à broyer.

Cette petite glace sert à broyer de petites portions de couleur avec la petite molette n.° 3; elle est portative, et l'on s'en sert pour délayer et préparer, en quelques tours de molette, certaines couleurs en poudre déjà broyées à l'eau, ou qui n'ont presque pas besoin de l'être, comme les laques, les outremers (quand on ne les a pas mis en vessie), le jaune indien, qu'il faut avoir toujours en poudre, broyé à l'eau, le vert-de-gris, etc.[1] Cette petite glace et le petit broyon n.° 3 servent à préparer à l'huile toutes les couleurs qu'on ne veut pas mettre en vessie, et qu'on ne délaie qu'au moment même où l'on veut s'en servir; comme aussi lorsqu'on se trouve au dépourvu d'une vessie, et qu'on n'a pas le temps d'en faire une nouvelle pour le peu de cou-

---

1 La petite glace doit avoir environ un pied carré. L'on fera très-bien d'en avoir deux; l'une pour broyer les couleurs que je viens de signaler, au moment de faire sa palette le matin, et l'autre qu'on réservera pour y faire les teintes et les mélanges, comme je l'explique ailleurs. Avec ces deux glaces, qui ne sont point coûteuses, on évitera de perdre du temps à nettoyer la première après qu'on a broyé dessus, et l'on en trouvera une propre toute prête pour faire les teintes de la palette, quitte à les nettoyer toutes deux après, quand on est moins avare de son temps. (Voyez les planches 1.re et 2.e, pour tous les outils à broyer.)

leur dont on manque dans le moment. Quant aux deux cinabres, il n'est pas nécessaire de les triturer à la molette; il suffit de les délayer vivement, en les écrasant un peu fort avec la spatule de corne. J'en ai déjà dit un mot ailleurs. Il ne faut pas que la petite glace soit aussi épaisse que la grande; mais si le hasard vous la fait trouver telle, ce n'est que mieux.

L'usage d'une de ces petites glaces est très-commode pour faire toutes les teintes d'une palette sans en salir le bois. Je me réserve d'en parler plus au long quand je traiterai ce sujet. (Voyez la 15.e leçon, pour faire les teintes d'une palette d'ébauche; et les planches 1.re et 2.e, pour tout ce qui se rapporte au broiement et à la petite glace.)

Pour faire de petites broyées sur la petite glace, ainsi que pour faire les teintes d'une palette sur l'autre petite glace, il est très-commode d'avoir une table bien dressée et parfaitement plate, recouverte en flanelle, et celle-ci d'une toile cirée. On trouve à cela plusieurs avantages: d'abord celui de faire porter la glace à plat, ensuite celui de la propreté; car l'huile s'essuie et se nettoie facilement sur la toile cirée, et une éponge ou un linge font disparaître l'eau qu'on aurait répandue en broyant à l'eau. D'ailleurs, quand vous broyez sur une petite glace libre, le mouvement rapide que vous imprimez à la molette fait aller et venir cette glace, ce qui vous fait perdre de la force et du temps. En mouillant la toile cirée et le dessous de la glace, celle-ci se soude en quelque sorte sur la toile cirée; l'eau remplissant tous les vides de l'air, la glace y reste immobile et solide. Quand on voudra l'enlever aisément, on le fera en introduisant avec précaution une lame mince, comme une spatule, entre la glace et la toile cirée.

De la grande Molette (figure *A*, planche 1.re).

La grande molette doit avoir de quatre à cinq pouces de diamètre a sa base, c'est-à-dire à l'endroit qui sert à broyer, et qui écrase la couleur. Il est encore nécessaire qu'elle soit d'une matière plus dure et plus compacte que la glace ou la pierre à broyer, parce qu'elle s'use et fatigue infiniment plus qu'elle : le mieux est d'en avoir une en porphyre ou en agate. Le biscuit dense de la porcelaine de Sèvres, près Paris, est aussi d'une très-grande dureté : l'on en fait des molettes pour les peintres et des mortiers avec leurs pilons pour les chimistes, dont l'expérience a constaté la bonté ; j'en possède moi-même dont je me trouve fort bien.

De quelque matière que soit une molette, il est indispensable, 1.° qu'elle soit bien dressée en dessous ; 2.° qu'elle ait un biseau arrondi tout autour de son bord inférieur ; 3.° et que la surface qui écrase et broie la couleur soit mate et dépolie, comme le sont les glaces seulement doucies, qui servent à broyer et à délayer les couleurs dont je viens de parler.

Il est très-essentiel de donner entrée à la couleur sous la molette, en pratiquant, comme on vient de le dire, un petit biseau ou chanfrein arrondi tout autour de la base de la molette, afin qu'elle n'appuie pas sur la glace dans cette partie-là, et que le *replat*, qui doit broyer, ne se termine pas en vive arête sur les bords : cela empêcherait de mouvoir la molette, parce qu'elle ne laisserait rien s'introduire entre elle et la glace, et bientôt l'on broierait à sec. Ce biseau en talus arrondi ne doit pas être trop large, et il doit mourir imperceptiblement, et venir se confondre avec le dessous de la molette, lequel doit être tout plat et bien dressé : pourvu que ce biseau ait un talus d'une ligne et demie, cela suffit. On aura une idée assez juste du talus arrondi, en examinant le bas d'une bouteille ordinaire qui s'arrondit en mourant jusqu'à la partie du fond qui repose sur la table. Il faut qu'il soit très-égal tout autour, et même il vaut mieux qu'il soit poli que mat : la couleur s'y grippe obstinément, et l'on a beaucoup de peine à l'en détacher quand le biseau n'est que grossièrement usé.

Pour dresser le dessous d'une molette, on l'use avec de la poudre d'émeri, pour une molette de porcelaine en biscuit dur ; et si la molette est de verre, on se sert de sablon blanc très-dur et très-également tamisé. L'on se procure une planche, d'un pouce d'épaisseur, qui soit elle-même bien dressée ; on y répand, à plusieurs reprises, de l'une de ces poudres, un peu humectée d'huile, et l'on promène fortement la molette dessus, en ayant soin de la tenir bien droite, comme si l'on broyait de la couleur, et on le fait jusqu'à ce qu'on soit sûr que la molette est bien dressée, et qu'elle porte plat également partout. Une planche vaut mieux que toute autre chose pour faire cette opération, parce ue le bois, étant plus tendre que la pierre, permet à poudre dure de s'y incruster, ce qui forme un grain ır et égal comme celui d'une lime.

Au surplus, il est assez rare que les molettes de orcelaine ou de verre qu'on trouve à acheter ne soient as déjà toutes dressées.

e la forme à donner aux poignées des Molettes.

Il y a deux espèces de formes. L'une (et c'est la lus simple et la plus usitée parmi les vernisseurs) est en forme de cône (voyez pl. 1.re, fig. 2). On lui donne à peu près la figure d'un dé à coudre, mais seulement un peu plus alongée et plus étroite dans le haut : c'est-à-dire que la partie arrondie d'en haut ne doit avoir que la moitié du diamètre de la base de la poignée. Celle-ci s'adapte au dessus de la partie qui sert à broyer, en lui laissant toute la saillie en dehors [1], quand toute la molette n'est pas d'une seule et même pièce. L'autre poignée, sous le n.° 1, est en forme de béquille : en sorte qu'on s'appuie dessus en pesant également avec les deux mains. La poignée du n.° 2 peut avoir six ou sept pouces d'élévation, parce qu'on l'empoigne du haut en bas avec les deux mains, en laissant ressortir la pointe au-dessus des mains, ce qui a l'avantage de ne pas faire basculer la molette en la maniant. Celle en béquille est sujette à cet inconvénient, quand on la

---

1 Voyez la figure de ces différentes molettes, planche 1.re On taille les poignées à gros grains, pour qu'elles ne glissent pas dans les mains.

manie maladroitement; néanmoins, pour mon usage, je lui donne la préférence, parce que j'ai éprouvé qu'on a beaucoup plus de force qu'avec celle n.° 2, attendu qu'on pèse dessus non-seulement avec les bras, mais encore de toute la pesanteur du haut du corps : elle a en outre l'avantage de rester où on la pose, quand on l'enlève et qu'on la place sur le côté; tandis que l'autre roule d'elle-même, et risque toujours de tomber quand on ne la pose pas sur sa base, ce qui est fort embarrassant.

Molette en porphyre ou en biscuit de porcelaine dur.

Si l'on peut se procurer une grande molette en porphyre, ou même seulement en biscuit de porcelaine fort dur, elle n'en vaudra que mieux; mais, en ce cas, il n'est pas nécessaire de la faire tailler en bourrelet par le bas, comme celui qui se trouve tout naturellement dans les molettes de verre; il est même plus commode qu'elle finisse perpendiculairement avec sa base, et que le bord n'en soit pas renflé : la couleur se relève plus facilement avec la spatule autour de la molette, pourvu toutefois qu'il y ait un chanfrein ou biseau arrondi autour de la base.

Mais, comme le porphyre est une pierre rare et chère, et surtout fort dure à tailler, on ne fait pas les molettes ordinairement d'une seule pièce; on se contente d'une bonne base en porphyre d'un pouce d'épaisseur : on la soude à une poignée de pierre dure comme les autres, et de la manière dont je vais le décrire.

Comment on soude la base d'une Molette avec la poignée.

L'on se sert de ciment gras ou de quelque autre bon ciment fait de brique pilée en poudre fine, mêlée de céruse pure, en délayant le tout avec de l'huile de lin cuite, ou huile grasse : ce ciment doit être presque aussi épais et aussi dur que celui des vitriers.

L'on chauffe lentement et à très-petit feu les deux pièces, si l'on se sert de ciment gras, qu'on fait fondre sur le feu, dans une casserole ou une cuiller de fer, et ensuite on ajoute les deux pièces l'une sur l'autre, pendant que le ciment est chaud, en observant de les souder bien au centre; puis, avec un couteau tiède, et même assez chaud, on enlève et on égalise le surplus du ciment sur les bords de la jointure.

L'on fait de même pour le ciment froid à la céruse et à la brique pilée; mais l'on n'a pas besoin de faire chauffer les pièces : il faut seulement les laisser en repos trois ou quatre jours, jusqu'à ce que le ciment ait eu le temps de durcir.

Quant au petit broyon n.° 3, il ne vaut pas la peine de le souder : on en trouve d'une seule pièce, soit en porphyre ou en biscuit, soit en agate ou en verre dur. Si ces molettes ne se trouvent pas toutes préparées, et usées parfaitement droit en dessous, on le fait ou on le fait faire facilement. Mais n'oubliez pas qu'à quelque molette que ce soit, il faut absolument qu'il y ait au bord inférieur un talus ou *biseau arrondi*, qui doit aller en mourant jusque sous la molette : c'est ce biseau qui permet à la couleur de s'insinuer entre la molette et la pierre ou glace à broyer.

Un bon ouvrier tourneur ferait ce talus plus régulièrement et plus promptement sur le *tour en l'air*, en ajustant la molette dans un *emprunt*.

Au surplus, il est toujours nécessaire, bien qu'on soit à portée de se procurer des vessies toutes faites, d'avoir une petite glace et une petite molette chez soi : l'on a toujours besoin de préparer quelques couleurs dont on fait usage d'une manière particulière. D'ailleurs les vessies qu'on prépare soi-même valent bien mieux que celles qu'on achète : les marchands de couleurs les vendent à trop bas prix pour y faire des bénéfices, s'ils apportaient à leur préparation les mêmes soins qu'on y mettrait soi-même. La grande propreté et la finesse du broiement sont surtout nécessaires pour les petits tableaux de chevalet ; car, pour les grandes toiles, il y a plusieurs marchands à Paris qui préparent de fort bonnes couleurs. Tels sont, à ma connaissance, MM. Bellot, rue de l'Arbre-sec ; Bourgeois, quai de l'École ; Gérard, rue de la Michaudière, n.° 2 ; Giroux, rue du Coq Saint-Honoré.

De la manière de broyer les Couleurs à l'eau.

Pour broyer le plus commodément et le plus également possible, ne mettez jamais qu'une petite quané de couleur à la fois sur la pierre; car, outre qu'un os tas embarrasse, il reste toujours quelques parties i sont moins bien broyées que d'autres : cette inélité suffit pour entraver le peintre. Sur une pierre ou ne glace de la grandeur de quatre pieds carrés, ne ettez sous la molette qu'un volume de couleur de la rosseur d'une noix, si vous broyez à l'huile; mais 'on peut en mettre un peu plus, si l'on ne broie qu'à 'eau.

L'on se tromperait si l'on croyait accélérer la besogne en en mettant à la fois une plus grande quantité : l'on verrait refluer de toute part la couleur sur les bords de la glace et tout autour de la molette, ce qui nécessiterait l'usage continuel de la spatule pour la relever, sans quoi elle ne se broierait pas : en sorte qu'on perdrait beaucoup de temps, et l'on salirait toujours la couleur par l'usage fréquent de la spatule.

Une trop petite dose de couleur a aussi l'inconvénient de salir la couleur, surtout à l'eau, parce que la molette arrive trop près de la glace, et, n'ayant pas assez de matière pour glisser et courir moelleusement, elle l'use et salit la couleur. Au surplus, tout dépend de la superficie qu'on a à parcourir. Il faut proportionner la quantité de couleur à la dimension de la pierre et de la molette, et si l'on broie à l'eau, avoir soin de ne jamais broyer ni avec trop ni avec trop peu d'eau : il faut entretenir la couleur à la consistance d'une crème épaisse. Quand on voit qu'elle s'épaissit trop, on ajoute un peu d'eau; mais jamais trop à la fois.

Du mouvement qu'on doit donner à la Molette quand on broie à l'eau.

Il faut conduire la molette de façon qu'elle rassemble toujours toute la couleur au centre de la pierre ; et pour cela vous la ferez courir tout autour, non en allant du haut en bas ni du bas en haut, comme en broyant à l'huile, mais en décrivant une multitude de cercles enclavés les uns dans les autres, comme si vous traciez une large broderie autour de votre pierre, les quatre coins exceptés. Vous commencerez à droite, en poussant votre moitié de cercle à droite également, sans appuyer trop fortement, afin de laisser introduire la couleur sous la molette ; mais, en la ramenant à vous pour achever l'autre moitié du cercle à gauche, vous appuierez vigoureusement, et vous donnerez une plus grande rapidité au mouvement de la molette. Vous appuierez toujours un peu moins en poussant en haut qu'en ramenant la molette à vous par la gauche. Le premier cercle décrit, vous en recommencerez un second, en gagnant toujours plus loin de la bonne moitié du diamètre de la molette, et ainsi de suite, jusqu'à ce que vous ayez fait le tour de la pierre, en ne passant point sur le milieu, où vous laisserez un vide aussi grand que la surface de la base de la molette. (Voyez le dessin pointé, où j'ai tâché de décrire ce mouvement, planche 2.e : j'ai seulement laissé trop de vide au centre.)

Ce mouvement, tel que je l'indique, présente un

double avantage : il rassemble presque toute la couleur au centre, et il vous permet de reprendre des forces à chaque demi-tour de molette; car, si l'on voulait appuyer toujours également fort et dans un mouvement continu, on ne résisterait pas long-temps à la fatigue qui en résulterait; tandis qu'en n'appuyant d'abord (en poussant à droite et en haut) que de la pesanteur des bras, vous pouvez sans peine appuyer très-fortement en ramenant la molette. On a plus de force en tirant à soi qu'en poussant. Vous ferez ainsi cinq ou six fois le tour de la pierre, en négligeant les angles, et en ne promenant votre molette que comme dans un grand cercle qui se trouverait inscrit dans le carré de la glace.

Quand la couleur se trouvera presque toute au centre, vous enlèverez la molette de dessus la glace, en la glissant de côté et en la relevant peu à peu, mais d'un mouvement vif; il s'introduira de l'air entre la couleur et la molette, et celle-ci s'enlèvera sans difficulté : mais si vous cherchiez, au contraire, à l'enlever tout à coup et perpendiculairement, vous enleveriez plutôt la pierre et la table que d'en arracher la molette, tant elle adhère avec force sur la glace. Cela fait, vous reposerez la molette sur la glace, en la tenant inclinée de manière à ce qu'elle ne touche et ne porte sur la glace que par le biseau dont j'ai parlé plus haut : dans cette situation oblique, vous tournerez la molette, toujours d'un seul côté et sur elle-même, afin de lui faire déposer la couleur qui a reflué sur les bords. La molette, dans cette situation, ne doit pas être abandonnée, car elle tomberait sur le côté. L'on a soin de lui faire déposer ce qui s'est amassé sur les bords inférieurs, en choisissant pour cela une partie de la glace qui soit assez dépouillée de couleur, ce qui aura lieu tout autour de la pierre, puisque toute la masse sera rassemblée au milieu, si vous avez conduit votre molette, comme je l'ai indiqué, en décrivant des cercles. Observez qu'en essuyant ainsi les bords de la molette, il faut changer successivement de place, en la retirant toujours un peu plus à soi, afin qu'elle ne se recharge pas de ce qu'elle aura déjà déposé.

Vous vous servirez après cela de la spatule pour relever la couleur qui se sera amassée au-dessus du biseau ; ce qui est essentiel, pour qu'il ne reste aucune partie moins broyée que le reste : mais, pour cette dernière opération, vous remettrez la molette sur sa base, dans quelque place dégarnie de couleur sur la glace, et vous la tournerez sur elle-même, en tenant la spatule contre sa base, comme un tourneur applique son outil tranchant contre l'objet qu'il veut tourner. Voilà la molette déchargée de ses amas de couleur sur les côtés ; voilà aussi toute la masse de couleur ramassée au centre de la glace ; tout cela n'est l'affaire que d'une minute : vous replacerez la molette au centre de la couleur, en l'étendant un peu partout pour l'éparpiller ; puis, appuyant davantage, vous recommencerez à décrire des cercles comme auparavant, vous mordrez toujours un peu plus en retirant qu'en poussant, et ainsi de suite. Vous entretiendrez toujours la couleur à peu près au même degré d'huıectation, comme de la forte crème, excepté lors-u'elle vous paraîtra suffisamment broyée; car alors 'ous n'ajouterez plus d'eau, mais vous broierez jusqu'à :e que la couleur devienne assez épaisse pour qu'on ›uisse la relever comme de la pommade : alors vous la rassemblerez avec la spatule, vous la mettrez en trochisques sur une feuille de papier, comme il a été indiqué, et vous la ferez sécher au soleil ou sur un poêle, à l'abri de la poussière.

A quoi l'on connaît que la Couleur est assez broyée.

Vous connaîtrez que votre couleur est suffisamment broyée, lorsque dans l'état de fluidité où elle doit être (c'est-à-dire à la consistance d'une forte crème), elle ne criera plus sous la molette, mais que celle-ci passera dessus, quoiqu'en appuyant, comme sur de la colle d'amidon. Si vous vouliez faire cette épreuve dans le moment où la couleur s'est trop desséchée et épaissie, vous n'en jugeriez pas bien; parce que, dans cet état, la couleur paraît toujours mieux broyée et plus douce que quand il y a la quantité d'eau nécessaire. Il est donc superflu de vous recommander d'abreuver d'eau votre couleur dès que vous la trouverez trop épaissie; ce que vous ferez, soit avec la spatule, soit avec une petite cuiller à café.

Vous relèverez la couleur autour de la pierre et autour de la molette avec la spatule, mais seulement de loin en loin : le moins souvent est le mieux.

Cette explication paraîtra compliquée à ceux qui n'ont jamais vu broyer, et superflue aux autres. Il n'est pas douteux, en effet, qu'en voyant travailler pendant une demi-heure un bon broyeur (j'entends parler de ceux qui broient pour les tableaux), l'on en saura peut-être davantage qu'après avoir lu ces lignes; mais je n'entre dans ces détails que pour ceux qui n'auraient pas l'occasion de voir faire ce qu'ils doivent imiter.

Comment il faut broyer les Couleurs avec de l'huile.

Quand vous broyez les couleurs avec de l'huile, le procédé est différent. Comme la couleur doit avoir un certain degré d'épaisseur, sans lequel elle serait trop coulante pour peindre, ne vous pressez pas trop de l'abreuver d'huile, et n'en mettez qu'au fur et à mesure que le besoin s'en fait sentir. Avant de broyer avec la molette, vous commencerez à délayer votre poudre de gros en gros avec une forte et grande spatule; c'est-à-dire que vous l'humecterez peu à peu, comme si vous faisiez du mortier de maçon, en tournant et retournant souvent la poudre dans l'huile que vous aurez versée sur votre pierre, et vous ferez cela jusqu'à ce que tout le tas de couleur que vous voulez mettre en vessie soit imbibé d'huile. Mais observez bien que cette poudre, ainsi délayée grossièrement avec de l'huile, doit être trop épaisse et trop ferme plutôt que trop molle. Voici pourquoi : quand elle aura été broyée, et quand seulement la molette aura fait quelques tours dessus, elle vous paraîtra beaucoup moins épaisse, parce que l'huile aura pénétré partout. D'ailleurs, on est toujours à temps d'ajouter un peu d'huile si on la trouve trop épaisse; tandis que pour l'épaissir il faudrait y mêler de la poudre non encore broyée, qui gâterait celle qui l'est déjà à moitie ou entièrement.

Préparez donc toute votre couleur plus épaisse que vous ne voudriez l'avoir, et faites-en un tas, que vous placerez sur l'angle droit, en haut de votre glace à broyer, à la place *A*.[1]

Ce tas *A* ne pourrait pas se broyer commodément d'une seule fois; vous en prendrez donc une portion, de la grosseur d'une petite noix, que vous broierez alors avec la molette jusqu'à ce qu'elle soit parfaitement au point où vous la désirez. Cette petite quantité achevée, vous la placerez à gauche, vers l'angle de la glace, à l'endroit *B*, et ainsi de suite, sans remettre d'huile, jusqu'à ce que tout votre tas *A* soit broyé. Vous reprendrez alors le tout, et le mêlerez bien ensemble pour n'en faire qu'un seul tas homogène, et vous ramasserez toute votre couleur, qui sera prête à être renfermée dans une vessie[2]. Il est sous-entendu que votre couleur est de l'épaisseur convenable.[3]

---

1 Voyez la planche 2.e, en supposant que les deux courroies (*Z*) n'y soient pas.

2 Voyez comment on met les couleurs en vessie, leçon 3.e, page 100 et suivantes.

3 Voyez à quelle épaisseur il faut délayer les couleurs à l'huile, leçon 3.e, page 101.

Comme votre couleur à l'huile sera beaucoup plus épaisse qu'à l'eau, vous ne manierez pas la molette de même; mais au lieu de lui faire décrire une suite de petits cercles pour rassembler la couleur au centre, vous ferez aller la molette du bas en haut et du haut en bas, et cela d'une manière vive, prompte, et même un peu brusque; car elle est difficile à mener, à cause de l'épaisseur de la couleur. Après vingt-cinq ou trente allées et venues, vous donnerez quelques tours en ronds et même en petits cercles, afin de ramener un peu la couleur au centre; puis vous recommencerez du haut en bas avec force, et en appuyant également, comme vous l'avez fait en premier lieu. Vous ramasserez aussi de temps en temps, avec la spatule, la couleur des bords de la pierre et de la molette. Pour tout le reste vous suivrez les directions contenues dans l'article du broyage à l'eau, page 134 et suivantes.

Quand vous broierez du blanc, duquel il s'élève des exhalaisons malfaisantes (surtout quand on le broie à l'huile), ayez soin de prendre quelques précautions pour n'en pas être incommodé : il faut tenir votre fenêtre ouverte, et établir un courant d'air qui ne vous mette pas sous le vent, ou bien broyer en plein air.

Manière de nettoyer la Pierre et la Molette quand on a broyé à l'huile.

Si vous venez de broyer à l'huile, nettoyez d'abord glace et molette avec un chiffon de papier mou ou avec un vieux torchon de linge : faites cela à deux ou trois reprises, en changeant chaque fois de papier, ou en prenant une nouvelle place propre du torchon. Versez ensuite un peu d'huile de noix ou d'œillet sur votre glace, et passez la molette par-dessus sans appuyer. Essuyez cette huile, en sorte qu'il n'en reste plus. La glace ainsi lavée et essuyée, répandez çà et là, sur toute sa superficie, de la mie de pain qui ne soit pas trop fraîche. Passez ensuite la molette, presque sans appuyer, sur cette mie de pain; elle formera de petits rouleaux que vous ferez aller et venir en tous sens sur toute la glace, pour la dégraisser et la nettoyer. Jetez cette mie et remettez-en de nouvelle; faites comme on vient de le dire, et recommencez ainsi jusqu'à trois fois. De cette dernière mie de pain, qui n'est alors presque plus sale, vous ferez un tampon que vous prendrez dans une main; prenant la molette de l'autre main, vous en appliquerez le bord contre le tampon, et vous tournerez la molette, en appuyant passablement, pour en nettoyer tous les bords extérieurs. Cela fait, votre attirail doit être propre et bien dégraissé. Pour vous en assurer, lavez le tout avec de l'eau et une éponge un peu grossière : l'eau doit prendre partout. S'il arrivait qu'elle se retirât quelque part, prenez un peu de savon blanc ordinaire; frottez-en légèrement les places où l'eau claire ne veut pas prendre; passez quelques tours de molette dessus avec un peu d'eau; lavez ensuite le tout, et votre glace ou pierre, ainsi que la molette, seront aussi propres que si elles n'eussent jamais servi.

L'on peut ne se servir que de savon; mais le savon

ne dégraisse pas aussi vîte, et n'entre pas dans les petites aspérités de la pierre aussi bien que le fait la mie de pain, qui est souple et s'imprime jusque dans les moindres petites fentes.

Lorsqu'après avoir broyé ou seulement délayé des teintes sur vos petites glaces, vous ne voulez pas perdre de temps à les nettoyer entièrement, vous râpez un peu de savon très-mince sur toute la superficie, et avec une petite quantité d'eau vous l'étendez sur votre glace, en promenant de gros en gros la molette ou le broyon n.° 3 par-dessus, de façon que le savon aille partout, ce qui se fait en moins d'une minute; puis, avec les doigts, vous barbouillez aussi les bords de la molette, et en cet état vous abandonnez le tout jusqu'à ce que vous ayez le loisir d'achever de les nettoyer l'une et l'autre. Ils pourraient rester en cet état des jours et des mois entiers sans que la couleur vînt à se dessécher; avantage que vous n'obtiendriez pas sans cette légère couche de savon. Pour les remettre en bon état, si vous aviez négligé cette précaution, il faudrait faire usage d'essence de térébenthine et de fin sablon.

Comment il faut s'y prendre pour nettoyer les ustensiles qui servent à broyer, quand on a broyé à l'eau.

Certaines couleurs adhèrent avec beaucoup de ténacité sur la glace et la molette quand on les broie à l'eau : telles sont le bleu de Prusse, le rouge d'Angleterre, le jaune indien, etc. Elles ont la propriété de eindre fortement, ainsi que le carmin; mais précisé-nent à cause de cela ce sont des couleurs qu'il n'est as nécessaire de broyer à l'eau quand on veut les mettre ensuite à l'huile; leurs molécules sont si fines qu'on n'a aucune peine à les broyer tout de suite à l'huile. C'est même ce qu'il faut faire, à moins qu'on n'ait l'intention de se faire un assortiment complet de couleurs broyées à l'eau, et enfermées en trochisques dans des boîtes ou des bouteilles; pratique que je conseille aux personnes qui ne s'occupent de peinture à l'huile que par intervalles, et même à celles qui peignent journellement : c'est une ressource qui ne les laisse jamais tout-à-fait au dépourvu, quand une ou plusieurs de leurs couleurs en vessie viennent à leur manquer. On en délaie seulement un peu à l'huile pour le besoin actuel, ce qui laisse le temps de se procurer de nouvelles vessies.

Je n'ai fait mention du carmin ici que par occasion; car il ne faut point se servir de cette couleur à l'huile, à moins qu'on ne la brûle comme de la laque de Venise, pour en faire la couleur cramoisi-foncé indiquée à la page 24, sous le n.° 13 : autrement le carmin devient noir d'abord, ensuite il passe et s'évanouit plus tard. Je recommande même à tous ceux qui ne peignent qu'à l'eau, de ne faire aucun usage de cette couleur *non brûlée*, telle qu'on l'achète. Ils ne doivent point se laisser séduire par sa magnifique teinte; ils doivent, sous tous les rapports, lui préférer la belle laque de garance. [1]

---

1 Puisque je parle ici des couleurs employées à l'eau, je dirai un

Les pierres ou glaces sur lesquelles on a broyé à l'eau sont plus difficiles à nettoyer que quand on a broyé à l'huile; mais on y parvient assez promptement en s'y prenant comme je vais le dire.

Prenez du blanc de Troyes ou d'Espagne, de la craie blanche ou de la terre de pipe; passez-en sur la glace une première broyée de gros en gros, et rejetez promptement cette première broyée, qui sera fort sale; faites de même deux ou trois fois de suite, jusqu'à ce que la craie reste blanche et ne soit plus teinte de la couleur que vous aviez broyée; lavez la glace et la molette avec de l'eau claire, en vous servant d'une éponge un peu rude; essuyez bien le tout; et, après avoir broyé quelle couleur que ce soit, même du bleu de Prusse, vous pourrez broyer du blanc en toute sécurité.

Vous vous servirez aussi de la craie pour nettoyer, avec les mains, les bords extérieurs de la base de la molette.

---

mot des cinabres dont on veut se servir à l'eau gommée. Délayez-les d'abord, non avec de l'eau, mais avec de l'essence de térébenthine bien rectifiée; laissez-les sécher ainsi sur votre palette, puis servez-vous-en avec de l'eau gommée, sans relever la petite partie de cinabre que vous aurez ainsi étendue sur la palette. Ils deviennent beaucoup plus beaux et plus brillans, et la partie jaunâtre ne se sépare plus du tout de la partie rouge, comme cela arrive quand on ne les délaie qu'à l'eau de gomme. L'eau les détache très-bien de la palette, malgré que cette liqueur leur paraisse contraire, pourvu que l'essence se trouve être très-volatile et bien rectifiée, ce qui fait qu'elle s'évapore en entier sans laisser aucune graisse. L'esprit de vin ni aucune autre liqueur ne remplacerait dans ce cas l'essence de térébenthine.

es divers arrangemens de tables pour broyer commodément.

Il faut d'abord que la table sur laquelle on broie soit ferme et solidement arrêtée au plancher ou contre la paroi, sans quoi on la ferait remuer à chaque tour de molette.

Il faut, de plus, que la table soit bien dressée, afin que la glace porte à plat et que l'on ne risque pas de la casser en appuyant fortement dessus; il faut encore que la pierre ou la glace soit arrêtée dans les bords par quelques petits liteaux ou des chevilles, afin qu'elle ne puisse pas aller et venir sous les efforts de la molette, qui, ayant à vaincre l'adhérence des couleurs, la chariérait dans tous les sens.

Il faut vous établir dans un endroit où vous n'ayez pas à craindre la poussière. Il est nécessaire que personne ne vienne vous inquiéter, soit pendant que vous broyez, soit pendant que vous laissez sécher la couleur, surtout quand vous broyez à l'huile; car on ne saurait prendre trop de précautions pour se garantir de la poussière. Votre atelier est assurément le meilleur emplacement pour céla, si vous n'avez pas un cabinet à part que vous puissiez fermer à clef.

Les chevilles ou les petites règles que vous placez autour de la glace pour l'empêcher d'aller et de venir doivent être moins élevées qu'elle, sans quoi vous les frotteriez avec la molette. Les liteaux seront vissés sur la table; mais je leur préfère les chevilles, qui entrent dans des trous, comme on le verra plus loin. (Voyez la forme de ces chevilles à la planche 2.e, figure & *X*).

Il faut avoir soin d'étendre sous la glace une bonne et forte flanelle, et sur celle-ci un papier de soie ou *papier Joseph*. Le papier n'est là que pour que le fond soit plus blanc et plus uni, ce qui vous facilite à voir si la glace est bien nettoyée.

Voilà l'ajustement le plus ordinaire; mais je préfère celui qui va suivre, en ce qu'il est moins embarrassant dans un atelier, et qu'il remplit également toutes les conditions désirées.

Description d'une Table propre à ménager la place dans un atelier.

Le défaut de place m'a suggéré l'idée d'un nouvel arrangement, dont je me trouve bien, et que je conseille d'autant plus volontiers qu'il ne coûte pas davantage (voyez les planches 1.re et 2.e) : c'est une table susceptible de s'élever et de s'abaisser au moyen de deux fortes charnières vissées dans le mur, qui l'y attachent et l'y suspendent.

La moitié des charnières *E* est vissée au-dessous de la fenêtre de mon atelier; l'autre moitié est vissée sous la table. Celle-ci est placée à une hauteur convenable pour qu'en broyant je puisse ouvrir la croisée et broyer sans lever les bras. Si la fenêtre [1] est placée trop haut

---

1 Il est essentiel d'établir la table devant la fenêtre, afin de pouvoir l'ouvrir quand on broie du blanc ou telle autre couleur dont les exhalaisons sont dangereuses.

relativement à la taille du broyeur, celui-ci s'élèvera sur un support, et se placera ainsi à la hauteur convenable. Il faut qu'il puisse, en broyant, soulager l'effort des bras par la pesanteur du haut du corps, et promener avec force la molette dans la partie de la glace la plus éloignée de lui.

Quand je ne me sers plus de cette table à broyer, j'ôte les appuis qui la soutiennent, et je l'abaisse en la laissant pendre contre le mur, ce qui me laisse la place entièrement libre. Quand je veux m'en servir, je la relève avec la glace toujours posée dessus, et qui ne risque point de tomber, à cause des précautions que j'ai prises pour cela, comme on va le voir, et je la replace dessus son pied ou son appui.[1]

Proportions de la Table, en supposant que la glace à broyer ait deux pieds sur tous les côtés de proportion, comme le portent les planches 1.re et 2.e

La table doit avoir trois pieds de France de largeur, de droite à gauche, sur deux pieds quatre pouces dans l'autre sens.

Il faut que les trois planches assemblées qui la composent aient un fort pouce d'épaisseur, et que le tout soit encore renforcé par-dessous par quatre traverses (*bb*). Si l'on a soin de prendre du bois de sapin bien sec, l'on peut compter que la table sera suffisamment solide. Moyennant les proportions indiquées, l'on

---

1 Voyez les planches 1.re et 2.e : la petite figure *T* représente le pied d'une seule pièce, ce qui est préférable.

a six pouces de reste de chaque côté, à droite et à gauche de la glace, pour y entreposer différentes choses, et l'on aura encore en haut un espace de quatre pouces au-dessus de la glace entièrement libre; mais en bas, il faut que la glace touche le bord de la table, et qu'elle n'y soit retenue que par une petite baguette ou liteau *F*, qui l'empêche de tomber quand on abat la table. L'on fait régner cette baguette ou rebord tout autour de la table pour que les objets ne roulent pas; on ne laisse qu'une seule ouverture (*a*) pour chasser les ordures; l'on tient ce rebord assez bas pour qu'on ne risque pas de le toucher avec la molette : en le faisant d'une forte ligne plus bas que la glace, cela suffit.

Quant à l'appui qui soutient la table quand elle est dressée, il est mobile, et ne tient nullement à la table : on le met de côté quand on n'en a plus besoin. Dans celle que j'ai fait construire, les deux appuis sont séparés l'un de l'autre; mais cela n'est pas aussi commode que de les assembler, comme on le voit dans la petite figure *T*, par deux traverses *V*, qui permettent qu'on place les deux appuis ensemble. On les construira de cette manière, en suivant d'ailleurs les proportions de l'appui séparé, figure *N* : ces appuis forment un pied en console. Chaque montant doit avoir un pouce d'épaisseur sur deux et demi de largeur, et la longueur convenable pour que, quand ils sont en place, la table ne penche ni en avant ni en arrière, et qu'elle soit parfaitement horizontale, en sorte qu'on puisse verser un peu d'eau au centre de la glace sans qu'elle se répande d'aucun côté.

On calculera la longueur que doivent avoir les appuis selon la hauteur où l'on aura arrêté les charnières de la table, et l'on fixera les deux petits morceaux de bois entaillés *M*, qui reçoivent le pied par en bas, lorsqu'on aura pris toutes les précautions nécessaires pour que la table, une fois en place, soit bien de niveau et horizontale.

Comment on enchâsse l'Appui figure T.

Le dessous de la table doit avoir deux entailles *H*, prises dans l'épaisseur des renforts *bb*; ces entailles doivent avoir la largeur assez juste des montans ou supports *N* : c'est là dedans que viennent s'enchâsser les deux montans; et, par le bas, ces montans s'enchâssent aussi dans de petits morceaux de bois *M*, qui sont entaillés pour les recevoir et vissés sur le plancher.

Pour mettre le pied de la table commodément, il faut d'abord le poser tout à plat sur le plancher, et enchâsser les deux bouts inférieurs *K* dans les entailles *M*. Cela fait, l'on soulève la table d'une main et le pied de l'autre, et l'on enchâsse le haut des montans *U* dans les entailles *H*, qui sont pratiquées sous la table, et alors elle doit être dans sa véritable position : mais il faut faire attention, en levant le pied, qu'il ne sorte pas des entailles *M* [1], qui sont sur le plancher.

Quand la table sera ainsi dressée, on assujettira le

---

1 J'ai appelé de différentes manières le pied en console : j'ai dit tantôt les appuis, tantôt les montans; mais cela signifie toujours le pied, tel qu'on le voit dans la petite figure *T*, avec les deux traverses *V*, qui lui servent d'assemblage.

pied par quatre chevilles de fer *I*, deux en haut et deux en bas. Ces chevilles traversent les entailles et vont s'enfoncer plus avant, toujours obliquement, en traversant le pied et même une partie de la table, en sorte que celle-ci ne peut plus se séparer du pied sans qu'on ôte préalablement les quatre chevilles, ce qui prévient tous les accidens. Ces chevilles tiennent à une petite corde, afin qu'elles restent toujours en place: celles d'en haut sont attenantes au pied, et celles d'en bas aux morceaux de bois *M*.

Cet ajustement est d'une grande solidité, comme on peut bien le penser. Un homme peut hardiment monter dessus sans risque, car cette table porterait plusieurs quintaux; mais il faut que les charnières soient bonnes et fortes, ce sont elles qui supportent tout l'effort.

Cette table, comme l'autre, doit être soigneusement rabotée et dressée pour que la glace porte à plat : il faut également la garnir d'une flanelle et d'un papier de soie par-dessus.

On prendra ses précautions pour que la table soit placée à une hauteur qui ne l'empêche pas de s'abattre quand on ôte le pied, et qu'elle puisse passer par-dessus les pièces de bois *M* sans les toucher et y être arrêtée.

On peindra le dessus de la table à l'huile ou au vernis, avant que d'y ajuster définitivement la glace, afin que l'eau ou l'huile qu'on est dans le cas d'y répandre puisse se nettoyer aisément. On en fera de même du pied pour plus de propreté, et surtout pour éviter que l'humidité ou la sécheresse ne fasse déjeter le bois : il serait même bon, pour cette raison, que le dessous de a table fût également passé en couleur grisâtre comme le dessus. On peut le faire soi-même avec des restes de palette.

Manière de fixer la Glace sur la table, de façon qu'elle soit solide à sa place et qu'elle puisse néanmoins être retournée pour pouvoir broyer des deux côtés quand on le désire, et qu'en outre elle puisse ne pas tomber quand on baisse la table.

J'ai déjà dit que la glace appuie par en bas contre le petit liteau qui règne tout autour de la table; mais il faut encore la retenir en place, sur les trois autres côtés, par six chevilles (&). Ces chevilles se terminent en haut, comme on le voit dans la planche 2.e, par un petit bouton semblable à une tête de clou; mais on a soin de couper le demi-cercle de ce bouton, afin qu'il appuie de toute son épaisseur contre les côtés de la glace. L'on perce des trous dans le dessus de la table pour ces six chevilles, et l'on en met deux de chaque côté de la glace. Pour les percer bien juste, on les trace d'avance sur le bois, après avoir posé la glace dans l'endroit qu'elle doit occuper; puis on l'enlève, l'on perce les trous, et on les fait bien justes à la grosseur des chevilles, afin qu'elles n'entrent pas trop librement; car il est essentiel qu'elles ne puissent pas sortir de leur trou facilement, et sans qu'on les chasse un peu par leur extrémité inférieure, qui traverse et dépasse de quelques lignes toute l'épaisseur du bois de la table.

On aura soin de tenir la tête des chevilles, ainsi que le liteau qui borde le devant de la table, d'une ligne plus bas que n'est l'épaisseur de la glace posée sur la flanelle, pour qu'on ne risque pas de les toucher avec la molette quand on broie avec vivacité.[1]

Vous remettez la glace à sa place après avoir percé les six trous, pour savoir s'ils sont bien justes, et vous posez les chevilles, en appliquant contre l'épaisseur de la glace la partie de la tête qui est coupée de niveau avec la queue. Tout cet ajustement doit être fait avec exactitude, afin que la glace soit contenue de toute part et qu'elle ne puisse avoir aucun mouvement.

Manière d'assujettir la Glace et de l'empêcher de tomber lorsqu'on abaisse la table.

On nettoie la glace, puis on la couvre d'un grand carton assez épais pour empêcher qu'une fois pendante elle ne reçoive quelque choc, et pour la mettre en même temps à l'abri de la poussière.

Après cela, et toujours pendant que le pied soutient la table, on sangle fortement la glace avec les deux

---

1 Quand vous tracerez au crayon le pourtour de la glace sur la table, ayez l'attention de ne pas percer les trous des chevilles sur le trait même, mais un peu en dehors, en sorte que le demi-diamètre retranché de la tête de la cheville, et qui présente alors un côté plat de niveau avec l'épaisseur de la queue de la cheville, puisse appuyer contre l'épaisseur de la glace sans difficulté.

Il faut prendre ses mesures assez justes pour que la cheville puisse s'enfoncer sans gêne, mais aussi sans qu'il reste aucun espace entre elle et la glace.

courroies Z, qui viennent se boucler sur le devant de la table. Afin que ces courroies soient bien tendues, on passe entre elles et le carton quelques morceaux de bois de forme plate, comme une forte règle : on en insinue deux, l'une dans le haut de la glace, à la place marquée AB, et l'autre en bas.

Cela fait, les courroies Z sont assez tendues pour que la glace ne puisse pas tomber en avant quand vous abaisserez la table. Alors vous ôtez les quatre chevilles de fer I; puis, en soulevant un peu la table de la main gauche, vous dégagez le pied des entailles d'en haut; vous le laissez tomber contre vous, et, prenant ensuite le bord de la table avec les deux mains, vous l'abattez peu à peu et avec précaution, de peur qu'elle ne vous échappe, et vous la conduisez ainsi, à deux mains et sans secousse, jusqu'à ce qu'elle pende perpendiculairement contre le mur.

Manière de fixer les Courroies Z.

Ces courroies doivent être d'un cuir souple et fort en même temps. L'on percera quelques trous à leur extrémité inférieure pour y passer l'ardillon de la boucle, et on tiendra ces deux courroies de sept ou huit pouces plus longues que n'est la profondeur de la table, afin d'avoir de la prise pour les sangler avec facilité. L'on passera le bout restant dans une petite courroie de traverse, qui sera clouée sous la table, pour éviter toute chance d'accident.

L'on fixe ces courroies, avec quelques vis, partie en

dessous de la table, et partie contre l'épaisseur du bois: mais il faut des vis, et non pas des clous. On vient les boucler en devant à deux boucles qui tiennent à une courroie plus forte que celles qui passent sur la glace. Ces petites courroies sont fortement attachées sous la table par des vis en *Z*, de façon que la boucle reste entièrement sous la table, ou n'arrive tout au plus que jusqu'à son bord. Il faut que les longues courroies, qui sont d'un cuir plus souple, puissent embrasser l'épaisseur du bois. On tire fortement, et on passe l'ardillon de la boucle; après quoi on enfile le restant des courroies dans la petite traverse en cuir dont j'ai parlé plus haut. (Voyez la figure *ZZX*, pour la courroie qui tient la boucle, planche 2.e)

Il est essentiel d'ajuster et de visser d'avance toutes ces courroies à la table avant que de la fixer en place par ses charnières; l'on éprouverait beaucoup de difficulté à le faire solidement quand une fois la table serait en place.

VI.e LEÇON.

Des Glacis et des Préparations.

L'on nomme proprement *glacis*, les teintes légères, transparentes et uniformément couchées qu'on étend sur certaines parties d'un tableau déjà sec, et qu'on regarderait presque comme terminé, mais qui, aux yeux exercés de l'artiste, manque encore de force, d'harmonie ou de chaleur dans telle ou telle partie.

C'est par le moyen de ces glacis que, sans perdre la peinture du dessous ni aucun des détails du tableau, l'on parvient à modifier le ton de couleur de quelques parties de son ouvrage, soit en donnant plus de vigueur sur les devants ou les plans les plus avancés, soit en réchauffant ou refroidissant telles autres parties dont on se promet un meilleur effet général.

Ainsi, par ces glacis, qui ne se font, comme on l'a déjà dit, qu'avec des couleurs d'une nature légère et transparente, l'on parvient à corriger les choses qui pèchent par la localité du ton. C'est faire, avec des couleurs à l'huile, ce qu'on fait à l'aquarelle par des *lavis*, en procédant par teintes uniformes et plates, sans faire aucun détail, ce qui n'empêche point de voir à travers ces glacis tous les travaux déjà existans, dont on modifie seulement la teinte ; en sorte que, si l'on n'est pas satisfait du ton d'un glacis que l'on vient d'étendre sur une partie quelconque, on l'enlève avec de la mie de pain, et l'on en substitue un autre plus analogue à ce qu'on désire. Mais il faut éviter de laisser séjourner long-temps le glacis que vous voulez enlever, autrement vous ne pourriez plus l'effacer sans endommager la peinture, soit parce qu'il serait déjà trop sec, soit parce qu'il aurait attendri les couleurs du dessous : en général, il faut se décider au bout d'une demi-heure, ou d'une heure au plus tard, surtout quand on emploie des couleurs qui demandent beaucoup d'huile grasse.

Pour enlever un glacis dont vous êtes mécontent, vous roulerez de la mie de pain rassis par-dessus avec la paume de la main ; et si vous craignez que cette mie de pain ne vienne à s'attacher, en se répandant, sur d'autres glacis frais, vous donnerez l'inclinaison nécessaire à votre tableau pour éviter cet inconvénient, de façon à ce que les miettes tombent immédiatement par terre, ou sur une partie sèche du tableau. Quand vous verrez que la mie de pain n'est plus ternie par le glacis que vous enlevez, et qu'elle reste nette et propre, vous essuierez avec précaution la glace, et vous étendrez un nouveau glacis dessus, en corrigeant votre teinte dans ce qu'elle vous a paru avoir de défectueux.

Il est même beaucoup de cas où, sans se donner l'ennui d'enlever un premier glacis, on peut en modifier le ton par l'addition d'une autre couleur plus ou moins opposée à la première teinte, qui, en se mêlant avec celle que l'on vient d'étendre, donnera le ton que l'on cherchait. Ainsi, par exemple, si la première teinte paraît trop verdâtre, on couche vîte, et très-légèrement, par-dessus tout le glacis un peu de laque pure, ou telle autre couleur encore plus analogue au ton que l'on veut atteindre : elle atténuera bientôt le vert. Si, au contraire, le premier glacis est trop roussâtre, on glace par-dessus avec de l'outremer pur, si c'est un plan déjà un peu éloigné; ou bien on glace avec du noir, et même du bleu de Prusse, si l'objet est sur un plan rapproché de l'œil.

On ne doit pourtant pas abuser de ce moyen; il aurait de graves inconvéniens, attendu que la quantité d'huile grasse que l'on est obligé d'employer pour presque tous les glacis en général, se trouverait surabondante relativement au peu de couleur que l'on étend, ce qui les ferait noircir avec le temps : c'est pour cette raison qu'il ne faut faire ces glacis qu'avec le moins de couleur et d'huile possible.

Néanmoins, ne craignez pas d'en faire usage dans toutes les parties obscures et qui doivent être vigoureuses, comme dans les plis de draperies privés du jour, dans des touffes d'arbres, dans les terrains, les rochers, l'architecture et les fonds de chambre; servez-vous-en aussi pour donner de la profondeur dans les touffes des cheveux, ou bien pour donner une couleur profonde et transparente à de beaux bois de meubles : mais évitez, autant que possible, de faire usage des glacis sur des parties qui doivent rester toujours vives, pures et lumineuses, telles que les jours des chairs, les beaux ciels, les linges fins et blancs, et les extrêmes lointains d'un paysage.

Vous pourrez cependant glacer certaines ombres des chairs, des linges, et de quelques parties des draperies de couleur vive et claire, afin d'arriver à l'harmonie du tout ensemble; mais toujours avec beaucoup de circonspection.

Il est des cas aussi où l'on peut hasarder de glácer telle partie d'un ciel rembruni et orageux, ainsi que quelques portions du troisième ou quatrième plan d'un paysage, pourvu toutefois qu'il ne soit pas de ceux qui participent déjà sensiblement à la teinte bleuâtre de l'air et du ciel; mais ces cas sont rares, et il faut éviter d'avoir recours aux glacis, dans la crainte de faire des taches, qui brunissent toujours de plus en plus, à cause de l'huile grasse, et qui finissent par rompre l'harmonie.

J'ai dit, en commençant cet article, que les glacis servent à modifier tous les tons dont on est peu satisfait; il est essentiel d'entrer sur ce point dans quelques explications. L'on parvient facilement à refroidir un ton trop roux par un glacis plus ou moins bleuâtre, grisâtre ou verdâtre, ou bien à réchauffer un dessous trop froid par des glacis plus ou moins orangés, rougeâtres ou roussâtres : cela réussit pour des plans rapprochés. Mais supposons que vous ayez l'intention de rendre un plan ou un objet de votre tableau non-seulement plus gris, mais aussi plus clair, c'est-à-dire plus léger, plus lumineux, cela ne réussit presque jamais bien, parce qu'il faut que vous mélangiez dans votre teinte quelque couleur claire et opaque, comme du blanc ou du jaune de Naples : or, ces couleurs, opaques et lumineuses par elles-mêmes, font sur des teintes plus obscures un effet désagréable, et tel à peu près que celui que produirait une couche de poussière.

Ce procédé ne peut réussir que pour peindre un brouillard, de la fumée, ou un torrent de poussière s'élevant dans l'air; mais dans ces sortes d'effets il ne faut employer que des tons grisâtres, bleuâtres, et très-rarement les mélanger de jaune, parce que cette couleur vient trop à l'œil, étant plus brillante que le blanc même.

Si donc vous jugez à propos d'éclaircir un plan rapproché, il faut vous résoudre à repeindre cette place d'une manière assez empâtée pour couvrir totalement le dessous, et non pas en glacis; mais, pour faciliter ce travail, vous préparerez le dessous comme nous l'indiquerons dans l'article *Préparations*.

Quoique je vienne de me servir de l'expression *empâter*, pour repeindre une partie qu'on veut rendre moins obscure, gardez-vous d'y mettre trop d'épaisseur de couleur; cela occasionnerait une discordance fort désagréable dans l'ensemble de l'ouvrage : cette partie, ayant plus d'épaisseur de couleur que les autres, présenterait à l'œil une saillie réelle sur la toile, ce qui ferait le plus mauvais effet.

Observez donc, en repeignant une partie isolée, de ne l'empâter que juste ce qu'il sera nécessaire pour couvrir le dessous, sans que votre retouche devienne néanmoins louche et nuageuse, mais aussi sans qu'elle présente une élévation de couleur qui puisse être sensible à l'œil.

Cette retouche, une fois sèche, vous laissera la liberté d'y revenir encore avec des glacis, si cela vous paraît nécessaire, ainsi que d'y piquer quelques touches spirituelles en rehauts clairs.

Mais on doit bien retenir ceci : en fait de glacis, il faut toujours les faire d'une teinte plus obscure que le dessous, et jamais, ou presque jamais, n'opérer en sens contraire. C'est pourquoi il est bon de tenir, en général, les ébauches d'un ton plus clair et un peu plus lumineux que l'objet ne doit être, afin qu'en revenant par-dessus avec les préparations et les glacis, on ne rembrunisse pas trop l'ensemble et toute l'harmonie générale du tableau. Ce procédé réussirait, si l'on avait la ridicule prétention d'imiter une très-vieille peinture enfumée, ce qui n'arrive que trop souvent, sans que le copiste se donne la peine de réfléchir que, si l'original qu'il copie avait été peint d'abord aussi brun qu'il l'est devenu avec le temps, on n'y verrait presque plus rien aujourd'hui, tant il serait obscur. C'est à quoi le copiste doit s'attendre pour son propre ouvrage, s'il s'obstine à enfumer ses teintes et à peindre un tableau tout frais comme s'il avait déjà deux siècles.

Liste des Couleurs assez diaphanes pour en faire des glacis et des préparations.

1.° Les laques n.ºs 11 et 12;

2.° Les outremers n.ºs 15 et 16;

3.° Tous les noirs de nature légère;

4.° La laque de Venise brûlée, ou le carmin brûlé, n.° 13, pour les grandes forces;

5.° Le bleu de Prusse n.° 17;

6.° Les deux terres de Sienne n.os 20 et 21;

7.° L'asphalte, ou bitume de Judée, n.° 24;

8.° La terre de Cassel n.° 25 (rarement, elle noircit trop);

9.° Le brun de Prusse calciné n.° 22;

10.° Le brun de Prusse anglais n.° 23 (ce brun n'est pas très-utile, on peut aisément s'en passer);

11.° Le brun composé n.° 27;

12.° Le jaune indien n.° 6;

13.° Le vert-de-gris en aiguilles n.° 37 (mais très-rarement);

14.° Les laques vertes n.° 38 (si elles sont solides).

Il est beaucoup de cas où l'on peut faire des glacis avec les ocres, comme dans le brun composé n.° 27. On peut les employer pures lorsque le jaune indien donnerait une teinte trop brillante, et trop de vigueur à des arbres, des terrains, des rochers, etc.; mais évitez de glacer avec des couleurs trop opaques.

Des Préparations.

Faire une préparation sur une première ébauche, bien sèche, c'est étendre une teinte légère sur telle ou telle partie d'un tableau qu'on repeint pour la seconde fois. Cette teinte doit être couchée aussi mince et aussi légère qu'un glacis, et l'on a soin de composer sa teinte d'un ton local, analogue à la partie qu'on veut repeindre. Cet usage est très-généralement suivi par les meilleurs artistes. Ces préparations ont l'avantage de corriger l'*embu*[1] d'une ébauche, et par conséquent de faire voir plus distinctement ce qu'il y a à recorriger au ton local de la partie que vous repeignez, et, de plus, ces préparations onctueuses facilitent le travail qu'on fait dessus, en ce que le peintre ne travaille pas à sec[2], et que tous les détails qu'il exprime n'ont rien de cette sécheresse cernée, qui est si contraire au bon effet de la peinture.

Il est essentiel de bien composer les tons de ces préparations, pour lesquelles il est impossible de donner des directions positives, puisque cela dépend non-seulement de l'objet qu'on peint actuellement, mais aussi du ton que l'on a à corriger ou à modifier dans l'ébauche qu'on repeint.

S'il arrive que le ton local de la première ébauche soit juste, ce qui a lieu assez souvent, vous y couchez une très-légère préparation, composée de façon à ne pas changer le ton du dessous, et vous conservez le précieux avantage de peindre moelleusement les détails que vous ajoutez à votre première ébauche, sans perdre la localité du ton dont vous êtes satisfait.

---

1 On appelle embu d'un tableau à l'huile, les parties qui ont un aspect plus terne et plus grisâtre que le vrai ton de l'ébauche ne l'est réellement.

2 Repeindre à sec, signifie coucher une couleur quelconque sur une partie très-sèche sans y étendre préalablement une préparation, ou sans la frotter d'un peu d'huile.

Il arrive fréquemment aussi qu'on laisse voir çà et là l'ébauche à travers cette légère préparation (et l'on a raison de le faire), lorsque certaines parties d'une ébauche sont heureusement préparées, et qu'elles sont d'un ton assez juste et assez fin pour qu'on désire les conserver. Dans ce cas, vous n'exprimez que certains détails avec plus de précision, soit en touches fortes, soit en touches claires, et vous laissez tout le reste comme un fond et un ton local dont vous êtes satisfait. Cette manière est également applicable à beaucoup de choses, surtout dans les paysages, l'architecture, et même les draperies, lorsqu'après avoir étendu une préparation, la teinte vous a bien réussi, et qu'elle porte le ton juste que vous cherchiez; mais il ne faut jamais étendre de préparation sur les ciels ni sur les grands jours des chairs; ce sont des parties qu'on ne saurait tenir trop pures et trop lumineuses; il faut même éviter, autant que possible, de les enduire d'huile et de les trop remanier, parce que cela fait changer les couleurs, en leur donnant, au bout de peu de temps, une teinte rousse et malpropre. [1]

Les préparations ont le grand avantage de laisser voir l'ébauche comme si elle venait d'être fraîchement peinte; en sorte qu'on peut modifier les tons avec connaissance de cause; de plus, les détails qu'on repeint par-dessus se lient et s'amalgament parfaitement avec

---

1 Voyez cependant la 9.e leçon, où j'indique une espèce d'huile blanchie, propre à retoucher certaines parties des chairs sans les repeindre partout, et sans que ces parties repeintes forment des taches.

les dessous, sans devenir jamais ni maigres ni cernés, parce qu'ils se mêlent un peu avec la préparation générale, ce qui constitue le moelleux et la belle harmonie d'un tableau.

Je suppose, par exemple, que vous ayez à repeindre un morceau d'architecture; la légère préparation que vous glacez sur votre ébauche, vous laisse voir toutes les lignes que vous avez tracées, et en même temps vous offre l'ébauche comme étant fraîchement peinte. Vous prenez alors, au bout de la brosse ou d'un fort pinceau, les diverses couleurs diaphanes que vous jugez être nécessaires pour modifier à votre gré le ton local de votre masse d'architecture, et en mettant une couche plus ou moins forte de cette préparation dans les ombres, ou dans tous les endroits qui vous paraissent l'exiger, vous travaillez presque à coup sûr, et vous parvenez ainsi au degré de force nécessaire pour qu'elle se détache et s'enlève convenablement du fond qui l'avoisine. Comme d'ailleurs toutes les couleurs dont on se sert pour les préparations sont d'une nature d'autant plus transparente qu'on ne les étend que très-minces et sans beaucoup d'huile, vous profitez de tous les dessous de l'ébauche pour les perfectionner, sans rien perdre de ce qui mérite d'être respecté et conservé.

Si, pour ces préparations, au lieu de couleurs transparentes, on se servait de couleurs lourdes et opaques, on perdrait presque entièrement le fruit du premier travail, et l'on ne ferait guère qu'une seconde ébauche sur la première; d'ailleurs ces épaisseurs de couleur rendraient l'ouvrage lourd, et l'on serait encore obligé d'y revenir avec des glacis, pour recorriger tout ce qui n'aurait pas été peint d'un ton fin et juste.

Au surplus, je dois prévenir les commençans que les préparations dont on vient de parler n'exigent pas d'être couchées et étendues avec autant de soin et d'uniformité que les glacis, parce qu'étant appelés à repeindre sur ces préparations avec des couleurs de toute espèce plus ou moins opaques, surtout dans les parties éclairées, il serait superflu d'y mettre le même soin. Il est même beaucoup de cas, particulièrement dans les paysages, où les traces de la brosse et les inégalités qu'elles présentent produisent d'agréables négligences, que l'œil et le tact d'un habile artiste se gardent bien de mépriser; il profite, au contraire, de tous les hasards heureux que fait naître sous ses doigts une brosse facile. C'est en quoi les peintres flamands ont excellé : mais il faut être avancé dans l'art, et en user, comme eux, avec discernement. Gardez-vous surtout de les rechercher avec affectation; autant vaudrait tenter de former de jolies figures, en jetant du plomb fondu dans de l'eau : la meilleure ne vaudrait pas un bon hasard.

Je dois dire en passant que les préparations proprement dites exigent moins d'huile grasse que les glacis, attendu que, comme on revient par-dessus avec des couleurs plus ou moins opaques, et siccatives de leur nature, il n'est pas à craindre que l'ouvrage ne sèche pas. D'ailleurs, l'expérience démontre que plus une couleur est empâtée, c'est-à-dire couchée avec une certaine épaisseur, plus elle est prompte à sécher; et qu'au contraire, plus la teinte est mince et légère, moins elle sèche facilement, si l'on n'y ajoute pas beaucoup d'huile grasse, ce qui est souvent un grand inconvénient.

Tenez-vous dans un juste milieu : employer trop ou trop peu de couleur devient nuisible. On voit des jeunes gens qui empâtent leurs tableaux comme ferait un maçon. Il est vrai que Rembrant et d'autres grands coloristes ont souvent mis de grandes élévations de couleur dans leurs ouvrages; mais qu'on ne s'y trompe pas; ce n'est pas en cela qu'ils sont admirables. Ces grands maîtres n'ont point eu l'intention de faire de leurs tableaux des bas-reliefs coloriés; ils étaient trop savans pour goûter un si mauvais genre : mais, sévères envers eux-mêmes, ils ne se sont pas contentés facilement sur l'effet de leurs ouvrages et la vérité de leur coloris; c'est pourquoi ils ont peint et réempâté souvent leurs tableaux jusqu'à entière satisfaction : voilà ce qui a produit ces hauteurs de couleurs quelquefois excessives. S'ils eussent trouvé d'emblée le ton juste, ils s'y seraient arrêtés, s'exemptant de ces tâtonnemens pénibles et de ces retouches multipliées qui, amoncelées les unes sur les autres, ont enfin produit des saillies de couleur fort peu agréables à l'œil, et que même on appelle vulgairement *des croûtes*, quand elles n'ont d'autre mérite que leur épaisseur.

Une grande élévation de couleur sur un point donne du piquant à une grande lumière, il est vrai; mais aussi elle produit une ombre qui fait manquer le résultat qu'on s'en était promis : une ombre au milieu de la plus grande lumière du front, ou du nez, produit un effet plus désagréable à l'œil, que le côté brillant de cette touche épaisse n'en produit un favorable à l'illusion et au relief. Posons en principe qu'il ne faut pas copier les grands maîtres par leurs côtés défectueux, ce qui est toujours facile, mais s'efforcer d'arriver aux mêmes effets sans rechercher le mécanisme, quelquefois fautif, de leur manière.

Un habile homme, enfin, sait tirer parti de tout, et même d'une faute. Un commençant ne trouve dans son talent aucune ressource pour la réparer; il s'embarrasse de plus en plus; il se noie dans la surabondance de la couleur; il la tourmente et la salit pour indiquer la forme, ce qui rend son ouvrage encore plus imparfait : car, il faut le répéter jusqu'à satiété, toutes les couleurs changent et se ternissent quand elles ne sont pas employées franchement et avec promptitude. L'on ne s'en aperçoit pas d'abord; mais au bout de peu de temps on en acquiert la certitude.

Ne tombez pas néanmoins d'un excès dans l'autre, et ne craignez pas si fort d'empâter, surtout dans les lumières, que cette crainte ne vous ôte pas toute liberté et toute verve, surtout dans les ouvrages d'une grande dimension : l'ouvrage alors serait froid, lisse, monotone, et ne produirait aucun effet vu à distance.

Les grands maîtres vous prescrivent de ménager la couleur dans les ombres, et de ne pas les empâter; mais ils vous recommandent de peindre grassement et d'empâter suffisamment vos lumières, particulièrement les parties brillantes, comme sont dans les chairs la partie du front la plus éclairée, les luisans du nez, la poitrine, les épaules, etc., ainsi que toutes celles qui sont très-lumineuses et reluisantes.

Quant aux draperies, particulièrement celles de grosse étoffe (si toutefois vous travaillez sur un premier plan), empâtez aussi les lumières; que votre brosse soit bien nourrie de couleur, ainsi que quand vous toucherez les angles des métaux, des bois polis, et les luisans des verres et des terres vernies, etc. : mais donnez ces touches franchement et spirituellement. Si vous peignez un paysage, ne craignez pas non plus de nourrir grassement les détails éclairés des premiers plans, comme les terrasses, les mousses, les pierres, les rochers, etc., et exprimez l'aspérité et les dehors raboteux de tous ces objets par un maniement de brosse pittoresque, inégal et libre; mais ne mettez jamais des épaisseurs de couleur dans les ombres, et dans les parties tournantes et fuyantes.

La raison de ce précepte est simple. Si vous mettez des touches épaisses et saccadées dans les ombres, le jour s'arrêtera dessus et contrariera l'effet, si juste que soit le ton de l'ombre; tandis que, si vous étendez votre couleur d'une manière unie, elle paraîtra une chose privée du jour, sans rien perdre de sa belle transparence. D'un autre côté, vos lumières étant traitées grassement, et d'un maniement de brosse peu uniforme, ces petites inégalités de couleur, surtout dans les armures, dans les troncs d'arbres, les pierres et les grandes plantes des devants, rassembleront des rayons de lumière qui contrasteront merveilleusement avec les teintes lisses et unies des ombres et des trous profonds.

Empâtez aussi sans trop de timidité les brillans des eaux écumantes, ainsi que les objets qui ne sont que des accessoires, et surtout les luisans des corps polis : ces sortes de touches produisent beaucoup d'effet, pourvu toutefois qu'elles soient franches, faites librement, avec sentiment, et posées bien à leur place. Consultez sur ce point les tableaux flamands : Tenier, surtout, a peint ces sortes de touches avec la plus grande vérité, et sans qu'elles aient trop d'épaisseur de couleur.

Il faut, pour ainsi dire, que la petite élévation de couleur que comporte une touche lumineuse soit un résultat spontané : on doit y voir l'inspiration ; elle ne doit jamais être reprise ni retouchée : qui dit une touche, dit un seul coup de pinceau hardi et nerveux, large ou délicat. C'est ainsi qu'on parvient à caractériser la forme et la nature de l'objet qu'on veut représenter : or, une touche arrangée, reprise et léchée, n'est plus une touche ; elle a perdu ce qui en fait l'essence et le mérite, l'expression spontanée d'un coup de pinceau spirituel, libre et savant.

Tout ce qu'on fait hardiment et comme à la volée, prend un air élégant et gracieux : c'est une vérité d'expérience que l'on ne saurait nier.

Si l'on trace un ornement ou une lettre majuscule à main levée, l'ouvrage a toujours plus d'élégance, malgré ses imperfections, que celui qu'on aura tracé péniblement et posément avec toute l'attention et la symétrie possible. Il en est de même d'une touche hardie. Qu'on l'exécute avec le pinceau, le crayon ou la plume, elle a je ne sais quoi d'attrayant et de spirituel qui décèle d'autant mieux le talent et l'intention de celui qui l'a faite, qu'il a mis moins d'hésitation à la produire : il semble que le sentiment de l'artiste passe dans ses doigts avec la rapidité du fluide électrique. S'il hésite, s'il s'arrête dans l'espoir de faire mieux, l'inspiration se refroidit, il ne fera pas aussi bien.

Voilà pourquoi un croquis fait par un homme habile donne tant de plaisir à un véritable connaisseur; voilà encore d'où vient la difficulté, pour ne pas dire l'impossibilité, de copier un croquis spirituel, malgré les négligences et souvent même les incorrections qui s'y trouvent. Vous n'y verrez ni un dessin bien pur ni la douce harmonie qu'on admire dans un dessin soigné et châtié; mais il exprime plus de choses que des ouvrages achevés, qui ne sont que le produit de la patience dénuée de verve, de chaleur et de sentiment. Exprimer beaucoup avec quelques traits de crayon, n'est-ce pas la même chose que de communiquer beaucoup d'idées en peu de mots? Or, tout homme qui peut faire un croquis ou une esquisse spirituelle, doit avoir nécessairement une touche spirituelle, même dans ses ouvrages les plus travaillés, si d'ailleurs il a acquis assez d'expérience pour être maître du maniement de la couleur.

Aussi est-ce particulièrement à la nature de la touche que des yeux exercés reconnaissent qu'un tableau est de tel ou tel peintre, et avec assez de certitude pour ne prendre presque jamais une copie, aussi bonne qu'elle soit, pour un original.

La touche d'un grand maître porte un caractère si distinctif, qu'il est mille fois plus difficile de l'imiter parfaitement, qu'il ne l'est de contrefaire une signature ou une écriture quelconque.

Que l'on ne s'étonne donc plus qu'un original soit facilement distingué d'une copie par les véritables connaisseurs. La plus grande difficulté consiste dans le grand nombre de peintres qu'il faut avoir étudiés, au point de s'être indentifié en quelque sorte avec leur genre et leur manière de peindre. Cette étude est longue, et elle exige un goût fin et un tact naturel : c'est pour cela qu'il est si peu de vrais connaisseurs.

Un copiste peut calquer les contours sur l'original; il peut même imiter assez bien l'effet, la couleur et les expressions de tête, s'il est doué de quelque talent : mais il échouera dans la touche, qui est l'ame de l'original. Je dis plus : un peintre qui se copie lui-même, comme cela arrive souvent, n'a pas le même abandon, la même franchise de touche dans sa copie, par cela seul qu'il s'est imposé la tâche de copier, et qu'il ne travaille plus de première inspiration. Je l'ai toujours éprouvé moi-même, et tous mes confrères m'ont avoué avoir été dans le même cas.

Qu'on n'infère pas de là qu'il ne s'agit que d'avoir des touches libres et hardies pour produire d'excellens ouvrages; il faut que ces touches soient posées avec la plus grande justesse, tant pour la vérité du ton que pour la forme qu'elles doivent exprimer; il faut qu'elles ne soient ni lourdes, ni maigres, ni sèches, mais harmonieuses, moelleuses, expressives et naturelles. Que d'analogie dans les moyens qui sont à la disposition de l'homme pour communiquer ses idées!

Qu'un orateur débite les phrases les plus fleuries, qu'il fasse résonner les mots les plus harmonieux, on blâmera le luxe de ses paroles, et l'on n'y verra que de l'affectation, s'il ne frappe pas notre jugement par la vérité de ses raisonnemens et par la justesse de ses pensées : l'on n'aura entendu que des mots. Il en est de même d'un peintre qui abuse de sa facilité : il nous éblouit un instant; mais bientôt nous n'apercevons dans son ouvrage que le mécanisme de la main; il ne parle point à notre imagination; il ne satisfait pas notre goût: nous lui préférons, avec justice, des ouvrages timidement peints, mais dans lesquels on découvre des intentions louables et des parties bien étudiées.

Travaillez donc long-temps; mûrissez, par l'étude et la réflexion, votre jugement et votre talent, avant de vous croire capable de briller par la liberté du faire et de la touche; car elle n'est que le résultat du savoir: comme elle est la marque distinctive d'un peintre consommé dans son art, elle ne sera jamais l'apanage des commençans ni des talens vulgaires.

Finissons sur ce sujet par une observation importante. Un petit tableau de chevalet, qui est fait pour être vu de près, ne doit pas être empâté et touché avec autant d'épaisseur de couleur qu'un tableau de grande dimension : le genre et le plus ou moins de délicatesse du travail doit être proportionné à la grandeur du sujet et à la distance d'où il doit être vu. On sent combien il serait déraisonnable de traiter de même un tableau de quinze ou vingt pouces et un autre de quinze ou vingt pieds. La manière doit être beaucoup plus délicate dans le premier, et beaucoup plus large dans le second; sans quoi l'un ferait un effet très-raboteux et très-désagréable à l'œil, qui doit s'en approcher de très-près, et l'autre perdrait beaucoup de son nerf et de son effet, ne devant être jugé que d'assez loin. [1]

---

1 L'on s'accorde généralement à dire que la distance où le spectateur doit se placer pour voir un tableau et en bien juger, est de deux fois sa dimension. D'après cette règle, les peintres peuvent aisément calculer le degré de fini ou de large qu'ils doivent donner à leurs ouvrages pour obtenir tout l'effet qu'ils en attendent. Il faut aussi que le peintre calcule d'avance à quelle élévation l'on mettra son tableau, afin qu'il place son point de vue convenablement et de manière à ce que tous les objets paraissent ce qu'ils doivent être, et que l'effet de la perspective en soit agréable et naturel.

Les spectateurs myopes, qui ne peuvent pas jouir de l'ensemble d'un tableau à la distance indiquée, ne doivent pas s'obstiner à les regarder à l'œil nu; ils doivent prendre des lunettes concaves, et se placer, comme les autres, à la distance la plus avantageuse, pour bien juger de l'ensemble et de l'effet du tableau; comme aussi le peintre lui-même, s'il est myope, doit juger de l'effet général de son tableau avec des lunettes qui lui permettent de le voir de loin; et s'il a la vue très-longue et forte, il doit prendre des précautions pour ne pas tomber dans des détails trop minutieux et trop secs. Pour éviter ce défaut, il doit adoucir tout ce qui lui paraîtra trop prononcé et trop détaillé relativement à l'harmonie générale.

VII.e LEÇON.

Manière de brûler la Laque de Venise ou le Carmin pour les rendre plus foncés et leur donner en même temps une qualité beaucoup plus solide.

J'ai déjà dit, je crois, que peu de laques sont propres à être brûlées; il faut donc faire des essais de toutes celles qu'on pourra se procurer, jusqu'à ce qu'il s'en trouve une qui devienne pourpre très-foncé sans prendre une teinte grisâtre.

Les belles laques de Venise, ou celles qu'on fabrique ailleurs sous ce nom, sont ordinairement les meilleures. Elles doivent être un produit de la cochenille, ainsi que le bon carmin; mais, comme on vend partout pour de bonnes laques ou de bons carmins des couleurs qui ne sont souvent tirées que des bois de teinture ou de drogues qui n'en peuvent fournir de solides, j'invite les personnes qui voudront se procurer la belle teinte que j'indique ici, de faire des essais en petite dose, avant que d'en faire une emplette un peu considérable.

Prenez une cuiller à soupe d'argent; placez-la sur des charbons ardens, et jetez-y votre laque ou votre carmin réduit en poudre. Remuez, sans interruption, la couleur avec un petit bâton de bois dur; il s'en exhalera bientôt une fumée de mauvaise odeur, que vous viterez de respirer. Soufflez légèrement sur les charbons, sans faire entrer de la cendre dans la cuiller; mais maintenez un feu vif, en remuant toujours la couleur, jusqu'à ce qu'elle devienne d'un beau brun foncé et pourpré couleur d'œillet : alors retirez la cuiller du feu. La couleur, en se refroidissant, devient moins foncée; c'est pourquoi il ne faut pas craindre de la voir devenir très-sombre sur le feu. N'attendez pas néanmoins qu'elle prenne feu; cela la gâterait tout-à-fait, et la réduirait en mauvais charbon : retirez-la à temps, et versez-la dans une assiette bien nette et qui n'ait jamais contenu de graisse. Vous verrez si elle est parvenue à son point. Si vous ne la trouvez pas assez brune, remettez-la sur le feu dans la cuiller. Si votre laque est de bonne qualité, vous obtiendrez une couleur qu'on ne peut imiter par aucun mélange : elle aura toutes les qualités et presque la solidité, ainsi que la teinte, du précipité d'or de Cassius, dont on fait usage en miniature, et dont on compose le pourpre en émail. Mais la laque ne pourrait point servir à l'usage des émaux.

Cette couleur, ainsi brûlée, sèche moins difficilement à l'huile que quand on l'emploie sans être brûlée; mais encore est-il nécessaire de la délayer avec une portion d'huile grasse, soit qu'on l'emploie pure, soit qu'on la mélange avec de la terre de Sienne brûlée ou avec des terres rouges.

J'ai souvent essayé de brûler des laques de garance, qui sont naturellement si solides; mais cela ne m'a jamais réussi. Le feu leur fait perdre leur couleur; elles deviennent terreuses et grisâtres : d'ailleurs elles ne portent pas une teinte assez nourrie, assez foncée, pour atteindre le but qu'on se propose; il vaut beaucoup mieux les employer pures à d'autres usages.

VIII.e LEÇON.

Nouveau procédé, plus simple et plus expéditif que tous les anciens, pour extraire l'outremer du lapis lazuli.

Ce procédé n'a été découvert que depuis peu d'années par un de mes amis, M. Tœpffer, de Genève, célèbre paysagiste : il lui a parfaitement réussi, ainsi qu'à moi et à plusieurs de nos amis. C'est avec son consentement que je le publie.

Plus le *lapis* est chargé de parties colorées en bleu, plus on en tire d'outremer : il est donc avantageux de se procurer du *lapis* aussi bleu que possible ; car les frais de trituration et de départ sont les mêmes pour un *lapis* pauvre en couleur que pour celui qui en est très-riche.

Il est vrai que ce dernier est plus rare et par conséquent plus cher que l'autre ; malgré cela il y a encore de l'économie à s'en procurer.

Celui qu'on tire des mines du nord de la Russie est à meilleur marché que celui qui nous vient d'Orient par l'Italie, parce que son importance y est moins connue : il est tout aussi bon.

Opération préliminaire.

Vous concassez à grands coups de marteau votre *lapis*, jusqu'à ce que les plus gros morceaux ne dépassent plus le volume d'un œuf : plus les éclats sont petits, mieux cela vaut.

Ayez un ou plusieurs creusets; faites rougir votre *lapis* à blanc, *à feu découvert;* jetez-le rouge-blanc dans de l'eau, ou, ce qui vaut encore mieux, dans du vinaigre blanc distillé, en sorte qu'il en soit entièrement submergé.

Vous répéterez cette opération trois ou quatre fois de suite, jusqu'à ce que le rocher soit devenu assez friable pour se briser sous le marteau sans trop de difficulté. Cette calcination procure le double avantage de rendre le *lapis* plus friable, de brûler et de faire évaporer presque toutes les pyrites et autres parties sulfureuses qu'il contient.

Vous séparez avec un petit marteau tranchant les morceaux qui n'ont que très-peu ou point de veines bleues, afin de vous éviter les frais de faire broyer ce qui n'en vaut pas la peine.

Vous concasserez et pilerez les morceaux de choix dans un grand mortier de fer ou d'acier, avec un pilon du même métal, sinon dans un mortier de pierre. Ne vous servez pas de mortiers de fonte ou de cuivre; ils salissent et altèrent sensiblement la couleur.

Vous aurez soin de couvrir d'un linge ou d'une peau le mortier, après avoir passé le pilon dessous, et vous la laisserez assez lâche pour vous permettre le mouvement aisé du pilon par-dessous. On doit tenir le pilon avec le haut de l'enveloppe, et ceindre le mortier par une ligature, sans quoi les éclats du *lapis* se répandraient en dehors. Il ne faut pas mettre trop de *lapis* dans le mortier.

Quand tout le *lapis* sera pulvérisé, vous le tamiserez de façon à ce qu'il n'y ait plus de particules plus grosses que du sable ordinaire, et vous repilerez tous les morceaux plus considérables jusqu'à ce qu'ils passent en poudre à travers le tamis de crin.

Vous broierez le *lapis* mis en poudre dans de l'eau distillée, par petites portions d'environ une demi-once à la fois, et moins encore, si votre pierre ou votre glace n'est que d'une petite dimension[1]. Quand vous l'aurez broyé en totalité et réduit en poudre impalpable (car il importe beaucoup de lui donner le dernier degré de ténuité), vous triturerez encore cette poudre, pour faire évaporer la surabondance de l'eau, et vous la relèverez ensuite quand elle sera épaissie à peu près au degré d'une forte colle d'amidon; puis vous la ferez sécher en trochisques, comme on l'a indiqué.[2]

Quand ces trochisques ou petits tas de couleur seront complétement secs (ce qui aura lieu le lendemain, si vous avez hâté la dessiccation par le soleil ou par un feu très-doux), vous les reporterez par huit ou dix à la fois sur la pierre à broyer, et avec la molette vous les écraserez et les réduirez en poudre très-fine et très-

---

1 Voyez la 5.e leçon, page 122 et suivantes, pour la manière de broyer.

2 Voyez les pages 2 et 3, leçon 1.re, où l'on explique ce que sont ces trochisques. Il est très-important que ces trochisques, ainsi que toutes les espèces de couleurs qui ont été broyées d'abord à l'eau, soient complétement séchés, et qu'il n'y reste plus la moindre humidité quand on veut les délayer à l'huile, comme aussi quand on veut mettre la poudre du *lapis* broyé dans du suif, pour en extraire l'outremer pur.

égale. Mais il ne faut pas faire aller et venir la molette; il ne faut qu'écraser les trochisques.

Toute votre poudre de *lapis* étant ainsi préparée, vous la mettrez dans une balance bien nette, et vous mettrez dans l'autre bassin de la balance le même poids de pur suif de chèvre : le suif ordinaire ne pourrait le remplacer.

Vous ferez fondre ce suif dans une jarre vernissée qui n'ait jamais servi. Quand il sera totalement fondu, vous le transporterez sur un feu beaucoup plus tempéré, seulement pour le maintenir liquide, et vous y verserez peu à peu votre poudre de *lapis*, en ayant soin de ne la répandre que par petites parties, en agitant en même temps toute la masse liquide avec un tuyau de terre de pipe ou un petit bâton bien net et sans écorce.

Il est essentiel que le *lapis* se mêle également dans le suif; c'est pourquoi on recommande de le remuer constamment, et de ne répandre la poudre bleue que peu à peu et d'une manière égale et uniforme, en promenant la main qui la verse sur toute la superficie liquide.

La poudre étant tout entière dans le suif, vous retirez peu à peu du feu la jarre qui le contient, mais sans cesser de remuer avec le bâton et d'agiter tout le mélange; sans quoi la poudre se précipiterait au fond du vase, ce qui ferait manquer l'opération; mais lorsque le suif a pris assez de consistance pour empêcher la précipitation, vous cessez d'agiter, et vous laissez le tout se figer et se refroidir complétement.

Si vous faites cette opération dans une saison froide, il ne sera pas inutile d'ajouter au suif un vingtième de graisse molle ou blanc de lard; si, au contraire, vous la faites par un temps très-chaud, vous mêlerez un vingtième de colophane ou poix-résine transparente et en poudre dans la masse du suif, afin de lui donner plus de consistance; et dans l'un et l'autre cas, vous fondrez le tout ensemble.

Le blanc de lard attendrit un peu le suif en hiver, ce qui permet à l'outremer, quand on fait le lavage dont on va parler, d'être entraîné par l'eau, avec laquelle il paraît qu'il a plus d'affinité qu'avec le suif.

En été, on est obligé de donner plus de consistance au suif, quoique celui de chèvre soit le plus dur de tous; sans cela il abandonnerait trop vîte non-seulement l'outremer, mais aussi la poudre inutile et malfaisante du rocher, qui ne contient point de bleu : c'est pour cela qu'il faut ajouter un peu de résine. Les parties du rocher qui ne contiennent point de ce bleu qu'on appelle *outremer*, paraissent avoir beaucoup plus d'affinité avec le suif que n'en ont les parties colorées en bleu; en sorte qu'au lavage, comme nous le dirons tout à l'heure, le bleu quittera le suif pour s'unir à l'eau, tandis que le suif retiendra toutes les particules du rocher ordinaire.

Votre suif refroidi, vous l'enlevez entièrement du vase[1], et vous en faites une masse, que vous pétrissez

1 On juge bien qu'il faut prendre une jarre non-seulement vernissée, mais qui puisse aller au feu et même cuire sans se rompre.

et repétrissez à plusieurs reprises dans les mains ou avec un rouleau de bois lisse, comme on ferait d'une pâte à faire des gâteaux. Vous pétrissez sans relâche, durant une demi-heure, sur un corps dur et uni, comme du marbre, une glace, etc., afin de ne point salir la couleur, et aussi pour n'en point perdre; car il faut pouvoir l'étendre souvent sous le rouleau et la relever aisément avec un couteau à couleur. Cela fait, rassemblez toute la pâte avec soin, et formez-en une boule ou une masse, que vous laisserez reposer quinze jours en été, et seulement six ou huit jours, s'il fait froid, en hiver.

Opération du Départ ou du Lavage.

Au bout du temps prescrit, ayez deux cuvettes de terre de pipe ou de faïence bien nettes, et remplissez-les d'eau jusqu'aux deux tiers. Si le temps est très-froid, prenez de l'eau passablement chaude; mais qu'elle ne soit que tiède, s'il ne fait pas très-froid, et ne vous servez que d'eau fraîche en été. Ceci est essentiel. L'eau froide, en hiver, ne ferait pas sortir l'outremer, et l'eau chaude, en été, agirait en sens contraire, et il se mêlerait beaucoup de rocher à votre outremer.

Vos deux bassins d'eau posés sur une table, prenez dans vos mains, gros comme une petite noix, de la pâte de suif et de *lapis* (et opérant les bras nus, pour avoir plus d'aisance); lavez-vous les mains avec cette pâte, comme vous le feriez avec de la pâte d'amandes, et plongez-les souvent dans l'eau, toujours en les tournant et retournant l'une contre l'autre, comme on le fait en se lavant : bientôt vous verrez l'eau se saturer du plus beau bleu d'azur. Continuez sans relâche et avec patience, car l'opération est longue et désagréable.

Quand vous vous apercevrez que la couleur bleue ne sort plus de vos mains ni si chargée ni si abondante, ce qui a lieu ordinairement au bout de huit ou dix minutes, abandonnez la première cuvette et mettez-vous au-dessus de la seconde, dont l'eau sera à la même température ; continuez à y frotter et y plonger vos mains alternativement, et ne cessez que lorsque vous n'en voyez plus sortir assez de bleu pour qu'un plus long travail en vaille la peine.

Alors vous ratisserez les doigts et les mains avec un couteau, pour vous débarrasser de cette pâte grisâtre ou noirâtre, qui n'est plus bonne à rien ; vous en reprendrez de la nouvelle, et vous vous en laverez les mains comme la première fois, et ainsi de suite, en ayant soin de tenir toujours l'eau à la même température. [1]

La première cuvette où vous aurez commencé le lavage vous donnera l'outremer le plus pur et le plus intense ; celui de la seconde sera inférieur, quoiqu'encore d'une belle et bonne qualité.

---

1 On proportionnera le degré de chaleur ou de fraîcheur de l'eau en raison inverse de la température atmosphérique. Ainsi, quand le froid est vif, que votre eau soit assez chaude, et quand il fait très-chaud, que votre eau soit très-fraîche, en observant toujours des gradations proportionnelles pour les degrés de chaud ou de froid intermédiaires.

Si votre intention est de classer un plus grand nombre de qualités d'outremer, vous vous laverez successivement dans quatre ou six cuvettes différentes : la dernière ne vous donnera plus que de la cendre d'outremer. De cette manière vous aurez une succession de nuances ou de qualités toujours décroissantes : la première est toujours la plus belle et la plus précieuse.

Quant à moi, je ne fais aucun cas de cette échelle de nuances; elle convient aux marchands de couleurs. Ils en tirent un meilleur parti pour la vente, attendu que les prix sont plus ou moins élevés en proportion de la pureté et de l'intensité du bleu.

Je me borne à deux ou trois qualités au plus, et je rejette tout-à-fait ce qu'on appelle la cendre d'outremer; ce n'est plus que du rocher d'un blanc un peu bleuâtre, et pour obtenir cette légère teinte bleue, il suffit d'un atome de bel outremer pur, mélangé avec du bon blanc : la teinte sera même plus pure et meilleure, attendu que le rocher blanchâtre de la cendre n'est point un bon blanc. Aussi la cendre s'altère-t-elle assez promptement; elle devient d'un roux verdâtre, employée à l'huile, et elle n'a point de corps.

Si vous vous apercevez que votre bleu s'échappe trop facilement au lavage, ce qui doit faire soupçonner qu'il passe aussi du rocher en même temps, il ne faut pas hésiter à refondre toute la masse, en y ajoutant un peu de poudre de résine, comme on l'a indiqué plus haut, et en observant toujours toutes les précautions indiquées pages 180 et 181. N'ajoutez la résine qu'imperceptiblement, et extrêmement peu à la fois; sans cette précaution votre outremer resterait enfermé dans les portions de la pâte qui contiendraient plus de résine que les autres, et il deviendrait fort difficile de l'en dégager[1] : il faudrait en ce cas refondre de nouveau la pâte et rajouter du suif, ce qui dérange la proportion du poids du suif à celui du *lapis*.

Si vous trouviez, au contraire, qu'en hiver, et par un froid vif, le bleu ait trop de difficulté à se séparer de la pâte, ce serait le cas, outre la ressource de l'eau chaude, d'ajouter un peu de blanc de lard, en refondant la pâte, afin d'attendrir le suif; mais il faut aussi ne le mêler que par très-petites gouttes à la fois, et n'en mettre que fort peu.

N'essayez pas de garder la pâte pour n'en faire le lavage qu'en une saison plus chaude : vous risqueriez de ne plus en pouvoir extraire l'outremer. Cela est arrivé à l'un de mes collègues. Il paraît que, quand le *lapis* séjourne trop long-temps dans ce corps gras, ce dernier le saisit si fortement qu'il ne peut plus s'en dégager.

La méthode que je viens d'indiquer pour faire l'outremer, quoiqu'assez longue et ennuyeuse, l'est cependant moins que le procédé généralement connu : d'ailleurs on peut faire un sacrifice de temps et de peine pour obtenir très-pure et à meilleur compte une couleur précieuse que les marchands vendent très-cher, sans qu'on puisse compter toujours sur sa pureté.

---

1 Il faut que le suif soit assez chaud pour faire fondre la résine.

Quand la pâte est épuisée, et qu'il n'en sort plus d'outremer que ce qu'on appelle la cendre, vous êtes sûr d'en avoir extrait tout ce qu'on en pouvait tirer : le reste de la pâte ne contient plus que le suif et la partie du *lapis* qui ne renferme point de bleu.

J'ai observé, ainsi que mes amis, qu'il est bon de changer d'eau souvent pour s'y laver les mains. Il paraît que l'eau propre, n'ayant encore aucune particule de graisse, dégage beaucoup mieux l'outremer que quand elle a déjà servi huit ou dix minutes. On aura donc plusieurs cuvettes avec de l'eau à la température convenable, dont on se servira successivement, et à mesure qu'on abandonnera les précédentes, comme étant déjà trop grasses pour faciliter l'extraction du bleu par le lavage. On laissera les premières cuvettes tranquilles pendant quelques heures, afin de laisser le temps à l'outremer de se précipiter au fond des vases; puis, quand on verra que la précipitation a eu lieu, on versera la plus grande partie de l'eau claire dans un vase quelconque, comme n'étant plus bonne à rien; mais on le fera avec assez d'adresse et de précaution, pour éviter d'entraîner le bleu déposé au fond et contre les parois des vases. L'on versera alors tout ce qui restera d'eau et de bleu dans ces diverses cuvettes, dans une autre grande cuvette unique, destinée à recevoir tous les dépôts chargés de bleu; mais on les y transvasera *à travers un tamis de soie*, afin que toutes les particules de graisse et les autres malpropretés s'arrêtent sur le tamis, qui ne laissera passer que l'eau chargée d'outremer. On aura soin, avant de transvaser, d'agiter le dépôt avec l'eau restante, pour entraîner toute la partie bleue sur le tamis, ce qui se fait promptement, afin que la masse liquide entraîne l'outremer avec elle à travers le tamis.

Tous les dépôts d'outremer étant rassemblés dans une seule [1] et même cuvette avec une quantité d'eau convenable, on la laisse reposer pendant vingt-quatre heures, plus ou moins, jusqu'à ce que tout le bleu soit précipité et que l'eau soit parfaitement limpide; alors vous décanterez cette eau de la manière suivante. [2]

Manière de décanter ou de vider l'eau sans emporter la Couleur.

Vous soulèverez très-doucement la grande cuvette, en l'inclinant sans aucune secousse; car si l'eau se mêlait de nouveau avec le bleu, cela vous imposerait l'obligation de la laisser reposer de nouveau.

Vous vous y prendrez donc avec assez de précaution pour éviter de mettre le dépôt en mouvement, et vous décanterez l'eau également et lentement, jusqu'à ce que

---

1 En disant qu'on transvasera tous les dépôts dans une seule et même cuvette, je le dis dans la supposition qu'on ne voudrait faire qu'une seule et même qualité d'outremer de tout ce que la pâte peut rendre; mais si l'on veut en classer plusieurs qualités, on aura autant de cuvettes de dépôt qu'on voudra faire de qualités différentes, et on les numérotera, pour s'y reconnaître plus aisément.

2 Il est très-avantageux que ces vases ou cuvettes aient une espèce de bec ou de petit goulot qui trace une route à l'eau quand on la décante, afin qu'elle ne s'extravase pas à droite et à gauche, ce qui arrive lorsque le bord est rond partout.

vous voyiez que vous êtes sur le point d'entraîner de la couleur : alors reposez doucement le vase, et laissez-le tranquille jusqu'à ce que la couleur se soit de nouveau complétement précipitée.

Il est bon de placer sous le vase que vous tenez actuellement, un appui qui l'oblige à conserver le dernier degré d'inclinaison que vous lui voulez donner ; on risque beaucoup moins, par ce moyen, d'en détacher le dépôt. Quand tout sera bien reposé, vous prendrez une petite seringue d'ivoire ou d'étain, et vous aspirerez l'eau qui reste doucement et peu à peu[1]. Vous vous arrêtez dès qu'en aspirant l'eau vous voyez que la couleur elle-même est sur le point d'entrer dans la seringue : vous cessez alors, et vous ferez évaporer le restant de l'humidité en plaçant le vase sur un poêle chaud ou sur des cendres chaudes, à l'abri de la poussière.

Quand toute la couleur restera à sec, vous l'enlèverez proprement en la ratissant partout avec un morceau de corne très-mince, souple, et de la grandeur d'une carte à jouer, tel que vos doigts puissent lui imprimer la courbe nécessaire pour nettoyer les parois du vase intérieurement : il faut que cet instrument soit tranchant du côté qui ratisse la couleur.

Vous rassemblerez et recueillerez cette poudre, et la conserverez dans une boîte bien propre, ou au moins

---

1 On peut aussi retirer le restant de l'eau du vase en établissant un petit siphon, qui consiste à prendre un ruban de coton ou une petite mèche de coton, dont on place l'une des extrémités dans l'eau et l'autre en dehors du vase, dans une assiette ; par ce procédé on soutire l'eau sans aucune secousse.

dans un papier fin et bien lisse, jusqu'à ce que vous fassiez la dernière opération, qui suit.

Dernière Opération.

Quand tout l'outremer est réduit en poudre bien sèche, tel qu'on l'a indiqué ci-dessus, et qu'on l'a soigneusement recueilli, il reste encore une courte opération à faire pour dégraisser la couleur et la rendre parfaite.

Mettez chaque qualité d'outremer dans un creuset séparé, entourez-les de charbons ardens, et faites rougir à blanc, à feu découvert, jusqu'à ce que la couleur elle-même soit aussi ardente que le feu; et afin qu'elle se calcine également, ayez un petit faisceau composé de huit ou douze aiguilles d'acier à tricoter, et remuez de temps en temps la poudre dans les creusets, pendant qu'ils sont au feu. On aura soin de lier ce faisceau avec du fil-de-fer très-menu, et l'on écartera l'une des extrémités de ces aiguilles de façon à ce qu'elles prennent la forme d'un balai [1]. Vous verrez bientôt s'élever de chaque creuset une légère fumée, qui prouvera que la poudre n'était pas bien dégraissée. Vous ne retirerez les creusets du feu que lorsque vous ne verrez plus paraître aucune fumée.

Retirez vos creusets, en prenant garde de les renverser. Lorsqu'ils seront refroidis, vous en essuierez

---

1 Il ne faut pas laisser long-temps ce balai d'acier dans les creusets, mais l'en retirer avant qu'il ne devienne rouge, sans quoi l'on ternirait un peu la couleur par les déjets de l'acier.

avec soin le dehors où il peut y avoir de la cendre, et ensuite, vous verserez la couleur dans autant d'assiettes nettes et neuves que vous avez de différentes qualités d'outremer.

Quand la couleur est complétement refroidie, et avant qu'il puisse s'y mêler de la poussière, vous la recueillez, et la mettez dans autant de flacons qu'il y a de qualités différentes; vous numérotez les flacons; vous les bouchez, et votre outremer est prêt à être employé dans tous les genres de peinture, soit à l'eau gommée, soit à l'huile, sans avoir besoin d'être rebroyé.

Autre Procédé pour extraire l'Outremer de la pâte de suif.

Mon ami M. Tœpffer, dont j'ai déjà parlé, a essayé divers moyens d'extraire l'outremer de la pâte; en voici un qu'il m'a dit lui avoir réussi : il jette sa pâte, en morceaux de la grosseur d'une noisette, dans une grande jarre de terre vernissée, qu'il remplit à moitié d'eau, laquelle doit être, comme nous l'avons dit, ou chaude, ou froide, selon la température de la saison actuelle : il faut que la pâte soit submergée, et qu'il y ait au moins un pouce d'eau par-dessus.

Il prend ensuite un de ces petits balais de bois dépouillés d'écorce, dont on fait usage pour battre les œufs, et il fouette l'eau et la pâte assez vivement, jusqu'à ce que l'eau soit visiblement bien saturée de bleu.

Il passe cette eau à travers un tamis de soie, placé

au-dessus d'une autre grande jarre pareille à la première; il reprend les morceaux de pâte restés sur le tamis, et recommence à battre et fouetter comme auparavant avec de la nouvelle eau, et ainsi de suite, jusqu'à ce qu'il ne sorte plus de bleu.

Si cette méthode est aussi expéditive que la première, et si elle extrait autant d'outremer de la pâte, elle aurait l'avantage d'être d'une exécution moins pénible et plus propre; mais je n'en ai pas fait l'expérience, non plus que de la méthode suivante, que le même ami m'a dit avoir employée avec succès.

Lessive de Potasse pour extraire l'Outremer.

Les préparatifs dont j'ai parlé plus haut pour composer la pâte sont les mêmes pour ces diverses méthodes; il ne s'agit ici que de moyens différens de faire sortir l'outremer et de le dégager plus ou moins facilement de la masse pâteuse.

Déchirez votre pâte en morceaux, comme dans la méthode précédente, et versez dessus une lessive de potasse passablement forte, chaude, froide ou tiède, selon la saison; laissez le tout tranquille, et ne le remuez que d'heure en heure.

Au bout de quelques jours la masse entière d'eau et de couleur deviendra sale et trouble : pompez, avec une petite seringue, les eaux boueuses et le limon; mais pompez doucement, de crainte d'aspirer l'outremer. Rejetez toutes les eaux boueuses qu'aura enlevées la seringue, et continuez à faire d'heure en heure cette opération, jusqu'à ce qu'il ne se reforme plus d'eaux troubles, et que vous trouviez le dépôt d'outremer pur au fond du vase.

Lavez et relavez plusieurs fois le dépôt avec de l'eau pure et froide, jusqu'à ce que l'eau en sorte parfaitement limpide, et qu'en la portant avec le doigt sur la langue vous n'y trouviez aucun goût; et vous aurez alors une seule et même qualité d'outremer d'une fort bonne qualité. Vous ferez ensuite tout ce qui a été indiqué plus haut pour décanter, sécher et calciner le bleu, et l'opération sera terminée : mais de cette manière l'on ne peut faire qu'une seule qualité d'outremer.

Il est probable que, dans cette opération, la potasse réduit le suif à l'état de savon, et dissout ou tient en suspension les parties siliceuses, laissant à nu l'outremer. Suivant M. Tœpffer, ce procédé, toutes choses égales d'ailleurs, est celui qui fournit le plus d'outremer. Si une expérience constante lui assure cet avantage, on ne peut douter qu'il ne soit à tous égards préférable aux deux premiers.

Il n'est pas nécessaire de rappeler ici que, pour cette dernière méthode comme pour les précédentes, la préparation du *lapis* et de la pâte doit être la même, ainsi que l'opération dernière, qui est de calciner l'outremer en poudre avant que de l'enfermer dans des flacons.

Si l'on était curieux de connaître l'ancienne méthode pratiquée pour extraire l'outremer, on en trouverait les détails dans plusieurs ouvrages qui traitent ce sujet, et

..n particulier dans l'Encyclopédie et dans l'ouvrage de Watin sur l'art du peintre et du vernisseur, etc.; mais j'avertis que cette ancienne méthode est beaucoup plus longue que la nouvelle.

Voici à peu près les prix ordinaires des différentes qualités d'outremer qu'on tire de Rome, où ils sont généralement moins chers qu'ailleurs :

1.re qualité,	20 piastres l'once, ou environ		106 fr.
2.e qualité,	12 piastres	—	62
3.e qualité,	9 piastres	—	46
4.e qualité,	7 piastres	—	36
5.e qualité,	5 piastres	—	25

Il est des qualités inférieures, jusqu'à la cendre d'outremer, qui s'obtiennent encore à meilleur marché; mais je ne les conseille pas. On se rappellera que je l'ai déjà dit ailleurs : il vaut mieux n'en avoir que de deux ou trois sortes des premières qualités; on en tire un meilleur parti, en ce qu'elles foisonnent beaucoup, mêlées avec du blanc ou d'autres couleurs.[1]

Tels sont les prix des outremers chez les marchands les plus renommés :

Chez M. Charles, place d'Espagne, à Rome, pour les premières qualités;

Chez M. Vincenzo Pelluchi-Colorare, via de la Vite, à Rome, et chez quelques autres marchands, pour les qualités inférieures.

Mais si vous achetez l'outremer dans d'autres pays,

1 Voyez page 27 à page 33, leçon 1.re

en France, en Angleterre, en Allemagne, etc., vous le paierez beaucoup plus cher, et, de plus, vous pourrez souvent y être trompé; car on le mélange quelquefois avec d'autres bleus, comme du smalt ou cobalt, de la cendre bleue, du bleu d'Anvers, et même du bleu de Prusse.

Moyens infaillibles de s'assurer que les Outremers sont ou ne sont pas falsifiés.

Cette couleur étant infiniment plus précieuse et plus chère que toutes celles dont les peintres en tableaux garnissent leur palette, il n'est pas inutile d'indiquer à ceux qui voudraient en acheter, comment on reconnaît qu'elle est de pur *lapis*, ou qu'elle est mélangée avec des bleus moins précieux, qui en augmentent le poids et le volume aux dépens de la qualité.

Munissez-vous d'une petite fiole d'eau-forte ou d'acide nitrique, et d'un petit morceau de verre de vitre; prenez un échantillon d'outremer gros comme un petit pois, mettez-le en un petit tas sur le morceau de vitre, et versez dessus une goutte d'acide; attendez quelques minutes : si l'outremer est le résultat de pur *lapis*, il n'y aura aucune effervescense, et la couleur se réduira bientôt en cendre grisâtre sans mélange; si, au contraire, une partie du petit tas laisse voir des particules bleu-foncé, à coup sûr il y a mélange ou de cobalt ou de bleu de Prusse, ces deux substances ne se dissolvant pas dans l'eau-forte.

Si l'échantillon fait effervescence et bouillonne sous

l'acide, et que la dissolution présente à l'œil des traces roussâtres et jaunâtres, il y a mélange de bleus tirés du cuivre, comme la cendre bleue et le bleu d'Anvers, ou de quelques autres tirés du règne végétal, comme celui qu'on exprime des bluets ou de fleurs analogues.

Voici une autre épreuve, qui révélera si l'outremer est mélangé de bleu de Prusse ou de bleu cobalt, ou de tous les deux ensemble : prenez un échantillon de l'outremer qui n'a pas pu se dissoudre entièrement à l'eau-forte, et qui a conservé de petites particules d'un bleu-foncé durant un quart d'heure et plus; mettez-le dans une cuiller de fer déjà rougie au feu; attendez que la couleur soit elle-même rougie à blanc; ensuite laissez-la refroidir, et examinez votre petit échantillon avec soin : s'il est mélangé de cobalt, il se fondra comme du verre, et vous offrira de petites boules bleu-foncé et polies; s'il est mélangé de bleu de Prusse, vous le connaîtrez à de petites particules rousses ou jaune-obscur; car le bleu de Prusse se change en une espèce d'ocre foncée, calcinée à feu découvert.

Quant à l'outremer véritable, il doit rester d'un bleu aussi vif et aussi pur qu'avant la calcination; en sorte que vous pourrez reconnaître approximativement combien le mélange en contient; mais qu'il y en ait beaucoup ou peu, n'importe, n'achetez pas cette couleur falsifiée; elle vous gâterait vos teintes, surtout dans les chairs ou dans les ciels.

IX.e LEÇON.

Moyen de blanchir l'Huile d'œillet, et de la rendre presque aussi blanche que de l'eau, et par là plus siccative, mais un peu visqueuse. [1]

On s'en sert avec succès pour les retouches. Prenez une ou plusieurs bouteilles de verre blanc, selon la quantité d'huile que vous voulez blanchir : je dis du verre blanc ; car il importe de voir clairement les progrès de l'opération à travers le verre. Versez dans les bouteilles une partie d'huile d'œillet la plus fraîchement faite que vous pourrez trouver : il ne faut pas qu'elle soit plus vieille que de deux ou quatre mois au plus. Versez ensuite sur l'huile deux parties d'eau pure et filtrée. Calculez les proportions de l'huile et de l'eau en sorte qu'il reste dans les bouteilles quelques pouces de vide, qui permettent d'agiter de temps en temps le mélange. Battez et agitez ce liquide vivement et fortement, comme lorsqu'on rince une bouteille ; mais mettez-y un bouchon pendant que vous l'agitez. Otez le bouchon ensuite, et laissez reposer, en y substituant une espèce de couvercle en carton dont le dessus sera percé de plusieurs gros trous d'épingle, et exposez la bouteille à l'air, au grand jour, et surtout au soleil.

1 Beaucoup de peintres emploient aussi l'huile de noix quand elle est fraîche et blanche, et qu'elle n'a pas été extraite au moyen du feu : elle est fort bonne, et sèche bien.

Vous agiterez le mélange une fois au moins toutes les deux ou trois heures, surtout pendant les six ou huit premiers jours. L'huile surnage bientôt; mais l'eau la lave et l'épure, et en sépare toutes les parties muqueuses qui la colorent et l'empêchent de sécher promptement. Cette substance muqueuse se sépare peu à peu au bout de quelques heures de repos, et vient se placer entre l'eau et l'huile, sous l'apparence d'une mousse glaireuse et blanchâtre, qu'on doit avoir soin d'enlever au moins une fois chaque jour. Cela doit se faire adroitement, avec un petit crochet de bois blanc et propre. On transvase l'huile dans une autre bouteille, où l'on a eu soin de verser de la nouvelle eau fraîche et filtrée, ce que l'on renouvelle tous les deux ou trois jours pendant le premier mois de l'opération. La chose réussit mieux et plus promptement dans la belle saison, parce que le grand jour, et surtout le soleil, contribuent puissamment à éclaircir les liquides qu'on veut purifier. Vous agiterez la bouteille plusieurs fois le jour durant deux ou trois mois, et le plus souvent ne sera que le mieux : plus vous laverez ainsi votre huile, et plus elle acquerra de blancheur, de pureté et de qualité siccative.

Quand vous ne verrez plus de mucosités interposées entre l'huile et l'eau, vous laisserez le mélange tranquille sans l'agiter davantage; mais vous le placerez toujours à l'air, et à l'ombre, recouvert du couvercle de carton troué, afin de faciliter l'évaporation sans que la poussière s'y introduise. Vous ne l'exposerez plus au soleil, de crainte que l'huile ne devienne trop visqueuse. L'eau qui est au-dessous de l'huile ne se corrompt point, étant privée d'air par l'huile qui surnage, et cette même eau empêche l'huile de se figer et de prendre jamais trop de consistance. Un jour, par mégarde, après avoir versé un peu de cette huile dans une petite fiole, à la hauteur d'un ou deux pouces, j'oubliai de la renverser dans la grande bouteille, et au bout de trois ou quatre jours, je la trouvai figée et prise dans la fiole jusqu'au fond, ayant autant et plus de consistance qu'aucune gelée, quoiqu'elle eût été renfermée à l'ombre et dans une armoire[1] : elle était, dans cet état, aussi pure, blanche et transparente que dans son état liquide. Je cassai la fiole pour mieux juger de sa consistance, que je trouvai très-ferme, comme je viens de le dire; mais je dois ajouter que la fiole n'avait pas été bouchée. Je pesai cette huile; il y en avait un peu plus d'une once. Je sais qu'on obtient souvent un résultat approchant des vieilles huiles du pincelier, quand on les laisse quinze ou vingt jours en été sans les remuer; mais, outre que ces vieilles huiles deviennent très-gluantes et très-visqueuses, elles sont loin d'avoir ce degré de limpidité et de blancheur, et d'ailleurs elles sont imprégnées des sels siccatifs et malfaisans provenant principalement du blanc de plomb, qui est en dépôt dans le fond du pincelier, ainsi que d'autres couleurs, plus ou moins siccatives de leur nature, qui sont le résidu de ce qui sort des brosses et des

1 Ce fait prouve que l'huile ainsi lavée devient non-seulement très-blanche, mais qu'elle acquiert en même temps la qualité siccative sans l'addition d'aucune drogue malfaisante et étrangère à l'huile.

pinceaux lorsqu'on les nettoie dans ce vase. Or, l'huile blanchie par le moyen que je viens d'indiquer, ne contient aucun corps étranger, et l'eau sur laquelle elle repose la maintient dans un état de fluidité suffisant pour pouvoir l'employer sans peine.

Autre Huile blanche.

L'on fait aussi une huile assez blanche et passablement siccative de la manière suivante :

Prenez de l'huile de noix fraîchement exprimée, et qui n'ait pas été faite sur le feu, mais simplement par la pression de la meule, et à froid; mettez-en une demi-livre dans une fiole, et faites-la bouillir pendant une heure au bain-marie. Elle sèche bien ainsi concentrée ; mais elle n'a pas la même pureté que l'huile lavée à l'eau, et elle est moins blanche. Cependant, comme on s'en procure promptement, l'on peut s'en servir au besoin. Elle est d'ailleurs fort bonne pour retoucher des tableaux assez grands pour que l'espèce de petite nuance qu'elle peut laisser dans les endroits qu'on repeint ne soit pas sensible à l'œil, attendu la distance d'où l'on regarde les grands ouvrages.

Usage qu'on doit faire des Huiles blanchies.

Il arrive souvent qu'on a besoin de retoucher quelques petites parties dans un tableau qu'on regardait comme achevé, et, par exemple, dans les chairs, dans les linges, les ciels, ou quelques autres parties délicates qui, étant exposées à la plus grande lumière, exigent une grande pureté de ton. Or, pour modifier le ton ou la teinte de ces parties, on ne peut le faire avec de l'huile ordinaire sans s'exposer à former des taches, si l'on ne repeint que par places; et cependant on s'expose encore davantage si, pour éviter cet inconvénient, l'on prend le parti de repeindre partout; c'est-à-dire, non-seulement la petite place qu'on juge défectueuse, mais encore tout ce qui l'entoure : cela entraîne l'artiste à repeindre toute une tête, tout un bras, etc.; en sorte qu'il hasarde souvent de gâter une chose dont il est généralement satisfait, pour faire une légère correction, peut-être peu essentielle.

Voici la ressource que je propose, et qui m'a toujours réussi : jamais je n'ai vu, même au bout de plusieurs années, reparaître la moindre tache sur telle ou telle partie repeinte isolément, quoique le plus souvent elles fussent dans la plus belle et la plus éclairée des lumières des chairs ou des linges.

Prenez une très-petite goutte d'huile blanchie, et étendez-la doucement avec le bout du doigt sur la place que vous voulez retoucher, en sorte qu'il n'en reste sur le tableau (que je suppose très-sec) que le moins possible, et seulement ce qu'il en faut pour ne pas repeindre à sec; vous essuyerez doucement le superflu avec un petit morceau de papier de soie et non avec un linge, qui pourrait déposer des fils en étoupes sur la partie huilée.

Sur cette préparation légèrement onctueuse vous pourrez repeindre telle partie que vous avez intention de modifier, soit pour le ton de couleur, soit pour la forme, et vous le ferez avec autant de facilité que si la couleur de dessous était encore toute fraîche.

Vous accorderez votre ton de couleur sans aucune difficulté, mais vous aurez soin de diminuer et faire perdre insensiblement cette couleur tout autour de votre retouche, en n'en mettant presque point sur les bords qui avoisinent les parties sèches de votre tableau. Ne vous servez jamais d'huile grasse ordinaire pour retoucher des chairs, même dans les ombres, et à plus forte raison dans les parties éclairées, non-seulement des chairs, mais dans les lumières de quelque objet que ce soit; vous verriez bientôt noircir la partie retouchée.

Servez-vous toujours d'huile blanchie, à moins que vous ne vouliez obscurcir le trou d'une caverne, ou telles choses qui ne sont jamais trop obscures, comme les fortes ombres d'un vêtement noir, ou bleu et brun foncé, quelques touches dans les cheveux, s'ils sont très-bruns, la pupille de l'œil, etc.

L'huile blanchie n'est pas aussi agréable à manier que l'huile d'œillet ordinaire, elle est toujours un peu visqueuse; mais elle ne l'est pas trop, si l'on ne délaie pas la couleur avec elle, et qu'on ne s'en serve absolument que pour l'étendre sur la toile et la rendre onctueuse, comme je viens de l'indiquer.

J'invite ceux qui désirent retoucher leurs ouvrages par petites places isolées, sans s'exposer à repeindre partout, à faire usage de ce moyen : il est infiniment préférable aux pommades que l'on compose sous le nom de beurre des peintres, et dans lesquelles il entre du sel de Saturne en plus ou moins grande quantité, ce qui ne peut être que fort nuisible.

Les artistes, pour faire ces retouches, se servent d'huile d'aspic ou d'huile de lavande maigre, qui sont l'une et l'autre très-volatiles; je désapprouve l'emploi de ces huiles, d'abord parce qu'elles s'évaporent et sèchent trop promptement, ce qui ne laisse pas à l'artiste le temps de bien terminer son ouvrage, et aussi parce qu'elles noircissent avec le temps, comme l'essence de térébenthine. On peut cependant s'en servir avec avantage pour filer délicatement et nettement, avec la fine pointe d'un pinceau, les cordages d'un vaisseau, ou des objets semblables.

Je dois avertir qu'il ne faut prendre de l'huile blanchie qu'au moment même où l'on est prêt à s'en servir: si on l'enlève trop à l'avance de dessus l'eau, où elle se maintient fluide et fraîche, on peindra désagréablement, parce que bientôt elle devient trop visqueuse: il faut aussi se dépêcher de faire la correction projetée pendant que la préparation est étendue, et ne pas quitter qu'on ne l'ait terminée.

En parlant des huiles, je conseille de renfermer celle d'œillet ordinaire dans une bouteille de verre blanc, et de l'exposer au grand jour, sans être au soleil; le grand jour a la propriété de blanchir les huiles, les vernis, etc. Si vous aviez fait une provision d'huile d'œillet trop considérable, et qu'elle devînt trop visqueuse, il faut en acheter de la nouvelle et consacrer l'ancienne pour la battre avec un mélange d'eau de fontaine, et achever de la blanchir comme on l'indique à la page 196 et suivantes.

X.e LEÇON.

Procédé pour faire le Brun de Prusse N.° 22, portant la teinte de l'asphalte.

Ce brun ne s'obtient que du bon bleu de Prusse ordinaire; je n'ai jamais pu y réussir avec celui qui se fabrique en Angleterre.

Mettez sur un feu assez vif une cuiller de fer; faites-la rougir; jetez-y quelques morceaux de bleu de Prusse de la grosseur d'une noisette à peu près: bientôt chaque morceau éclatera de soi-même et se dégradera par écailles, à mesure qu'il s'échauffera, jusqu'à devenir rouge lui-même. Retirez la cuiller du feu et faites-la refroidir: si vous la laissiez plus long-temps sur le feu, vous n'obtiendriez pas la teinte désirée. Quand vous concasserez la couleur, il s'y trouvera des parties noirâtres, et d'autres brun-jaunâtres: c'est précisément ce qu'il faut. Broyez le tout ensemble, il en résultera un brun couleur de bistre ou d'asphalte, fort transparent: il est parfait pour faire une multitude de glacis ou de préparations, soit qu'on l'emploie seul, soit qu'on y mélange d'autres couleurs transparentes pour approcher davantage du ton que l'on veut obtenir.

Ce brun se manie et s'étend avec une merveilleuse facilité; il ne couvre pas plus que l'asphalte; il est d'une solidité et d'une fixité à toute épreuve: il a encore le grand avantage de sécher plus promptement que toutes les autres couleurs transparentes et légères. J'en ai fait un grand usage dans des tableaux qui ont déjà plus de vingt-quatre ans, et qui, je puis l'affirmer, sont encore tels que le jour même où je les finis; ce qui prouve que cette couleur n'a aucune mauvaise influence sur les autres.

L'opération de brûler le bleu de Prusse ne réussit pas toujours également; cela dépend des différentes qualités de bleu, et aussi du degré de chaleur qu'on donne, et même de l'état actuel de l'atmosphère. Il ne faut pas pour cela se rebuter; quoique les diverses teintes qu'on obtient soient plus rousses, plus verdâtres ou plus noirâtres qu'on ne le voudrait; ces essais ne sont pas perdus, l'on peut toujours en faire usage dans beaucoup de cas; mais comme la teinte la plus désirable est celle de l'asphalte, il n'y a qu'à recommencer avec différens bleus, et en différens temps, jusqu'à ce qu'on obtienne ce qu'on désire.

On aura l'attention de brûler cette couleur à feu découvert, sans quoi l'on n'obtiendrait que du noir, comme on le verra plus loin.

XIe LEÇON.

Autre Brun-jaunâtre doré N.° 23, et manière de le faire avec du bleu de Prusse de fabrication anglaise.

Réduisez le bleu de Prusse anglais en poudre passablement fine; jetez cette poudre dans un petit creuset; couvrez-le, sans le luter cependant, et donnez-lui une chaleur très-forte, de peur qu'il ne reste quelques particules noires dans votre poudre, ce qui ternirait sa belle teinte.

Vous obtiendrez une ocre dorée, d'une teinte infiniment plus belle que ne sont toutes celles qu'on peut se procurer; c'est un jaune-orangé superbe, qui sèche bien, et qui est fort léger et transparent.

Vous le broierez ensuite à l'huile pour vous en servir dans le besoin, comme je l'indique page 54, leçon 1.re Cette couleur n'étant pas d'un usage habituel, je conseille de la conserver en poudre fine bien broyée à l'eau, et de n'en délayer à l'huile qu'au fur et à mesure qu'on en a besoin, sans la mettre en vessie.

XIIe LEÇON.

Procédé pour dissoudre l'Asphalte ou Bitume de Judée N.° 24, et l'enfermer de suite en vessie sans le broyer.[1]

Prenez un petit pot de terre qui puisse aller au feu, et qui soit neuf et vernissé, au moins intérieurement; jetez-y votre bitume pulvérisé, et versez par-dessus de l'essence de térébenthine bien rectifiée, de façon que la poudre en soit submergée tout-à-fait; mettez le pot près d'un feu modéré, en remuant toujours ce qu'il contient avec un petit bâton ou un tuyau de terre de pipe; mais remuez doucement et avec prudence, afin d'éviter que des gouttes d'essence, en s'échappant du pot, ne s'enflamment, et que le pot lui-même ne prenne feu, ce qui pourrait causer des accidens à la personne qui fait l'opération : bientôt l'asphalte sera entièrement fondu. Vous retirerez le pot loin du feu, et vous remplacerez le liquide qui s'est évaporé par une quantité suffisante d'huile grasse siccative ordinaire, pendant que l'asphalte est encore chaud et en pleine dissolution; vous remuerez toujours le mélange en faisant l'addition de l'huile grasse, et n'en ajouterez que ce qu'il faut pour que l'asphalte puisse se mettre en vessie.

---

1 L'asphalte en morceaux doit être de couleur noire, très-sec, et luisant à la cassure.

Si vous laissiez trop refroidir le mélange avant que d'y joindre l'huile grasse, il se mettrait en petits grains, et l'opération serait manquée : il en serait de même si vous y mettiez trop ou trop peu d'huile grasse. Les soins à prendre à cet égard n'ont rien de bien difficile, attendu qu'en faisant le mélange on voit ce que l'on fait, et que l'on sent quelle consistance a prise la matière en la remuant avec le tuyau de terre de pipe. Pour plus de sûreté, on fera bien de tiédir un peu l'huile grasse.

Cette couleur, une fois en vessie, peut se conserver long-temps, une année, et même davantage ; plus tard, elle devient trop visqueuse pour qu'on puisse l'étendre aisément. En ce cas l'on peut, au moment où l'on veut s'en servir, l'humecter d'un peu d'essence maigre de lavande ; alors elle coule très-bien : mais les essences font un peu noircir les couleurs. (Voyez la page 57 et suivantes, sur les qualités et les inconvéniens de l'asphalte.)

XIII.e LEÇON.

Manière de faire le Noir de café.

Procurez-vous une certaine quantité de marc de café, en vous assurant qu'il ne renferme aucun mélange de chicorée ou d'autres substances étrangères. Il faut que vous en ayez assez pour remplir complétement la boîte de fer dont on va parler tout à l'heure. Faites sécher ce marc, en sorte qu'il n'y reste plus la moindre humidité; remplissez-en une boîte de fer, en la refoulant fortement. Il est très-essentiel que la poudre soit très-serrée dans la boîte et qu'elle la remplisse complétement jusqu'en haut, en sorte que le couvercle, une fois appliqué dessus, la touche immédiatement, et qu'il n'y ait point de vide entre les deux. Mettez alors le couvercle de fer, et enfoncez-le bien à fond. Procurez-vous d'avance, non pas simplement de la terre glaise, qui éclate facilement au feu, mais de la terre dont les poêliers se servent pour mastiquer et bâtir les poêles de faïence. Délayez cette terre, comme eux, avec un peu d'eau, et pétrissez-la jusqu'à ce qu'elle ait la consistance d'un bon ciment : cela est fait en un instant. Garnissez-en tout l'extérieur de votre boîte à environ trois lignes d'épaisseur, et même un peu davantage aux jointures, de façon que nulle part le fer ne reste à découvert. Faites sécher cet enduit devant le feu ou à l'ardeur du soleil, jusqu'à ce qu'il n'y reste plus auune humidité. Alors, et en ayant bien soin de ne pas enlever l'enduit, faites rougir la boîte à un feu très-vif, tel que celui d'une forge ou d'un poêle qui ne flambe plus, mais qui contient encore un bon brasier de charbons. A mesure que la boîte s'échauffera, vous en verrez sortir, malgré le fer et l'enduit de terre, des flammèches bleuâtres, qui s'échapperont de toute part comme si elles étaient poussées par des chalumeaux : ce sont les restes de l'huile essentielle du café, qui se font jour malgré les obstacles, et qui s'enflamment aussitôt.

Quand vous n'apercevrez plus ces jets de flammes bleues, et que toute votre boîte sera d'un rouge vif, retirez-la du feu, en prenant des précautions pour que les pinces ne la dégarnissent pas de l'enduit de terre, et laissez-la se refroidir : le noir est fait. Mais, avant que d'ouvrir la boîte, enlevez avec un couteau toute la terre qui l'entoure, et prenez surtout de grandes précautions pour n'en laisser aucune trace à la jonction du couvercle. A cet effet, ne vous contentez pas simplement de la gratter avec la lame du couteau; prenez, de plus, une forte vergette à poils durs et courts, et, pour terminer le nettoyage, mouillez la brosse, et après en avoir frotté régulièrement cette place, essuyez-la bien avant que de faire l'ouverture de la boîte; car, s'il entrait la moindre parcelle de cette terre dans votre noir, votre opération serait manquée, et la couleur serait gâtée. Cela fait, ouvrez la boîte, et videz le noir qu'elle renferme dans une assiette propre qui n'ait jamais contenu aucune graisse. Vous aurez un noir doux, un peu gris-bleuâtre, déjà presque impalpable. Le volume en sera fort diminué, cela ne peut être autrement; c'est pour cela qu'il faut serrer, autant que possible, dans la boîte de fer toutes les matières en poudre dont on veut faire du noir, afin qu'il ne s'y introduise que peu d'air; sans cela ces matières entrent en combustion, et produisent des cendres qui les altèrent considérablement.

Le noir de café se trouve déjà si fin en sortant de la boîte, qu'il semble qu'on pourrait s'en servir en le délayant de suite, soit à l'huile, soit à l'eau. Mais il y a une précaution à prendre auparavant, précaution essentielle pour toutes les couleurs qu'on élabore au feu : il faut les laver à l'eau bouillante, et à plusieurs eaux, jusqu'à ce qu'on en ait séparé les sels qu'elles contiennent, ce qui est aisé à connaître, quand l'eau du lavage n'a plus aucun goût à la bouche. Vous décanterez l'eau [1], vous recueillerez la couleur, vous la ferez sécher, et vous l'obtiendrez sous la forme de poudre : c'est alors que vous pourrez la broyer. Mais j'insiste sur ce lavage préalable à plusieurs eaux bouillantes.

Si les marchands de couleurs avaient la précaution de laver avec soin les couleurs qu'ils débitent, dussent-ils les vendre un peu plus cher, les peintres n'auraient

---

1 Comme on l'a indiqué pour décanter l'outremer (voyez page 187, leçon 8.e). Cette manière de décanter sert egalement pour toutes les couleurs. On sait que décanter signifie enlever l'eau d'une couleur quelconque, pour la faire entièrement sécher et la conserver ensuite en poudre sèche.

pas le chagrin de voir leurs ouvrages s'altérer en peu de temps.

Manière de laver le Noir de café, ainsi que les autres espèces de Noirs qui sont très-légers et surnagent sur l'eau.

Mettez toute votre poudre noire dans une cuvette de faïence propre et neuve, ou dans une soucoupe, si vous n'en avez brûlé qu'une petite quantité. Versez dessus quelques gouttes d'alcool (ou esprit de vin); il pénétrera le noir très-promptement, et vous le verrez s'affaisser de suite, ce qui vous permettra de le délayer et d'en faire une pâte épaisse. Vous ajouterez peu à peu assez d'eau filtrée pour pouvoir broyer le noir, si telle est actuellement votre intention; et si vous ne voulez encore faire que le lavage, vous pourrez sans difficulté remplir la cuvette d'eau bouillante : la poudre ne surnagera plus. Quand vous voulez laver la couleur pour en dégager tous les sels, il faut vous servir d'eau très-chaude, et agiter le mélange afin d'en accélérer la dissolution. Vous laisserez ensuite la poudre se précipiter. Vous décanterez cette première eau, et vous en substituerez de la nouvelle, toujours chaude, jusqu'à ce que l'eau reste parfaitement incolore, et qu'elle ne laisse plus la moindre saveur sur la langue. Vous laisserez s'opérer la précipitation; vous décanterez l'eau comme on l'a indiqué. Vous recueillerez la poudre bien sèche, et vous l'enfermerez soigneusement dans un flacon ou une petite bouteille, jusqu'à ce que vous ayez occasion de la broyer pour vous en servir à l'huile ou à l'eau.

Je dirai, une fois pour toutes, qu'il est très-essentiel d'étiqueter toutes les couleurs qu'on aura en réserve, soit en flacons, soit en boîtes de carton, soit simplement dans du papier, afin de ne les pas confondre entre elles; il est utile même d'ajouter sur l'étiquette une petite explication qui indique que la poudre est lavée, broyée, ou qu'elle ne l'est pas; car il arrive souvent, au bout d'un certain temps, qu'on vient à confondre ensemble toutes sortes de noirs, ou autres couleurs qui ont à peu près le même aspect, mais qui sont néanmoins de nature très-différente. La méthode de ne conserver les couleurs en poudre que dans des chiffons de papier est très-préjudiciable; il s'y introduit toujours des ordures, et d'ailleurs on en perd beaucoup. Des boîtes de carton ou de bois pour les couleurs non broyées valent beaucoup mieux, et sont plus vîte ouvertes et refermées que des papiers. Quant aux couleurs broyées en poudre, il faut les tenir dans des flacons.

J'invite aussi les commençans à étiqueter leurs vessies de couleurs pour plus de sûreté, dans la crainte de prendre une couleur pour une autre.

Forme et dimensions à donner à la Boîte de fer qui sert à brûler les diverses Couleurs.

On peut avoir cette boîte plus ou moins grande; mais voici la meilleure proportion : un cylindre creux de tôle d'une ligne d'épaisseur, de la forme d'un très-petit tuyau de poêle ; la tôle doit être fort unie en dedans. L'assemblage en sera fait, non à la soudure, qui pourrait entrer en fusion, mais par de bons clous bien rivés de tous côtés, de façon qu'elle joigne assez bien partout pour contenir l'eau sans qu'il s'en perde. On donnera à cette boîte ou cylindre deux pouces six lignes de diamètre sur six pouces de longueur; l'un des fonds sera solide, et l'autre extrémité de la boîte aura un couvercle joignant bien, comme le dessus d'une tabatière : ce couvercle aura un rebord ou gorge d'environ un pouce, pour embrasser la boîte. Il ne faut pas songer à se servir de tôle mince, et encore moins de fer-blanc, cela ne vaudrait rien ; il faut surtout éviter que la rouille s'y mette.

On pourrait se servir d'un creuset, y adapter un couvercle aussi fortement que l'on voudrait, et qui le fermerait hermétiquement par l'effet du lut dont on l'enduirait; lut peu différent de la terre des poêliers.

XIV.e LEÇON.

Manière de faire le Noir de papier.

Prenez des rognures de bon et beau papier, où il n'entre aucun mélange de laine ni de soie : vous les ferez tremper dans un baquet d'eau au moins vingt-quatre heures, en les foulant et battant souvent avec un gros rouleau de bois, afin d'en faire sortir la colle et de faire revenir le chiffon en pâte ; il en résultera une espèce de bouillie, que vous laverez jusqu'à ce que l'eau en sorte claire, ce qui arrivera quand on aura changé et décanté l'eau trois ou quatre fois. Vous exprimerez autant que possible toute l'eau de cette pâte, en sorte qu'elle devienne épaisse et dure. Vous aurez une boîte de bois environ du même diamètre que celle en fer et de la même proportion, mais seulement d'une ligne plus large et plus longue, afin que la pâte, moulée dans ce bois et séchée ensuite, diminue de volume au point juste où il le faut pour qu'elle entre très-exactement dans la boîte de fer sans laisser de vide.

Pour mouler cette pâte dure dans la boîte de bois, vous y mettez d'abord une demi-poignée de pâte, et avec un rouleau de bois tourné, un peu plus petit que n'est l'intérieur de la boîte, mais ayant assez de longueur (un pied ou 15 pouces) pour pouvoir s'en servir à deux mains, vous refoulerez cette pâte et la tasserez fortement dans le moule de bois : puis vous remettrez de la pâte et vous la refoulerez de nouveau, et ainsi de suite jusqu'à ce que le moule soit tout rempli [1]. Vous moulerez autant de cylindres de pâte que vous aurez de matière ; vous les ferez sécher au feu ou au soleil, jusqu'à ce qu'ils soient aussi secs que du bois : cela fait, vous les introduirez dans la boîte de fer et les brûlerez les uns après les autres, en prenant les soins et les précautions qu'on a indiqués et détaillés dans la leçon 13.°, tant pour mettre l'enduit de terre que pour l'enlever avant que d'ouvrir la boîte. (Voyez page 208 et suivantes.)

---

1 On se sert d'un moule de bois très-épais, parce que, si l'on moulait la pâte dans la boîte de fer, on la rouillerait, ce qui gâterait et le noir et la boîte; mais il faut que ce moule de bois ait deux fonds mobiles et s'ajustant à vis, afin qu'on puisse les dévisser pour chasser la pâte moulée avec le rouleau de bois et la sortir du moule sans la rompre. On prendra ses mesures assez justes pour que les cylindres de pâte moulée, et parfaitement secs, remplissent entièrement l'intérieur de la boîte de fer.

XV.e LEÇON.

Manière de faire le Noir de bouchons.

Choisissez des bouchons neufs et très-fins : coupez-les dans toute leur longueur, et non en travers, en huit bandes chacun ; ces longues bandes s'arrangeront mieux dans la boîte de fer, et laisseront moins de vide que des tranches rondes[1]. Faites-en des faisceaux bien serrés et liez-les avec un bout de fil blanc. Vous aurez soin de former ces faisceaux de la même dimension que le diamètre intérieur de la boîte, et comme le liége est très-élastique, vous les ferez entrer de force dans la boîte de fer, en les poussant avec un rouleau de bois. Le premier faisceau placé, vous placez par-dessus un autre faisceau, etc., jusqu'à ce que la boîte soit exactement remplie. Il est essentiel de presser ces faisceaux et de les faire entrer de force, parce que le liége étant de nature à diminuer de volume au feu plus qu'aucune autre substance, il faut faire en sorte qu'il ne s'y établisse que le moins de vide possible, de peur que la couleur ne se brûle en partie, et ne soit altérée par le mélange des cendres.

---

1 Pour couper le liége facilement et sans le déchirer, il faut se servir d'une lame très-mince et fort tranchante : on la fait aller comme une scie, en appuyant légèrement en poussant, mais point du tout en retirant.

Du reste vous observerez tout ce qui a été recommandé dans la leçon 13.e, page 208 et suivantes.

Beaucoup de peintres, pour faire le noir de bouchons, se contentent de brûler le liége à feu découvert ou à la flamme d'une bougie : je puis leur certifier, d'après mon expérience et celles de mes amis, que le noir ainsi préparé ne tient pas et ne vaut rien. Non-seulement il perd sa belle teinte fine et bleuâtre, mais de plus il s'évapore et disparaît avec le temps, à cause de la cendre qui s'y est mêlée, ou par toute autre cause que j'ignore. Le noir de bouchon est si parfait pour les gris tendres et pour tous les autres mélanges, qu'on aurait tort de ne pas se donner la peine de le faire avec tous les soins et les précautions que j'indique. Du reste, il est si léger, que pour le délayer et le broyer il faut absolument l'affaisser avec quelques gouttes d'esprit de vin, ainsi que le noir de papier. (Voyez cet article, page 211, leçon 13.e)

XVIe LEÇON.

Manière de faire le Noir de Prusse.

Prenez du bon bleu de Prusse, mais qui ne soit pas de fabrique anglaise.

Concassez ce bleu en morceaux de la grosseur d'un petit noyau de cerise; remplissez-en votre boîte de fer sans y introduire les morceaux trop petits, et encore moins le bleu en poudre; car votre noir alors, au lieu d'être d'une teinte pure et veloutée, deviendrait roussâtre comme de la suie. Secouez souvent la boîte, à mesure que vous introduisez les grains bleus, afin qu'ils s'arrangent d'eux-mêmes et se logent les uns près des autres, en sorte qu'il n'y ait entre eux que le moins de vide possible.

Votre boîte étant ainsi remplie, sans refouler ni briser la couleur, mettez-y le couvercle, lutez avec l'enduit, faites sécher, puis rougir la boîte, etc. (Voyez pour tout le reste la leçon 13.e, page 209.)

J'ai déjà dit ailleurs que ce noir, dont la teinte est très-intense, a, de plus, le grand avantage d'être beaucoup plus siccatif que tous les autres noirs, ce qui me le fait préférer même au noir d'ivoire pour les draperies noires et autres objets sombres, comme sont les verts obscurs, composés seulement d'ocre et de noir, et pour les bruns d'ébauche, composés de plus ou moins de noir, d'ocre rouge et d'ocre jaune, etc.

XVII.e LEÇON.

Des avantages résultant d'une méthode raisonnée de faire une Palette, et d'un ordre méthodique dans l'arrangement des teintes, selon leur gradation naturelle, comme sont les touches d'un clavier de piano-forté.

Dans le nombre des ouvrages sur la peinture que j'ai pu lire, je n'en ai vu aucun dont l'auteur se fût donné la peine d'enseigner aux commençans une marche quelconque pour composer les teintes d'une palette selon la nature de l'objet qu'on est appelé à peindre : c'est cependant par là qu'il faut commencer avant de donner un seul coup de pinceau. Tous les auteurs qui ont écrit jusqu'ici, ont supposé que les élèves ou amateurs auxquels ils adressaient leurs leçons, n'étaient pas totalement ignorans, et qu'ils avaient été déjà initiés dans beaucoup de procédés connus par les directions pratiques d'un peintre : cette supposition est naturelle, surtout quand on habite une grande ville, où les beaux arts fleurissent; mais, le principal but de cet ouvrage étant de venir au secours de ceux qui veulent se livrer à l'art de la peinture malgré l'éloignement où ils peuvent être de tous les maîtres, je crois devoir expliquer toutes les choses qu'un peintre doit savoir, quelque triviales qu'elles puissent paraître aux personnes auxquelles il ne manque aucune facilité pour s'instruire.

Je vais donc enseigner une méthode pour composer les teintes nécessaires à une palette d'ébauche pour les chairs.

Il est beaucoup d'artistes qui ne composent que cinq ou six teintes, et qui puisent avec la brosse dans les couleurs-mères pour en tirer ainsi une multitude de teintes mixtes à mesure qu'ils en ont besoin : mais, pour cela, il faut déjà savoir quelque chose ; il faut même savoir beaucoup, ou du moins avoir une grande habitude ; et pour en venir là, il faut avant tout connaître d'avance les effets que produisent les divers mélanges, et c'est précisément par la méthode raisonnée que je vais indiquer, qu'on apprendra à les connaître plus facilement et mieux qu'en faisant des tâtonnemens au hasard.

Je ne veux pas dire cependant que de cette connaissance purement pratique, et qui est basée sur une espèce de calcul, repose tout l'art du grand coloriste : non assurément, l'artiste le plus familiarisé avec toutes les ressources et la puissance de la palette, ne sera jamais qu'un très-médiocre ou même un méchant coloriste, si la nature ne l'a pas doué de ce tact fin, de cette sagacité indéfinissable de l'œil, qui est à la peinture ce que la justesse de l'oreille est à la musique.

Préparatifs pour faire une Palette d'ébauche pour les chairs seulement.

Presque tous les peintres délaient leurs couleurs et mélangent leurs teintes sur la palette de bois ; d'autres, et je suis de ce nombre, délaient et mélangent leurs teintes sur une glace carrée d'environ un pied [1], ayant trois ou quatre lignes d'épaisseur, et dépolie des deux côtés. [2]

Vous avez l'avantage, en délayant vos teintes sur une glace, de ne point salir et user votre palette de bois, et vous évitez l'ennui et la peine de la laver et nettoyer à chaque nouvelle teinte que vous délayez : la palette en bois ne vous sert pour le moment qu'à y placer les teintes que vous venez de composer sur la glace, à mesure que vous les faites, ce qui la laisse propre et libre partout ailleurs.

Il y a encore un autre avantage à se servir d'une glace : vous pouvez achever en entier vos mélanges, sans essuyer ni nettoyer la place où vous avez délayé les teintes précédentes : en tournant toujours un peu la glace à mesure que vous délayez des teintes nou-

---

1 Voyez la planche 1.re, figure *R*, pour la glace à délayer les teintes.

2 Si on possède un morceau de glace qui ne soit pas dépolie, on peut la mater ou la dépolir avec du sablon blanc, ou du grès fin, ou enfin avec de la poudre d'émeri passée au tamis de soie. Quelques tours de molette suffisent pour dépolir la glace très-également partout ; mais il faut que la poudre soit égale, pour ne pas faire des traits profonds.

velles, vous avez des places propres en réserve pour délayer les teintes qui ne doivent point participer de celles qui les ont précédées.

Cette opération terminée, vous nettoyez ou faites nettoyer la glace dans la journée même, avant que les couleurs n'aient pris trop de consistance ; si vous êtes obligé pour cela d'attendre au lendemain, ou plus tard encore, voici le procédé qu'il faudra suivre.

Relevez avec la spatule tout ce qu'elle pourra ôter, puis essuyez la glace avec un chiffon de papier mou sans colle ; ensuite vous râperez dessus un peu de savon ; vous l'étendrez avec la molette et quelques gouttes d'eau sur toute la superficie. Vous laisserez le savon tant sur la glace que sur la molette, où il séchera bientôt ; mais la couleur ne séchera point, et quand vous en aurez le loisir, vous y jetterez de nouveau quelques gouttes d'eau et passerez la molette dessus ; en un instant le tout se délaiera, et vous achèverez de nettoyer parfaitement votre glace, comme on l'a indiqué ailleurs, page 140 et suivantes.

Couleurs-mères qu'il faut exprimer des vessies pour faire une Palette d'ébauche.

Ces couleurs sont au nombre de neuf.

Je suppose que je veuille peindre une tête de trois ou quatre pouces de haut. Je divise les couleurs en parties, dont chacune est du volume d'un noyau de cerise ; ainsi, par exemple, je ferai sortir de la vessie de blanc (dont on emploie le plus) douze parties, tandis que j'aurai suffisamment d'une seule partie de cinabre, etc.

Mais, s'il s'agit de peindre une tête de grandeur naturelle, on quadruplera au moins le volume des parties de couleurs; car il est essentiel de ne jamais être à court de couleurs : il faut pourtant éviter aussi d'en préparer trop, parce que c'est autant de perdu. Quelques jours d'expérience vous fixeront bientôt pour ce que vous avez à faire à cet égard.

Placez au centre de votre glace,

1.° du Blanc n.° 1. . . . . 12 parties;
sur un des côtés de la glace,
2.° Jaune de Naples n.° 3 (à la place de blanc dans les ombres) . 2 parties;
3.° Ocre jaune n.° 4 . . . . 8 parties;
4.° Ocre de rue n.° 5 . . . . . . 4 parties;
5.° Ocre rouge-clair n.° 7 . . . . . 5 parties;
6.° Ocre rouge-brun ou brun-rouge foncé n.° 8. . . . . 3 parties;
7.° Cinabre de Hollande n.° 9. . . . 1 partie;
8.° Noir de bouchons n.° 31 . . . 4 parties;
9.° Bleu de Prusse anglais n.° 17 . 2 parties.

Voilà les couleurs-mères dont vous allez faire vos teintes sur la glace, et qu'au fur et à mesure vous rangerez ensuite sur votre palette en bois, comme cela est indiqué planche 7.°, en les plaçant très-près du bord en haut; vous réservez ainsi autant de place libre que vous le pouvez, pour modifier et essayer vos teintes avec le pinceau sur la palette même, avant que de travailler sur le tableau.[1]

Chaque partie est supposée être du volume d'un noyau de cerise; mais en posant ces teintes, il faut opérer assez adroitement, pour que chaque petit tas de couleur reste en relief sur la palette comme une petite boule : la couleur ainsi rassemblée se conserve plus long-temps fraîche, au lieu que, si on l'étend beaucoup plus, l'on perd de la place, et la couleur devient visqueuse et difficile à travailler, surtout en été : tâchez donc d'imiter autant que possible l'aspect que présente la palette, planche 7.e

Arrangement méthodique des teintes d'une Palette d'ébauche pour les chairs.

Placez d'abord sur la droite, et en haut de votre palette de bois, à deux lignes du bord, un peu de blanc pur, pour en puiser au besoin avec le bout de la brosse; puis, suivez l'ordre suivant, tant pour composer vos teintes sur la glace, que pour les transporter de là sur la palette, et tâchez, je le répète, de ne pas étendre vos teintes en les plaçant, mais de les tenir, au contraire, rassemblées chacune en relief, surtout les teintes claires, où il entre beaucoup de blanc : par ce moyen elles pourront encore vous resservir le lendemain, en prenant les précautions que j'indique ailleurs.[2]

---

1 Voyez la forme de la palette et l'arrangement des teintes, pl. 7.e

2 Voyez leçon 3.e, page 111 et suivantes, pour conserver une palette fraîche jusqu'au lendemain.

Teintes fraîches, roses et lumineuses.

PREMIÈRE RANGÉE.[1]

1. Cinabre ordinaire pur.*
2. Cinabre et autant de blanc.
3. Cinabre et trois ou quatre fois plus de blanc.

Ces trois premières teintes ne servent à l'ébauche que pour la couleur rose dans la grande lumière des joues, ainsi que pour colorer les lèvres dans les endroits les plus vifs; car pour tout le reste, et surtout pour les carnations d'hommes, la seconde rangée est préférable.

Vous n'aurez pas besoin d'essuyer la glace; vous laisserez seulement la moitié de ce que vous avez dé-

---

1 Je dirai, une fois pour toutes, que partout où l'on voit un * à la suite d'une couleur pure ou d'un mélange quelconque, cela indique que cette teinte n'a encore aucun mélange de blanc; c'est pourquoi l'on verra un * à tous les n.os 1 de chaque rangée, à l'exception des neuvième et quinzième, qui doivent avoir un mélange de blanc dès le n.o 1, pour en composer des gris bleuâtres ou plus ou moins roussâtres, etc., selon le besoin.

Toutes les teintes portant n.o 1 en tête de chaque rangée, sont donc la base des deux teintes plus claires qu'on voit au-dessous, portant les n.os 2 et 3, et même quelquefois 4. On fera tous ces n.os 1 assez copieux, parce que c'est de là qu'on puise, au besoin, pour renforcer ou modifier certaines teintes à volonté, et surtout les n.os 2 et 3, placés au-dessous de chaque n.o 1, dont elles dérivent.

Il est quelques rangées dans les teintes d'ombres portant des * aux n.os 2 et 3; c'est que ces teintes-là ne sont éclaircies qu'avec des jaunes plus ou moins clairs ou foncés, mais sans aucun mélange de blanc. On peut donc compter que partout où l'on ne verra point un *, c'est qu'il entre du blanc dans le mélange. Cette dernière observation s'applique également à la seconde palette, pour achever de peindre les chairs.

layé; vous y mélangerez autant de blanc que de cinabre; puis, après avoir posé cette teinte sur la palette, immédiatement au-dessous du cinabre pur, vous ferez la troisième teinte avec la petite quantité restante sur votre glace, et vous y ajouterez assez de blanc pour que cette troisième teinte devienne rose-clair.

Vous ferez de même pour toutes les teintes suivantes.

Vous essuierez un peu la glace, mais sans y mettre trop d'importance.

DEUXIÈME RANGÉE.

1. Ocre rouge-clair pur. *
2. *Idem* avec moitié blanc.
3. *Idem* avec beaucoup de blanc.

Cette rangée sert à faire les teintes d'un rouge ou rose vineux, et qui sont moins vives que celles de la première rangée.

Essuyez légèrement la glace, et toujours à la même place de la glace.

TROISIÈME RANGÉE.

1. Ocre rouge-clair et moitié ocre jaune-clair. *
2. La même teinte avec moitié blanc.
3. Un petit reste de la précédente avec beaucoup de blanc.

Les deux dernières teintes, mais surtout la troisième, servent à faire le ton local de la chair dans les belles et grandes lumières, en y ajoutant encore du blanc si le cas le requiert.

Essuyez un peu la glace.

QUATRIÈME RANGÉE.

1. Ocre rouge-clair et deux fois autant d'ocre jaune-clair. *
2. *Idem* avec moitié blanc.
3. *Idem* avec beaucoup plus de blanc.

Pour les lumières les plus jaunâtres des chairs.

Quand on peint des chairs très-pures et brillantes, comme sont celles de beaucoup de jeunes enfans, et même de jeunes dames, on se sert de cinabre au lieu d'ocre rouge, pour faire la seconde, la troisième et la quatrième rangée.

On se rappellera qu'on a recommandé de conserver une portion de chacune des couleurs n.° 1 qui sont en tête de chaque rangée, et marquées d'un * : cette portion réservée sur la glace doit être d'un volume au moins équivalent à ce qu'on en a déjà employé jusqu'à présent.

Teintes plus ou moins rompues de noir-bleuâtre pour les demi-teintes et les ombres.

Commencez d'abord par délayer [1] et mêler ensemble une partie de l'un des noirs-bleuâtres avec un quart de bleu de Thénard ou de bleu de Prusse, si c'est en été; mais préférez le bleu de smalt, qui est très-siccatif,

---

[1] Le terme de délayer ne signifie pas ici ajouter de l'huile; la couleur en vessie en contient ce qu'il en faut : cela signifie seulement la triturer un peu avec la spatule, pour la bien préparer ou la mélanger avec une autre couleur.

si c'est en hiver : vous mettrez ce mélange sur un coin de votre glace, pour en mêler avec toutes les teintes sans blanc, marquées d'un *, n.° 1, que vous avez réservées pour cela. On fera cette teinte plus copieuse que les autres.

Détournez un peu la glace, et faites vos teintes sur une place nette.

CINQUIÈME RANGÉE.

1. Cinabre pur et un quart de ce mélange noir-bleuâtre, relativement à ce que vous mettez de cinabre. *
2. Le mélange ci-dessus avec moitié blanc.
3. *Idem* avec beaucoup de blanc.

Ces trois teintes sont des violâtres pour certaines parties des lèvres et des points lacrymaux. Le rouge doit dominer. Au surplus on peut, en peignant, y en ajouter si cela est nécessaire, en puisant, au bout du pinceau, dans les teintes de la première rangée.

Essuyez un peu la glace à cause du blanc.

SIXIÈME RANGÉE.

1. Ocre rouge-clair mêlée d'un quart de mélange noir-bleuâtre. *
2. Le même mélange avec moitié blanc.
3. Le même avec beaucoup de blanc.

Pour des gris-violâtres moins vifs que ceux de la cinquième rangée ; mais faites encore dominer le rouge.

Je crois avoir déjà dit que l'*ocre rouge-clair* n'est que de l'*ocre jaune-clair calcinée*, et que l'*ocre rouge-brun* n'est que de l'*ocre de rue aussi calcinée*.

Il y a des ocres rouge-clair naturelles; mais elles sont en général très-pierreuses.

Essuyez un peu la glace.

SEPTIÈME RANGÉE.

1. Ocre rouge-clair et ocre jaune-clair, la même que vous avez réservée dans la couleur pure de la troisième rangée, où vous mêlerez un quart de noir-bleuâtre. *
2. Le même mélange avec moitié blanc.
3. *Idem* avec beaucoup de blanc.

Pour les demi-teintes des chairs qui viennent d'abord après les lumières, et dont la teinte ne tire pas sur le gris-violâtre, mais bien sur la couleur locale de la chair dans les parties déjà tournantes, c'est-à-dire qui ne reçoivent pas le jour en face par rapport à l'œil du peintre et à l'endroit où il est assis.

Essuyez un peu la glace.

HUITIÈME RANGÉE.

1. Ocre rouge-clair mêlée de deux fois autant d'ocre jaune-clair; teinte réservée de la quatrième rangée, où vous mêlerez un quart de noir-bleuâtre. *
2. Le même mélange avec moitié blanc.
3. *Idem* avec beaucoup de blanc.

Pour les demi-teintes qui tiennent déjà du verdâtre, en sorte qu'ici le rouge ne doit pas dominer, ce qui arrive tout naturellement, à cause de la quantité du jaune ajouté.

Essuyez un peu la glace.

NEUVIÈME RANGÉE.

1. Le noir-bleuâtre pur avec un quart de blanc.
2. Le même avec plus de blanc.
3. Le même avec beaucoup de blanc.

Pour les yeux bleus, ainsi que pour toutes les teintes plus ou moins bleuâtres des chairs, du blanc de l'œil, etc., ou pour ajouter aux teintes violâtres où le rouge ne doit pas dominer.

Essuyez un peu la glace.

DIXIÈME RANGÉE.

1. Le noir-bleuâtre, où vous mêlerez un peu plus d'ocre jaune-clair que de ce noir, et un atome, c'est-à-dire fort peu, de cinabre. *
2. Le même avec moitié blanc.
3. *Idem* avec beaucoup plus de blanc.

Pour les demi-teintes verdâtres ou gris-verdâtre qui tiennent encore un peu de la couleur locale de la chair; c'est pourquoi on y mêle un peu de rouge : mais la teinte verdâtre doit dominer.

Essuyez un peu la glace.

Demi-Teintes les plus rapprochées des ombres.

ONZIÈME RANGÉE.

1. Le noir-bleuâtre, où vous mélangerez égale quantité d'ocre jaune-clair et fort peu d'ocre rouge; pour les teintes vert-bleuâtre qui se trouvent déjà dans la catégorie des ombres faibles. *

2. Le même mélange, où vous ferez entrer un peu plus d'ocre jaune et un peu de jaune de Naples, mais très-peu; pour les verts-jaunâtres déjà dans la catégorie des ombres faibles.*

Détournez un peu la glace, et prenez une place nette.

DOUZIÈME RANGÉE.

1. Jaune de Naples, autant d'ocre rouge-clair, et seulement un quart du même noir-bleuâtre qui vous a servi jusqu'ici.*
2. La même teinte avec un peu plus de rouge et de jaune de Naples.*
3. La même que la dernière, en y mêlant encore un peu plus de jaune de Naples, qui doit servir de blanc pour éclaircir.*

Ces trois teintes serviront à peindre les ombres reflétées, et vous les modifierez en verdâtres, grisâtres, ou plus ou moins orangées, selon la nature du reflet que vous aurez à copier; mais vous n'ajouterez plus la moindre parcelle de blanc, parce qu'ici les reflets ne paraissent un peu lumineux que par une lumière empruntée, ou qui est renvoyée dans l'ombre par un corps voisin : or, il est bien rare qu'il faille ajouter du blanc.

Tournez votre glace, c'est-à-dire, ne délayez pas sur la même place, mais à côté de celle que vous quittez, et à un endroit tout-à-fait propre.

TREIZIÈME ET DERNIÈRE RANGÉE POUR LES CHAIRS.

1. Brun, ou ocre rouge-foncé, mêlé avec un quart de noir-bleuâtre.*
2. Ocre rouge-clair, autant d'ocre jaune-clair, et un quart de noir-bleuâtre.*
3. Ocre rouge-clair, davantage d'ocre jaune-clair, et moins d'un quart de noir-bleuâtre.*

Ces trois teintes d'ombres peuvent se modifier à volonté, en faisant abonder plus ou moins une, ou même deux des couleurs vierges qui les composent ; car le noir-bleuâtre représente le bleu, et les deux autres le rouge et le jaune, qui sont les trois couleurs primitives qui colorent tous les objets de la nature.

Ce principe simplifie la science du coloris et peut servir de base à tous les mélanges; ils sont tous composés de ces trois couleurs-mères, auxquelles on peut et on doit souvent ajouter du noir pour les ternir et les obscurcir, ou du blanc, et quelquefois des jaunes, pour les égayer ou les rendre plus claires et plus lumineuses, mais pas toujours pour les rendre plus vives; car le blanc surtout, mélangé avec certaines couleurs, leur enlève souvent une partie de leur éclat, bien qu'il leur ajoute un plus grand degré de lumière. Mais ce n'est pas ici le lieu de m'étendre sur ces considérations; j'ajouterai seulement que, si la chimie ne nous avait pas fourni de plusieurs espèces de rouges, dont les uns sont cramoisis, les autres rose-vif, et d'autres rouge écarlate, etc., nous ne pourrions pas, avec la seule ocre rouge, imiter la beauté des fleurs, ni celle des carnations les plus fraîches; il en est de même des différens bleus et des différens jaunes.

Revenant à la composition des teintes de la palette, je crois utile d'ajouter quelques réflexions sur le parti qu'on en doit tirer, pour la modifier à volonté et en composer tous les tons que la nature nous présente, quand nous sommes déjà assez habitués à la lire pour en distinguer les nuances les plus délicates et les plus imperceptibles.

Non-seulement vous pouvez au bout du pinceau varier et modifier à l'infini toutes les teintes que vous avez composées méthodiquement, en mélangeant, selon le besoin, une petite partie de l'une avec une partie de l'autre; mais rien ne vous empêche encore de puiser dans les couleurs vierges pour ajouter ou retrancher à un ton ce que vous lui trouvez sur votre palette de trop rouge, trop gris, trop vert, trop jaune, etc.; car il n'arrive presque jamais que les mélanges que vous avez faits méthodiquement puissent vous servir tels quels, sans les modifier selon le ton que vous voulez imiter; ces mélanges ne sont donc que des *à peu près*, mais ces à peu près vous guident pour juger de la différence qu'ils ont avec la teinte précise que vous désirez obtenir, et il vous est facile, par la comparaison que vous en faites, de les modifier en y ajoutant, au bout du pinceau, ou un peu de rouge, ou de bleu, ou de jaune, ou de noir, ou de blanc, etc., jusqu'à ce que votre œil soit satisfait.

Nous avons dit, il y a un instant, que vous aviez neuf couleurs vierges à sortir des vessies. Il vous restera quelque peu de ces neuf couleurs; enlevez-les de dessus votre glace, et déposez-les proprement dans le bord extérieur de votre palette, en haut et à gauche, pour vous en servir au besoin, soit pour recomposer une teinte épuisée, soit encore pour ajouter l'une ou l'autre de ces couleurs dans les teintes de vos rangées qui ne vous satisferont pas pour la nature ou le tableau que vous avez à imiter.

C'est ainsi que l'on peut mélanger entre elles toutes les teintes posées sur la palette; mais ces mélanges ne se font pas dans le cœur de la couleur, qu'il est fort essentiel de maintenir très-propre; l'on puise un peu de l'une, un peu de l'autre, et d'une troisième encore, s'il le faut, et en déposant ces petites parcelles de couleur sur une place propre et libre de la palette, on en fait le mélange au bout du pinceau jusqu'à ce qu'on en soit satisfait, et que la teinte composée paraisse semblable à celle de l'original.

Quand la palette est trop remplie de ces petits essais, et qu'il ne reste plus assez de place pour en faire de nouveaux sans risquer de les confondre avec les anciens, vous les enlevez tous avec la spatule, et vous nettoyez complétement votre palette avec de l'huile, la spatule et un petit linge, en ne conservant que les rangées méthodiques et les neuf couleurs-mères. Cette opération est d'autant plus nécessaire à faire de temps en temps, que ces petits essais, étant étendus très-minces sur la palette, se dessèchent, deviennent visqueux, et contiennent toujours plus ou moins de cette poussière fine et invisible qui s'élève partout, ce qui salit les couleurs et en rend l'emploi désagréable.[1]

Quelques artistes seront étonnés peut-être que dans les couleurs vierges extraites des vessies, je n'aie pas recommandé la terre de Cassel, et les terres de Sienne, brûlées et non brûlées. En voici la raison : ces deux couleurs, étant de leur nature fort transparentes, ne couvrent pas la toile, ce qui est cependant fort essentiel dans les ébauches, et d'ailleurs les terres de Cassel et de Sienne, étant d'une nature très-bitumineuse, ne doivent jamais servir dans les mélanges où il entre du blanc, parce qu'elles le noircissent et l'altèrent sensiblement en peu de temps; il en est de même de l'asphalte, dont néanmoins grand nombre de peintres font usage dans les ébauches, ignorant sans doute que ce bitume ne s'accorde pas avec toutes les couleurs, et particulièrement avec le blanc et les jaunes qui ne sont pas des ocres, comme, par exemple, le jaune de Naples. Mais ces mêmes couleurs bitumineuses, et surtout la terre de Cassel, rendent de grands services, lorsqu'on ne les emploie que pures et pour terminer un tableau sur une ébauche parfaitement sèche. On peut même les mélanger avec les laques rouges de

---

1 L'on nettoiera de même la palette de temps en temps, soit qu'on ébauche, soit qu'on achève un tableau. Je ne répéterai donc plus cet avertissement lorsque je parlerai de la composition de la palette qu'il faut faire pour achever les chairs à la seconde ou à la troisième reprise d'un tableau.

garance, ou les laques brûlées, sans le moindre inconvénient; elles ont une intensité et une valeur de ton admirables, couchées sur les bruns très-secs d'une ébauche[1], sans que la teinte obscure qu'elles produisent ne soit jamais ni lourde, ni froide, ni opaque: on doit s'en servir, par exemple, dans les cheveux bruns, dans les trous de caverne ou d'architecture, dans les terrains obscurs, les rochers, les troncs d'arbres, etc., pourvu toutefois que ces objets soient sur les premiers plans, qui exigent toujours une grande vigueur de ton, en même temps que de la transparence. La terre de Cassel est excellente encore pour donner une touche dans la pupille des yeux, ce qui ajoute beaucoup de force et de profondeur; on peut également s'en servir dans les fortes ombres des meubles de bois obscurs, et même dans les refentes de plis les plus vigoureuses de certaines draperies brunes, etc., et alors on peut y mélanger, suivant le cas, ou de la terre de Sienne brûlée, ou de la laque brûlée; mais n'en faites jamais usage dans les ombres des chairs, quelque sombres et vigoureuses qu'elles vous

1 Les bruns d'une ébauche, tant pour les cheveux que pour tout autre objet, doivent tous être composés, selon le cas, de plus ou moins de noir, d'ocre rouge et d'ocre jaune. On les choisit dans les ocres foncées ou claires, selon l'intensité du brun qu'on a à faire; mais, pour règle générale, il faut tenir en tout une ébauche un peu plus claire que l'original, afin que toutes les teintes qu'on étendra par-dessus à la seconde reprise soient plus vigoureuses que les dessous, ce qui donne une très-belle transparence à la peinture, et empêche qu'elle ne tire au louche et au noir-opaque.

paraissent dans un vieux tableau. C'est précisément l'usage indiscret qu'en ont fait probablement plusieurs excellens peintres d'Italie, qui a si fort noirci leurs tableaux : ces couleurs, qui noircissent déjà beaucoup par le contact de l'air, noircissent d'autant plus encore, qu'on est obligé de les employer avec une forte addition d'huile grasse pour qu'elles puissent sécher.

Comme il est indispensable, quand on peint des chairs, de peindre en même temps tous les objets qui les avoisinent, par exemple, une partie des cheveux, des linges, des draperies, ou du fond, etc., sans quoi on ne pourrait pas fondre ces divers objets avec les chairs, je vais indiquer quelques teintes à ajouter à la palette des chairs.

Pour les Cheveux en général.

QUATORZIÈME RANGÉE.[1]

1. Noir, ocre rouge-foncé et ocre de rue*; pour les plus grandes et fortes ombres des cheveux, ou pour la couleur locale des cheveux très-bruns.
2. Noir, ocre jaune et ocre rouge-clair*; pour la couleur locale des cheveux châtains, ou pour les ombres des cheveux blonds.

---

1 C'est encore avec les neuf couleurs vierges extraites des vessies que vous composerez ces trois dernières rangées, si vous en avez assez de reste, sinon vous en reprendrez; car il faut toujours en avoir en réserve sur la gauche et sur le haut de la palette.

3. Noir, jaune de Naples et ocre rouge-clair, quand ils sont très-blonds; pour la couleur locale des cheveux blonds, en laissant dominer le jaune, ne mettant que fort peu de noir, et ajoutant quelquefois du blanc pour les plus vives lumières, mais seulement au bout de la brosse.

Tournez un peu la glace, et prenez une place propre pour les mélanges suivans.

Pour les Linges.

QUINZIÈME RANGÉE.

1. Noir pur avec moitié blanc; pour les ombres les plus fortes, où l'on pourra ajouter, selon la teinte, un peu de jaune et moins d'ocre rouge.
2. Le même mélange déjà fait, avec plus de blanc; pour les ombres faibles, où l'on pourra ajouter, selon la teinte, un peu de jaune et moins d'ocre rouge.
3. *Idem* avec beaucoup plus de blanc encore; pour les légères demi-teintes.
4. On emploîra le blanc pur pour les grandes lumières.

Pour les Fonds de chambre ou autres qui ne sont pas un ciel.

SEIZIÈME ET DERNIÈRE RANGÉE.

1. Noir, ocre rouge et jaune, plus ou moins de l'une ou de l'autre, selon le ton qu'on veut produire *; pour les parties les plus obscures du fond; et si le fond doit être très-obscur, on fera cette teinte avec le noir, de l'ocre de rue et de l'ocre rouge-foncé. *

2. Le même mélange avec un quart de blanc; pour la teinte locale du fond.
3. Ce dernier mélange avec beaucoup plus de blanc, pour les parties les plus éclairées du fond.

Voilà votre palette d'ébauche complète, à moins que vous n'ayez à y ajouter quelques teintes de draperies, qu'il est inutile de préciser d'avance, puisque cela dépend de ce que vous avez à copier. C'est à vous à préparer les teintes nécessaires, selon la couleur locale dont sera l'étoffe que vous avez devant les yeux, si toutefois elle touche immédiatement les chairs; car, dans le cas contraire, vous n'avez pas besoin de vous en occuper encore : vous remettrez à les composer après que vos chairs seront ébauchées.

Dans la composition des teintes pour les cheveux et les linges, on tâchera d'imiter la couleur locale de ceux qu'on a à peindre. Quant à celles de fonds, il est impossible de les indiquer; cela dépend du sujet : mais on fera des gris plus ou moins brunâtres, bleuâtres, verdâtres, etc., de façon que la tête, les cheveux et les draperies se détachent bien du fond sans dureté, et d'une manière tendre et harmonieuse. L'élève réussira facilement, en faisant dominer l'une ou l'autre des trois couleurs primitives, rouge, noir ou jaune, quand il fera des cheveux ou des fonds. Il modifiera de même la nature des linges grossiers ou fins, bleuâtres ou roussâtres, en faisant les gris plus ou moins mélangés de jaune, et quelquefois même d'un peu de rouge, pour les linges grossiers, et en ne composant le gris que d'un peu de noir-bleuâtre, avec beaucoup de blanc pour les linges fins. Mais ce qui distingue particulièrement les linges fins d'avec les grossiers, c'est essentiellement la nature plus ou moins large des plis. D'ailleurs, les fins linges ont toujours plus ou moins de transparence; en sorte qu'ils n'offrent que bien rarement, ou des ombres sévères et profondes, ou des blancs qui le soient complétement.

Il en est à peu près de même des étoffes : leur degré de finesse leur donne plus ou moins de souplesse, ce qui modifie aussi la nature de leurs plis. Nous reviendrons avec plus de détail sur ce sujet, en traitant des draperies en général et des divers genres d'étoffes.

Des Cheveux.

Les cheveux sont d'une substance qui tient de la corne : c'est un corps poli et luisant, quand on n'y mêle point de poudre. Ceux qui sont bien soignés, et surtout ceux des jeunes personnes et des enfans, sont en général plus soyeux et plus brillans que les autres. Il faut imiter cette qualité; elle se caractérise non-seulement dans le chatoiement des ombres, qui sont plus obscures qu'elles ne le seraient sans cela, mais aussi par le brillant des cheveux, qui a quelque chose de plus vif dans les grandes lumières : le jour s'y mire comme sur tous les corps polis. Ces luisans clairs, dans les cheveux bruns, sont ordinairement d'une teinte plus froide, plus grise que le teint local des cheveux, parce qu'étant une réflexion de la lumière du ciel, ils en empruntent la teinte grise plus ou moins bleuâtre, en raison du ton plus ou moins brun-noir de la teinte générale et locale des cheveux. Quant à ceux qui sont blonds ou châtain très-clair, ces lumières sont souvent dorées, ou plus ou moins jaunâtres : alors, au lieu de se servir de blanc pour éclaircir la teinte et en peindre les brillans des cheveux véritablement d'un beau blond, comme sont ceux des enfans, il vaut mieux se servir de jaune de Naples, qui est moins froid que le blanc, et qui couvre également bien. Cela n'empêche pas d'y ajouter un peu de blanc au besoin, pour éviter une teinte trop décidément jaune; mais l'addition du blanc n'a lieu que pour les plus vives lumières reluisantes. Au reste, ce n'est pas dans une ébauche qu'on doit mettre beaucoup d'importance à ces détails; c'est lorsqu'on termine un ouvrage, qu'il faut s'attacher à la plus grande justesse de ton, en même temps qu'à la liberté de la brosse, sans faire trop de menus détails; car une brosse libre, guidée par le goût, imite beaucoup mieux la grâce et la légèreté d'une chevelure ondoyante, que l'on ne pourrait le faire en les détaillant avec toutes les peines du monde.

Je n'ai point indiqué de teinte précise pour peindre les luisans des cheveux; vous aurez assez de ressources sur votre palette pour y puiser ce qu'il vous faut. Je dis plus, pour un artiste déjà expérimenté, cette palette est seulement trop composée; mais je la recommande néanmoins fortement aux commençans, parce qu'elle leur donnera une juste idée des avantages innombrables qu'on tire des couleurs-mères, et ils en viendront plus vîte et plus aisément au point de comprendre le mécanisme des mélanges pour lesquels il est bon d'opérer avec une méthode fixe, afin d'en bien saisir les principes, et en quelque sorte les gammes ou la gradation insensible des tons; d'ailleurs le jeune artiste ou l'amateur, qui adoptera cette méthode, y trouvera l'avantage de savoir toujours avec quel mélange il fait actuellement telle chose dans son tableau: pour cela il n'a qu'à relire sur sa note (s'il ne peut se le rappeler) de quoi est composé le n.° 1, qui est à la tête de chaque rangée; dès lors il saura que le n.° 2, qui est au-dessous de celui-ci, n'est que le même mélange avec une addition de blanc, et que le n.° 3, qui est placé au-dessous du n.° 2, contient beaucoup plus de blanc. Quant aux rangées d'ombres où il n'entre point de blanc, il se rappellera que les n.os 2 et 3 sont éclaircis avec plus ou moins de jaune. Voilà en quoi consistent les deux tiers des teintes de la palette.

C'est déjà une grande avance que de pouvoir attaquer la palette sans hésitation, et puiser, presque les yeux fermés, dans le ton qu'on veut prendre, à cause de l'arrangement respectif et de la succession méthodique des tons. L'économie du temps n'est jamais à négliger, et moins ici que pour toute autre occupation; il s'agit non-seulement de profiter de la fraîcheur de la palette, mais encore d'avancer son travail autant que possible pour ne pas trop fatiguer un modèle vivant, qui trouve toujours les séances trop longues, si diligent que soit le peintre.

Je n'ignore pas qu'on peut peindre d'excellens tableaux sans faire toutes les différentes teintes et les rangées que j'indique ; de très-bons artistes même n'en font que fort peu, et sont assez sûrs de leur fait pour les composer au bout de la brosse au fur et à mesure qu'ils en ont besoin. Mais, je le répète, je n'écris pas pour des maîtres, ils n'ont que faire de mes méthodes ; cependant j'ose croire qu'ils ne les désapprouveront pas en pensant à l'embarras où doit se trouver un commençant qui n'a aucun guide dans ses premiers essais.

Usage qu'on doit faire de la Palette indiquée ci-dessus.

Je croirais avoir manqué en grande partie le but que je me suis proposé, si je négligeais absolument d'indiquer à ceux pour qui j'écris ce qu'ils doivent faire de la palette que je leur mets en main : aucun auteur, du moins à ma connaissance, n'a pris la peine d'entrer dans des détails assez circonstanciés sur la partie mécanique de l'art, pour qu'une personne privée de toute direction pût entreprendre la moindre chose avec les seuls documens qu'on trouve dans ces sortes d'ouvrages ; tous s'adressent à des artistes déjà plus ou moins instruits des procédés élémentaires de ce bel art. C'est donc en suivant une autre route que je puis espérer d'être utile à cette classe nombreuse de jeunes gens des deux sexes qui, privés de tout secours, enfouissent peut-être pour toujours les dispositions heureuses qu'ils ont reçues de la nature, faute de pouvoir les développer, n'ayant aucune direction pour faire les premiers pas dans cette carrière.

Quant à ce qui concerne les profondeurs de la théorie, je ne puis rien faire de mieux que de renvoyer mes lecteurs aux leçons des grands maîtres, en leur donnant à la fin de l'ouvrage une liste de ceux que je connais, et dont la réputation est le mieux établie.

Au reste, comme la pratique est à la théorie ce que le corps est à l'ame, je ne crois pas qu'on puisse faire quelque chose de bon sans les étudier de front; c'est pourquoi je serai souvent obligé de les confondre ensemble pour me rendre intelligible; mais, je serai aussi bref qu'il me sera possible, et je ne les entremêlerai que dans les cas où l'une ne peut être expliquée sans le secours de l'autre.

J'ai trouvé en général que les auteurs qui écrivent pour la classe non savante, la plus nombreuse sans contredit, ne se font pas assez de scrupule, pour s'éviter un peu de peine, de renvoyer leurs lecteurs à tels ou tels auteurs, sans trop s'inquiéter si les personnes à qui ils s'adressent, ont ou n'ont pas les facilités et les moyens nécessaires pour se procurer ces sortes d'ouvrages. J'ai souvent éprouvé aussi qu'on a tort de trop compter sur le désir que les jeunes gens devraient avoir de s'instruire; ils sont en général légers, ardens et inconstans : ils préfèrent tous l'action et l'exécution, à la lecture et à la réflexion; c'est pourquoi il me paraît fort important de ne pas les renvoyer, sans une nécessité absolue, d'un ouvrage à un autre, sans quoi l'on court risque qu'ils ne se donnent pas la peine d'y avoir recours, soit que leur paresse ou leurs moyens s'y opposent, soit que l'insouciance et la légèreté naturelles à la jeunesse fassent évanouir en elle les meilleures déterminations : il n'est pas inutile de piquer la curiosité des jeunes gens en leur découvrant d'avance une partie de ce qu'on veut qu'ils apprennent ; cela leur en donne l'avant-goût, et peut les porter plus efficacement à prendre quelque peine pour en savoir davantage.

XVIII.e LEÇON.

Comment il faut s'y prendre pour faire une bonne Ébauche.[1]

Il est superflu de dire qu'avant tout il faut que le trait de votre dessin soit juste et fidèle : le trait se fait ordinairement sur la toile (ou tout autre fond, comme panneau en bois, carton, etc.[2]) avec de la craie blanche, si le sujet est de grandeur naturelle ou de demi-grandeur, et si au contraire il est plus petit, on ne met que la première place à la craie blanche, et l'on rectifie les détails avec un bon crayon de mine de plomb, ou de la sanguine, qu'on peut tailler et manier plus délicatement.

L'on peut aussi, lorsqu'on n'est pas encore assez exercé, esquisser d'abord les petits sujets sur du papier assez mince : là on recorrige et l'on châtie son trait jusqu'à ce qu'on en soit parfaitement satisfait,

---

1 Lairesse, peintre célèbre, appelle cela *le couler*.

2 Voyez quelles sont les diverses préparations dont on fait usage pour imprimer (les substances sur lesquelles on peut peindre), comme toiles, bois, cartons, papiers, etc., et quelles sont celles qu'il faut préférer, leçon 27.e Je dirai seulement en passant que les cartons et les forts papiers ne s'emploient guère que pour faire des travaux d'étude, quand on cherche l'économie, ou bien lorsqu'on peint le paysage d'après nature, en rase campagne, et d'une manière ambulante, pour étudier, sans se charger d'un bagage trop pesant et trop embarrassant; car ces cartons ou papiers ne conservent jamais une surface bien plane.

après quoi on reporte cet ensemble ou ce trait sur la toile en le calquant. Voici comment il faut opérer.

Comment on calque un Dessin fait sur papier, pour le reporter sur la toile.

On peut le faire de deux manières : 1.° en barbouillant le revers du papier avec de la sanguine, ou craie rouge naturelle (il faut la choisir tendre et moelleuse); en faisant de très-larges hachures avec une pointe de sanguine assez émoussée pour qu'elle présente une face de trois lignes environ; l'on recroise une seconde fois ces hachures en biais, d'une manière libre et assez régulière, et une troisième fois, si on le juge nécessaire, pour nourrir suffisamment la *sauce* [1]; puis, avec une très-grosse estompe de papier gris, et du côté où elle est taillée en biais, comme un sifflet, l'on étend très-également partout ces hachures, en sorte que le papier en soit couvert, comme serait un fond fait à l'estompe; l'on applique le côté, ainsi rougi, contre la toile (qui doit avoir été bien poncée auparavant), et l'on y fixe le papier avec deux pains à cacheter par les deux coins d'en haut, en laissant le reste de la feuille libre, afin de pouvoir la soulever de

---

1 L'on appelle *sauce*, le barbouillage de crayon dont il est ci-dessus question, qui sert à calquer; on se sert du même mot (*sauce*) pour exprimer le barbouillage de crayon, rouge ou noir, qu'on fait sur un papier pour dessiner à l'estompe, et en nourrir les bouts pour faire les ombres. L'estompe est faite d'une peau roulée et taillée en pointe par les deux extrémités : on en fait de plusieurs grosseurs.

temps en temps pour voir si l'on calque bien, et si l'on n'a point oublié quelque partie du trait. La méthode de calquer présente aux commençans un double avantage : 1.° celui de bien rectifier le trait sans barbouiller et fatiguer la superficie de la toile ; 2.° celui d'avoir toute liberté de placer le sujet sur la toile d'une manière convenable, si on l'a mal placé sur le papier. Ainsi, l'on fixe son papier un peu plus haut ou plus bas, ou à gauche, ou à droite, selon qu'on le désire, pour le meilleur effet possible du sujet ; mais toujours faut-il avoir le plus grand soin de placer ce papier bien d'équerre sur le châssis, sans quoi tous les objets paraîtraient inclinés et de travers. Quand le papier est fixé, l'on commence à transposer ou à calquer le trait. Ayez une grosse aiguille à coudre, emmanchée à un petit manche de bois : la pointe doit en être très-émoussée, arrondie et polie, pour pouvoir tracer sans déchirer le papier. Vous repasserez avec la plus grande justesse, avec cette pointe, tous les traits de votre papier, sans appuyer trop fort : au reste, en soulevant de temps en temps et doucement le papier, vous vous assurerez bientôt de ce que vous faites, et vous verrez si le calque marque suffisamment, ou trop, ou trop peu. Il est inutile de recommander de remettre toujours le papier à sa première place ; ce qui n'est pas difficile, puisqu'il est fixé par les angles supérieurs : mais il arrive quelquefois que, sans le vouloir, en posant les mains sur le papier, on lui fait faire de certains plis qui tordent le sujet : c'est à quoi il faut bien prendre garde ; sans cela, le calque serait faux. Quand vous êtes assurés que votre aiguille a bien passé partout, et que tout votre trait est fidèlement répété, vous enlevez la feuille de papier, et vous commencez à manier le pinceau.

2.° On calque encore en faisant une sauce sur une feuille de papier assez mince et isolée, au lieu de la faire, comme dans la manière précédente, sur le revers même du papier où vous avez fait votre trait. Cette sauce se place entre la toile et le dessin, et toujours en appliquant le côté barbouillé de sanguine immédiatement sur la toile. Cette feuille saucée peut n'avoir que la moitié de la grandeur du sujet, parce que vous avez la liberté de la promener à volonté, pourvu qu'elle soit toujours intercalée au-dessous de la place où vous tracez actuellement; et que vous ayez soin de vous en assurer de temps en temps. Du reste, tout se fait comme je l'ai indiqué plus haut; mais vous avez l'avantage ici de ne pas barbouiller le revers de chaque dessin, et de pouvoir vous servir plusieurs fois de cette même feuille de sauce, pourvu qu'on la nourrisse un peu de craie à chaque nouveau calque : mais pour cela, je le répète, il faut avoir soin de choisir, tant pour le dessin même que pour la sauce, une espèce de papier mince et très-uni; sans quoi le calque ne se ferait qu'imparfaitement, et l'on serait obligé d'appuyer l'aiguille trop fort, ce qui dérange la main et le trait.

Observons que ce qui est avantageux pour un élève peu sûr de son coup, n'est guère pratiqué par les artistes qui ont une grande habileté et le coup d'œil sûr. En voici la raison : c'est que rarement un calque conserve tout l'esprit qu'on a mis dans le premier trait; il y a de ces touches, de ces petits aperçus qui ne sont pas susceptibles d'être fidèlement et spirituellement reproduits dans un calque, et qui sont cependant très-précieux à conserver, surtout dans les têtes de ressemblance. On me dira qu'on peut les remettre; oui; mais rarement avec le même succès : il y a presque toujours, dans les premiers traits d'un ouvrage, certaines traces d'inspiration, qu'il est souvent fâcheux de voir évanouir; d'ailleurs, l'opération du calque, quoique assez promptement faite, n'en est pas moins une augmentation de travail, qui emploie un temps qu'on aurait consacré à peindre. J'invite donc les élèves à s'habituer peu à peu à ne plus calquer, mais à se rendre assez sûrs de leur premier trait, pour le faire immédiatement sur la toile.

Rectification du Trait au pinceau sur le chevalet.

Voici le moment où l'élève se trouvera un peu embarrassé, en travaillant pour la première fois sur le chevalet, à moins qu'il n'ait déjà contracté l'habitude de dessiner dessus, en se servant aussi de l'appui-main, comme je le conseille ailleurs : mais qu'il ne se décourage pas; il se familiarisera bientôt avec cette nouvelle position de la main et de tout le corps (position d'ailleurs beaucoup plus saine pour la santé de l'élève, et qui a encore l'avantage de lui faire mieux juger de l'ensemble de son ouvrage).

Il faut que le chevalet ne soit que peu incliné en

arrière, et posé aussi verticalement qu'on le pourra, sans nuire à l'aplomb et à la solidité.

L'élève se trouvera aussi entravé par les choses qu'il aura à tenir en même temps dans les mains : sa palette, ses pinceaux et l'appui-main de la main gauche, et le pinceau dont il doit faire usage actuellement, de la main droite; mais, je le répète, son embarras ne durera que peu de jours, après lesquels il n'y pensera plus. Le plus difficile pour lui sera de choisir les teintes, et de bien gouverner sa brosse en couchant la couleur.

Prenez la palette, les pinceaux et l'appui-main, et avec une des teintes rougeâtres-brunes, sans mélange de blanc, et un pinceau assez alongé et passablement fin et pointu, sans être maigre [1], retracez tous vos principaux traits, mais seulement dans les chairs, en ajoutant au pinceau un peu d'huile grasse, afin de rendre la couleur plus coulante, légère et transparente, comme au lavis. Faites céla d'une main légère et sûre, en portant toute votre attention à rectifier votre ensemble et les détails, s'il y a lieu, surtout dans les yeux, le nez et la bouche, si c'est une tête que vous entreprenez, et faites en sorte que vos traits de pinceau, flexibles et bien coulés, soient étroits et légers dans toutes les parties qui sont dans la lumière, et qu'au contraire, dans les parties ombrées, ils soient un peu plus appuyés,

---

1 Un pinceau d'environ cinq à six lignes de longueur, et qui ne fasse pas de ventre. Les meilleurs sont ceux en poils de martre, de couleur roussâtre. Voyez, pour le choix des diverses brosses et pinceaux, les planches 5.e et 6.e

c'est-à-dire larges, moelleux et bien nourris, ce qui se fait en appuyant un peu plus le pinceau dans les traits qui expriment des formes concaves et ombrées; ensuite vous relèverez peu à peu votre pinceau partout où les traits doivent être plus déliés et plus faibles : suivez en cela les principes des pleins et des déliés dans l'art de l'écriture. Au surplus, exécutez avec la pointe du pinceau ce que votre maître de dessin n'aura sûrement pas manqué de vous faire faire, lorsqu'avant d'ombrer une tête ou une main, etc., il vous a fait forcer, d'une pointe de crayon arrondie et moelleuse, certains traits de votre ensemble, plus caractérisés et plus énergiquement exprimés que d'autres. Ces touches fortes et larges, faites à propos et sans sécheresse, ajoutent déjà beaucoup d'expression au contour, et disposent à établir les ombres avec moins de crainte et d'hésitation.

Comment il faut commencer à peindre et empâter les Lumières.

Votre trait ainsi rectifié et mieux prononcé, prenez une brosse douce et bien fournie[1], et avec la même teinte brunâtre (carmélite), vous établirez les masses de vos principales ombres, sans entrer dans trop de

1 L'on proportionne la grosseur de la brosse ou des pinceaux à la dimension de la tête ou de l'objet qu'on peint; mais, en général, il faut tout de suite s'habituer à se servir de brosses plutôt grandes que petites; elles étendent la couleur plus également et plus grassement que ne le font les petites, et surtout les petits pinceaux, dont il ne faut faire usage que le moins possible.

détails, et toujours avec peu de couleur, mais par des teintes transparentes, comme à l'aquarelle, en modifiant le ton par un peu plus d'ocre rouge, pour couvrir certaines parties, comme dans les narines, le trait de la bouche, entre les lèvres, et quelquefois dans les coins, ainsi que dans l'épaisseur des paupières; en un mot, partout où la teinte vous paraîtra sanguine. Faites tout cela librement, sans trembler, et ne vous attachez pas trop à rendre vos ombres très-unies; car ceci n'est qu'une première préparation. Cette méthode de préparer une teinte, ou une partie des chairs quelconque, est très-suivie par d'excellens peintres; elle donne déjà une idée légère du relief et de l'effet général, en sorte qu'on est moins embarrassé de savoir où poser les lumières, et ensuite les demi-teintes, et enfin de peindre et d'arrondir par degrés toute une tête, ou telle autre partie des chairs que ce soit.

Prenez maintenant des brosses plus fermes; ayez-en cinq ou six dans la main gauche, ou devant vous, sur la tablette de votre chevalet; garnissez l'une d'elles d'une des teintes les plus lumineuses de vos tons de chairs, de ceux où il entre de l'ocre jaune, du rouge, et beaucoup de blanc, et empâtez largement et grassement toutes vos plus belles lumières, comme si vous posiez les blancs sur un dessin au papier gris. Vous prenez pour cela, non pas la plus blanche de toutes vos teintes, mais une des plus claires parmi les locales des chairs, qui vous donnera un ton pur et franc, quoiqu'un peu moins lumineux que vous ne le voyez dans l'original. Il faut ainsi vous réserver la ressource de revenir ensuite rehausser le centre de ces mêmes lumières avec une teinte encore plus brillante que celle que vous venez d'étendre; mais pour cela vous attendrez que toute votre tête soit couverte et comme achevée : alors vous attaquerez en dernier lieu le centre de ces lumières très-vives et reluisantes, afin d'ajouter plus de relief au tout par ces touches vives, d'un modèle plus ferme que tout le reste.

Revenons à l'ébauche et au point où nous en sommes restés avant que de parler de ces vives lumières, qui ne doivent se faire qu'à la fin.

Vos lumières locales étant posées, vous placez à côté d'elles les teintes encore très-pures qui les accompagnent de tous côtés; mais vous prenez pour cela une teinte déjà un peu moins lumineuse, quoique toujours sans mélange de noir ou de bleu. Vous avancerez ainsi par gradation de teintes, et de proche en proche, en arrondissant votre tête, jusqu'à ce que vous arriviez aux teintes fuyantes, qui sont déjà un peu ternies et rompues par le noir-bleuâtre : ce sont les teintes progressives depuis la cinquième rangée jusqu'à la dixième inclusivement. Vous aurez la plus grande attention de n'employer chacune d'elles qu'en raison du degré de lumière qu'elles expriment, et en ayant égard en même temps à la teinte plus ou moins rosâtre, jaunâtre, violâtre, verdâtre, grisâtre ou bleuâtre dont est colorée la partie que vous travaillez actuellement. C'est pourquoi il ne faut pas cesser de comparer entre elles toutes les parties de votre tête ou de votre objet; car une fausse teinte fait une tache criante dans les chairs, comme une fausse note en musique blesse l'oreille : l'une et l'autre détruisent l'harmonie.[1]

Des demi-teintes vous arrivez insensiblement aux ombres proprement dites, et puis enfin aux reflets, dont les teintes sont comprises dans les dixième, onzième et douzième rangées; en sorte que vous êtes appelés à recouvrir les lavis brunâtres que vous aviez établis d'abord, pour asseoir de gros en gros l'effet de votre ouvrage. Mais à présent vous tâchez de donner à toutes vos ombres leur ton juste, quoique d'une teinte un peu plus chaude; c'est-à-dire légèrement plus rousse à l'ébauche que vous ne les voyez dans l'original, ou dans la nature vivante que vous imitez. Cela est nécessaire, parce que, si vous ne suiviez pas cette marche, et que vous établissiez dès l'ébauche tous les tons grisâtres froids que vous voyez, vous n'obtiendriez par la suite, et en achevant votre tableau, aucune profondeur, rien de cette finesse mystérieuse de ton dont résulte la plus douce harmonie du coloris. Il ne faut point pour cela ébaucher vos ombres plus fortes ou plus obscures qu'elles ne doivent l'être; tout au contraire, tenez-les plutôt un peu moins fortes, surtout à

---

1 Gardez-vous bien d'exagérer ces tons rompus dans les demi-teintes; ils doivent, au contraire, se lier si imperceptiblement et si naturellement entre eux avec la couleur locale de la chair, qu'on ne puisse pas même les apercevoir; et ils doivent former un tout tellement bien gradué, qu'on ne puisse pas les distinguer davantage que dans la nature même, où le public, qui n'est pas peintre, ne voit jamais qu'une seule et même couleur de chair partout, à l'exception de la barbe et du coloris des joues.

l'ébauche; car, outre qu'elles ont toujours une tendance à brunir, comme le font toutes les couleurs à l'huile, il est en général fâcheux d'être obligé, à la reprise d'un tableau, de coucher une teinte plus claire sur une plus obscure : ces places-là deviennent louches et farineuses, et perdent cette belle transparence qu'il est si nécessaire de conserver soigneusement dans les ombres. La couleur claire semble alors n'être que superposée sur celle qu'elle couvre, comme un brouillard, une gaze ou de la poussière; il en résulte un effet désagréable à l'œil, et qui empêche que cette partie ait l'apparence qu'elle doit avoir : elle ressemble alors à de la chair privée du grand jour.

Tenez donc dans l'ébauche vos grandes ombres un peu plus chaudes et un peu moins obscures qu'elles ne doivent le devenir; vous y trouverez toutes sortes d'avantages, quand sur cette ébauche une fois bien sèche vous repeindrez pour achever votre ouvrage. Couchez vos couleurs hardiment, franchement, également, et sans les tourmenter; évitez de les passer l'une dans l'autre avec la brosse, car ce n'est point par ce moyen qu'il faut fondre et amalgamer les différens tons de couleurs : c'est en posant avec discernement une filiation de teintes presque insensible les unes à côté des autres, que vous devez obtenir leur liaison, et vous ne devez vous occuper à fondre toutes ces gradations que lorsque tous vos tons sont en place, et qu'à une certaine distance votre tête tourne[1] déjà par le seul

---

1 On dit qu'une tête ou tout autre objet de ronde bosse tourne bien,

moyen de la composition graduelle des teintes. Sans cela vous n'obtiendrez jamais aucune pureté de ton; vous ne feriez que des peintures sales et monotones, qui deviendraient toujours plus avilies avec le temps.

Je n'ignore pas que cela paraîtra, dans l'exécution, d'une grande difficulté aux commençans; et ce l'est en effet, même pour les peintres qui ont déjà de l'expérience; cependant il n'y a que ce moyen pour peindre des chairs pures et fraîches : il faut en quelque sorte choisir ses tons, et les poser les uns à côté des autres comme si on travaillait à une mosaïque [1]. Quand on est parvenu à ce point, alors, avec une brosse propre ou quelquefois garnie d'un peu de couleur (pourvu que le ton soit juste), en quelques momens l'on fond son ouvrage d'une manière admirable, en ne faisant qu'effleurer et caresser la couleur pour amalgamer ensemble toutes ces teintes, et en tournant la brosse dans le sens naturel de la peau et des formes, mais sans appuyer, ni traîner toutes les nuances les unes dans les autres avec un blaireau, comme le font tant d'artistes médiocres.

L'usage immodéré du blaireau est un défaut qu'on reproche avec raison à presque tous les amateurs; ils trouvent apparemment cette manière de fondre beau-

lorsque le relief se fait bien sentir, et qu'on n'a pas le moindre doute sur les parties de cet objet, qui sont ou paraissent le plus ou moins rapprochées ou éloignées de l'œil du spectateur. Cela s'applique donc aussi bien à une poitrine, à un membre, à une colonne, à un vase, etc., qu'à une tête.

1 Voyez comment on traite les peintures en mosaïques, page 265.

coup plus facile que celle dont je viens de parler, qui consiste à graduer les teintes par leur ton propre et local, plutôt que de les traîner l'une dans l'autre : je viens d'énoncer les inconvéniens majeurs qui en résultent. L'on parvient en effet à une fonte assez douce; mais c'est toujours aux dépens de la pureté et de la vérité du coloris, et, de plus, au grand détriment du relief et de l'effet général.

Que faut-il donc faire, me dira-t-on, pour qu'une teinte ou un ton posé à côté d'un autre paraisse en être la continuation naturelle et ne tranche pas à l'œil? Le voici : faites d'avance la dégradation du ton sur votre palette, mais seulement au bout de la brosse, et, pour être sûr de votre fait, posez (toujours sur la palette) un petit échantillon de la dernière teinte que vous aurez couchée sur votre tableau. Prenez alors un ton analogue, mais seulement un peu moins clair; posez ce dernier échantillon à côté et tout auprès du premier, comparez-les, et voyez ce qu'il est nécessaire d'y changer pour le modifier à votre gré. Si vous trouvez qu'il tranche trop, où qu'il ne soit pas encore assez rompu, vous y ajoutez une partie du premier échantillon, que vous mélangez (toujours au bout de la brosse) avec le dernier; si, au contraire, il vous paraît trop semblable, ce qui empêcherait d'obtenir la dégradation insensible qui doit faire *tourner* la partie que vous peignez actuellement, vous puisez dans une des rangées voisines un ton un peu plus sourd, c'est-à-dire moins clair, et vous le mêlez dans la masse de votre essai; ainsi de suite. En opérant de cette manière, avec précaution et méthode, vous arriverez au but, et alors vous étendrez cette dernière couleur tout à côté de la précédente, sans hésitation et comme à coup sûr. Tout cela ne s'apprend pas en un jour; il faut en toutes choses acquérir de l'expérience. Mais qu'on ne s'effraie pas trop des difficultés que ce travail paraît présenter à la simple description, car il s'exécute plus promptement et plus aisément qu'on ne peut le décrire, quand une fois l'on a acquis quelque habitude; l'on peut dire même qu'on opère sans avoir l'air d'y penser, de telle sorte que l'artiste fait tout cela sans interrompre la conversation avec son modèle, tout en portant son attention à la recherche du ton vrai, ainsi qu'à ce qui concerne les formes, l'expression, la ressemblance, etc. Il faut qu'un élève se dise bien à lui-même: *D'autres que moi ont vaincu ces difficultés, je puis donc et je veux les vaincre de même.* Avec une forte volonté et une détermination énergique et invariable l'on vient à bout de tout, surtout si la nature nous a doués de quelque disposition pour la peinture.

Exemple de la Dégradation insensible des tons.

Je suppose que vous ayez à peindre actuellement la joue et une partie de la mâchoire d'une jeune personne fraîche et grasse, et que, partant, comme nous l'avons dit, de la teinte la plus lumineuse et la plus fraîche, vous vouliez arriver, par une gradation insensible et vraie jusqu'à la plus grande force de l'ombre, voici comment il faut opérer : posez d'abord sur la grande lumière de la pommette de la joue la belle teinte qui précède la plus éclatante qui soit sur la palette (il ne faut pas encore établir celle qui brille du grand éclat, mais se réserver de le faire plus tard, comme on l'indique aux pages 253 et 254); ne l'étendez pas au-delà des limites que vous indiquent la forme et le ton, puis ajoutez, au bout de la brosse et sur votre palette, une petite portion de la teinte qui la précède au-dessus, et qui est plus foncée, dans la même rangée; mêlez-les avec la première, et jugez si cela est bien; ajoutez, retranchez du plus coloré ou du plus clair, jusqu'à ce que vous en soyez satisfait : posez ce ton à la suite de votre plus grande lumière, sans perdre de vue la forme. Composez de même un troisième ton, que vous placerez tout à côté du second sur la palette, et auquel vous aurez ajouté un rose un peu plus décidé; étendez-le de même à côté et à la suite ou tout autour des deux premiers tons, selon les lois du modelé et de la forme [1]; puis une quatrième, une cinquième teinte, toujours un peu plus colorée, jusqu'à ce que vous arriviez à la partie décidément rose du coloris des joues [2]. Alors composez

---

1 Le *modelé* signifie les formes, ou l'expression des formes. Voyez la note au bas de la page 268.

2 Pour peindre des carnations fraîches, il faut se servir dès l'ébauche des roses faits avec le cinabre et du blanc; et pour les autres, l'ocre rouge et le blanc suffisent, surtout pour les hommes. Si la carnation a un degré moyen de fraîcheur, vous composerez les roses de moitié ocre rouge et moitié cinabre, toujours mêlés avec du blanc. Le cinabre de la Chine et les laques sont trop froids, c'est-à-dire d'un rose trop violet, surtout pour les ébauches.

au bout de la brosse, et au fur et à mesure que vous en aurez besoin, deux ou trois roses toujours graduellement plus colorés, jusqu'à ce que vous arriviez à l'incarnat le plus vif que vous présente la nature. Arrivé là, vous commencerez à dégrader votre rose, et à le rendre progressivement moins vif, en y ajoutant un peu d'une teinte lilas ou violâtre-clair, puis un peu plus encore, et ainsi de suite, en vous rapprochant de la mâchoire ou du tournant de la joue, jusqu'à ce que ce beau rose se perde, et aille par degrés insensibles se confondre avec les demi-teintes gris-violâtres, bleuâtres, verdâtres ou roussâtres, dans les parties non encore ombrées, mais seulement fuyantes; ou bien, si c'est le côté de l'ombre que vous travaillez actuellement, vous ferez perdre la teinte avec la masse d'ombre proprement dite. On appelle ainsi la partie où la vivacité du ton n'y paraît presque plus du tout, attendu que non-seulement la place où l'incarnat des joues a lieu ordinairement est déjà dépassée ou mourante, mais aussi parce que toutes les parties privées du grand jour n'empruntent le peu de lumière qui nous les fait apercevoir dans l'ombre, que du reflet que leur renvoient les objets environnans, ce qui modifie et ternit beaucoup leur véritable couleur locale.

Observez bien que, puisque les ombres d'un objet quelconque ne sont un peu visibles que par les reflets des objets éclairés qui les avoisinent, ces mêmes ombres doivent nécessairement emprunter aussi une partie de la teinte de ces corps environnans; en sorte qu'elles doivent être modifiées en raison de la couleur ou de la teinte locale que portent ces objets. Je reviendrai sur ce sujet, qui mérite beaucoup de réflexion, et dont je n'ai fait mention ici que par occasion.

Dans le coloris des carnations, que nous avons supposées très-fraîches, vous voilà déjà arrivé aux demi-teintes des parties qui s'arrondissent et qui deviennent fuyantes, vues de la place que vous occupez relativement à celle où est votre modèle; car, pour le dire en passant, les différentes parties de la tête ou des chairs ne varient pas réellement entre elles de teinte locale proprement dite autant qu'elles paraissent le faire par l'effet des ombres, des fuyans et des reflets; mais cette multitude presque innombrable de teintes différentes, qu'un fin coloriste sait voir et lire dans la nature, ne sont pas réelles; elles ne sont qu'apparentes : elles résultent, et des ombres d'abord, et des demi-teintes, qui tiennent le milieu entre l'ombre et le clair, et surtout des effets de la lumière sur le duvet de la peau. C'est ce duvet, presque insensible à la vue, qui modifie à l'infini les tons dont se colorent les demi-teintes; il est la marque distinctive de la jeunesse et de la fraîcheur. C'est aussi par analogie qu'on compare une belle peau à une belle pêche, plutôt qu'à une belle pomme, parce que cette dernière, bien qu'elle soit souvent parée des plus jolies couleurs, est reluisante et lisse, et n'a point ce duvet velouté qui distingue la pêche. Or, ce duvet insensible, qu'ont toutes les belles peaux, paraît plus ou moins blond ou plus ou moins noir, suivant que la personne a les cheveux de l'une de ces deux couleurs. Quand il est noir, il forme des teintes bleuâtres dans les parties fuyantes, surtout dans les tournans, où il paraît plus rassemblé; et quand il est blond, il forme des teintes un peu verdâtres. Le premier (le noir-bleuâtre) donne des chatoiemens lilas dans les parties où il se mêle avec le rose des joues, dans les formes fuyantes, et le blond présente des demi-teintes un peu plus rousse-verdâtre dans les mêmes parties. Il serait presque impossible d'indiquer toutes les variations que présentent à l'œil de l'artiste les différentes qualités de la couleur locale de la peau, jointes aux modifications qu'y apportent les diverses nuances du duvet velouté dont il est question. Je me suis donc borné à indiquer les deux nuances les plus opposées, laissant les nuances intermédiaires à l'œil observateur de celui qui a le sentiment de la couleur, et qui vise à devenir fin coloriste. J'ajouterai cependant une observation : quelquefois une personne blonde a néanmoins le fin duvet de la peau plus foncé que ses cheveux, et l'on voit aussi des personnes à cheveux bruns avoir le duvet de la peau des blondes: ainsi, la teinte des cheveux n'est pas toujours une règle invariable pour indiquer celle du duvet. C'est à quoi l'artiste doit faire attention, particulièrement s'il est peintre de portraits.

Il y a des personnes qui n'ont point de duvet, aussi leur coloris est-il dur et tranché comme celui d'une pomme; c'est ce qui arrive aux personnes d'un âge mûr, depuis quarante ou cinquante ans; elles ont encore quelquefois une assez belle carnation, mais il y manque la fleur qu'y ajoute ce duvet dont j'ai parlé.

Des diverses teintes que prennent les Reflets dans les chairs.

Les reflets proprement dits ne sont que visibles dans les ombres [1], et ils suivent la même loi qu'elles, c'est-à-dire, qu'ils ne se colorent que par l'emprunt de la couleur locale des objets qui leur renvoient de la lumière, et en outre de la masse générale de l'air ambiant qui entoure l'objet reflété.

Les reflets peuvent donc varier de teinte et de lumière presque à l'infini, selon le cas et les objets qui les causent. Mais comme ils sont toujours d'une teinte plus sourde que les véritables lumières des objets éclairés directement du ciel, rien n'empêche qu'on attende pour les caractériser, d'avoir étendu la masse générale de l'ombre (à moins qu'il ne s'agisse d'un reflet très-grand et qui occupe beaucoup d'espace, ce qui suppose ordinairement un reflet assez clair); autrement on ne peut l'exprimer et le peindre qu'après coup, en prenant pour cela une teinte plus claire que l'ombre, et en calculant d'avance ce que deviendra le ton qu'on prend

---

1 Je dis que les reflets ne sont sensibles que dans les ombres, parce qu'une lumière empruntée est toujours plus faible que celle qui vient directement du jour; en sorte qu'un corps étranger (à moins que ce ne soit un corps poli comme un miroir) ne peut pas renvoyer un reflet à un corps beaucoup plus éclairé que lui. Il faut pourtant en excepter les cas où une étoffe rose, bleue, etc., est interposée entre le jour et la personne, comme serait un parasol, un voile, etc.; mais encore, dans ce dernier cas, la personne ne reçoit le jour qu'à travers l'étoffe, et non directement du ciel.

quand il se mêlera en l'étendant avec la teinte de l'ombre qui est encore liquide.

Il n'est pas aisé de décrire parfaitement toutes les teintes qui doivent se succéder pour colorer une partie et lui donner la forme, la couleur et le relief en même temps. Il faudrait voir peindre un grand maître; on en apprendrait davantage en quelques heures qu'on ne peut le faire en plusieurs mois en n'ayant pour guide qu'une simple description. J'ose pourtant espérer que mes directions pourront être utiles à un lecteur intelligent.

J'ai parlé plus haut de la peinture en mosaïque; chacun sait que cette espèce de peinture (que quelques artistes ont portée très-loin) ne se compose que d'une multitude innombrable de petites pierres ou de petits morceaux d'émail, colorés, naturellement ou artificiellement, de toutes espèces et gradations de couleurs et de teintes. Voilà la palette de ces sortes d'artistes : il faut qu'ils choisissent et graduent si bien les morceaux, qu'en les fixant les uns à côté des autres sur un mastic, ils parviennent à imiter non-seulement la forme, l'expression et l'effet général du tableau qu'ils copient, mais aussi toutes les nuances les plus imperceptibles, en sorte qu'à quelques pas de distance le spectateur croira voir le tableau original. J'ai cité cet exemple pour prouver que, puisqu'on peut faire autant d'effet avec des petites pièces séparées, qu'on n'a aucun moyen de fondre et de lier ensemble que par la justesse du ton, et qu'on parvient néanmoins à en faire un tout quelquefois très-beau et très-harmonieusement coloré, à combien plus forte raison n'est-t-on pas en droit d'attendre le même résultat, et bien mieux encore du maniement de la couleur, en suivant le même principe, c'est-à-dire, en se donnant la peine de composer d'abord les teintes bien justes avant que de les étendre sur la toile. Ce travail, plus expéditif et plus facile avec la pâte de la couleur qu'avec des morceaux d'émail, vous laisse en outre la possibilité de corriger les teintes qui ne seraient pas d'un ton vrai, et de lier ensuite le tout ensemble par un léger travail, pourvu que l'ouvrage se fasse dans le même jour, et avant que les teintes étendues sur votre tableau soient devenues trop visqueuses ou trop sèches.

Du travail qu'il faut faire pour achever la liaison des Teintes.

Je suppose votre tête ébauchée, comme nous l'avons dit, par teintes séparées, posées les unes à côté des autres, mais tellement justes de ton et si bien dégradées selon les différens degrés de lumière et d'ombres qu'elles doivent avoir pour produire l'effet général, qu'il ne manque plus à cette préparation qu'un peu de fonte et de liaison entre toutes ces diverses teintes pour achever de vous satisfaire, en faisant disparaître cette apparence de marqueterie.

Pour opérer cette fonte, commencez d'abord par le haut du front ou de telle autre partie que vous peignez actuellement, que ce soit un bras, une poitrine, une épaule etc., et descendez de proche en proche, sans enjamber d'une place à une autre, jusqu'à ce que vous soyez parvenu jusqu'au bas.

Prenez pour cela quelques brosses douces et propres, avec lesquelles vous puiserez çà et là les différentes teintes *mixtes* dont vous aurez besoin pour fondre une teinte avec sa voisine; mais prenez peu de couleur à la fois, maniez la brosse légèrement, sans l'appuyer sur la toile, et que les poils de cette brosse soient un peu éparpillés dans le bout et non collés ensemble, afin de ne pas entamer et rouler la couleur de la préparation.

Si les teintes méthodiques de vos rangées sur la palette ne vous offrent pas le ton juste dont vous avez besoin, ce qui arrive le plus souvent, composez-le, comme nous l'avons dit plusieurs fois, au bout de la brosse, et efforcez-vous de faire ainsi des tons intermédiaires entre le passage d'une teinte à une autre, sans trop anticiper ni sur l'une ni sur l'autre par le mouvement de votre brosse, mais seulement en effleurant la couleur d'une manière délicate et presque insensible, et en la maniant dans le sens des formes.

Quand deux teintes voisines vous paraîtront assez justes de ton et de dégradation, pour qu'il ne soit pas nécessaire de les lier par une nouvelle teinte mixte, vous ne ferez que caresser légèrement l'endroit de la séparation avec une brosse douce et un peu éparpillée; vous la ferez aller et venir en zig-zag par un mouvement léger et adroitement imprimé du bout des doigts, sans trop anticiper ni dans l'une ni dans l'autre des teintes : de cette manière et en un clin d'œil vous parviendrez à les amalgamer parfaitement; mais toujours il faut avoir le plus grand soin de ne point altérer le *modelé* [1] de la forme, c'est pourquoi il faut faire ce petit mouvement dans le sens de cette forme, comme un dessinateur fait ses hachures avec le crayon.

Le travail qu'on vient de décrire exige beaucoup d'attention et d'adresse, car si celui qui le fait opère maladroitement, non-seulement il avilit la pureté des tons et brouille toutes les teintes, mais il s'embarrasse dans la pâte de la couleur, et finit par perdre toutes les formes, qui au contraire auraient dû se perfectionner par ce travail. Pour éviter cet inconvénient, ne fatiguez pas votre couleur, et si quelque partie ne vous a pas réussi tout-à-fait à votre gré, laissez-la sans la retoucher davantage, et réservez-vous de la corriger à la reprise du tableau, quand vous voudrez le terminer : c'est le meilleur parti qu'on puisse prendre; car, après tout, quoiqu'il y ait un grand avantage, sans doute, à reprendre un tableau sur une ébauche bien préparée par la justesse du ton, il vous reste néanmoins encore d'immenses ressources pour corriger toutes les imperfections dans le cas contraire.

Usage des Putois et des Blaireaux.

Quand toutes les teintes sont bien liées et raccordées, on ne doit plus apercevoir le passage d'aucune

---

1 En termes de l'art, on appelle *modeler*, l'art de bien accuser les formes pour les faire sentir à l'œil. Ainsi, le *modelé* signifie ici une juste indication des formes, en sorte qu'on croie voir le relief de certaines parties, de même que la concavité ou l'enfoncement des autres. La peinture a emprunté ce terme de la sculpture.

d'elles dans une autre; c'est le moment où il est permis de passer très-légèrement le blaireau [1] sur les parties où l'on aperçoit trop les petits sillons chatoyans que forment les poils de la brosse dans la pâte de la couleur. L'on prend pour cela des putois, quand ce sont de petites parties, et des blaireaux de grandeurs variées quand on travaille sur de larges parties. Mais il ne faut, dans ce travail, effleurer que très-légèrement la superficie de la pâte, de telle sorte qu'on n'aperçoive presque aucune trace de couleur au blaireau quand on s'en est servi; sans cela l'on retomberait dans le même inconvénient dont j'ai parlé plus haut, en salissant toutes les teintes. Il faut manier le putois ou le blaireau dans le sens des muscles ou des formes que l'on blairotte, et être avare de l'emploi qu'on en fait; cinq ou six allées et venues générales à chaque partie ou l'on promène le blaireau, doivent suffire; il y a même un grand nombre d'artistes (et ce sont ordinairement les plus habiles) qui ne s'en servent point du tout : ils doivent cet avantage à l'habileté de leur coup de brosse; c'est à quoi il faudra que l'élève s'exerce, mais en attendant il peut se permettre un usage très-limité du blaireau dans les chairs, un peu plus dans les draperies, et davantage pour les ciels et les fonds. En quelques minutes vous aurez terminé ce que vous avez à faire avec le blai-

---

1 Voyez ce que c'est que les putois et les blaireaux, leçon 24.e; voyez aussi les planches 5.e et 6.e On ne trempe jamais les putois ni les blaireaux dans la couleur, et encore moins dans l'huile : on s'en sert à sec.

reau, car le moins que vous en ferez usage sera le mieux.

De quelques Touches spirituelles pour achever l'ébauche.

Vous n'avez plus actuellement que quelques touches spirituelles à ajouter à votre tête [1], pour que l'ébauche des chairs soit complétement achevée. Ces touches se donnent, les unes dans les clairs, d'autres dans les ombres, et plus particulièrement dans les traits du visage, et même dans la plus grande lumière du front.

J'ai déjà enseigné qu'à l'ébauche surtout il est bon de ne pas poser les luisans des plus vives lumières aussi brillans qu'on les voit, afin de se réserver la ressource de les raviver après coup : c'est ici le moment de le faire. Prenez une brosse propre et proportionnée à la dimension de l'objet, et puisez dans les teintes des chairs le ton qui vous semblera se lier le mieux à celui que vous allez réveiller par une lumière encore plus vive. Tâchez de poser ces dernières touches avec expression, et sans y revenir à plusieurs fois ; elles resteront d'autant plus franches, que la couleur de dessous aura dû acquérir déjà un certain degré de fermeté sur la toile, y étant posée depuis quelques heures. Vous commencerez par le plus grand luisant du front ; vous passerez

---

1 Dans mes conseils je prends souvent pour exemple une tête, parce que c'est la partie la plus difficile de toutes les carnations ; mais ils peuvent également s'appliquer à toutes les autres parties du corps, et même à tout objet quelconque.

à celui ou à ceux du nez; vous verrez s'il y a quelque chose à ajouter aux pommettes des joues et autour des yeux; de là vous descendrez à la bouche, et finalement au menton et aux oreilles. Mais prenez garde de bien composer les teintes dont vous vous servirez pour faire ces différentes touches; car, bien que je les caractérise par touches claires, elles ne le sont que respectivement à la partie où elles s'appliquent; et d'ailleurs les unes sont très-pures, d'autres sont plus ou moins, ou grisâtres, ou jaunâtres, ou violâtres, ou bleuâtres, etc.; en un mot, elles doivent chacune participer du ton plus ou moins rompu du trait ou de la partie qu'on veut rendre plus ferme et plus *ressentie* par une touche, par exemple au bout du nez, aux coins intérieurs des yeux, sur les paupières supérieures, sur le dos du nez, aux coins de la bouche, etc. Il ne faut point trop amollir les touches en voulant les adoucir; elles perdraient tout l'effet qu'on s'en promet : elles doivent être à la peinture ce que sont les derniers blancs qu'on met lorsqu'on achève un dessin sur papier gris. Il faut donc poser ces retouches avec une sorte de liberté et de franchise, qui, sans les rendre trop dures, leur laisse pourtant le caractère qu'elles doivent avoir pour donner de l'expression et du relief à la tête. C'est pourquoi il faut bien prendre ses mesures pour que ces coups de pinceau isolés aient une teinte, une forme et une proportion analogues au muscle ou à la partie osseuse qu'on veut caractériser; et l'on s'en assure bien, en étudiant avec attention la nature, ou son modèle, avant que de les hasarder sur la toile.

J'ai commencé par les touches claires, parce que la peinture à l'huile ayant toujours une tendance à brunir avec le temps, il vaut mieux provoquer l'élève à peindre clair qu'à peindre brun. Or, s'il eût donné les touches de force avant que d'établir celles des clairs, il est probable qu'il les aurait marquées trop durement. Mais à présent que ces dernières ont monté l'échelle de l'ouvrage sur un ton brillant et clair, il n'y a plus autant à craindre qu'il prononce les touches de force trop vigoureusement : les yeux de l'élève en seraient choqués, parce qu'il les verrait lui-même rompre toute harmonie.

Vous donnerez les touches de force partout où les dessous vous paraîtront être trop mous et manquer de caractère et de transparence. Les plus essentielles sont ordinairement dans les yeux, et surtout dans la pupille, ainsi que dans les narines, dans la séparation des lèvres, quelquefois aussi dans les coins de la bouche, etc. : tout cela dépend non-seulement de la ressemblance, si vous faites un portrait, mais aussi du degré de vigueur qu'ont déjà vos préparations du dessous.

Il serait superflu de répéter ce que j'ai déjà dit tant de fois, qu'il faut, avant de donner ces touches de force ou de clairs, en bien étudier d'avance la forme, la valeur et le ton. En général, les touches fortes doivent être d'un ton chaud et coloré, plutôt que gris-noir et froides ; les narines et l'intérieur de la bouche surtout, doivent être d'un ton sanguin à l'ébauche, sauf à les modifier ensuite en achevant le tableau, ce qui est très-facile ; tandis qu'il est souvent mal aisé de redonner de la transparence et une certaine profondeur sanguine à des touches ébauchées trop noires et trop opaques. Il faut se rappeler ceci, et ne pas craindre d'exagérer un peu ces sortes de cavités à l'ébauche, sans néanmoins le faire à l'excès.

Je ne veux pas omettre un autre avertissement, nécessaire aux commençans. Ils tombent tous dans le défaut de faire le blanc des yeux beaucoup trop blanc; je les invite à comparer attentivement cette partie avec celles des brillantes lumières des chairs; ils verront bientôt combien le blanc de l'œil[1] leur paraîtra moins lumineux, à moins qu'on ne fasse lever les yeux au ciel; et même encore, dans cette situation, la cornée opaque ou le blanc de l'œil ne reçoit pas autant de lumière que les chairs. On y voit, à la vérité, un luisant blanc très-vif, comme on le voit à tous les corps sphériques qui sont mouillés ou polis; mais ceci n'est qu'accidentel, comme est le point blanc visuel; car, faites-y bien attention, la couleur locale du blanc de l'œil est, de sa nature, ou d'un blanc bleuâtre, ou jaunâtre, ou verdâtre, ou, dans de certains cas, rougeâtre; mais jamais d'un blanc pur.

Il y a plus : dans le regard ordinaire, les cils et l'épaisseur de la paupière supérieure ombragent beaucoup le blanc de l'œil, et en outre la forme sphérique

---

1 J'entends par blanc de l'œil ce qu'on nomme la *cornée opaque*, qui entoure la prunelle, et non pas ce trait de lumière accidentel où le jour vient se mirer, et qu'on appelle vulgairement le *point blanc*, ou le *point visuel*.

de l'œil y établit nécessairement des ombres, comme à tous les corps tournans. D'après cela, il est ridicule de faire le blanc des yeux d'un blanc pur comme des coquilles d'œufs.

J'observerai encore que l'on fait souvent aussi le point visuel trop blanc et trop grand. L'on croit peut-être par ce moyen donner beaucoup d'éclat et de vivacité aux yeux; on est dans l'erreur : il ne paraît assez brillant, dans la nature, que par son opposition avec la teinte obscure de la prunelle; et d'ailleurs ce point blanc est presque toujours plus ou moins refendu ou divisé par l'ombre que portent les cils. C'est pourquoi on fera bien de ne pas l'exprimer avec un gros point de blanc pur et opaque, mais de le toucher un peu inégalement; c'est-à-dire de le peindre d'abord d'un blanc légèrement terni de gris, et ensuite de le retoucher d'une ou plusieurs petites touches plus brillantes, comme on le verra dans la nature, si on la consulte avec attention. De cette manière le regard sera à la fois plus vif et plus doux, plus fin et plus naturel. Au reste, regardez bien votre modèle, et copiez-le juste, car ces choses-là varient à l'infini, selon la longueur des cils, l'enfoncement des yeux dans leur orbite, et surtout la disposition du jour qui éclaire le modèle. Il ne faut rien faire dans les arts par pure pratique, sans quoi on en fait bientôt un métier mécanique; il faut étudier toute sa vie, et ne rien faire que d'après la nature, si l'on veut ne pas s'en éloigner.

Le trait des yeux où sont implantés les cils n'a jamais rien de dur ni de cerné : c'est encore à ce défaut que l'on reconnaît facilement les commençans. Il faut peindre cette partie d'une manière suave et moelleuse, sans aucune dureté tranchante; ce qui n'empêche pas qu'on ne puisse également exprimer très-bien des paupières très-fournies et noires; mais ce ne doit jamais être par un trait également noir partout : d'ailleurs, ce trait doit être accompagné, dessus et dessous, de demi-teintes douces, qui lui ôtent l'apparence d'un trait de plume, comme on le voit dans les poupées.

Ce que je viens de dire du trait des yeux s'applique également aux autres touches de force des narines, de la bouche, etc. : il ne faut jamais les annoncer durement et sèchement, mais d'une touche large et comme fondue; autrement vous ne ferez que des *masques de carton*. C'est là en général l'écueil des amateurs.

Ces touches néanmoins doivent être attaquées avec franchise; elles ne valent plus rien si on les retouche pour les adoucir et les fondre. C'est plutôt par la justesse du ton qu'elles doivent être en harmonie avec le reste, que par un travail traîné et pour ainsi dire estompé; car si le ton que vous venez de poser pour une de ces touches de caractère vous paraît pécher par trop de dureté, il ne faut point chercher à y porter remède en brouillant cette touche avec la couleur du dessous : il vaut infiniment mieux reprendre un autre ton plus juste, et repeindre de nouveau et franchement cette touche. Cela peut se faire d'autant mieux que, comme nous l'avons dit ailleurs, on doit s'abstenir avec soin d'empâter de couleur toutes les fortes ombres, afin de leur laisser cette belle transparence qui ne réfléchit que faiblement les rayons du jour, et dont on peut si heureusement profiter quand on reprend l'ébauche pour la terminer, après qu'on lui a laissé tout le temps nécessaire pour sécher complétement.[1]

Voilà maintenant toute la masse de vos chairs ébauchée. Je dois supposer qu'en faisant ce travail, vous ayez en même temps ébauché quelque partie des cheveux, des linges, des draperies, du fond, etc., en un mot, quelque peu de toutes les parties qui se lient immédiatement aux chairs, et qui les touchent par quelque endroit, comme je crois l'avoir déjà recommandé plus haut. Ayez soin de fondre les bords de ces parties avec la chair, afin qu'elles ne tranchent point durement avec elle. Dans ce cas-ci, par exemple, vous pouvez vous servir d'un putois, que vous promènerez légè-

---

1 Je crains si fort que les gens sans expérience ne veuillent terminer un tableau avant que leur ébauche n'ait eu le temps de bien sécher, que je l'ai répété exprès fort souvent, ce qui pourra paraître fastidieux; mais cette condition est de rigueur, pour que les couleurs restent du ton juste dont on les a posées; sans cela vous les verrez se ternir et s'altérer en peu de temps, et tous les jours davantage, parce qu'on enferme l'huile de l'ébauche par les couleurs qu'on applique par-dessus, en sorte que, pour s'évaporer, elle doit traverser toute la couleur, ce qui roussit toutes les teintes. On pense bien que la prompte dessiccation d'une ébauche est subordonnée à l'état de l'atmosphère, chaude, froide, humide ou sèche. Ainsi, par un temps chaud et sec, dans le cœur de l'été, par exemple, une ébauche peut être suffisamment sèche au bout de huit jours, surtout si, comme je conseille de le faire, on a eu soin de l'exposer au grand air et au soleil, mais toutefois à l'abri de la poussière et des insectes, etc.: en hiver, et surtout par des temps humides, il arrive souvent qu'une ébauche n'est pas assez sèche au bout de six semaines, et même plus long-temps encore.

ment sur l'endroit de la séparation des deux objets, afin de les mêler un peu ensemble sur l'extrême bord; mais faites-le avec adresse et promptement, sans y mettre trop d'importance.

Du temps qu'exige l'Ébauche d'une tête.

Pour donner une idée approximative du temps qu'exige le travail de l'ébauche des chairs, il faudrait commencer par établir plusieurs degrés d'habitude, d'habileté et de promptitude, ce qui nous mènerait trop loin; je me renfermerai donc dans les limites des deux extrêmes, en laissant à mon lecteur le soin d'évaluer les degrés intermédiaires de promptitude. Mais dans toutes les suppositions il est indispensable, et en été plus particulièrement, que toutes les chairs d'une tête soient ébauchées dans la même journée; sans quoi les couleurs ne pourraient plus se fondre et s'amalgamer les unes dans les autres, parce que de la veille au lendemain elles auraient acquis déjà trop de consistance pour être maniables, à moins que le temps ne soit très-humide et froid; ce qui n'a lieu qu'en hiver.

Mais un homme habile peut faire et fait assez ordinairement l'ébauche d'une tête dans trois ou quatre heures, surtout si son trait est déjà fait et arrêté; et, sans cela même, il y a des artistes tellement expéditifs, qu'en moins de deux heures ils dessinent et font toute une ébauche de grandeur naturelle. Il y a plus, mais ceci est une exception rare : il existe à Paris un artiste,

M. Boilly, qui fait en deux heures ou deux heures et demie des petits portraits à l'huile, qu'il termine entièrement, et que l'on peut emporter au bout de cette seule séance. Cela paraît prodigieux, mais c'est exactement vrai; et ce qui paraît inconcevable, c'est que le peintre livre ses portraits non-seulement terminés, mais vernis et encadrés[1]. Il a sûrement un procédé particulier pour pouvoir vernir un tableau immédiatement après qu'il vient d'y donner les dernières touches; il ne pourrait pas le faire s'il se servait de l'huile ordinaire d'œillet : c'est son secret. Il y a bien des années qu'il le possède seul, à ce que je crois; mais, en mettant à part ce secret, il n'est pas moins vrai qu'en deux heures, ou deux heures et demie au plus, il a le talent de vous faire un portrait presque toujours ressemblant, au moins ceux d'hommes; et s'il n'y a pas dans ses ouvrages une grande recherche ni finesse de ton, ils n'en sont pas moins peints avec une adresse et une franchise de touche qui annoncent non-seulement une célérité et une facilité d'exécution inconcevables, mais un fond de talent qui fait souvent regretter aux connaisseurs qu'il ait contracté l'habitude de ne pas lui donner un plus grand essor. Il ne se borne pas au genre de ces petits portraits; il a fait souvent et fait encore des tableaux de composition et de genre, où l'on découvre la même facilité d'exécution, jointe à des scènes très-spirituellement composées.

---

1 La vérité exige que je dise que les portraits vernis ainsi ne conservent pas la fraîcheur du coloris; ils deviennent bientôt jaunâtres dans les lumières et très-noirs dans les ombres.

J'ai cité cet exemple pour donner aux élèves une idée de la promptitude avec laquelle certains artistes peuvent opérer. Je ne les engage point à viser à ce degré de vîtesse, qui n'est donné qu'à bien peu de personnes, et qui d'ailleurs ne les mènerait pas dans la meilleure route pour l'étude; mais je les invite à prendre un juste milieu et à s'efforcer d'acquérir de la diligence dans l'exécution, tout en réfléchissant beaucoup à leur ouvrage et en cherchant toujours à peindre le mieux possible, tant pour la finesse et la vérité de la couleur, que pour la juste indication du dessin, des formes et de l'effet général.

Route à suivre par les Commençans.

Je suppose toujours que le commençant est déjà fort sur le dessin proprement dit; car sans cette condition, qui est de rigueur, l'on ne fait jamais rien que de défectueux.

1.° Qu'il fasse d'abord le dessin, c'est-à-dire le contour au trait de son sujet, avec toute la fidélité possible; voilà pour la première séance (s'il travaille d'après nature), et qu'en l'absence du modèle il calque le trait sur la toile.

2.° Qu'à la seconde séance il repasse le trait au pinceau, comme on l'a indiqué page 251, et qu'il établisse les principales masses d'ombres, comme au lavis[1]. Cette préparation pourra être assez sèche le

1 Comme au lavis, c'est-à-dire avec fort peu de couleur, sans blanc, et tout-à-fait en transparence, ainsi qu'on fait une aquarelle sur papier blanc.

lendemain, si c'est en été, pour pouvoir peindre la tête sans effacer le trait ni les ombres.

3.° Le troisième jour il fera sa palette, ouvrage qui lui prendra environ deux heures dans les commencemens, mais qu'avec plus d'habitude il parviendra à faire par la suite en vingt ou trente minutes. Le modèle, c'est-à-dire la personne qu'il doit peindre, arrivera alors; il commencera l'ébauche, et y travaillera deux ou trois heures de suite. Puis il laissera deux ou trois heures de repos à son modèle, plus ou moins, selon les convenances et la longueur des jours, après quoi il reprendra son ouvrage assez à temps pour l'achever avant la chute du jour ; cela emploîra bien encore deux heures ou deux heures et demie pour les chairs seulement, en y comprenant les petites parties des cheveux ou des accessoires qui entourent immédiatement les chairs.

4.° Le quatrième jour il terminera l'ébauche du tout ensemble, s'il n'a entrepris qu'un buste sans bras; mais dans le cas contraire il fera les bras et les mains immédiatement après avoir ébauché la tête, avant même que d'avoir achevé les accessoires, c'est-à-dire, avant que d'avoir ébauché entièrement les cheveux, les draperies, le fond, etc. Il consacrera à cette tâche la cinquième séance ou journée.

Je n'ai divisé ce travail en autant de séances, et n'y ai sacrifié autant d'heures de travail, que dans la supposition que j'établis, que l'élève ou l'amateur soit un commençant. A mesure qu'il acquerra de l'habitude, et qu'il marchera d'un pas plus assuré et plus prompt, il ira plus vîte en besogne; alors il divisera son temps et ses séances en conséquence. Mais il est prudent, dans les premiers essais, de se laisser de la marge, afin de ne pas entreprendre plus d'ouvrage en un jour qu'il n'est probable qu'on en pourra terminer.

Il faut aussi avoir égard aux personnes qui servent de modèle aux commençans : elles se dévouent un peu comme victimes à ceux qui, dans la ferveur de leur zèle, pourraient bien ne pas calculer le temps; tandis que le modèle se fatiguerait au point que la longueur de la séance lui deviendrait insupportable.

De l'Ébauche des Accessoires.

Votre tête et toutes vos chairs étant ébauchées comme nous l'avons dit plus haut, mettez-vous en devoir de terminer l'ébauche de vos accessoires, comme les cheveux, les linges, les draperies, etc. Quant à ce qui concerne le fond, vous en calculerez la teinte et la force de manière à ce qu'il ne détruise pas *la valeur* de vos ombres, et qu'en même temps il ait suffisamment de force et d'obscurité pour faire assez d'opposition avec les lumières de vos chairs et de vos accessoires. Je reviendrai sur cet article, qui est très-important; mais en attendant je dirai qu'on doit calculer un fond de manière à ce que tout ce qui avoisine la tête à quelques pouces tout à l'entour, soit d'une teinte plus sombre que les demi-teintes des chairs, et plus claire que les véritables ombres, afin qu'il y ait de l'air et de l'espace entre le sujet et le fond, et que la figure paraisse comme isolée et détachée du fond. Cela n'empêche pas que, pour produire des effets piquans, on ne puisse se permettre quelquefois de dévier de cette règle générale, soit en détachant les ombres en reflet sur un fond ou champ très-obscur, soit en établissant des *ombres portées* ou certaines ombres douces et arbitraires dans quelques parties du fond, et plus particulièrement sur les bords du tableau; mais ce qu'il faut surtout éviter comme une pratique vicieuse et peu naturelle, c'est de faire le fond tout-à-fait sombre d'un côté, et tout-à-fait clair de l'autre; cela produit un très-mauvais effet, en ce que la chose ne peut avoir lieu qu'en supposant une tête placée exactement vis-à-vis d'un angle d'appartement rentrant, ce qui n'est point gracieux, quand on peut faire autrement [1]; d'ailleurs un fond de cette espèce colle pour ainsi dire la tête sur le fond, à moins que ce ne soit dans un tableau de plusieurs figures, et que l'effet dont j'ai parlé ne soit motivé par la distribution réelle et bien exprimée d'un angle pareil dans un fond de chambre ou d'architecture : cela n'a

---

1 Quelquefois, dans une vaste composition, cet effet brusquement sombre et clair peut se rencontrer derrière une tête; il y en a des exemples, même dans les tableaux des grands maîtres; mais cela ne choque point la vue, parce qu'ils ont su mettre de l'air et de l'espace entre leurs figures et le fond, et que d'ailleurs cette espèce d'effet se trouve être parfaitement motivée et expliquée par le grand développement qu'ils ont pu donner aux lignes mêmes de l'intérieur de chambre ou d'architecture qui forme le fond de leur tableau.

jamais lieu pour le fond rétréci d'un simple buste; l'on n'aurait point l'espace nécessaire.

Le fond d'un simple buste, ne laissant apercevoir qu'un assez petit espace, ne doit point être embarrassé d'accessoires, comme rideaux, etc.; il ne doit point se faire apercevoir : tout ce qui détournerait l'attention de la tête, serait au préjudice de la figure, sans rien ajouter au mérite du tableau; ainsi il faut s'en abstenir.

Pour peindre le fond, vous n'avez nul besoin de faire poser le modèle : il vous suffira d'examiner, pendant qu'il sera en place devant vous, si le local où vous êtes vous offre un fond qui soit avantageux, et qui fasse un bon effet. Si cela est, vous en suivrez à peu près de mémoire la teinte et la dégradation ; sinon, vous les composerez en suivant la règle que j'ai établie : mais surtout évitez de faire le fond d'une teinte trop égale et uniforme partout ; mettez-y même quelques larges taches embrouillées, comme seraient des nuages très-vagues de diverses couleurs fondues et presque insensibles : cela sera moins monotone à l'œil, et répandra une douce harmonie sur l'ensemble de votre tableau.

Ces diverses taches, les unes un peu bleuâtres, les autres roussâtres, jaunâtres ou verdâtres, mais fort peu apparentes, servent en quelque sorte de compensation, pour remplacer par ce moyen les objets de couleurs variées qui font ordinairement l'ameublement d'une chambre; en sorte que, sans entrer dans aucun détail, vous établissez un équivalent de la richesse des tons qui en résultent. Il est possible et même assez probable, qu'un commençant ne saisira pas bien cette indication ; mais quand il sera plus avancé, il pourra en sentir la justesse : en attendant je l'invite à en faire usage, pourvu qu'il en use avec beaucoup de discrétion, de telle sorte que personne ne fasse la moindre attention à ces différentes teintes, qui ne doivent former en masse qu'un seul tout harmonieux. Au surplus, il faut éviter de faire ces taches trop proches de la tête ; c'est plutôt à quelque distance plus loin, sur les bords et dans les angles qu'on doit les établir : elles doivent se perdre et mourir imperceptiblement aux environs et à quelque distance des chairs, le tout avec discernement et sans aucune affectation.

Traitez tous vos accessoires à l'ébauche d'une manière large, sans entrer dans les détails minutieux, ni des plis des draperies, ni des cheveux ; mais préparez-les en grandes masses, où l'*effet général* soit bien exprimé [1], afin que, quand vous reprendrez cette ébauche pour l'achever, vous ne soyez point entravé et gêné par de menus détails que vous pourriez avoir mal placés à l'ébauche, au lieu qu'à la seconde reprise vous avez toute liberté de les accuser juste, en les traçant

---

1 L'effet général s'entend des principales masses d'ombres et de chairs qui donnent du relief à l'objet, ce qui peut très-bien se faire sans s'asservir à une multitude de détails, qu'on est toujours à temps de faire ensuite ; car il faut bien se dire que la peinture à l'huile ne se traite point comme un dessin ou d'autres genres de peinture, où l'on est obligé d'indiquer chaque petit détail dès le commencement du travail.

d'avance avec du crayon blanc avant de les repeindre.

Si les petites portions d'accessoires ou de fond que vous avez établies en même temps que la tête, se trouvaient être déjà trop prises ou trop sèches, pour que cette couleur pût se lier avec celle qui devra les continuer et les couvrir entièrement, le mal n'est pas grand; il est à peu près nul pour ces objets-là, surtout à l'ébauche, pourvu que dès le principe vous ayez eu soin de diminuer insensiblement la pâte de couleur sur les bords extérieurs que vous deviez rejoindre. Vous faites de même en les continuant, et vous couchez la couleur assez mince sur toutes les parties où il y en a déjà, en sorte que ces deux couches, l'une sur l'autre, ne fassent pas une épaisseur de couleur plus saillante en cet endroit que ne doit être le reste de ces mêmes parties : d'ailleurs il n'est point nécessaire de recouvrir tout ce qu'on peut avoir ébauché; au contraire, il faut bien éviter d'aller trop près du bord qui touche les chairs, afin de ne pas tomber précisément dans le défaut de dureté que vous vouliez éviter lorsque vous avez fondu les bords des objets qui touchent immédiatement à la chair.

Étendez vos couleurs également et uniment, sans poser de ces épaisseurs lourdes et inégales qu'on nomme *des croûtes*, et sans mettre à ce soin une importance trop scrupuleuse, qui refroidirait votre verve, et vous empêcherait d'aller promptement et largement dans votre travail : d'ailleurs, si quelques épaisseurs se trouvent trop saillantes dans l'ébauche, on a la ressource de les ratisser, comme je l'indiquerai bientôt.

Des Précautions à prendre pour faire sécher un Tableau.

Il ne reste plus qu'à faire sécher l'ébauche, en prenant les précautions que le simple bon sens indique, pour la mettre à l'abri de la poussière et de tous dommages occasionés par des enfans, des domestiques, des animaux, etc. Avec ces précautions, vous pourrez en toute assurance exposer votre ébauche au grand jour, au grand air, et même au soleil; car, en employant les couleurs que je vous indique, vous ne devez avoir aucune inquiétude sur leur solidité. Ne placez jamais un tableau fraîchement peint contre un mur; l'expérience prouve que les exhalaisons qui sortent des murailles, et que peut-être l'huile attire à soi, sont nuisibles aux couleurs et les altèrent visiblement; d'ailleurs il leur faut le contact de la grande lumière, en sorte qu'en hiver, lorsque le mauvais temps ne permettrait pas de suspendre l'ébauche au grand air, il faut du moins la présenter contre le jour au travers des vitres; mais dans tous les cas, qu'il fasse beau ou mauvais temps, froid ou chaud, il faut s'arranger pour que le côté de la peinture soit penché en avant de quatre ou six pouces relativement au bas du châssis, afin que les atomes qui s'élèvent dans l'air, ainsi que la poussière, aient moins de facilité à s'attacher sur la superficie de la couleur. Quand on n'observe pas toutes ces précautions, l'on a le désagrément de voir sur son tableau un duvet de poussière mêlé d'insectes, qui n'est pas aisé à enlever sans risque pour la peinture. On redoublera d'attention pour éviter cet inconvénient, s'il s'agit de faire sécher un tableau achevé, où l'on n'a plus la ressource de pouvoir enlever ou racler l'épiderme de la couleur, comme on le peut faire sur l'ébauche.

Vous irez chaque jour visiter votre ébauche, pour vous assurer qu'il n'y est point arrivé d'accident, et pour savoir si la dessiccation fait des progrès; mais il sera suffisant de faire cette inspection une fois par jour: du reste, si votre tableau est exposé à l'air de façon à recevoir la pluie, la neige ou la grêle, vous aurez soin, avant l'orage, d'abriter votre châssis.

Après le troisième jour en été, et le huitième ou dixième en hiver, vous palperez du bout des doigts votre tableau, mais légèrement et avec précaution, pour voir seulement si les couleurs *poissent* encore sous les doigts: quand vous vous serez assuré qu'elles ne poissent plus, vous pencherez le tableau en sens contraire, afin que le grand jour frappe plus d'aplomb sur la peinture, ce qui en accélérera la dessiccation, sans que vous ayez à craindre la poussière, qui ne peut plus s'y attacher. L'on connaît que la couleur est suffisamment sèche, lorsqu'en la ratissant un peu de l'ongle, elle s'enlève presque comme en poussière, au lieu de s'écorcher par bandes solides et souples.

Néanmoins prenez garde de vous y tromper: partout où il y aura un abondant mélange de blanc dans une partie quelconque, la partie paraîtra promptement sèche, parce que le blanc est un siccatif très-actif; mais palpez du doigt les teintes brunes ou foncées, c'est là qu'il faut faire l'expérience : quand elles sont sèches, tout le reste l'est aussi [1]. Assurez-vous donc des couleurs obscures, telles que les noirs, les bruns, les jaunes fauves, et surtout les cinabres et les laques ; ces deux dernières particulièrement ne sécheraient qu'au bout de plusieurs mois, quand elles sont employées pures ou mélangées avec d'autres couleurs brunes, si on n'ajoutait pas de l'huile grasse en les délayant sur la palette : l'asphalte ou bitume de Judée ne sécherait, je crois, jamais sans cela [2]. Le bleu de Prusse, quoique portant une teinte très-obscure, sèche

1 Je dois vous prévenir que partout où vous aurez été obligé de mettre un peu ou beaucoup d'huile grasse, la couleur, quoique bien prise sur la superficie, ne se réduira point en poudre sèche en la ratissant, parce que la pellicule qui se forme sur ces parties-là empêche l'évaporation de l'huile, en sorte qu'elles restent tendres fort long-temps par-dessous. Cela n'empêchera pas que vous ne puissiez repeindre par-dessus, sans quoi vous attendriez peut-être des années; mais cela vous prouve qu'il ne faut mettre de l'huile grasse qu'aux couleurs qui ne sécheraient point sans cela.

2 Comme un jeune élève, aussi bien qu'un artiste, pourrait s'impatienter du temps plus ou moins long qu'il faut attendre pour qu'une ébauche soit bien sèche et au point de pouvoir la repeindre, il est convenable d'entreprendre toujours plusieurs ébauches les unes après les autres; cela occupe, et l'on n'est pas trop pressé de repeindre une ébauche avant le temps : d'ailleurs, par cette étude vous acquerrez de l'habitude et de la facilité pour le maniement de la couleur, en sorte que, quand vous reprendrez votre première ébauche pour la finir, vous vous trouverez plus d'expérience et moins d'hésitation.

ort bien; mais l'outremer, qui est beaucoup moins foncé, ne sèche que difficilement quand on l'emploie pur, et cependant, quand on veut glacer une draperie d'un beau bleu d'azur, il faut l'employer pur; car il verdit et perd sa beauté, dès qu'on y met de l'huile grasse. Cela arrive aussi à toutes les autres couleurs, et principalement à celles où il y a mélange de blanc ou de janne de Naples; mais celles-ci sont deux siccatifs qui suffisent à quelque couleur que ce soit pour accélérer la dessiccation sans roussir les teintes par l'addition de l'huile grasse.

Comment on ratisse une Ébauche suffisamment sèche avant que de repeindre dessus.

Quand on s'est assuré que l'ébauche est assez sèche pour qu'on puisse repeindre dessus, il faut prendre une lame de couteau très-mince, également tranchante, bien aiguisée partout, et arrondie dans le bout, comme sont les couteaux de table anglais, et ratisser légèrement et avec adresse les trop grandes épaisseurs et hauteurs de couleur. Pour y mieux voir et ne mordre que sur ces endroits là, vous vous placerez au grand jour, en tenant votre tableau incliné de manière que les rayons de la lumière ne s'arrêtent que sur les protubérances de la couleur, et ne fassent qu'effleurer et glisser faiblement sur toutes les autres parties du tableau; en un mot, vous vous placerez comme quand on veut bien jouir de l'effet d'un bas-relief. L'artiste s'assied en face de la fenêtre, tenant la peinture en face de soi, et inclinant le tableau au point juste d'où l'on découvre sensiblement toutes les inégalités et les épaisseurs trop apparentes de la couleur; alors, armé du couteau que j'ai décrit plus haut, il se met en devoir de les ratisser, en prenant bien garde de n'en pas trop enlever, et toujours en tenant le tableau comme je viens de le dire.

Pour ne pas risquer d'enlever trop de couleur, l'on tient la lame presque *de champ*, c'est-à-dire fort peu inclinée.

Cette opération n'est pas longue, mais elle est nécessaire, sans quoi, en repeignant sur ces hauteurs de couleur, la nouvelle couleur s'y accrocherait toujours, et en augmenterait l'inconvénient.

Si quelques saletés s'étaient attachées à la couleur, vous les enleveriez avec le couteau, en y mettant toute l'attention et l'adresse nécessaires. Il est très-important qu'il ne reste aucunes ordures ni corps étrangers sur votre ébauche; ils paraîtraient comme des élévations énormes quand le tableau serait achevé et vernis. Après ces opérations, prenez une grande éponge fort douce, dans laquelle vous vous assurerez qu'il n'est point resté de corps durs, et vous lavez et relavez votre ébauche à la nage, c'est-à-dire avec beaucoup d'eau : si vous pouvez placer votre tableau sous un robinet d'eau, cela ne sera que mieux; mais vous donnerez une légère pente au châssis pour laisser un écoulement libre à l'eau, et vous éviterez de mouiller le revers de la peinture, autant du moins que cela vous sera possible. Plus vous aurez épongé et lavé la peinture, plus vous aurez de facilité à repeindre dessus; la couleur s'y attachera aisemént, et vous n'éprouverez point le désagrément de la sentir rouler sous la brosse, en glissant sur la toile sans y mordre, comme cela arrive quand on ne la lave pas pour la dégraisser[1]. Ne vous servez jamais que d'eau pure, fraîche, limpide et de nature à ne laisser aucun dépôt sur la toile; si l'on n'en a pas de pareille, il faudra en filtrer. Quand vous aurez bien épongé le tableau pendant huit ou dix minutes, vous enlèverez le superflu de l'eau avec la même éponge, que vous aurez bien exprimée auparavant : ne vous servez point de linge pour achever d'essuyer votre tableau, vous y déposeriez une multitude de fils imperceptibles, qui vous gêneraient beaucoup dans le maniement de la couleur, et qui l'altéreraient. Exposez ensuite la tableau au grand air, au soleil, ou, si vous ne pouvez faire mieux, à trois ou quatre pieds de distance d'un feu de flamme un peu vif; mais seulement en le présentant au feu en face, et non au-dessus de la flamme, en le promenant un peu à droite et à gauche, et en le tournant de bas en haut, pour qu'il se sèche également partout. Vous poserez les doigts de temps en temps sur la peinture, pour éviter de lui donner trop de chaleur,

---

1 Quoique l'eau doive prendre partout, sans se retirer par places, quand on lave un tableau bien sec, je préviens que, partout où il y aura eu mélange d'huile grasse, l'eau ne s'y arrêtera pas; mais il faut que partout ailleurs l'eau s'y étende sans peine, et qu'elle y fasse l'effet d'un beau vernis tant qu'elle n'est pas évaporée, sinon la couleur n'est pas assez sèche.

car cela la gâterait infailliblement; il faut qu'à peine la toile soit tiède. Quand votre tableau est bien sec, et qu'il n'y reste plus aucune humidité, ce qui est l'affaire de quelques minutes, vous enlevez avec un balai de plumes de coq souples la poussière qui pourrait s'y être reposée : alors vous pouvez repeindre pardessus.

XIXe LEÇON.

De la Palette à finir les chairs.

J'avais eu l'idée, pour abréger, de ne faire qu'indiquer la différence qu'il y a entre une palette d'ébauche et celle qu'il faut composer pour achever l'ébauche et terminer le tableau ; mais, bien que la chose soit très-simple en soi, il est plus prudent de recommencer avec tous les détails l'indication des teintes qui doivent composer cette nouvelle palette, afin que l'élève ou l'amateur n'ait pas à retourner en arrière pour confronter ces deux compositions, et rechercher péniblement ce qu'elles ont de semblable ou de différent entre elles.

Composition des teintes d'une Palette propre à repeindre les chairs à la seconde fois pour les terminer.

Voici la liste des couleurs qui entrent dans cette palette, dont plusieurs d'entre elles ne se mettent pas en vessie, mais que l'on conserve en poudre fine, pour ne les détremper à l'huile qu'au moment de faire sa palette. Ces dernières sont : le *cinabre* n.° 9, le *vermillon de la Chine* n.° 10, l'*outremer* n.° 15, le *smalt* n.° 18, et les *laques* n.ºs 11, 12 et 13. Voyez ce qu'on dit de toutes ces couleurs dans la première partie de cet ouvrage. Voyez aussi et relisez la leçon 17.e, page 219, et suivantes, pour éviter des redites continuelles. Voyez encore la planche 7.e pour l'arrangement des teintes sur la palette, ainsi que la planche 1.re pour la glace qui sert à faire les teintes avant de les placer sur la palette, etc.

Blanc de Cremnitz n.° 1, ou blanc d'argent.	12 parties.
Jaune de Naples n.° 3.	2 parties.
Ocre jaune-clair n.° 4.	8 parties.
Ocre de rue n.° 5.	4 parties.
Ocre rouge-clair n.° 7.	4 parties.
Ocre rouge-brun n.° 8.	3 parties.
Cinabre n.° 9.	1 partie.
Vermillon de Chine n.° 10.	1 partie.
Laque rose n.° 11.	3 parties.
Laque foncée n.° 12.	3 parties.
Laque brûlée n.° 13.	2 parties.
Terre de Sienne brûlée n.° 21. . . .	1 partie.
Outremer n.° 15.	8 parties.
Smalt n.° 18.	1 partie.
Noir, l'un de ceux marqués de ***, qui sont bleuâtres, n.ºs 29, 31 ou 33.	2 parties.
Terre de Cassel n.° 25.	1 partie.

On se rappellera que j'évalue chaque partie au volume d'un noyau de cerise, environ, en sorte que l'indication ci-dessus serait suffisante pour peindre une tête de trois ou quatre pouces de dimension; mais vous quadruplerez chaque partie, si vous peignez de grandeur naturelle, d'autant plus qu'il vous reste, après vos teintes faites, une certaine quantité des couleurs-mères, comme je l'ai dit, page 234, qui peuvent vous servir, tant pour renouveler des rangées épuisées, que pour faire des tons de fonds. En un mot, si l'on se donne la peine, pour faire cette palette-ci, de relire la leçon 17.e depuis le commencement jusqu'à la fin, l'on verra tous les renseignemens que j'y donne pour la partie mécanique et méthodique de l'art; renseignemens qu'on peut suivre et appliquer également ici, sauf à observer les différences qui se trouvent dans les variétés et le nombre des teintes et des rangées. Je répéterai encore que toutes les teintes qui se trouvent en tête de chaque rangée, et qui sont marquées d'un *, sont ce que j'appelle des teintes pures, parce qu'elles n'ont encore aucun mélange de blanc. Ce sont ces mêmes teintes *, dont vous aurez soin de n'en prendre que la moitié seulement pour en former une rangée, tant pour le mélange pur *, que pour les deux où vous mêlerez du blanc, lesquelles seront placées immédiatement au-dessous de la première *; vous réserverez sur votre glace l'autre moitié de chaque mélange pur *, pour en faire plus tard les teintes rompues avec de l'outremer [1]. L'on observera

---

1 L'outremer qu'on mêle dans cette palette avec la première teinte * de chaque rangée, remplace le noir-bleuâtre dont on s'est servi à la palette d'ébauche pour composer toutes les teintes rompues. Voyez la leçon 17.e, page 227, d'abord après la quatrième rangée.

On se rappellera que toutes les teintes marquées d'un * n.o 1 désignent la mère-teinte, ou la racine de chaque rangée avant qu'on y ait ajouté du blanc.

que c'est à ces mêmes teintes toutes faites qu'on ajoute plus ou moins de bleu d'outremer pour les rompre et les modifier en demi-teintes, comme on l'indique plus bas, depuis la 8.e rangée jusques et y compris la onzième.

Si l'élève veut réfléchir sur la marche que je lui indique pour faire sa palette, il se convaincra de la simplicité de ma méthode pour établir une suite toute naturelle dans l'échelle des différentes rangées; il verra que presque tous les n.os 2 et 3 sont des dérivés de leur n.o 1*, auxquels on ajoute du blanc, et quelquefois des jaunes, pour les rendre plus clairs et plus lumineux, et du noir ou du bleu à ces mêmes n.os 1*, pour leur ôter une partie de leur fraîcheur, de leur éclat, comme aussi pour leur donner plus d'obscurité, de force, et rompre leur teinte trop vive pour les ombres, etc. Les teintes claires et fraîches *sans mélange de noir ou de bleu*, s'emploient donc pour la couleur locale et les parties brillantes et reluisantes des chairs. Les teintes *mélangées de noir ou de bleu* servent dans les parties fuyantes ou tournantes qu'on appelle demi-teintes, et surtout dans les ombres, la barbe et les reflets, etc. Voilà le principe général. Je renvoie le lecteur aux indications qu'il trouvera plus loin, pour de plus amples éclaircissemens Observons toutefois que les ombres, n'étant que couleur de la chair privée du jour direct, ne participent que fort peu en général de la vraie couleur locale de la chair; tandis que les demi-teintes s'en rapprochent davantage, parce qu'elles reçoivent pourtant le jour direct, bien qu'elles ne le reçoivent qu'obliquement et imparfaitement par rapport à la place d'où le peintre les envisage. Quant aux reflets, c'est encore une chose à part : ils sont à la vérité privés, comme les ombres, des rayons de la lumière directe ; mais les objets plus ou moins éclairés qui se trouvent dans le voisinage, leur renvoient une lumière empruntée qui modifie plus ou moins le ton de ces reflets, lesquels ont toujours une partie de la couleur locale de l'objet même qui leur renvoie de la lumière.

Au reste, tout est reflet, dans l'ombre même, si l'on veut parler à la rigueur. Il n'y a, à proprement parler, que les trous profonds qui soient entièrement privés de reflets ; car, sans cela, comment distinguerait-t-on les objets qui sont dans l'ombre ? ils devraient nous paraître aussi noirs et obscurs qu'un cachot souterrain, s'ils n'étaient pas toujours plus ou moins éclairés par les reflets qu'y renvoient les objets environnans ; aussi y découvrons-nous non-seulement beaucoup de détails, mais nous pouvons même leur assigner un ton quelconque de couleur. Cette réflexion suffit pour convaincre les commençans que, puisqu'on peut voir clair dans les ombres, il faut nécessairement en indiquer la véritable teinte, et qu'elles doivent être peintes transparentes, c'est-à-dire, de manière à ce qu'on voie leur couleur apparente ou empruntée, et cela d'une manière si juste et si vraie, qu'elles ne produisent point à l'œil l'effet de taches sales et malpropres ; il faut, en un mot, qu'on soit intérieurement persuadé que cette ombre est bien la même couleur de chair que nous voyons partout ailleurs, et qu'elle n'est seulement en cette place que privée d'un grand jour ; car la nature ne nous fait pas un autre effet, et les gens qui ne sont pas peintres, ne réflechissent peut-être pas même qu'ils voient des ombres dans les objets, si ce n'est lorsque le soleil luit, parce qu'ils les aperçoivent alors d'une manière beaucoup plus tranchée.

Composition et arrangement des teintes d'une Palette pour repeindre les chairs sur l'ébauche.

Réservez toujours la moitié au moins de chaque teinte pure n.° 1 * sur la glace sans y toucher, jusqu'au moment où vous y mélangerez de l'outremer.

PREMIÈRE RANGÉE.

1. Laque rose pure n.° 11 *; pour glacer les parties les plus vives des lèvres.
2. La même avec un peu de blanc; pour l'incarnat des joues, le plus frais des lèvres, etc.
3. Le même dernier mélange avec un peu plus de blanc; pour les lèvres et les parties lumineuses des joues, si vous peignez une personne fraîche ou un enfant.

DEUXIÈME RANGÉE.

1. Vermillon de la Chine pur n.° 10 *; pour certains tons fins dans les lèvres ou ailleurs.
2. Le même avec moitié blanc; pour les roses moins frais que la laque.
3. Ce dernier mélange avec beaucoup de blanc; pour *idem*.

Essuyez la glace, mais délayez sur la même place.

TROISIÈME RANGÉE.

1. Cinabre ordinaire pur n.° 9 *; pour en puiser, au besoin, pour certains tons vifs.
2. Le même avec moitié blanc [1]; pour les roses moins frais que les deux premiers, ou pour rendre les tons lilas plus rosâtres.
3. Ce dernier mélange avec beaucoup de blanc; pour *idem* dans les lumières, ou pour rendre les tons lilas plus rosâtres.

Essuyez un peu la glace.

QUATRIÈME RANGÉE.

1. Cinabre ordinaire, et autant d'ocre jaune-clair n.° 4. *
2. *Idem* avec moitié blanc.
3. *Idem* avec beaucoup de blanc.

Ces trois teintes, et surtout les deux dernières, mêlées avec plus ou moins de blanc, sont des teintes locales de chairs dans la lumière.

Essuyez un peu la glace.

---

1 Toutes les fois qu'on voit dans chaque rangée les mots *le même* ou *idem*, cela signifie qu'on ne relève pas complétement tout le premier ton * de dessus la glace, mais qu'on en laisse assez pour y ajouter moitié blanc. Il en est de même pour la troisième teinte de chaque rangée; on réserve sur la glace une partie de la teinte qui contient déjà moitié blanc, et on en ajoute encore autant qu'il vous reste de cette deuxième teinte, après qu'on en a placé suffisamment sur la palette. Mais à la troisième teinte on relève le tout.

CINQUIÈME RANGÉE.

1. Une partie du mélange ci-dessus * n.° 1 de la quatrième rangée, en y ajoutant encore moitié ocre jaune-clair.
2. *Idem* avec moitié blanc.
3. *Idem* avec beaucoup de blanc.

Ces trois teintes sont ce qu'il faut pour peindre dans la lumière les parties des chairs qui sont les plus jaunâtres, comme, par exemple, le dessous de la bouche, une partie du cou et des épaules, etc.

Détournez un peu votre glace à gauche, et délayez sur une place nette.

SIXIÈME RANGÉE.

1. Ocre rouge-clair pur n.° 8. *
2. *Idem* avec moitié blanc.
3. *Idem* avec beaucoup de blanc.

Ces trois teintes servent à imiter les rouges ou roses vineux et peu vifs.

Essuyez la glace à cause du blanc.

SEPTIÈME RANGÉE.

1. Laque foncée n.° 12 et ocre rouge pur. *
2. *Idem* avec moitié blanc.
3. *Idem* avec beaucoup de blanc.

Pour les rouges un peu violâtres à l'usage de certaines parties des lèvres, des narines, des oreilles, et quelquefois même des joues et du nez.

Essuyez à cause du blanc.

Teintes rompues avec de l'outremer, qui commencent à contenir du bleu.

HUITIÈME RANGÉE.

1. Laque foncée n.° 12, autant d'ocre rouge-clair et moitié d'outremer *; pour les tons décidément violâtres des lèvres, des joues, etc.
2. Le même mélange avec moitié blanc; pour les lilas qui se trouvent souvent autour des yeux et ailleurs, comme aux lèvres, etc.
3. *Idem* avec beaucoup de blanc; pour *idem*.

Changez de place, en détournant un peu votre glace à gauche, et délayez sur une place nette.

NEUVIÈME RANGÉE.

1. Outremer pur, où vous mêlerez un vingtième de smalt, si c'est en hiver, pour le rendre siccatif.*
2. Le même avec moitié blanc.
3. *Idem* avec beaucoup de blanc.

Pour pouvoir y puiser, dans le besoin, des bleuâtres plus ou moins obscurs ou clairs, lorsque vous serez appelé à modifier certaines teintes de votre palette au bout de la brosse, soit pour le blanc des yeux, soit pour les lilas bleuâtres, etc.

Essuyez un peu la glace, et servez-vous maintenant des teintes pures* n.° 1 que vous avez réservées sur la glace, comme on l'a recommandé plus haut, lorsque vous avez commencé à composer les teintes locales et brillantes des chairs [1]. Je vais néanmoins les répéter ici, quoique je doive supposer qu'elles sont déjà toutes faites et en réserve sur un coin de la glace. On pourrait aisément les recomposer, sans doute; mais, outre que c'est un double travail, vous ne pourriez jamais être sûr d'y faire entrer exactement la même proportion de chacune des couleurs-mères que vous y avez mises la première fois. C'est précisément pour éviter cet inconvénient qu'il est bon d'en avoir gardé une moitié en réserve, afin qu'il y ait une analogie parfaite de la teinte primitive n.° 1 *, tant avec celles où l'on ajoute du blanc, qu'avec celles où vous allez ajouter au contraire du bleu, pour établir les teintes rompues, qui font la dégradation de la couleur locale des chairs, à mesure qu'elles tournent et s'approchent de l'ombre.

DIXIÈME RANGÉE.

1. Cinabre ordinaire, autant d'ocre jaune-clair, et un quart du volume que font ces deux couleurs ensemble d'outremer pur *; pour les teintes rompues et la dégradation insensible des tournans des chairs, qui ne sont pas encore de fortes ombres.

---

1 Remarquez bien qu'on ne réserve, en commençant la palette, que celles qui sont en tête de chaque rangée n.° 1 *, mais qu'il ne faut point garder en réserve les deux teintes suivantes, dans lesquelles il entre du blanc. Vous ferez le mélange du blanc à la suite de chaque teinte n.° 1 * où vous aurez déjà mêlé du bleu.

2. *Idem* avec moitié blanc; pour des teintes plus claires, des demi-teintes faibles et des tournans.
3. *Idem* avec beaucoup plus de blanc; pour *idem*.

Essuyez un peu la glace.

ONZIÈME RANGÉE.

1. Cinabre et deux fois autant d'ocre jaune-clair, avec un quart d'outremer pur. *
2. *Idem* avec moitié blanc.
3. *Idem* avec beaucoup plus de blanc.

Pour les teintes déjà un peu vert-roussâtre, quoique tenant encore un peu de la couleur locale des chairs; pour certaines demi-teintes fuyantes qui ont peu de fraîcheur, comme dans le bas du visage, etc.

Changez de place sur la glace, ou essuyez mieux.

DOUZIÈME RANGÉE.

1. Outremer, autant d'ocre jaune-clair, et un quart de laque rose; pour les tons verdâtres rompus. Vous ajouterez à ce premier mélange *, un vingtième de smalt en poudre; mais vous n'en mettrez point aux deux teintes au-dessous, où il y a du blanc.
2. *Idem* avec moitié blanc (sans smalt); pour les demi-teintes verdâtres plus ou moins claires.
3. *Idem* avec beaucoup de blanc (sans smalt); pour *idem*.

Essuyez la glace à cause du blanc.

TREIZIÈME RANGÉE.

1. Outremer, la moitié moins d'ocre jaune-clair, et un quart du volume de ces deux couleurs ensemble de laque rose, avec un atome de smalt*; pour les verts-bleuâtres rompus, proche des ombres ou de la barbe, etc.
2. *Idem* avec moitié blanc; pour les verts-bleuâtres rompus des demi-teintes.
3. *Idem* avec plus de blanc; pour *idem*.

On pourra ajouter à ces demi-teintes, à la pointe du pinceau, plus ou moins de laque, selon le cas, et même quelquefois un atome de vermillon de Chine; mais ici point de smalt, à cause du blanc.

Changez de place.

QUATORZIÈME RANGÉE.

1. Outremer, autant d'ocre jaune, où vous ajouterez un atome de smalt.*
2. Les mêmes avec moitié blanc.
3. *Idem* avec plus de blanc.

Verts purs, pour en puiser au besoin, quand on veut modifier un ton qu'on a couché trop roux ou trop rouge sur la toile.

Les deux dernières n'auront point de smalt.

Essuyez la glace.

Pour les Ombres véritables, où il n'entre point de blanc.

QUINZIÈME RANGÉE.

1. Outremer, autant d'ocre de rue, et un quart de laque foncée. *
2. *Idem*, en y ajoutant, non pas du blanc, mais à la place un quart de jaune de Naples. *
3. *Idem* avec un peu plus de jaune de Naples. *

Verts-chauds rompus, pour en coucher sur les parties qu'on trouverait trop rouges, ou pour modifier une teinte au bout de la brosse.

Les deux dernières servent aux mêmes usages, mais dans des parties plus claires, soit reflets ou demi-teintes.

Changez de place.

Pour les Reflets, sans blanc.

SEIZIÈME RANGÉE.

1. Ocre rouge, autant de jaune de Naples, et un quart du volume de ces deux couleurs ensemble d'outremer. *
2. *Idem* avec moins d'outremer. *
3. *Idem* avec encore moins d'outremer. *

On variera les teintes des divers reflets en ajoutant plus ou moins de chacune de ces trois couleurs; mais cela ne se fera qu'au bout de la brosse, au fur et à mesure qu'on en sentira le besoin.[1]

Changez de place sur la glace.

DIX-SEPTIÈME RANGÉE (sans blanc).

1. Brun-rouge ou ocre rouge-clair, avec un tiers d'outremer.*
2. *Idem*, en y ajoutant un tiers d'ocre de rue.*
3. *Idem*, en y ajoutant un tiers de jaune de Naples en sus.*

On puisera dans les couleurs vierges plus ou moins de ces trois couleurs, lorsqu'on sentira la nécessité de modifier un ton, soit en plus ou en moins roussâtre, jaunâtre ou violâtre, car tout repose sur ces trois couleurs.

Essuyez la glace.

Bruns foncés, sans blanc.

DIX-HUITIÈME RANGÉE.

1. Ocre rouge-foncé, un quart d'ocre de rue et un tiers d'outremer, mêlé d'un atome de beau noir

1 Il est même des cas où certains reflets, causés par le voisinage très-rapproché d'une étoffe bleue, verte, rose, jaune, rouge, etc., participent si fort de la couleur locale de l'objet qui cause ce reflet, qu'on sera obligé de faire entrer dans ce mélange une certaine quantité de la couleur même de cette étoffe, et de l'y amalgamer jusqu'au point où elle nous paraît être sensible dans la nature ou sur le modèle; mais ces cas sont rares.

à *** et d'une pointe de smalt *; pour les grandes colonnes de force dans les ombres. L'on modifiera ces trois tons à volonté, comme ci-dessus.

2. *Idem*, avec un peu plus d'ocre de rue *; pour des parties plus rousses et moins fortes.

3. *Idem*, avec l'addition d'un peu de jaune de Naples *; pour des parties encore moins fortes.

Changez de place.

DIX-NEUVIÈME RANGÉE (sans blanc).

1. Laque brûlée pure n.° 13 (avec très-peu d'huile grasse). *

2. *Idem*, avec moitié terre de Sienne brûlée (*idem*). *

3. Laque foncée n.° 12 pure (un peu d'huile grasse). *

4. *Idem*, avec moitié de terre de Sienne brûlée (*idem*). *

Ces quatre teintes font des bruns très-obscurs, en même temps qu'ils sont sanguins et plus ou moins chauds de ton. Ils servent à donner les plus grandes touches de force quand on termine une tête; par exemple, dans la bouche et les narines, et même quelquefois dans de certaines parties des yeux ou de leur enchâssement.

On n'ajoutera l'huile grasse qu'au bout du pinceau, et au fur et à mesure qu'on sera dans le cas de se servir de ces couleurs; mais on n'en fera point entrer en les déposant sur la palette.

Essuyez la glace.

VINGTIÈME RANGÉE (sans blanc).

1. Terre de Sienne brûlée pure (un peu d'huile grasse)*; pour certaines touches très-chaudes, ainsi que pour en puiser au besoin.
2. Terre de Cassel pure (un peu plus d'huile grasse)*; pour vous en servir dans la pupille ou dans le milieu de la prunelle, qui doit être d'un noir très-obscur, puisque c'est un trou qui n'est recouvert que par la cornée transparente.

On ne prendra de l'huile grasse qu'au bout de la brosse, et seulement au moment d'employer la couleur sur le tableau.

L'on doit se rappeler qu'en indiquant les teintes qu'il faut faire pour une palette d'ébauche, j'ai recommandé, page 234, de conserver dans un coin une partie des couleurs vierges des vessies, pour en faire ensuite des teintes de cheveux, de linges, de fonds, etc.; il faut de même ici en avoir en réserve, ou, s'il en manquait quelqu'une ou qu'il n'en restât pas assez, il faudra en extraire de nouveau des vessies, pour en faire des bruns et des gris.

Essuyez la glace.

VINGT-UNIÈME RANGÉE.

1. Noir pur (où vous mettrez de l'huile grasse au moment de l'employer)*; pour en puiser au besoin, ainsi que pour peindre une portion des draperies ou accessoires de couleur noire qui seraient immédiatement sur le bord des chairs.

2. *Idem*, avec moitié blanc; pour *idem*.
3. *Idem*, avec beaucoup de blanc; pour des gris d'ombres de linges.
4. *Idem*, avec tellement de blanc, qu'il ne soit qu'un peu terni; pour les parties des linges qui ne sont pas tout-à-fait blanches, ou pour mêler dans d'autres gris.

VINGT-DEUXIÈME RANGÉE POUR LES LINGES ET LES FONDS, etc.

1. Noir, un tiers de blanc, et un peu d'ocre rouge et d'ocre de rüe.
2. *Idem*, où vous mettrez un peu plus d'ocre de rue et d'ocre rouge.

Ces deux gris-chauds servent aux ombres profondes des linges ou à leurs reflets, en en modifiant la teinte à volonté; ils servent encore dans les ombres du blanc des yeux, et particulièrement à peindre les parties du fond qui touchent immédiatement aux carnations, etc.

Faites cette rangée abondante pour les fonds.

Je n'indique aucune teinte particulière pour peindre les parties de la chevelure qui touchent immédiatement aux chairs (quoiqu'il faille absolument, et comme à l'ébauche, lier ces parties et les peindre en même temps que les chairs, afin qu'elles ne tranchent pas durement avec elles), parce que les teintes que vous avez à composer dépendent de celles des cheveux, depuis les plus blondes jusqu'aux plus brunes.

Je ne puis pas indiquer les teintes de draperies par la

même raison ; ce sera à vous à les composer de la couleur des étoffes, et vous en ferez quelques teintes graduées, selon ce que vous aurez à faire sur les bords. Ne vous laissez point entraîner à peindre ni des cheveux, ni des draperies, ni aucun autre objet, au-delà de ce qu'il faut en faire pour les lier moelleusement sur les bords avec les carnations ; ce serait peine perdue, puisque vous devez reprendre séparément toutes ces parties quand les chairs seront achevées : d'ailleurs, le temps que vous emploîriez à faire ce travail inutile ne vous en laisserait peut-être pas assez pour terminer dans la journée (tandis que votre palette est encore bonne et fraîche) le travail bien plus important de vos chairs.

Prenez néanmoins des précautions, comme je l'ai dit plus haut, pour que les portions de cheveux, d'habillemens ou de fond que vous commencerez n'aient qu'une très-mince épaisseur de couleur, et qu'elle aille se perdre insensiblement à quatre ou six lignes des chairs, afin qu'il n'y ait point trop d'épaisseur de couleur dans ces endroits-là quand vous les reprendrez pour les achever, après que vos chairs seront terminées.

J'ai cru devoir composer une palette très-complète, quoiqu'une grande partie des teintes soit réellement surabondante pour un artiste initié dans la science des mélanges. Mon but a été de faire parcourir à l'élève une grande partie de l'échelle des tons, afin qu'il pût prendre une idée nette des moyens qu'on emploie pour les obtenir, et j'ai cru bien faire en même temps, d'indiquer à chaque rangée l'application de ces diverses teintes aux diverses couleurs locales de la chair, ainsi qu'aux modifications qu'elles subissent en raison de la masse de lumière qui les éclaire, ou de l'obscurité qu'elles acquièrent dans les différens degrés de l'ombre. J'ai à cœur que l'élève fasse usage de ces deux palettes, telles qu'elles sont graduées ici, mais seulement pendant quelques mois; afin qu'ensuite il puisse, sans peine comme sans danger, s'abstenir peu à peu de composer en si grand nombre les teintes qui dérivent de celles que j'ai marquées d'un astérisque. Il commencera d'abord, je suppose, par retrancher la troisième teinte de chaque rangée, qui ne diffère en général de celle qui la précède que par une plus grande abondance de blanc. Il y gagnera tout d'un coup d'en poser un tiers de moins sur la palette, à l'exception des dernières teintes d'ombre qui n'ont point du tout de blanc. Il pourra ensuite, et quand il aura acquis encore plus d'habitude et d'aplomb, élaguer une partie des teintes * n.° 1 qui ont trop d'analogie entre elles pour qu'il ne soit pas facile de les modifier au bout de la brosse; en sorte que par degrés sa palette deviendra toujours plus simple, quoique toujours basée sur le même système.

Je n'entends pas néanmoins qu'il doive en venir au point de ne plus composer aucune teinte sur la palette; *l'excès partout est un défaut :* d'ailleurs il est essentiel de ne pas peindre avec des couleurs malpropres ou avilies, mais d'en avoir toujours un certain nombre de parfaitement pures; et je ne conseillerai jamais d'opérer comme certains artistes, qui ne posent sur la palette que des couleurs mères, et qui en composent au fur et à mesure, au bout de la brosse, toutes les teintes dont ils ont besoin. Je ne dis pas que cela n'ait jamais été pratiqué avec succès; mais l'on avouera aussi qu'il faut être bien habile et prodigieusement sûr de son fait, pour ne pas tomber dans la couleur *pain d'épices*, c'est-à-dire sale et rembrunie.

Il est donc plus prudent et plus raisonnable de s'en tenir à un juste milieu, en composant d'avance un certain nombre de teintes essentielles qui puissent servir, en quelque sorte, de gamme et de point de départ, pour en composer ensuite au bout de la brosse toutes les teintes analogues, soit qu'on les veuille plus claires en y ajoutant plus ou moins de blanc, soit qu'on ait à les modifier dans ce qui concerne l'espèce même du ton de couleur, en y ajoutant, selon le cas, plus ou moins des différentes couleurs, ou de l'une ou l'autre des couleurs-mères, qui ont servi ou contribué à composer le mélange primitif.

Par exemple, dans les teintes verdâtres on peut n'en composer qu'une seule, qui sera vert pur, sauf à la modifier ensuite pour l'amener au ton juste que l'on veut imiter, avec plus ou moins de bleu, ou plus ou moins de jaune, ou plus ou moins de rouge, soit de laque rouge, soit d'ocre rouge ou de vermillon de Chine, soit enfin avec plus ou moins de blanc ou de jaune de Naples, selon le cas.

Il en sera de même pour beaucoup d'autres teintes plus ou moins rompues, soit qu'elles doivent tenir plus ou moins du bleuâtre, du jaunâtre, du roussâtre, de l'orangé, du cramoisis, du violâtre, du grisâtre, du rougeâtre ou du verdâtre; le tout est de bien lire les tons et toutes leurs divisions et subdivisions, soit dans la nature, soit dans un tableau : quand on en est là, et qu'on a acquis les connaissances et l'expérience nécessaires pour savoir promptement et sans peine composer par les mélanges le ton juste, ou à peu près juste, qu'on vient de lire dans l'original, on est déjà coloriste, et l'on est rarement embarrassé pour rendre ce que l'on voit.

Mais pour composer des teintes de toutes espèces, telles qu'elles existent dans les chairs et dans tous les objets de la nature, il faut auparavant savoir les lire, les découvrir, les distinguer. C'est à cela d'abord que l'élève doit s'attacher ; quand il aura acquis à cet égard de l'habileté, je répète qu'avec ma méthode il ne tardera pas à savoir composer ces teintes à l'imitation de celles qu'il a su lire dans le vague de la nature; car, s'il les a bien dans les yeux et dans la tête, il ne lui sera pas difficile, après quelques tâtonnemens, de les imiter du moins passablement bien, avec toutes les ressources de sa palette : d'ailleurs n'a-t-il pas devant les yeux la chose qu'il imite? n'est-ce pas un objet constant de comparaison pour le guider et le corriger; ne peut-il pas à chaque minute modifier son ton, jusqu'à ce quil le trouve identique avec celui de l'original? Mais pour en venir là, il fallait qu'il connût les premiers principes du coloris, et qu'il se familiarisât peu à peu avec toutes les fractions de teintes que trois ou quatre couleurs-mères peuvent produire. Voilà ce que j'ai tâché de lui enseigner : je désire lui avoir aplani les premières difficultés ; c'est ensuite la délicatesse de ses organes et le degré de sa sensibilité qui décideront s'il peut devenir un bon coloriste : l'étude développe les dons de la nature, mais elle n'y supplée pas.

Je recommande à l'élève, même quand il sera fort, d'avoir toujours un certain nombre de teintes toutes faites sur la palette, particulièrement les locales et les lumineuses des chairs ; ces teintes primordiales seront pour lui un diapason qui le guidera et l'empêchera de sortir du ton général de la chair. Un artiste expérimenté trouve plus d'un avantage à ne faire qu'un assez petit nombre de teintes ou de rangées : d'abord il emploie moins de temps à composer sa palette ; en second lieu, le volume de chaque tas de couleur se trouve être plus considérable, ce qui conserve les couleurs plus long-temps fraîches. Mais ce ne sont que des avantages secondaires, en comparaison de celui de faire de bonnes études : il ne faut pas qu'un commençant ait l'ambition de vouloir courir avant que de savoir marcher, et il ne peut rien faire de mieux que de faire beaucoup de teintes dans les commencemens ; le reste viendra de soi-même avec le temps et le travail.

Quant aux différentes teintes dont on peut avoir besoin pour certaines mèches de cheveux qui reposent immédiatement sur la chair, et dont on doit peindre les bords à quelques lignes d'empiétement de tous les côtés, je renvoie le lecteur à ce que j'en ai déjà dit ailleurs [1]. Les teintes qu'on prépare pour ces objets-là, sont ordinairement faites avec les mêmes couleurs-mères qu'on a indiquées déjà pour les ébauches, il n'y entre point d'outremer, à l'exception des draperies bleues, si la draperie qu'on peint est d'un beau bleu d'azur et dans une grande lumière, ou quelquefois aussi dans des parties de ciel, si c'est un ciel qui vous serve de fond.

Il ne faut peindre les petites mèches de cheveux qui reposent sur la chair qu'avec des bruns faits de noir, d'ocre rouge et de tel ou tel jaune, suivant la teinte qu'ils doivent avoir : on prend le plus ordinairement l'ocre de rue ; mais n'employez point encore la terre de Cassel, elle salirait vos chairs par sa nature bitumineuse et extraordinairement foisonnante [2]. Vous serez encore à temps, en repeignant les cheveux, de l'employer et d'échapper quelques touches légères de cette même couleur transparente par-dessus la pâte de vos chairs, lorsque, sans être suffisamment sèche, elle sera du moins assez prise pour ne pas courir le risque de mêler l'une avec l'autre. Au reste, ces petites mèches de cheveux qui s'échappent sur les chairs, ne sont or-

---

1 Voyez les pages 237, 276, et enfin 309, où l'on recommande de peindre, en même temps que les chairs, une partie de tous les objets qui les touchent immédiatement.

2 On réserve la terre de Cassel pour peindre la masse des cheveux, s'ils sont de couleur très-brune ; ou seulement pour les plus fortes masses ou refentes d'ombres, quand on ne peint que des couleurs de cheveux châtain-clair : mais on ne fait cela qu'après avoir terminé les chairs.

dinairement que fort transparentes, légères et peu fournies, et ne paraissent jamais aussi brunes que le reste de la masse des cheveux. Ainsi le moindre glacis, fait avec tout autre brun transparent, auquel on mêle plus ou moins de noir, de jaune ou de brun-rouge, suffira pour accorder leur teinte avec la teinte locale de la masse entière. [1]

Je dirai quelques mots encore sur les fonds. Je parlais tout-à-l'heure d'un fond de ciel : on évite, particulièrement dans un portrait, de faire détacher la tête sur un bleu de ciel pur ; l'effet en est dur, et d'ailleurs le bleu céleste, étant la plus pure et la plus fraîche des couleurs, détruit la fraîcheur des chairs, en sorte qu'il est bien peu de carnations, si éclatantes qu'on les suppose, qui ne perdent pas à être appuyées sur ce bleu. L'on peut néanmoins faire apercevoir quelques petites parties de bleu pur dans un fond, pourvu qu'on ait l'attention de les éloigner de la tête : le reste du fond se compose de nuages plus ou moins vagues, et de teintes variées, qui, par leur contraste harmonieux, aident souvent à faire valoir la tête. Tantôt c'est un ciel orageux qui porte avec soi des teintes sévères et

---

1 Le brun composé n.° 27 ou le brun de Prusse n.° 22 suffira pour ces objets dans presque tous les cas, sans avoir recours à la terre de Cassel, qui noircit considérablement : l'on peut aussi ajouter à l'un de ces bruns, pour les rendre plus ardens si le cas le requiert, un peu de terre de Sienne brûlée ; ou, s'il s'agit de cheveux blonds, de la terre de Sienne non brûlée, pour servir, la première de rouge, et la seconde de jaune, selon que le mélange l'exige. Ces deux terres sont fort transparentes, et moins bitumineuses que la terre de Cassel.

chaudes ; d'autres fois c'est un ciel grisâtre doux, où l'on ne voit qu'un vague aérien, sans qu'aucune forme de nuage soit bien indiquée. Ces derniers sont les plus doux à l'œil, mais ils produisent un effet moins piquant que les ciels très-variés et riches de tons. Ceux-ci ne sont pas aisés à faire sans nuire à la tête; il faut de l'habileté et une grande connaissance des effets et de leurs contrastes, pour savoir les adapter aux genres de carnations et de vêtemens où ils produisent un bon effet. Une carnation pâle, des habillemens noirs, et quelques parties de linges blancs, ont besoin ordinairement, pour n'être pas trop monotones, d'un fond riche de couleurs ; et, au contraire, un tableau où il y a plusieurs couleurs vives et brillantes, exige en général une couleur de fond sourde et tranquille pour reposer la vue.

Les teintes claires et tendres en fait d'habillemens, ainsi que les chevelures blondes, exigent un fond passablement obscur pour les faire ressortir. Évitez cependant ces fonds tellement bruns et obscurs, que les cheveux les plus bruns, et les vêtemens noirs même, se confondent avec eux. Nous voyons souvent cet effet dans les anciens maîtres; mais je présume que la couleur de leurs fonds, dans ces cas-là, a poussé au noir, comme il est arrivé si fréquemment.

Toutes les couleurs très-brunes ou noires tendent à s'obscurcir encore avec le temps, et la terre de Cassel plus que les autres. Je suppose donc que ces fonds, et tant d'autres parties qui sont devenues si noires, n'ont pas été peintes comme nous les voyons maintenant; mais que les peintres ont fait trop d'usage de noirs et de bruns, qui se foncent toujours beaucoup, comme le noir d'os ou d'ivoire, la terre de Cologne et celle de Cassel, la terre d'ombre surtout, et l'asphalte. Il y a aussi des bruns, qu'on appelle des ocres naturelles, qui poussent beaucoup au noir.

Puisque tous les noirs ont une tendance à devenir plus intenses, il faut en mettre fort peu quand on les mélange pour des gris de linge, des ciels, des fonds, etc., et faire tous ces gris un peu plus clairs qu'on ne les ferait sans cela : il en est de même pour les parties éclairées des étoffes noires. Si les peintres eussent fait cette observation, nous ne verrions pas tant de chefs-d'œuvre qui n'ont pour toute draperie qu'une grande plaque presque également noire partout.

Bien des gens croient qu'un fond de portrait, par exemple, est la partie du tableau la plus indifférente, et qu'il importe fort peu qu'il soit plus ou moins clair ou obscur, ou de quelque teinte uniforme que ce soit, pourvu qu'il couvre la toile; c'est une grande erreur: tel fond fait ressortir une tête, tel autre la détruit complétement [1]. Calculez donc soigneusement la force ou la légèreté que doit avoir votre fond pour faire valoir la tête, ou même une figure tout entière, eu égard au genre de teint de la personne, à la couleur de ses cheveux et à celle de ses vêtemens, et en outre aux différentes masses d'ombres ou de jours qui caracté-

---

1 Voyez ce qui a déjà été dit sur les fonds, page 281 et suivantes, leçon 18.^e

risent l'effet du clair-obscur que vous avez choisi. Ce n'est pas tout : voyez de quel ton principal doit être votre fond, quelles variétés de teintes vous devez y faire entrer pour le faire *fuir* et lui ôter une ennuyeuse monotonie [1]; voyez encore si de certaines ombres plus ou moins fortes et arbitraires dans le fond, ne vous seraient pas d'un grand secours pour appuyer solidement quelques parties de votre figure qui sont dans la lumière; essayez, tâtonnez. Ici vous risquez peu en tourmentant la couleur; un peu plus ou moins de pureté dans les teintes d'un fond ne tire pas à conséquence : l'essentiel est qu'il fasse ressortir le sujet, qu'il s'en détache bien, qu'il y ait de l'espace derrière, et surtout qu'il n'ait pas l'apparence d'être collé sur le fond, comme une découpure sur un écran. Consultez de bons tableaux, si vous le pouvez, ou au moins de belles gravures; réfléchissez beaucoup sur les effets, et tâchez de découvrir le *pourquoi* et le motif de chaque chose; car rien n'a été fait au hasard. Apportez la même attention dans le choix des couleurs de vêtemens : elles doivent être favorables aux carnations plus ou moins vives du modèle [2], et en même temps ne pas

---

1 On dit *faire fuir*, pour exprimer qu'il faut que tel ou tel objet paraisse derrière un autre, et plus ou moins dans l'éloignement. On dit un ton fuyant, ou qui fuit bien, etc.; c'est-à-dire, un ton qui accuse l'espace qu'il y a entre les objets les plus proches du spectateur et ceux qui en sont plus ou moins éloignés.

2 Voyez les bons auteurs qui ont traité cette partie, et particulièrement le peintre Lairèsse. Vous en trouverez, à la fin du volume, une liste que je conseille de lire.

choquer les convenances d'âge, d'état ou de situation morale.

Le goût doit vous décider sur cela, et non les fantaisies de la personne qui se fait peindre; car, malgré que les femmes en général entendent bien leurs intérêts pour ce qui concerne la toilette, elles se font néanmoins fort souvent illusion. Une personne à peau brune et basanée aura vu qu'une étoffe de couleur bleue ou lilas tendre relevait merveilleusement les charmes et la belle carnation d'une blonde, elle choisira pour elle-même une parure semblable, qui la fera paraître encore plus bise et plus jaune qu'auparavant.

Le jaune doré et le rouge ne sont pas très-avantageux aux blondes; le noir et le violet leur siéent bien, ainsi que le vert foncé : le rose même ne leur est pas défavorable, si elles ne sont pas trop pâles; mais il habille encore mieux les brunes, quand elles sont grasses et fraîches. Le blanc va à toutes les carnations; mais le grand blanc, comme du basin, ne convient pas aux personnes trop bises : il leur faut des étoffes légères, transparentes, et d'un blanc moins éclatant, comme le crèpe, les gazes et les mousselines.

Les personnes qui ont une teinte de peau grisâtre, terreuse et égale partout, ne doivent point s'habiller de couleurs rompues : pour donner à leur figure un air de propreté, il faut des couleurs obscures, mais franches, comme, par exemple, du noir, mêlé de quelques parties blanches, du beau brun puce ou couleur d'œillet, du bleu-violet foncé, etc.; mais rien de fauve, de grisâtre, et encore moins des couleurs vives, tendres ou éclatantes, à l'exception peut-être du cramoisi foncé, qui relève un peu la monotonie de leur peau. En général, toutes ces couleurs doivent être entremêlées de linges blancs.[1]

En voilà assez pour donner un aperçu général des couleurs qui s'accordent le mieux avec les diverses carnations : dans l'exécution, on pourra étendre et varier l'application de mes préceptes. Je vais maintenant essayer de donner aux commençans quelques directions pour employer convenablement la seconde palette, avec laquelle on doit achever les chairs sur une ébauche bien sèche.

Quelques Directions générales pour repeindre les chairs, et plus particulièrement pour achever une tête.

L'on suivra, en général, les directions que j'ai données dans la partie de cet ouvrage qui traite de l'ébauche. J'engage donc à relire, d'abord la leçon 17.e, depuis la page 219 jusqu'à la fin, et la leçon 18.e, depuis le dernier paragraphe de la page 253 jusqu'à la fin de cette même leçon : les enseignemens qu'elles contiennent s'appliquent également à toutes les périodes

---

1 Dans les avis que je donne ici pour habiller les personnes selon la nature de leurs carnations, on sent bien que j'ai voulu parler essentiellement des portraits de ressemblance ; quant à ce qui concerne les compositions d'invention, Lairesse et d'autres auteurs seront de meilleurs guides, et j'y renvoie mes lecteurs.

d'un ouvrage de peinture, soit qu'on le commence ou qu'on l'achève.

Après avoir ratissé et lavé votre ébauche comme on l'a indiqué p. 289 et suiv., vous commencerez à repeindre vos chairs, en partant du front, comme à l'ébauche, et en attaquant de suite la plus belle lumière, en vous réservant toutefois la faculté d'y ajouter après coup des piquans de lumière par quelques touches encore plus brillantes. Vous amalgamerez de suite les teintes graduées, en opérant précisément comme à l'ébauche, mais en redoublant d'attention pour obtenir la justesse du ton ; car ici vous devez employer toutes vos ressources, et ne plus rien laisser à désirer, si cela vous est possible. Peignez en même temps une partie de la racine des cheveux, ainsi que tous les objets qui sont sur les confins des chairs, afin de les fondre moelleusement l'un avec l'autre sans dureté ; mais ne travaillez point encore aux grandes ombres, comme vous l'aviez fait à l'ébauche : cela serait inutile, puisque vous n'aviez frotté cette première préparation que pour déterminer de gros en gros l'effet et le relief général du sujet.

Quand vos masses de lumière seront bien établies, ainsi que leurs dégradations en couleurs pures et locales, passez de là aux teintes voisines, qui sont déjà des demi-teintes plus ou moins rompues en divers tons, tant roussâtres que bleuâtres, violâtres, verdâtres, etc., en comparant, avec la plus scrupuleuse attention la valeur de ces dernières relativement aux grandes lumières et à la masse générale du ton de chair local[1]. Avancez ainsi de proche en proche jusqu'aux plus fortes demi-teintes, et enfin aux ombres et aux reflets. Mais avant que d'en venir aux ombres, nous verrons plus bas quelles sont les précautions et les préparations qu'exigent souvent ces parties-là.

Je recommande plus particulièrement encore qu'à l'ébauche, de ne point traîner et mélanger les couleurs ensemble, mais de les poser franchement et purement les unes à côté des autres, comme une espèce de mosaïque; condition importante pour éviter la confusion du travail, et pour que la peinture ne change pas en séchant. On évitera d'empâter d'abord trop lourdement; on ne mettra qu'une médiocre épaisseur de couleur, afin de se réserver la possibilité de corriger les tons dont on serait mécontent sans faire de trop grandes épaisseurs, dont l'effet serait de rendre le travail pénible, la brosse ingouvernable et la peinture inégale. Un exemple éclaircira le précepte. Supposons que, par mégarde, vous ayez repeint la couleur locale du front ou trop rouge, ou trop jaune, ou trop blanche, ou trop rousse, etc. : qu'en résulterait-il, si vous le laissiez exister avec l'un ou l'autre de ces défauts? De deux choses l'une : ou vous continueriez à accorder le reste

1 Un ton local quelconque, soit de la chair, soit de tout autre objet, est, à proprement parler, la couleur générale que la nature ou l'art a donné à cet objet, abstraction faite des ombres, des demi-teintes rompues, et même des lumières les plus reluisantes, comme serait un échantillon de drap appliqué et collé sur un carton, sans qu'il fasse aucun pli; c'est-à-dire, sans qu'on y découvre ni ombres ni luisans, mais seulement une teinte uniforme partout.

de vos chairs sur cette fausse nuance de ton, ou bien, en cherchant à vous en corriger, vous n'auriez plus d'harmonie dans l'ensemble; la couleur du front n'appartiendrait pas à la teinte du reste de la tête. Ainsi, de toutes les façons votre peinture serait vicieuse. Dans le premier cas, toute la teinte générale serait fausse; et dans le second cas, vos chairs seraient peintes de pièces de rapport, et ses diverses parties n'auraient point d'analogie.

Il est donc important de bien débuter, et de corriger son ton de couleur dès les premiers coups de pinceau, afin d'avoir ce premier ton pour guide de tout le reste. Il faut en même temps non-seulement accuser les tons justes, mais accuser aussi, avec la plus grande fidélité, toutes les formes du *modelé*, comme on le ferait dans un simple dessin; en un mot, il faut mener de front la couleur, la forme et l'effet général, qui donne le relief, ce qui sous-entend aussi l'expression de la tête et la ressemblance parfaite.

C'est par une attention soutenue à comparer sans relâche la valeur des demi-teintes, par rapport aux clairs, et la valeur des ombres, par rapport aux demi-teintes, que vous parviendrez à arrondir et à modeler fidèlement votre ouvrage. [1]

---

1 Je préviens l'élève que, s'il n'a pas la précaution de tenir les demi-teintes, et en général toutes les teintes rompues, et même les fortes ombres, un peu plus claires qu'il ne les voit dans l'original, il sera désagréablement surpris, quand son ouvrage sera achevé et que le tableau sera sec, de voir que toutes ces parties ont poussé au noir, c'est-à-dire qu'elles sont plus obscures qu'il n'avait compté les faire. Il acquerra bientôt de l'expérience sur ce point.

Vous placerez toutes vos teintes les unes à côté des autres, à mesure que vous découvrirez quelque différence dans le ton ou dans l'effet du *modelé*, et vous le ferez sans les brouiller ensemble, mais en graduant si bien vos tons, qu'il ne vous reste que peu de chose à faire pour les fondre complétement quand vous en serez là, comme on l'a déjà dit pour l'ébauche.[1] (Voyez la leçon 18.ᵉ, depuis la page 252 jusqu'à la fin; vous y trouverez plus en détail tout ce que j'abrège ici.)

Mais, direz-vous peut-être, si une seconde reprise est si semblable pour le travail à tout ce qu'il faut faire pour l'ébauche, à quoi bon repeindre un tableu à deux et même trois fois et plus, et pourquoi ne pas terminer son ouvrage dès l'ébauche? Je réponds à cela que, quoique bien des artistes aient parfois terminé des tableaux dès l'ébauche, et qu'il arrive assez sou-

---

1 Je conseille fort aux élèves de s'habituer de bonne heure à dessiner sur un chevalet, lors même qu'ils n'auraient jamais l'intention d'entreprendre la peinture. Voici les avantages qu'ils y trouveront :

1.° De voir leur ouvrage en entier et d'un seul coup d'œil, et par conséquent d'en mieux juger, puisqu'ils le voient dans la même situation où on le jugera quand il sera encadré et suspendu contre le mur, ce qui leur évitera de faire de certaines parties trop longues, comme cela arrive souvent quand on dessine sur une table ou sur les genoux;

2.° De ne point frotter et salir leur dessin, comme on le fait quand on appuie les bras dessus, même à travers le sous-main;

3.° De se rendre la main adroite et légère, et d'être tout habitué d'avance à se servir de l'appui-main et du chevalet, etc.;

4.° D'être dans une situation de corps infiniment plus saine pour la santé, que celle qu'on a quand on a le corps courbé sur l'ouvrage.

vent qu'on le fasse encore, je ne saurais le conseiller aux élèves. Pour peindre et achever du premier coup un ouvrage quelconque, et plus particulièrement de belles chairs, il faut un talent consommé; et encore l'expérience prouve que ces sortes de peintures ne se soutiennent pas, et qu'au bout d'un certain temps les couleurs changent; et bien que l'artiste qui en est l'auteur les ait maniées avec cette franchise et cette assurance qui contribuent si fort à conserver les tons justes et tels qu'on les a posés, il n'est pas moins vrai que la pâte ne pouvant pas être assez nourrie, particulièrement dans les grandes masses de lumière, elles perdent de leur éclat en acquérant une sorte de transparence avec le temps, ce qui nuit au relief et à l'effet général. En second lieu, l'on se prive de la ressource de ces belles et mystérieuses teintes, couchées en demi-transparence sur celles de l'ébauche, qu'on doit supposer très-sèches et ne pouvoir plus se mêler avec celles dont on les couvre à la seconde reprise du tableau. Cet avantage est inappréciable. Tous les grands maîtres en ont habilement profité, en faisant servir une partie des dessous pour produire des tons et des effets admirables, en ne les recouvrant que très-légèrement dans de certaines places; en sorte que la légère teinte posée sur la première étant plus ou moins diaphane, les tons qui en résultent ont une finesse qui ne peut être obtenue par aucun autre moyen.

Pour faire mieux comprendre ce que je viens de dire, donnons un exemple.

Une teinte préparée à l'ébauche d'un ton vineux

peut devenir bleuâtre, en la recouvrant légèrement, à la seconde reprise, d'une couleur de chair locale où il n'entre point ou presque point de bleu : c'est ainsi que les habiles peintres ont fait apercevoir ces veines et ces tons bleuâtres qu'on voit si souvent à travers des peaux minces et délicates. Remarquez bien qu'en ceci le peintre opère comme le fait la nature, et qu'il semble avoir deviné son secret; car le sang qui circule dans nos veines, quoique de couleur rouge, nous paraît bleu, vu à travers la légère transparence du tissu cellulaire, qui est de couleur de chair plus ou moins blanchâtre. Plus ce tissu de la peau est blanc, et plus les veines nous paraissent d'un beau bleu.

Il en est à quelque égard de même de plusieurs des demi-teintes fuyantes, qu'elles soient plus ou moins bleuâtres, verdâtres ou violâtre-clair, etc. : on peut les obtenir de la même manière sans prendre sur la palette le ton même dont elles nous apparaissent sur la nature; et quand on est bien formé et expérimenté à cette méthode mystérieuse d'obtenir ces tons fuyans, l'on approche beaucoup plus de l'imitation exacte du coloris naturel; en sorte que tel qui voudrait copier un tableau fait sur ce principe, se tourmenterait en vain, sans pouvoir parvenir d'une autre manière à rendre l'extrême transparence et finesse de ton.

Pour adopter cette manière de faire, on sent qu'il faut préparer l'ébauche en conséquence, et n'y faire entrer que très-peu ou point de teintes bleuâtres, en se réservant ensuite de les établir par le moyen que je viens d'expliquer. En ce cas, tous les tons qui doivent devenir bleuâtres, verdâtres ou violâtres et grisâtres, doivent être ébauchés d'une couleur lie de vin plus ou moins prononcée, suivant le degré de transparence de la peau; mais il est nécessaire aussi de leur donner un peu plus de valeur, c'est-à-dire de force, que si on leur donnait de prime abord le ton bleuâtre à peu près juste, parce que les teintes blanchâtres que l'on établit par-dessus en demi-transparence et avec peu d'empâtement, leur enlèveront l'excès de force qu'on leur a donné à l'ébauche.

Quels sont maintenant les tons plus ou moins rompus que l'artiste doit prendre pour que, couchés d'une manière légère et diaphane sur ces préparations vineuses, elles varient de ton et qu'elles ne soient pas toutes également gris-bleuâtres? Si la demi-teinte, dans la nature, paraît verdâtre, on mêlera dans la teinte blanchâtre un peu de vert plus ou moins bleuâtre ou jaunâtre, selon le besoin; si la demi-teinte est très-bleuâtre, on mêlera dans la teinte blanchâtre un peu de bleu, mais très-peu; si elle est violâtre-lilas tendre, un peu de rose et un atome de bleu; si elle est roussâtre, fort peu de bleu et plus de jaune; si elle est simplement grisâtre, la teinte que vous prendrez pour couvrir la préparation vineuse devra être composée d'un mélange de jaune, d'ocre rouge et d'outremer, mêlés par parties égales. Ces couleurs produiront une espèce de gris, lequel, ajouté à une quantité plus ou moins volumineuse de la teinte couleur de chair locale et blanchâtre dont j'ai parlé, donnera le ton désiré.

Il faut sans doute un peu chercher et tâtonner sur

la toile, par de petits échantillons de toutes les teintes que je viens d'indiquer, pour obtenir le ton juste dont on a besoin, et où l'on doit arriver au fur et à mesure qu'on change de place, et que par conséquent l'effet varie, ainsi que le ton de couleur. Au reste, vous trouverez sur votre palette ces tons à peu près tout faits; ils seront même déjà mélangés avec plus ou moins de blanc, suivant que vous les puiserez dans la seconde ou la troisième place de chaque rangée; et comme vous savez maintenant de quoi sont composés tous les différens tons de votre palette, loin de travailler au hasard, vous serez assuré que vous ne prenez bien que ce que vous devez prendre pour couvrir telles ou telles de ces préparations vineuses. C'est ainsi que les Titien, les Vandick et les plus célèbres coloristes ont opéré: la même méthode a été suivie par les Vanderhelst, les Ravenstein, etc.; plusieurs de nos meilleurs peintres et coloristes modernes emploient aussi cette excellente pratique. Ce que nous venons de dire relativement aux veines et aux demi-teintes plus ou moins fortes, s'applique plus particulièrement aux ombres proprement dites, mais beaucoup moins aux reflets. Dans les ombres, il ne faut plus y faire entrer de blanc; il faut toujours, au contraire, que la teinte dont vous couvrez la préparation de l'ébauche soit plus ou moins obscure qu'elle : c'est le moyen de donner de la profondeur au ton de l'ombre, et de ne point tomber dans les teintes *farineuses*[1]. Pour cette raison, l'on doit

1 On nomme teintes farineuses, celles qui ont été faites avec des

ébaucher les ombres non-seulement avec peu d'épaisseur de couleur, mais surtout d'un ton moins noir, moins brun ou moins grisâtre qu'on ne les voit; il faut en même temps les tenir d'une teinte plus chaude, c'est-à-dire plus dorée qu'elles ne le sont dans la nature ou dans le tableau qu'on copie : par là on se ménage la faculté de revenir par-dessus avec des teintes rompues un peu plus obscures, comme avec des verdâtres, des grisâtres, etc., qu'on modifie à volonté, jusqu'à ce qu'on obtienne le ton juste, et toujours en n'employant que peu de couleur, et en demi-transparence, afin de laisser transpercer un peu le ton chaud du dessous.

Quant à ce qui concerne les reflets, vous les empâterez plus que les ombres, mais moins que les lumières, et vous ne les peindrez que le moins possible avec des teintes où il entre du blanc. Cela ne vous sera pas difficile, si clairs qu'ils puissent vous paraître, en substituant au blanc le jaune de Naples, qui couvre fort bien, sauf à ne faire entrer dans les mélanges préparés pour ces reflets que peu ou point d'ocre jaune, si vous craignez que la teinte en devienne trop jaunâtre.

Le jaune de Naples ne doit jamais être employé dans les lumières des chairs, parce qu'il change et verdit

---

couleurs plus blanches ou plus claires que celles de l'ébauche. Ainsi, quand dans le cœur d'une forte colonne d'ombre on revient dessus par une teinte où il entre du blanc, du jaune de Naples, ou quelque autre couleur très-opaque, cela produit une apparence semblable à un marbre ou à un meuble d'acajou sur lequel il y aurait une couche de poussière ou de farine.

beaucoup lorsqu'il est mélangé avec les cinabres ou les blancs; mais pour les reflets il est excellent, attendu qu'on ne le mêle qu'avec les ocres rouges ou jaunes. Le jaune de Naples est assez opaque et lumineux par lui-même pour tenir lieu de blanc; il n'est point altéré par le mélange de ces deux couleurs, non plus que par les laques, les bleus d'outremer, ni même les noirs-bleuâtres; et, d'ailleurs, s'il verdissait un peu dans les reflets, il n'y produirait pas, à beaucoup près, un aussi mauvais effet que dans les belles lumières des chairs.

Quand aucune des teintes de votre palette ne répond exactement au ton que vous cherchez (ce qui arrive souvent), vous devez néanmoins, comme je l'ai déjà dit, puiser avec votre brosse un peu de la teinte qui en approche le plus, et en déposer un échantillon sur une place propre : après vous être bien assuré de la nature de la couleur qui manque à votre mélange, vous l'ajoutez à votre échantillon, et le mêlez avec le bout de la brosse. Si après ce premier amalgame il vous paraît qu'il n'y en a pas assez encore ou qu'il y en a trop, dans le premier cas, vous reprenez de la teinte que vous avez déjà puisée, pour l'incorporer dans l'échantillon; et dans le second cas, pour remédier à ce que vous en avez mis de trop, vous reprenez une petite partie du mélange où vous aviez puisé en premier lieu, et ainsi de suite, jusqu'à ce que vous arriviez au ton juste.

Si vous n'arrivez pas au ton par l'amalgame d'une seule couleur, vous puisez dans une autre teinte ce qui vous paraît convenir, et enfin vous y mêlez d'une troisième, d'une quatrième teinte s'il le faut, jusqu'à ce que vous soyez satisfait. Cela se fait très-promptement, du moins quand on a acquis un peu d'habitude; le peintre parvient à accorder un ton de couleur et à le mettre en consonnance avec un autre qui lui sert d'objet de comparaison, aussi promptement qu'un musicien accorde son instrument avec celui d'un autre musicien, et plus promptement encore, s'il est bien organisé pour cela; mais cette facilité ne s'acquiert qu'avec le temps et l'étude.

Comme le mélange des couleurs est ce qui embarrasse le plus les commençans, je pense qu'ils ne me sauront pas mauvais gré d'appuyer d'un exemple le principe général que je viens de donner.

Disons d'abord, et je ne crains pas de le répéter, que tous les mélanges imaginables, ainsi que toutes les différentes teintes des objets de la nature, ne se composent réellement que de trois couleurs primitives, qui sont le rouge, le bleu et le jaune, auxquelles le peintre doit ajouter le blanc pur et le noir pur. Le blanc sert à imiter la lumière, et le noir à imiter les ténèbres. Voilà donc cinq couleurs qui font la base de la palette. Je ne parle ni du vert, ni de l'orangé, ni du violet, parce que ces trois couleurs peuvent se composer avec les trois premières. Le vert se compose du *bleu* et du *jaune;* l'orangé, du *rouge* et du *jaune;* et le violet, du *rouge* et du *bleu.* Mais comme nous avons dans la nature plusieurs teintes de rouge, de bleu et de jaune, les unes plus vives, les autres moins, les unes plus claires et d'autres plus obscures ou plus foncées, il a fallu que la science vînt au secours de l'art, en créant ces teintes diverses. Si, par exemple, elle ne nous fournissait pas de rouge-cramoisi, le peintre ne pourrait pas en composer. Le rouge de cinabre ou de vermillon, ni les rouges tirés de l'oxide de fer, comme les ocres, ne pourraient nous fournir cette belle couleur de pourpre. En vain mêlerait-on un peu de bleu parmi l'un de ces rouges pour lui donner cette apparence demi-violâtre du cramoisi; nous n'y parviendrions pas; on ne ferait que salir le rouge. Il en est de même du bleu : nous ne pourrions également pas avec du bleu d'azur faire un bleu très-obscur, en lui conservant sa belle couleur bleue; nous pourrions l'obscurcir, à la vérité, en y mêlant beaucoup de noir; mais il perdrait sa teinte pure. En un mot, il faudrait renoncer à imiter la beauté et la variété de l'émail des fleurs, si on ne possédait pas des couleurs aussi vives qu'elles. La chimie nous a donné les laques de garance pour les rouges-cramoisis, et le bleu de Prusse pour le bleu foncé; il en est de même de plusieurs autres variétés de couleur. Nous avons donc besoin non-seulement de plusieurs teintes et espèces de rouges, de bleus et de jaunes, mais il faut encore que les unes soient opaques et d'autres transparentes de leur nature.

Il est un genre de peinture cependant où les trois couleurs primitives peuvent suffire à la rigueur; c'est à l'*aquarelle* [1], parce que dans ce genre de peinture,

---

1 Aquarelle, ce mot vient de l'italien, d'*aqua* (eau), parce que dans ce genre de peinture non-seulement les couleurs sont délayées avec

qui ne se traite qu'en transparence sur un fond blanc (le papier), l'on peut former toutes les teintes imaginables sans mélange de blanc ni de noir : le blanc du papier, qui sert de blanc, et le mélange des trois couleurs primitives, donnent ensemble une espèce de brun-noir qui peut suffire à tout. Expliquons comment cela se pratique tous les jours avec succès.

Dans l'aquarelle on n'a besoin, à la rigueur, que de laque cramoisie pour tous les rouges, d'indigo ou de bleu de Prusse pour les bleus, et de gomme gutte, ou, ce qui vaut mieux, de jaune indien pour les jaunes. Ces trois couleurs sont transparentes, et susceptibles de paraître très-légères ou très-obscures, selon qu'on les étend avec très-peu de couleur dans beaucoup d'eau, ou avec beaucoup de couleur dans une petite quantité de liquide. Dans le premier cas, la teinture est tellement légère et divisée, que la teinte est à peine sensible à la vue; dans le second, au contraire, la couleur a toute l'intensité et l'obscurité dont elle est susceptible.

Ainsi une teinture très-légère de laque cramoisie ne donne qu'un rose tendre; une couche très-légère des bleus que j'ai nommés, ne donne qu'un bleu céleste, et beaucoup plus clair encore si on le veut.

---

de l'eau gommée, mais en outre parce qu'on emploie ces couleurs avec beaucoup d'eau, et qu'on les couche sur le papier très-liquides et comme des eaux de teinture, en sorte que le blanc du papier se voit toujours en transparence à travers des couches de la couleur. Il en est de même des dessins qu'on appelle *lavis;* mais ces derniers ne se font que d'une seule couleur, comme au bistre, à la sépia ou à l'encre de la Chine, etc.

Les jaunes indiqués, quoique très-dorés de leur nature, peuvent également ne donner qu'un jaune à peine sensible, en n'en mettant que fort peu dans beaucoup d'eau. C'est de cette manière qu'on colore les cartes de géographie, ainsi que les estampes. L'on sent bien que plus une couche ou une teinte est légère, et plus le blanc du papier se voit à travers, et ainsi graduellement jusqu'aux ombres les plus obscures : cela revient au même pour ce genre de peinture, que si l'on mêlait plus ou moins de blanc dans les teintes, comme on le pratique dans tous les autres genres, ou l'on couvre le fond avec des couleurs plus ou moins opaques, comme à la *gouache*, à la *détrempe*, à l'*huile* et à la *fresque*.

Disons en passant que les glacis, et même les préparations dans la peinture à l'huile, ressemblent beaucoup à l'aquarelle, puisqu'on n'emploie guères pour les faire que des couleurs transparentes, et étendues très-minces.

Cette digression me conduit à expliquer comment avec les trois couleurs primitives on parvient à en composer toutes les autres ; mais je n'entrerai que dans peu de détails, puisque ceci ne rentre pas essentiellement dans mon sujet.

1.° Avec la laque cramoisie on obtient des rouges plus ou moins écarlates ou plus ou moins orangés, en couchant d'abord une légère teinte de jaune qu'on laisse sécher avant que d'étendre la laque par-dessus ; de cette manière on obtient un rouge plus vif que si on mêlait d'abord ces deux couleurs ensemble : mais lorsqu'on ne tient pas à faire une teinte de rouge très-brillante, on fait le mélange tout de suite; et si l'on ne désire composer qu'un rouge terne, comme l'ocre rouge, par exemple, on ajoute une très-petite quantité de bleu dans le mélange: cela suffit pour ôter au rouge sa vivacité.

2.° En mêlant du bleu et du jaune ensemble, et en faisant dominer l'une ou l'autre de ces deux couleurs, on obtient des verts vifs et purs de toutes les nuances. Si l'on veut leur ôter une partie de leur éclat, et les varier à l'infini, on y ajoute plus ou moins de laque cramoisie.

3.° Le violet parfait s'obtient avec le mélange de la laque cramoisie et du bleu, et on le rend violet rouge ou violet bleu, en mettant plus ou moins de l'une ou de l'autre de ces deux couleurs. Veut-on salir la teinte violette, et en faire ou un gris ou un brun quelconque, on y ajoute plus ou moins de jaune, ainsi que plus ou moins de bleu ou de laque rouge; et comme nous avons déjà remarqué qu'on peut obtenir toutes ces teintes, depuis la plus obscure jusqu'à la plus lumineuse, en faisant la teinture plus ou moins chargée de couleur, il est aisé de comprendre qu'on peut avec ces trois couleurs primitives faire toutes les nuances désirables.

Il est permis cependant, en peignant à l'aquarelle, de faire usage d'autres couleurs: beaucoup d'artistes y joignent l'encre de Chine, la sépia, les cinabres, les ocres même, les terres de Sienne, etc., mais jamais du blanc, ni du jaune de Naples; ces deux couleurs, outre qu'elles couvrent trop, sont inutiles dans cette espèce de peinture. Celles que j'ai nommées auparavant, peuvent devenir assez transparentes quand on ne les emploie que par teintes très-légères. Il est des cas pourtant où certains aquarellistes font un usage modéré du blanc (mais ces cas sont et doivent être très-rares, et le mieux est de n'en faire aucun usage); c'est lorsqu'on veut exprimer une fumée vaporeuse dans quelque partie d'un paysage, ou bien encore rendre sans beaucoup de peine le brouillard humide qu'on voit toujours aux alentours d'une cascade abondante, et tombant de très-haut. Pour rendre ces effets-là, on ne met qu'une couche imperceptible de blanc pur, afin que sa ténuité extrême laisse voir les travaux du dessous en transparence. Mais, je le répète, le mélange du blanc et de toutes les couleurs à rehausser [1], font un mauvais effet dans l'aquarelle; il faut, autant que possible, s'en abstenir.

Nous avons établi que, dans tous les genres de peinture, excepté à l'aquarelle, il faut nécessairement, non-seulement du noir et du blanc, mais encore plusieurs nuances de rouges, de bleus et de jaunes, et que, pour mettre les ressources à profit, nous avons

---

1 Nous nommons *couleurs à rehausser*, toutes celles qui sont assez opaques de leur nature pour pouvoir couvrir le fond plus obscur sur lequel on les met; en sorte qu'au lieu de réserver les touches de lumière d'un objet quelconque, on rappelle ces lumières avec des couleurs opaques. C'est ce qui se pratique à la gouasse ou gouache, quoiqu'on commence les peintures de ce genre à peu près comme à l'aquarelle, excepté les ciels, où l'on mêle de suite du blanc, en dégradant les teintes comme à l'huile.

besoin encore de couleurs de diverses natures, les unes opaques pour couvrir et rehausser, et les autres transparentes pour faire des glacis sans couvrir le dessous.

Mais il n'est pas moins vrai de dire, qu'en général toute la palette d'un peintre repose sur les couleurs du prisme ; car il n'y en a pas d'autres dans la nature [1] : toute la science se réduit donc à savoir combien il faut de chacune de ces trois couleurs, mêlée avec l'une ou l'autre des deux autres, pour obtenir le ton qu'on cherche, et combien il faut ajouter de noir ou de blanc, pour les avilir et les rendre obscures, ou, au contraire, pour les égayer et les rendre lumineuses.

En partant de ce principe, il ne reste plus qu'à connaître de quelle espèce de ces rouges, de ces bleus et de ces jaunes, il faut préférablement se servir, ainsi que des différens bruns ou noirs, suivant que le cas le requiert. C'est précisément ce que je me suis efforcé d'enseigner en indiquant la composition des deux palettes, et en notant brièvement à quel usage on doit employer toutes ces variétés de couleurs, pour en tirer le meilleur parti possible, relativement à la partie qu'on colore actuellement.

Je prévois une question à laquelle je dois répondre d'avance : Pourquoi dans l'ébauche se servir de noir

---

1 Voyez page 72, article du brun composé, où l'on trouvera quelques réflexions analogues à celles qu'on vient de lire sur les couleurs primitives.

pour faire tous les mélanges que l'on doit faire avec du beau bleu lorsqu'on achève un tableau? Puisque l'on salit ce bleu par le mélange des jaunes et des rouges, ne vaudrait-il pas mieux n'employer que du noir comme à l'ébauche; ce serait du moins plus économique.

1.° Le noir n'est, dit-on, qu'un bleu imparfait; mais tel qu'il est, néanmoins, il est bon de le choisir d'une nature *bleuâtre* plutôt que roussâtre; et d'ailleurs, outre qu'il faut toujours, pour colorer les chairs, même à l'ébauche, y ajouter un peu de bleu, et, par exemple, du bleu de Thénard, si l'on peint dans une saison chaude et sèche, ou du bleu de smalt, si le temps est humide et froid, l'on peut même, à défaut de ces deux bleus, les remplacer par un beau bleu de Prusse anglais.

2.° Il serait dispendieux pour une ébauche qu'on recouvrira partout ensuite, d'employer de l'outremer. Quant aux bleus tirés du cobalt, c'est-à-dire *le smalt* et le bleu de *Thénard* purs, ils ne couvrent pas assez la toile pour les ébauches; et d'ailleurs, il n'est point nécessaire que les teintes d'une ébauche soient aussi pures que celles qu'on étendra par-dessus, en achevant les chairs : les noirs que j'indique font des teintes très-douces et très-harmonieuses, et de plus, ils s'amalgament mieux avec les autres couleurs, et couvrent davantage. Le bleu de Prusse pur, sans être mélangé avec beaucoup de noir, formerait des tons extrêmement durs et âcres, sans compter encore qu'il attaquerait avec le temps les autres couleurs, et en salirait les teintes, à cause de sa nature pénétrante et corrosive.

Quant à l'emploi de l'outremer dans les ébauches, on ne doit s'en servir que pour les ciels d'un bleu pur; c'est une partie si délicate qu'il ne faut pas courir le risque d'y avoir des taches produites par la première couche d'une ébauche qui aurait été faite avec un mauvais bleu : il en est de même pour les lumières des plus belles draperies bleues; mais il faut les ébaucher presque blanches dans les lumières pour les glacer ensuite avec de l'outremer pur, ou mêlé seulement çà et là de blanc pour le piquant des plis luisans. D'ailleurs, quelque peu que l'on regarde à la dépense, je ne conseillerais jamais d'ébaucher les chairs, ni tout autre objet (autres que ceux que j'ai mentionnés) à l'outremer; il ne se travaille pas aisément, il couvre peu, et de plus il ne sèche que difficilement, partout où il n'est pas mêlé avec assez de blanc.

Voici la raison pour laquelle il faut employer du bleu pur, en achevant des chairs, des lointains ou un ciel, etc., et non pas du noir comme à l'ébauche; c'est que toutes les teintes qu'on compose avec du beau bleu, et surtout avec l'outremer, restent pures et lumineuses, tout en conservant le ton qu'on a voulu leur donner, tandis que le noir fait toujours des teintes plus ou moins louches et ternes. Or, ce qui est sans conséquence dans une première ébauche, ne l'est pas quand on achève un ouvrage, et l'on doit faire son possible pour que toutes les teintes mélangées ou autres soient aussi franches et pures qu'on les voit dans la nature. D'ailleurs, l'on a vu qu'on peut ajouter un peu de noir-bleuâtre dans l'outremer, ou dans les bleus tirés du cobalt, quand on juge que le bleu seul ne produirait pas une teinte assez obscure, ce qui se présente rarement.

Revenons aux directions qui doivent guider un commençant et lui indiquer l'usage qu'il fera de la seconde palette. Quand il arrivera aux sourcils et aux yeux, il doit redoubler d'attention, car c'est principalement dans les yeux et dans leur enchâssement que réside l'expression, la ressemblance et la vie. Pour ne parler d'abord que du coloris, c'est autour des yeux qu'on découvre les tons les plus fins; à cause de la délicatesse et du peu d'épaisseur de la peau dans ces parties : on y voit des teintes roses-violâtres, quelquefois bleuâtres, etc., selon que le modèle a la peau plus ou moins fine et blanche. Les sourcils ne doivent point être exprimés par un trait uniforme, comme le font tant d'ignorans. Il faut préparer d'abord la chair qui se voit au travers des poils, et qui est toujours plus ou moins ombragée par la masse de ces poils; par-dessus cette préparation, à laquelle on ne donnera que très-peu d'épaisseur de couleur, on peindra les sourcils mêmes, en observant bien de leur donner la véritable forme qu'ils ont dans le modèle [1], et en les tenant peu ou fortement fournis,

---

1 Il est d'autant plus important d'imiter parfaitement la forme des sourcils, qu'ils prennent leurs contours de la forme même du front,

selon que la nature l'indiquera. Il n'arrive que trop souvent qu'un commençant n'établit aucune différence entre la partie éclairée de la masse des poils, et celle qui est ombrée dans des sourcils bien fournis, ce qui ne leur donne aucun relief; il faut éviter ce défaut, ainsi que celui, très-ordinaire encore, de les peindre durement sur les bords de la chair : il faut, au contraire, qu'ils se perdent avec douceur, en établissant des demi-teintes douces qui accompagnent toujours les bords, et qui imitent ces petits poils rares et fins, qu'il faut bien se garder de vouloir exprimer un à un (ce qui serait fort maigre et dur); mais il faut, dis-je, rendre l'effet qu'ils produisent vus à quatre ou cinq pieds de distance, où l'on ne peut plus les distinguer qu'en masse. Il n'y a que quelques cas assez rares, où l'on peut se permettre d'exprimer trois ou quatre poils isolés de la masse générale; c'est lorsqu'on peint un vieillard dont les sourcils comme les cheveux ont blanchi : il arrive alors qu'on voit assez distinctement çà et là quelques poils plus longs et plus blancs que toute la masse; mais il faut peindre ces sortes de brins échappés d'une manière libre, et comme à main levée, sans s'astreindre à filer un trait aussi fin qu'un cheveu. L'on pourra aussi se permettre quelques traits filés dans les endroits où les poils sont rares, et particulièrement aux deux extrémités des sourcils,

---

et qu'ils sont implantés sur le bord de l'os frontal, au-dessus de la cavité qui sert d'abri à l'œil; en sorte qu'on ferait un contre-sens en donnant une forme arquée à des sourcils placés sur un front peu bombé et plan, ou de les peindre droits sur un front très-rond; etc.

mais le plus fréquemment aux extrémités qui avoisinent les tempes.

Ne prenez point des bruns de terre de Cassel pour peindre les sourcils; contentez-vous des bruns que l'on compose au bout du pinceau avec des noirs, jaunes et ocres rouges; ils seront bien assez bruns pour cela, et du moins vous ne courrez pas le risque de salir une partie de vos chairs par le mélange de bruns bitumineux: vous serez toujours à temps, à une troisième retouche, de glacer le centre des plus grandes forces avec un brun composé, que vous modifierez selon le ton qui convient à la teinte des sourcils: mais ce n'est que rarement qu'on peut se permettre de donner quelques touches ou hachures isolées dans la masse ombrée de la partie la plus fournie des poils. Quant aux sourcils blonds ou châtains, vous suivrez également les mêmes principes, et vous éviterez avec plus d'attention encore de les exprimer trop durement et d'une manière maigre, servile et trop comptée brin à brin. Consultez quelque bon portrait à l'huile pour mieux saisir ce que je viens de dire; mais ne vous fiez pas à une simple gravure, et surtout à une gravure faite au burin; vous n'y verriez que des traits, ce qui vous ferait peut-être tomber dans le défaut même dont je cherche à vous préserver.

Ce que nous venons de dire s'applique également aux cils qui bordent les paupières. On ne doit jamais les compter un à un, mais en exprimer la masse vue en raccourci, telle qu'elle se présente à l'artiste quand il ne fait pas une tête de profil, mais qu'il la peint en face, ou en trois quarts. Cette apparence des cils doit être moelleusement exprimée sans la moindre dureté : pour y réussir, il faut que des demi-teintes harmonieuses accompagnent le trait des cils ; que ce trait ne soit point également fort partout, mais qu'il se perde en mourant aux deux extrémités, et surtout du côté interne vers les points lacrymaux [1], où les cils sont toujours plus rares et moins longs qu'ailleurs. N'oubliez pas de peindre l'épaisseur de la paupière en dessous des cils, et immédiatement au-dessus du blanc de l'œil ; vous la distinguerez très-bien, quoiqu'ombrée, vers les coins extérieurs des yeux. Ne faites jamais les points lacrymaux plus rouges que vous ne les voyez ; mais donnez-leur cette teinte lilas-rosâtre qu'ils doivent avoir en état de santé et de bien-être, et tâchez aussi de rendre cette légère humidité de l'œil qui produit un effet si agréable et si vrai.

Vous remarquerez aussi que la paupière supérieure est toujours d'une teinte un peu plus violâtre, ou plutôt lilas-rose, que le reste de la couleur locale des chairs. Gardez-vous néanmoins d'exagérer cette teinte, en la faisant trop ardente ; car alors vous peindriez des yeux en pleurs ou malades.

Ne faites point le blanc des yeux trop blanc [2] ; car,

---

1 Les points lacrymaux sont ces petites glandes d'où sortent les larmes, aux coins intérieurs des yeux, proche du nez. Il n'y a que les personnes âgées et malades qui les aient rouges et enflammés, ou bien encore celles qui pleurent actuellement, ou qui ont pleuré récemment : la colère produit aussi cet effet.

2 Voyez à la page 273, où je me suis un peu étendu sur les effets du blanc des yeux.

outre que cela n'est pas vrai, cela donne beaucoup de dureté au coup d'œil.

Regardez le modèle à chaque instant, non comme on examine un objet d'histoire naturelle, pour en décrire tous les détails; mais pour comparer les masses de lumières à la masse des ombres, et chaque détail relativement au tout.

Je ne saurais trop appuyer sur l'importance de ce principe; c'est l'unique moyen de ne point faire un travail discordant dans ses diverses parties, ce qui arrive lorsque l'on peint une partie de la tête ou telle autre sans la comparer avec celles qui l'avoisinent, et toujours avec le tout ensemble, tant pour ce qui concerne la forme, que pour le ton de couleur et le degré de lumière ou d'ombre.

Pour se conformer sur ce principe, il faut essentiellement partir de deux points de comparaison; ce sont, d'une part, la plus grande force qui se trouve dans toutes les ombres, et, d'autre part, la lumière la plus vive : ces deux points extrêmes sont les limites opposées auxquelles on doit subordonner tous les clairs et toutes les ombres intermédiaires. A chaque ombre que vous allez entreprendre, vous devez vous demander de combien elle est inférieure en force à la plus forte de toutes; vous vous ferez la même question pour les touches claires, par rapport à la plus lumineuse de toutes, ainsi que pour toutes les demi-teintes et les moindres nuances d'une partie des carnations quelconque, mais surtout dans une tête, qui comporte beaucoup de détails qu'il importe de bien accorder. De cette manière vous arriverez infailliblement à une parfaite harmonie : rien ne grimacera dans votre ensemble; vous garderez toujours la forme, le relief et le ton justes.

Si l'on veut réfléchir sur ce qu'on vient de lire, on comprendra que, si bien qu'une tête soit dessinée relativement au simple contour, elle paraîtra néanmoins tout-à-fait tordue et hors d'ensemble, si, par la fausse répartition des ombres et des clairs, on fait avancer des parties qui devraient paraître fuyantes, ou reculer celles qui devraient avancer ou paraître saillantes; car puisque dans une tête, vue de face ou de trois quarts, ce n'est que par l'effet seul des ombres et des lumières que l'on parvient à faire paraître le nez en saillie, etc., et les oreilles en arrière, il est clair que si ces effets ne sont pas accusés parfaitement justes pour le degré de lumière ou d'ombre qu'ils doivent respectivement avoir, il en résultera nécessairement un bouleversement dans les formes et dans les proportions : vous aurez fait paraître une joue plus saillante que le nez, ou les mâchoires aussi proches de l'œil que le milieu du front, etc.

Je n'insisterai pas davantage sur une théorie à laquelle vos études préliminaires dans le simple dessin au crayon ont dû vous initier, puisque vous avez vu que, sans le secours des couleurs variées de la chair, et par la seule modification des teintes de crayon plus ou moins fortes, l'on peut faire paraître une tête ou tout autre objet en harmonie et en relief. Mais lorsqu'on manie la couleur, il faut non-seulement que chaque échantillon de la couleur que vous prenez contribue, par le degré de sa teinte locale, à imiter le relief, mais qu'en même temps, et par un double résultat, en une seule et même opération, vous donniez à un objet quelconque et le relief qui lui convient et l'espèce de teinte ou de couleur qui lui est propre; tandis que dans les dessins au crayon vous n'aviez nul besoin de penser à la couleur de l'objet, mais simplement au degré de noir qu'il faut poser et à la quantité de blanc qu'il faut réserver pour produire l'effet des ombres, des demi-teintes, des reflets et des clairs.

L'on ne saurait donc trop recommander aux commençans de mener de front tous ces résultats à la fois. C'est pourquoi, je le répète, il est très-important de se bien assurer, avant d'étendre une teinte quelconque, si, abstraction faite de son ton comme coloris, elle porte en même temps le juste degré d'obscurité ou de lumière qu'elle doit avoir pour exprimer l'ombre, la demi-teinte ou le clair que la forme que vous peignez actuellement comporte par rapport à l'effet général.

Pour éviter de fatiguer votre couleur, vous poserez un petit échantillon de la teinte que vous venez de composer à la place que vous lui destinez sur votre tableau, et vous jugerez alors plus sûrement de sa justesse. Si vous en êtes mécontent, avant de l'étendre davantage, vous recorrigerez le ton par l'addition d'une ou de deux couleurs sur votre palette, et vous n'achèverez d'étendre votre échantillon que lorsque vous vous serez assuré qu'il est juste, et par le degré de lumière ou d'ombre qu'il porte avec soi, et par l'espèce de teinte dont la partie doit être colorée.

Il est nécessaire de donner un exemple à l'appui de cette théorie; je le choisirai d'un genre facile, afin d'être aisément compris.

Je suppose que vous soyez occupé à peindre une rose; je suppose aussi que vos principales lumières soient posées : les teintes en sont justes; elles ne sont ni trop pâles ni trop ardentes; mais vous vous trouvez plus embarrassé pour composer le ton des ombres, parce qu'elles portent une teinte mystérieuse que vous avez peine à définir. Si vous prenez un rose plus prononcé pour indiquer l'ombre, cela ne produit point l'effet que vous en attendiez : cette teinte est trop vive; elle ne tourne point; ce n'est point là le ton de l'original; cela n'imite pas la couleur rose privée du jour. Ce défaut mis à part, le degré de force vous paraîtrait juste : que devez-vous faire pour corriger ce ton de couleur trop brillant? Ajoutez un peu de bleu à votre échantillon, la couleur deviendra plus terne; mais afin qu'elle ne devienne pas trop obscure, ajoutez-y un peu de blanc pur, vous aurez ce que vous cherchez : une couleur moins vive, moins semblable au cœur éclairé et vermeil de la rose, sans néanmoins avoir renforcé la valeur de l'ombre, que vous trouviez déjà assez forte.

Si, au contraire, vous aviez composé l'ombre trop gris-violâtre, et qu'elle vous parût sale, ajoutez-y de la laque foncée, et pour corriger le trop d'obscurité que cela lui donnerait, ajoutez au mélange un peu de blanc pur. Vous traiterez d'une manière analogue toutes les teintes que vous composerez pour quelque objet que ce soit. Avilissez le trop brillant du ton par le bleu ou le noir, qui donnent l'obscurité, et corrigez une teinte trop sale par l'une des couleurs claires et brillantes qui rappellent la lumière.

J'observerai pourtant que les couleurs qui servent à obscurcir une teinte ou à l'éclairer, varient en raison de la nature de l'objet qu'on imite : le blanc, d'un côté, et le bleu ou le noir, de l'autre, n'atteindraient pas le but dans beaucoup de cas. Si, par exemple, pour éclaircir le côté éclairé d'un meuble d'acajou ou de quelque beau bois poli, vous alliez mettre du blanc dans la couleur locale du meuble, vous décomposeriez toute la teinte : elle serait lourde et opaque, et n'imiterait ni la belle couleur de ces bois ni leur apparence polie. Dans ces cas-là, il faut éclaircir la teinte par des ocres rouges et jaunes, sans aucun mélange de blanc, et rarement de jaune de Naples.[1]

Pour renforcer les ombres de ces mêmes bois travaillés et polis, ce ne sont ni les bleus, ni même les noirs, qu'il faut employer : prenez de beaux bruns transparens (si toutefois vous les repeignez pour la seconde fois), comme de la terre de Sienne brûlée ou non brûlée, selon la teinte du bois ; de la terre de Cassel, mêlée de laque brûlée et de terre de Sienne,

---

1 On peut cependant se servir du jaune de Naples dans les ombres des bois de couleur très-claires, comme le sapin neuf, et en général tous les bois blancs ou de couleur noisette, pourvu qu'on glace ces ombres après coup avec un brun léger, comme le brun composé, l'asphalte ou le brun de Prusse, pour leur donner de la transparence et une apparence unie et polie.

pour les ombres les plus fortes, ou bien encore, ou le brun de Prusse, ou le brun composé, ou même l'asphalte. Dans ces bruns vous chercherez le ton juste, en y mêlant tantôt de l'un, tantôt de l'autre, des bruns transparens dont je viens de parler, en raison de la couleur locale du bois, selon qu'elle s'approchera du rouge, du jaune-obscur ou du jaune-clair, du violâtre, de l'orangé, du gris, du noisette, du brun, du fauve, etc.; mais dans les bois bruts ou mal travaillés, vous chercherez à composer la teinte avec les bruns, les noirs, les rouges-bruns ou les jaunes qui vous paraîtront les meilleurs; car, dès qu'un bois n'est pas uni et poli, il n'a plus de transparence; il devient opaque comme une pierre brute, et par conséquent les objets qui l'environnent ne se réfléchissent pas sur une surface qui n'est pas polie : vous n'avez que faire de leur donner cette apparence unie, et, pour ainsi dire, glacée et transparente, qu'ils n'ont pas. J'ai déjà dit que le blanc ne doit pas s'employer pour les ombres de toutes les couleurs locales qui ne sont pas ou blanches, ou grises, ou bleu-clair, ou lilas, ou jaune-clair, ou rose-tendre, etc., partout ailleurs, et pour des couleurs locales plus obscures : le blanc empêche l'effet de l'ombre; l'on ne peut s'en permettre l'emploi que dans les demi-teintes de certaines draperies, comme celles cramoisies, bleu-foncé, violettes, rouges, etc., toutes couleurs où l'on ne peut pas modifier la force ou l'intensité de la couleur par une addition de jaune de Naples ou de tel autre jaune, comme on peut le faire dans les verts, les bruns-clairs, etc. Mais encore n'ajoutez du blanc ou l jaune-clair que dans les demi-teintes, et jamais dans s fortes ombres, surtout quand on achève un ouvrage. es ombres fortes et profondes doivent au contraire tre glacées avec des couleurs obscures et transpaentes, lesquelles vous laissent la faculté de modifier 'intensité de l'ombre, en en couchant un glacis plus u moins épais, selon que le sujet le comporte.

Remarquez bien qu'il n'est question ici que des ombres; car, pour les parties éclairées, non-seulement des chairs, mais de toutes les espèces de draperies, l'on doit les éclaircir par du blanc pour les couleurs que les jaunes saliraient, et par des jaunes-clairs pour toutes les nuances où le jaune peut servir sans corrompre la couleur locale de l'objet.

Pour accorder la couleur générale d'une draperie ou de telle autre grande partie quelconque, il faut faire usage d'un glacis général à la seconde, et plus encore à la troisième reprise d'un tableau[1]. Ces glacis se feront avec des couleurs analogues à la teinte locale de l'objet.

Pour peu qu'on veuille réfléchir aux effets de l'art de la peinture, on sera frappé des phénomènes qu'ils produisent. Je n'en citerai qu'un exemple, qui est bien remarquable, et qui mérite toute notre attention, par les inductions générales qu'on peut en tirer. Le voici. L'on peint sur une surface plane, laquelle reçoit le jour partout également; et cependant, par le choix qu'on sait faire, non-seulement des mélanges, mais en outre des différentes natures de couleurs, dont les unes sont

---

[1] Voyez l'article des glacis et des préparations, leçon 6.e, page 155.

opaques et les autres diaphanes et légères, on parvient à tromper les yeux, et à faire paraître comme étant dans l'obscurité les parties qui doivent être dans l'ombre, quoique le jour les éclaire sur le tableau avec autant d'éclat que les lumières.

On peut se convaincre d'après cela avec quelle justesse de ton il faut peindre pour arriver au point de faire cette illusion, et l'on sentira en même temps qu'il est absolument nécessaire de traiter les ombres avec des espèces de couleurs qui ne renvoient pas les rayons du jour, et les coucher très-égales et très-minces, afin qu'aucune épaisseur accidentelle n'arrête le jour dessus, et ne fasse briller ces petites épaisseurs de couleur. Cette illusion n'est pas toujours vivement sentie par les personnes qui regardent de près certains ouvrages des grands maîtres : non, sans doute ; mais elle est infailliblement produite, à une distance convenable, par les bonnes décorations de théâtre, dont l'exécution demande bien moins de talent que celle d'un bon tableau. C'est par l'arrangement des diverses pièces et des coulisses, c'est surtout par la manière dont le jour est ménagé, que des peintures souvent médiocres nous font beaucoup plus d'illusion que les meilleurs tableaux de chevalet.

Ce qui le prouve encore, ce sont les panoramas, et surtout les dioramas. Certainement ces peintures, quoique très-belles et parfaitement entendues, n'ont pas toute la profondeur et toutes les finesses de ton des tableaux peints par les Claude Laurain, les Berghem, les Ruisdaël, les Vernet, les Wouvermans, etc. ; mais la distance de laquelle on les voit sans pouvoir s'en rapprocher davantage, et surtout l'art magique avec lequel on fait parvenir la lumière la plus éclatante sur ces sortes de peintures sans que le spectateur puisse voir d'où elle vient, sont des moyens puissans pour produire l'illusion; et si l'on ajoute à cela que l'on ne voit nulle part les bords du tableau, et que les spectateurs sont placés dans un local assez peu éclairé pour que le tableau du panorama ou du diorama paraisse, par cette opposition et cet heureux stratagème, resplendissant de lumière, on concevra que, quand de tels ouvrages sont traités par une habile main, ils doivent produire, du moins pour les objets inanimés, des effets merveilleux. Un tableau suspendu contre un mur, si beau, si parfait qu'il puisse être, n'a pas les mêmes avantages : vous en êtes assez proche pour pouvoir en toucher tous les détails, et lever le doute sur chaque partie qui pourrait vous faire illusion. D'ailleurs, ce tableau n'est-il pas encadré? ne voyez-vous pas clairement d'où le jour lui vient, et surtout ne le voyez-vous pas sous différens aspects et de diverses places? tandis qu'il ne peut y en avoir qu'une ou deux de bonnes pour qu'il produise tout son effet. Ne voyez-vous pas, en outre, le local qui le contient, ainsi que tous les autres objets qui y sont? Comment pourriez-vous croire à la réalité des objets que représente ce tableau?

Si vous voulez néanmoins vous convaincre de la justesse du principe, en voici le moyen. Placé devant un beau tableau, et particulièrement un tableau d'architecture, d'intérieur, ou même de paysage, formez un tube avec une feuille de papier gris, noirâtre ou brun, et, d'un seul œil, regardez le tableau à travers cette espèce de lunette, en vous plaçant à une distance convenable : vue de cette manière, la peinture produira sur vous une illusion assez forte pour vous convaincre de la puissance de l'art et de l'efficacité de ses ressources.

Comment il faut peindre les Yeux.

Quand l'élève peindra des prunelles, il observera de les faire bien rondes, ou du moins qu'elles paraissent telles, si l'effet de la perspective leur donne l'apparence plus ou moins ovale, ce qui a lieu quand votre modèle n'est pas en face[1]. Ne les faites jamais trancher durement vers les bords, sur le blanc de l'œil, mais fondez-les moelleusement par une teinte gris-bleuâtre insensible, qui adoucisse le passage de l'iris au blanc de l'œil, et rappelez-vous ce que nous avons déjà dit sur cette dernière partie.[2]

J'ai dit ailleurs que le front et une partie du nez sont ordinairement le siége où s'arrêtent les touches

---

1 On sait qu'un cercle, vu de côté, paraît ovale par l'effet de la perspective. Ainsi, par exemple, la prunelle, dans un œil vu de profil, se présente sous l'aspect d'un ovale très-étroit, tandis qu'elle ne paraît point diminuer de grandeur du haut en bas. Cela vient non-seulement de ce que le spectateur ne voit que la moitié de la largeur du cercle de la prunelle, mais encore de ce que cette moitié est fuyante, par rapport à la place qu'occupe le spectateur; mais plus la tête sera vue en trois quarts, plus la prunelle se rapprochera de la forme ronde.

2 Voyez, page 273, comment il faut traiter le blanc des yeux.

lumineuses les plus brillantes : cela a toujours lieu lorsqu'on peint une tête dans une situation droite et verticale, telle qu'on la porte le plus communément. Je ne dois pas omettre à cet égard de faire une réflexion qui s'y rattache. Les personnes âgées et d'un tempérament sanguin ont souvent le nez fortement coloré en rouge-violâtre, et, par conséquent, leur nez est moins blanc, moins lumineux que ne le sont les parties voisines; mais il n'est pas moins éclairé pour cela : en sorte que, malgré sa couleur locale, il y aura toujours une ou deux touches brillantes très-vives, qui se placent ordinairement sur le bout du nez, sur le dos, si c'est un nez aquilin, et souvent entre le passage du front à la naissance du nez, quand on a cette partie enfoncée[1]. En ces cas, il faut peindre ce que l'on voit, mais ne jamais rien exagérer, ni pour la forme ni pour la teinte vineuse, sans quoi on tomberait dans la caricature; il faut, au contraire, atténuer ces sortes de défauts, surtout dans un portrait de femme. Personne ne vous en saura mauvais gré, pourvu que vous ne

---

1 Il n'est pas inutile de remarquer ici que les plus grandes touches de lumière ne se trouvent pas toujours sur des parties saillantes et élevées; elles sont souvent très-sensibles dans de certains petits enfoncemens, lorsque le jour y pénètre en plein : ainsi, c'est souvent le cas aux alentours des points lacrymaux, et même en descendant dans les dessous, entre les côtés du nez et la naissance des joues, dans les fossettes des mains et l'entre-deux des doigts, pourvu toutefois qu'une grande lumière puisse y pénétrer. Il en est de même souvent des plis creusés d'une draperie, ou de tout autre objet qui a la forme d'une tuile courbe, etc.

vous éloigniez pas trop de la vérité, mais d'une manière adoucie.

Il en est de même de toutes les défectuosités d'une personne dont on fait le portrait; il y en a plusieurs qu'on doit retrancher entièrement, comme n'étant que passagères ou inutiles à la ressemblance : tels sont les feux et les boutons d'échauffement, les petites taches brunes ou signes qu'on voit çà et là sur la peau, à moins que ces signes ne soient très-apparens, ou que la personne exige qu'on les mette, encore ne faut-il les annoncer que d'une manière vague et adoucie, qui ne présente pas une tache dure et cernée. Vous vous abstiendrez également de copier les verrues et poireaux, s'ils ne sont pas d'une apparence frappante et nécessaires à la ressemblance, ainsi que d'exprimer sèchement les rides ou petits plis de la peau; ou bien, s'il y en a que vous ne puissiez pas éviter de faire, ne les peignez que d'une touche fondue, moelleuse et peu sensible : ces objets seront toujours assez visibles.

Il est cependant des cas où il ne faut pas négliger ou faire disparaître les rides; c'est lorsqu'on peint une personne âgée, depuis cinquante à cinquante-cinq ans, par exemple, et au-delà : à cet âge, il n'est pas probable qu'on ait des prétentions à l'air de jeunesse, et surtout un homme. En lui ôtant toutes les rides, vous lui ôteriez le caractère de son âge, et par conséquent la ressemblance; mais encore ne faut-il peindre que les rides les plus apparentes, et le faire sans sécheresse; c'est-à-dire qu'elles ne soient pas marquées par de petits traits maigres et secs : c'est ce que font pourtant tous les élèves et presque tous les amateurs. N'ayez pas peur que ces rides ne soient pas assez fortement prononcées; elles se verront toujours assez. Je dis cela abstraction faite de la petite vanité de votre modèle; car dans une tête de fantaisie, ou même dans un sujet historique, on ne pèche presque jamais par là. Et voici pourquoi :

Ces défectuosités de la peau ne nous paraissent si sensibles, que parce qu'en les peignant nous les regardons plus attentivement qu'on ne le fait d'ordinaire en conversant avec une personne âgée. Mais, si vous réfléchissez que ces rides ou autres défectuosités sont entourées ordinairement d'une grande lumière, vous verrez d'abord qu'elles nous paraissent par cela même plus prononcées qu'elles ne le sont véritablement : pour vous en assurer, comparez bien ce qu'est la plus forte ombre de ces rides par rapport à l'obscurité des ombres, vous vous convaincrez qu'elles n'en approchent pas, et que, si un échantillon de la couleur du pli plus ou moins profond de cette ride, était tout à coup appliqué sur la colonne d'ombre, il paraîtrait sur elle comme une tache beaucoup plus claire. D'ailleurs, une ride ou un pli quelconque a toujours un clair à côté de l'ombre, ce qui donne au pli ombré le double de valeur en force : commencez donc par exprimer une ride par la partie éclairée; vous serez beaucoup plus discret pour la couleur que vous emploîrez ensuite pour le trait qui en forme l'ombre.

J'ai cru devoir insister là-dessus, parce que tous les commençans ont le défaut de mettre beaucoup trop d'importance à ces menus détails, et qu'ils y sont souvent excités par les louanges absurdes et trompeuses des ignorans : qui n'a pas été mille fois témoin des applaudissemens que donne la multitude à ces sortes de choses; ils se récrient sur la fidélité de l'élève, en faisant remarquer qu'il n'a pas oublié la moindre tache ou particularité de la peau, et ils ne jugent de la perfection de l'ouvrage que sur ces vétilles.

Quant aux personnes que les portraits doivent représenter, vous ne les verrez jamais applaudir à cette espèce de fidélité : elle les enlaidit trop; elles ont raison de s'en plaindre, 1.° parce qu'en effet, tous leurs défauts sont pour l'ordinaire exagérés; 2.° parce que quand même ils ne le seraient pas, ils doivent le croire, attendu que quand ces parties se mirent dans une glace, elles ne sont pas exposées à un jour donnant plus ou moins de côté, et tombant presque d'aplomb, comme on le ménage ordinairement pour le plus grand effet de la peinture, et qu'encore, le plus souvent, elles se regardent en face du jour, ce qui atténue la force de toutes ces rides, comme de toutes les ombres.[1]

---

1 Qu'on ne croie pas que la parfaite ressemblance d'un portrait ne tienne essentiellement qu'à la fidélité rigoureuse des formes et des détails; l'on fait souvent des portraits très-fidèlement copiés pour chaque trait, qui n'ont que peu ou point de ressemblance, et qui ne satisfont personne. On a beau comparer chaque forme, chaque proportion; elles sont justes, et néanmoins l'on ne reconnaît pas la personne. D'où cela pourrait-il venir, sinon de ce que le peintre n'a pas su saisir l'air de tête et la véritable expression que porte la figure? Voilà où gît la plus grande ressemblance. Cela est si vrai que, quand il nous arrive de voir l'image d'une personne se réfléchir dans un miroir concave ou

Mais, direz-vous, si le jour que se ménage un peintre n'est pas favorable à la personne, pourquoi ne pas en choisir un plus doux, pourquoi ne placerait-on pas son modèle en face du jour?

En cherchant ainsi à éviter un petit inconvénient, on se jetterait dans un plus considérable. Il faut tout le talent d'un très-habile homme, pour qu'à un pareil jour une tête paraisse avoir du relief; que serait-ce si un apprenti voulait l'entreprendre? il ne ferait probablement qu'une tête aussi plate que sa toile. Ne vaut-il pas mieux mettre à profit ses avantages, en cherchant à se ménager un jour qui détermine un bon effet, et facilite les moyens de donner du relief à la peinture, sauf à adoucir ensuite les sinuosités de la peau dans tout ce qu'elles présentent de désagréable à la vue.

Vous voulez donc, me dira-t-on, qu'on flatte les personnes dans leurs portraits; je réponds d'abord qu'il n'y aurait pas grand mal à cela, et qu'en tout cas, il vaut mieux faire les ressemblances en beau qu'en laid; mais je vais plus loin, et j'espère démontrer qu'en cherchant à embellir une personne dans de

---

convexe, ce qui bouleverse les véritables proportions de son visage et de tous ses traits, nous rions de la métamorphose; mais elle ne nous empêche pas d'y reconnaître le même individu, parce que son expression perce encore à travers de cette image infidèle et ridicule. Si l'exacte ressemblance ne tenait qu'à la conformation des traits et à mille détails des rides et de la peau, comment arriverait-il si fréquemment qu'un homme assez laid peut ressembler néanmoins beaucoup à sa sœur, qui est fort belle, ou encore un jeune enfant nous rappeler ou son père, ou sa mère, ou son aïeul? Ce n'est certainement pas dans l'analogie des traits que gisent ces sortes de ressemblances, mais bien dans le jeu

certaines petites particularités, on n'est que juste, on n'établit même par ce moyen qu'une légère compensation en retour de mille choses agréables et

---

des muscles du visage, dans certains mouvemens, certains tics fugitifs et indéfinissables, qui sont le résultat immédiat et nécessaire d'une conformation dont nous ne connaissons pas les causes, mais qui nous frappent, en produisant l'analogie d'expression dans des figures d'ailleurs assez différentes. Or, si l'on demande par quel art un peintre peut saisir ce *je ne sais quoi* que nous appelons l'expression propre d'un individu (car chacun a la sienne, comme chacun a un timbre de voix reconnaissable), l'on serait fort embarrassé de répondre d'une manière précise et satisfaisante à cette question. Quant à moi, qui suis assez heureux en général pour saisir les ressemblances, voici tout mon secret : après avoir établi mes principales proportions, je cherche à m'identifier avec la véritable physionomie de mon modèle, en l'obligeant à me parler, sans qu'il se doute de mon intention; j'étudie alors le jeu de ses muscles, quand ils sont mis en action par la conversation, afin de m'en souvenir lorsque l'ennui, ou la fatigue, ou une autre disposition d'humeur modifiera l'expression de son visage; j'évite ainsi de lui faire un œil triste et l'autre gai, ou certains traits abattus d'un côté, tandis qu'ils sont soulevés et soutenus de l'autre : enfin, je travaille, je cherche, et je ne lâche prise que lorsque mon portrait me rappelle à moi-même la personne, et que, pour ainsi dire, la ressemblance est telle, qu'en le voyant, je croie encore entendre le son de sa voix et reconnaître la tournure de ses idées. Quand le peintre en est là, et qu'après quelques heures de repos il vient revoir son ouvrage, s'il n'est pas lui-même frappé de la ressemblance, qu'il ne se flatte pas qu'il ait atteint son but. Il faut qu'il retravaille son portrait, en demandant deux ou trois jours de relâche, pendant lesquels il ne le regardera pas du tout, afin d'être plus sûrement frappé, quand il le reverra en face de son modèle, de ce qu'il y a à corriger pour lui donner une véritable ressemblance. Le talent de la ressemblance est presque indépendant des talens acquis; il faut être organisé pour cela, comme il faut qu'un chanteur ait avant tout l'oreille juste. Il y a de grands peintres qui n'ont point le talent du portrait.

avantageuses que l'on n'a pu saisir dans le modèle.

Pensez-vous, en effet, qu'une personne que vous clouez sur une chaise devant vous, sans lui laisser la liberté de ses mouvemens, puisse conserver long-temps (et surtout une jeune femme) toute la grâce, et le jeu de physionomie qui lui est propre, et que chacun lui connaît? Que deviendra la mobilité de ses traits, et tout ce qu'elle peut avoir de charmes dans la société au milieu d'une conversation animée et agréable? A cette expression de bonheur et de vanité satisfaite, vous substituez celle de la contrainte et de l'ennui qu'une longue séance fait éprouver à tout le monde, et plus particulièrement aux dames. Si à ces désavantages vous joignez celui de la lumière du jour, comparée à celle des bougies, vous avouerez que vous aurez bien à faire pour trouver dans votre art assez de moyens de flatter votre modèle par la fraîcheur des carnations, pour regagner d'un côté ce que vous perdez de l'autre.

Qu'on ne se persuade pas néanmoins qu'on doive faire une Hébé ou une Vénus de toutes les jeunes personnes, ni un Apollon de tous les jeunes gens : la ressemblance est le premier mérite d'un portrait aux yeux du monde en général; le second, c'est que la ressemblance soit agréable, et le troisième, que le portrait soit bien peint.

Les peintres ne classent pas toujours leurs jugemens dans le même ordre, et il faut le leur pardonner; si les superbes portraits que nous ont laissés les Titien, les Van-Dyck, les Rubens, et tant d'autres célèbres peintres, n'avaient eu que le mérite de la parfaite ressemblance, nous n'en ferions que peu de cas maintenant; disons mieux, leurs ouvrages ne seraient pas parvenus jusqu'à nous. Laissons donc aux grands amateurs de l'art la liberté de préférer la beauté de l'ouvrage à tout le reste; mais trouvons bon en même temps que, pour les personnes vivantes, le grand nombre place avant tout le mérite d'une agréable ressemblance.

Il est vrai que bien rarement, pour ne pas dire jamais, un mauvais tableau offre une ressemblance agréable; car il faut bien de l'adresse et un talent plus qu'ordinaire pour conserver beaucoup de ressemblance, en cherchant à flatter un portrait. Ce n'est donc qu'avec un dicernement exquis et une main très-exercée qu'on peut se promettre des succès en ce genre. Heureux ceux qui sont arrivés à ce point! Avec de la persévérance, du zèle et des études suivies, on peut toutefois y parvenir, pour peu, surtout, qu'on ait de dispositions naturelles; que les jeunes élèves ne se laissent donc pas décourager par les difficultés qu'ils ont à vaincre: une longue carrière s'ouvre devant eux; ils sont jeunes, ils ont le temps de la parcourir, et s'ils ont de la constance, et qu'ils ne se détournent pas de la droite route, ils peuvent espérer de cueillir bien des couronnes avant d'arriver à l'autre extrémité, où ils jouiront encore du souvenir de leurs triomphes.

Voici les avis que, d'après ma propre expérience, je crois pouvoir donner aux personnes qui se destinent à peindre le portrait.

Rendez-vous, avant tout, familier avec l'art du dessin, et ne prenez la palette que quand vous saûrez faire un contour, et un ensemble promptement, spirituellement et parfaitement juste. Je suppose aussi que vous n'êtes pas étranger à la théorie des ombres, et que vous avez assez long-temps dessiné d'après le plâtre et la nature, soit sur papier blanc, soit sur papier de couleur rehaussé avec du crayon blanc, pour en comprendre la valeur.

Peignez alors quelques têtes, quelques bras, des mains et des poitrines d'après la bosse, cela vous dégrossira pour le maniement de la couleur, sans que vous ayez encore trop à vous occuper d'une multitude de teintes colorées comme on les voit dans la nature vivante. Après cet exercice, copiez un ou deux tableaux, des meilleurs que vous puissiez vous procurer, et faites en sorte de choisir une tête d'homme entre deux âges, bien caractérisée, tant pour les traits que pour le ton de la couleur : je n'entends pas dire par là qu'il faille que le coloris du tableau soit d'un ton trop brun, trop pâle ou trop rouge; mais qu'il ait le coloris d'un personnage d'une bonne constitution, afin que les diverses teintes soient moins vagues, ou moins uniformes, qu'elles ne le sont dans de certains cas, comme quand une carnation est trop pâle, trop rouge ou trop bazanée partout également.

Après cela, entreprenez un portrait d'après nature, et faites en sorte, pour la première fois, d'avoir pour modèle un individu qui soit du genre de coloris du tableau dont je parlais tout-à-l'heure; mais ne commencez ni par une figure d'enfant, ni par celle d'une personne très-âgée, ni par une jeune personne: votre tâche serait trop difficile. Les enfans ne posent pas assez bien, et d'ailleurs ils n'ont point de traits caractérisés; les vieillards offrent trop de détails, et les jeunes personnes trop de délicatesse dans les teintes et même dans les traits. Un homme d'un âge mûr est ce qui vous paraîtra le moins difficile; il est probable en même temps qu'il posera mieux[1] que toute autre personne qui aurait ou trop de légèreté et de vivacité, ou trop de faiblesse, etc. Un modèle qui ne pose pas bien, déroute un débutant dans l'art de la peinture, et celui-ci à son tour, par son exigence minutieuse, tourmente le modèle le plus docile.

Pour éviter ou diminuer l'un et l'autre inconvénient, placez, si la chose vous est possible, une personne gaie et aimable (et qui soit en même temps en commerce familier avec le modèle) derrière le siége du peintre et dans la même direction. Il en résultera une conversation ou des petits signes d'intelligence et d'amitié qui soutiendront les esprits du modèle. Son regard prendra bien quelquefois une direction un peu divergente, surtout si le peintre s'est

---

1 Poser bien ou mal, c'est soutenir plus ou moins bien et long-temps l'attitude et le maintien que le peintre a choisis; c'est aussi conserver sa physionomie naturelle. On dit qu'une personne ne pose pas bien, quand, pendant une séance de deux ou trois heures, ses traits et son expression ordinaire s'altèrent, ce qui dénote la fatigue et l'ennui; on dit aussi que quelqu'un pose mal, lorsqu'il remue sans cesse et ne tient pas la tête dans la situation qu'on lui a prescrite.

fait regarder dans le principe; alors, quand il en est précisément à cette partie, il n'a qu'un mot à dire pour demander le regard; mais du moins la tête restera dans la même situation à quelques mouvemens près, ce qui est déjà d'une grande importance, particulièrement pour faire le contour de l'ensemble. Il n'en serait pas de même, si cette personne prenait place de côté ou partout ailleurs; c'est un mouvement naturel à tout le monde, que celui de retourner la tête du côté de la personne qui nous parle, ou à qui l'on veut parler. Il en résulterait donc un dérangement continuel et général bien autrement plus préjudiciable au peintre, et surtout à un débutant, que quelques mouvemens passagers dans les yeux, la bouche, etc. D'un autre côté, si la personne n'est pas placée derrière le peintre, comme je conseille de le faire, lors même que celle qui se fait peindre, prendra assez sur elle-même pour entretenir la conversation, sans déranger ni son regard, ni son attitude générale, il en résultera toujours un air de contrainte jusque dans le regard. En vain il se portera sur les yeux du peintre, il n'aura point l'air de s'y arrêter; ce qui donne au coup d'œil un vague qui changera toute l'expression. Nous remarquons fréquemment cet effet dans les personnes préoccupées ou distraites. On s'aperçoit aisément qu'elles nous regardent sans nous voir. Il est certain que ce coup d'œil insignifiant nuit à l'expression habituelle de la figure, et par conséquent à une ressemblance spirituelle et agréable.

Si, pendant une longue séance (et elles paraissent

toujours telles aux modèles), vous aviez recours à l'expédient le plus usité pour faire paraître le temps moins long, qui est de faire faire une lecture par un tiers, vous n'atteindriez qu'en partie votre but.

Il ne faut faire usage de cette ressource que pour peindre les parties qui ne comportent point d'expression, comme les oreilles, le cou, la poitrine, les épaules, les cheveux, et en un mot tous les accessoires; mais, pour ce qui concerne le visage, je ne vous le conseille pas; en voici la raison : une lecture intéressante distraira sans doute agréablement le modèle; mais, à moins que cette lecture ne soit d'un genre très-léger, très-spirituel, et en même temps très-gai, et que de plus la personne qui s'en charge ne s'en acquitte fort bien, ce qui est rare, vous y gagnerez peu de choses. Vous aurez, à la vérité, plus d'immobilité dans le modèle, mais son expression sera muette; la personne qui écoute reçoit bien intérieurement les diverses impressions que la lecture fait naître dans son esprit; mais elles ne sont que peu apparentes sur sa physionomie, ses traits restent passifs, parce qu'ils n'ont rien à exprimer, rien à communiquer qui soit du propre fond de la personne, et, à l'exception de quelques sourires passagers, le modèle ne vous offrira qu'une physionomie pensive et recueillie, qui, le plus souvent, penche vers la tristesse, ou du moins vers la contemplation, ce qui n'est l'expression habituelle que d'un petit nombre de personnes.

D'après ce que nous venons d'exposer, il n'est

pas nécessaire de nous appesantir sur les inconvéniens qu'on trouve à peindre une personne lisant : si l'on veut que cette attitude paraisse naturelle, il faut que la tête soit plus ou moins penchée et inclinée sur le livre, ainsi que le corps, ce qui dérobe au peintre non-seulement le coup d'œil, dans lequel gît la plus grande partie de la ressemblance et de l'expression, mais de plus, la véritable proportion des traits par les raccourcis que cette situation présente. En effet, la tête sera inclinée en avant, ce qui lui laissera voir beaucoup plus de dessus de tête; le nez paraîtra fort long, par rapport au bas du visage, qui sera en partie caché par le bout du nez, et le menton sera tellement fuyant et vu en raccourci, qu'il faudrait un talent achevé et un grand bonheur, pour que tout le monde fût également frappé de cette ressemblance, quelque fidèle qu'elle fût. Il est vrai que ces sortes d'attitudes ont souvent quelque chose de très-pittoresque, tant pour l'effet général, que pour tout le reste; mais on ne doit guères s'y hasarder que pour des portraits en profil [1], parce que cela évite les raccourcis, ou bien encore dans les tableaux de famille, où il y a un grand nombre de figures, dont il est

---

1 Peu de personnes, on le sait, se contentent d'un portrait en profil; il ne présente pas un assez grand développement des traits et de l'expression de la physionomie de la personne; il est moins satisfaisant encore quand les yeux sont baissés sur un livre; cette attitude n'est bonne à employer que pour les personnes qui ont le regard louche, et pour celles qui sont borgnes, ou bien encore pour faire une tête de simple étude.

nécessaire de varier autant que possible les attitudes, pourvu qu'elles ne sortent pas des bornes de la convenance et de la nature du sujet. Je ne parlerai pas des tableaux de genre, où l'on peut donner à chaque figure l'attitude, le maintien et l'occupation qu'on juge devoir produire le meilleur effet pour l'ensemble général, parce qu'ici il ne s'agit pas de ressemblance. On peut et l'on doit même montrer des figures dans toutes les situations vraisemblables, les unes en face, les autres en profil, en demi-profil, par derrière, d'autres recourbées en avant, etc. On peut placer une partie de ces figures les unes en évidence et dans la plus vive lumière, d'autres à moitié dans l'ombre ou tout-à-fait ombrées, etc. ; mais il faut que ces effets du clair-obscur soient toujours motivés par les localités qui forment le fond du tableau, ainsi que par les divers objets qui s'y trouvent placés ; car il serait absurde d'établir des ombres portées sans qu'on vît l'objet qui les occasionne, ou du moins sans qu'on puisse raisonnablement les supposer par l'arrangement du local.

Jusqu'ici je n'ai parlé que des ressources que peut employer un commençant pour diminuer les difficultés qu'il rencontrera dans ses premiers essais ; mais le meilleur moyen que je puisse lui indiquer pour attirer vers lui seul toute l'expression de son modèle, c'est de faire des efforts de bonne heure, pour s'habituer à faire tout en travaillant la conversation avec la personne qu'il peint. La facilité sur ce point naîtra pour lui de l'habitude, et il ne peindra jamais avec plus de succès et de verve que quand il réussira le plus à entretenir et à varier la conversation. Tout l'art consiste à bien choisir les sujets de l'entretien, et à chercher celui qui convient le mieux au caractère et aux goûts de son modèle, selon son état, son rang, son âge, son pays et le genre de son instruction.

On tâtonne un peu d'abord, et l'on effleure différens sujets jusqu'à ce qu'on ait rencontré celui qui paraît intéresser assez le modèle pour le provoquer à en parler lui-même. Quand la personne est trop timide, ou quelque chose de pis, l'on a recours à l'esprit d'un tiers qu'elle affectionne, et qu'on invite à ne pas laisser tomber la conversation. Ces entretiens servent d'abord à vous mettre en rapport avec votre modèle, en vous faisant faire connaissance plus intime avec lui, et il en résulte plus d'aisance et moins de contrainte dans les séances ; mais leur plus grand avantage est dans l'expression de vie que le modèle vous offre, en vous adressant la parole tout en vous regardant sans contrainte et presque sans y penser. Pendant ce temps vous étudiez le jeu naturel de sa physionomie et de ceux de ses muscles que vous devez le plus particulièrement laisser apercevoir ; vous vous en souviendrez en temps et lieu pour les exprimer plus ou moins, lors même que, dans l'instant où vous peindrez ces parties, elles ne vous présenteraient plus précisément le même aspect. Si l'on ne peignait pas un peu de souvenir, l'on ne parviendrait que rarement à mettre de la vie et de l'ame dans un portrait, et l'on s'exposerait à faire tantôt un œil gai et l'autre triste, tantôt un muscle renflé et relevé d'un côté du visage, tandis que de l'autre côté le muscle correspondant serait flasque et affaissé. Je ne dis pas qu'il faille peindre absolument de souvenir, et sans avoir la personne devant soi; mais au lieu de dire à son modèle *riez*, *c'est trop*, *encore*, *pas autant*, *c'est cela*, etc. (ce qui ne vous donnera jamais la véritable expression), il faut, dans ces cas, ou peindre de mémoire, ou du moins attendre l'instant (tout en s'occupant d'autre chose) où la personne vous rendra le genre d'expression que vous voulez avoir, et qui se trouve d'accord et en harmonie avec les parties que vous aurez déjà arrêtées et achevées.

Un mot sur les Portraits à regard perdu.

Les portraits qu'on appelle *à regard perdu*, sont ceux où le modèle ne regarde pas le peintre, mais tout autre objet qui se trouve dans le tableau, ou même qui ne s'y trouve pas, et qui est censé être au-delà de l'encadrement. Il s'en fait beaucoup dans cette situation; et si ce ne sont pas ceux qui facilitent le plus la ressemblance, ce sont du moins les plus pittoresques. Les artistes auxquels on laisse une entière liberté d'adopter telle situation qu'il leur plaira, la choisissent volontiers, parce qu'elle présente divers avantages de composition qui rendent ces sortes de portraits moins communs que la plupart de ceux dont les yeux regardent tout le monde, ce qui a toujours lieu quand le peintre se fait regarder par son modèle.

Une figure qui vous regarde toujours fixement sans vous rien dire, présente à la longue au spectateur l'idée d'une pétrification instantanée; l'on finit par en éprouver une espèce d'ennui, et en détourner ses regards.

Il n'en est pas ainsi d'un portrait à regard perdu : comme l'individu a l'air d'être occupé d'un objet plus ou moins intéressant pour lui, nous n'éprouvons pas la même impatience en le voyant regarder fixement ce que nous ne voyons pas nous-mêmes, et nous lui supposons un motif quelconque pour arrêter ainsi sa vue.

Mais si ces sortes de portraits ont cet avantage pour le public en général, il en est tout autrement pour les parens, pour les amis de la personne représentée : ils veulent presque tous que le portrait les regarde; leur affection en est plus satisfaite; et si on ne leur donnait pas le coup d'œil de cet objet chéri, ils éprouveraient à leur tour une sorte d'impatience et de mécontentement. Comme ils ne se fatiguent jamais d'envisager les traits d'une personne qui leur est chère, ils veulent aussi que cette personne ait l'air de s'occuper d'eux, et n'en détourne pas ses regards. Prenez donc l'avis des parens ou des amis de votre modèle sur le choix du regard, avant que d'arrêter une attitude : rappelez-vous que vous travaillez pour leur satisfaction bien plus que pour la vôtre.

Quand vous entreprenez un portrait de famille où il y a depuis trois personnages jusqu'à cinq, six, et au-delà, c'est autre chose : ici, sous peine de faire une composition maussade et ridicule, il faut absolument qu'on vous laisse la liberté de varier le regard des diverses figures. C'est à l'artiste à le faire avec intelligence, en sorte qu'il y ait un motif présumable à ces différens regards. Il ne vous sera pas difficile de discerner à laquelle ou auxquelles des figures il sera convenable de donner ou le regard perdu, ou le regard dans les yeux du peintre.

Un père, une mère, sont les personnages les plus importans dans une pareille composition; et comme, dans le cours ordinaire des choses, ce sont eux qui doivent être enlevés à leurs enfans, il est naturel que ces mêmes enfans puissent se repaître de ce regard paternel quand ces parens ne seront plus. Il ne faut pourtant pas prendre ceci comme une règle invariable: il est mille considérations qu'on ne peut prévoir, et qu'il faut laisser apprécier au goût et à l'intelligence du peintre, sans oublier cependant la volonté expresse des parens. Je n'en citerai qu'un exemple. Une mère, tenant un très-jeune enfant sur ses genoux, doit exprimer pour cet enfant toute la sollicitude maternelle; et si l'attitude qu'on a choisie ne comporte pas que les deux figures regardent le spectateur, il est naturel que ce soit la mère qui porte un coup d'œil affectueux sur son enfant; car l'enfant peut être distrait par la moindre chose, et par conséquent regarder le spectateur; tandis qu'il serait ridicule de peindre la mère préoccupée ailleurs, pendant qu'elle tient un enfant qui la regarde, et qui exige impérieusement qu'on s'occupe de lui.[1]

---

1 On doit s'attendre, car cela arrive toujours ainsi, que les parens

Par la même raison qui vous engage à faire vous-même la conversation avec un modèle qui doit vous regarder, vous devez faire en sorte qu'un tiers s'entretienne avec la personne que vous peindrez à regard perdu.

La position d'un portrait en buste, ou même la figure entière, doit être toujours simple, facile et naturelle. Il vaut mieux représenter les personnes en repos, que de les poser dans l'attitude d'une occupation ou d'un travail qui exige un mouvement continu des bras et du corps : l'immobilité forcée d'une figure peinte contraste désagréablement avec le mouvement qu'on lui a imprimé. Si vous supposez la personne occupée actuellement à quelque ouvrage qui dénote son état ou sa profession, faites en sorte qu'elle paraisse l'avoir discontinué pour réfléchir, pour se reposer, pour parler à quelqu'un, etc. Ainsi, vous pouvez

---

et toutes les personnes qui connaissent le plus particulièrement l'individu dont on a fait le portrait, seront les plus difficiles à satisfaire sur l'article de la ressemblance, parce que, vivant journellement avec lui, elles le connaissent en détail sous tous les genres d'expression et de disposition, en sorte qu'elles ne se contentent pas d'une ressemblance générale; au lieu que les gens qui vivent moins familièrement avec lui, ne connaissant guère que son air de société et son caractère général d'expression, sont beaucoup plus aisément satisfaites, et se récrient ordinairement sur l'extrême ressemblance. On entend souvent dire dans le monde : Je n'ai vu cette personne-là qu'une ou deux fois, et pourtant je l'ai reconnue de suite dans son portrait. Ce n'est point la preuve d'une parfaite ressemblance : il faut que les intimes soient pleinement satisfaits; mais cela a rarement lieu, car on ne peut pas peindre plusieurs genres d'expression à la fois sur la même tête.

faire paraître les outils, les instrumens dont une science, un art, un métier réclame l'emploi; mais, je le répète, il faut que dans l'instant actuel la personne soit censée en repos, sans quoi vous courrez risque de provoquer l'impatience des spectateurs.

Il en est autrement pour les compositions historiques ou de scènes familières. La raison en est simple : ce n'est que par l'expression des personnages (expression qui gît autant dans les mouvemens de leurs membres que dans la contraction de leurs traits) que vous pouvez caractériser leur action et leurs passions. Il faut donc qu'à cette espèce de pantomime le spectateur comprenne et reconnaisse le sujet et la scène que vous avez voulu représenter.

Après cette digression, qui m'a semblé utile et que je pouvais facilement étendre davantage, je reviens au sujet principal, et de nouveau je recommande d'éviter, en terminant des carnations, d'entrer dans des détails trop minutieux et insignifians, ainsi que d'articuler ceux dans lesquels on doit entrer d'une manière large et moelleuse, et sans aucune sécheresse. Voilà ce qu'on ne saurait trop redire aux amateurs ou aux élèves. Ils croient tous que leurs ouvrages seront d'autant plus parfaits, qu'ils y auront fait entrer une foule de détails presque microscopiques, comme font ceux qui peignent des objets d'histoire naturelle : ils sont dans l'erreur. Pendant quelques années je l'ai partagée, je l'avoue, ce dont je suis bien revenu, l'expérience m'ayant prouvé que tous mes efforts en ce sens, loin de me rapprocher de l'apparence de la nature, m'en éloignaient toujours davantage. Ceci a, je crois, besoin d'explication.

Quel but se propose-t-on dans l'art de la peinture? Est-ce l'imitation servile des objets tels qu'ils sont réellement, ou simplement leur apparence, vus à une certaine distance? Je pense que, comme on n'examine pas à la loupe les tableaux d'une dimension moyenne, et qu'on se place, pour en juger et en jouir, à un éloignement qui est à peu près celui d'où le peintre a envisagé son modèle, il ne faut saisir que les grandes masses et les détails assez marquans pour être vus sans efforts à la distance où l'on se trouve l'un de l'autre. Bien plus encore : il y a mille petites choses qu'un œil scrutateur découvre dans le modèle à force d'y attacher sa vue, mais auxquelles il n'aurait pas pris garde s'il n'eût envisagé la personne que d'une manière générale, comme quand on fait la conversation. Eh bien, c'est sous ce dernier aspect qu'il faut imiter la nature. Que voyez-vous sur le corps d'un animal quand vous ne l'envisagez que pour son allure et sa forme générale? Apercevez-vous chaque poil de son manteau ou de sa toison? Quand vous regardez une prairie et qu'elle charme vos regards, est-ce parce que vous voyez distinctement tous les brins d'herbes qui couvrent son étendue? Quand vous admirez un bel arbre, en comptez-vous toutes les feuilles? Le pourriez-vous, même, quand vous en auriez l'intention? Non, sans doute, pas plus que vous ne conteriez les poils d'une vache, d'un cheval, d'un mouton, etc. Il faut donc en peindre la masse, l'apparence, sans se perdre dans des détails insignifians. Quand vous peignez une personne, voyez-vous distinctement toutes les fibres de l'iris? Pouvez-vous distinguer chaque poil des cils, des sourcils, des cheveux? Distinguez-vous nettement toutes les aspérités et les pores de la peau? Si vous ne voyez point tout cela à la distance où vous êtes, pourquoi donc entreprendre de faire ce que vous ne pouvez voir? A force de vouloir être fidèle et vrai dans votre imitation, vous deviendriez faux. Où pourriez-vous d'ailleurs vous arrêter? Autant vaudrait-il peindre toutes les inflexions et même les nervures de chaque feuille d'un arbre, et encore y joindre les insectes imperceptibles qui s'y reposent, puisque vous savez que tous ces détails existent. Ainsi, l'on tombe dans l'absurde, si l'on veut faire l'impossible et l'invisible. Bornons-nous donc à imiter l'apparence générale des objets; et si nous leur donnons leurs vrais contours, leur véritable couleur et l'effet magique qui résulte de la lumière et des ombres, nous aurons atteint le but que la peinture se propose.

Si l'on m'objecte que quelques peintres célèbres, et entre autres Denner, natif d'Hambourg, ont fait des ouvrages qui rivalisent avec la nature même pour la vérité des détails les plus minutieux, et que leurs ouvrages, qui sont en général évalués à des prix très-élevés, sont placés dans les premières galeries de l'Europe, et recherchés par tous ceux qui forment des collections de tableaux, je répondrai que cela est vrai jusqu'à un certain point, mais que ces tableaux, dans lesquels il y a certainement beaucoup de choses admirables, ne sont pourtant pas ceux que les vrais connaisseurs prisent le plus; qu'ils ne sont recherchés, d'abord qu'en raison de leur rareté, et ensuite, parce qu'il est reçu que dans une collection considérable il faut avoir, pour la compléter, un tableau de ce genre: or, on les paie très-cher, parce que le peintre n'a pu en achever qu'un très-petit nombre, attendu le temps effrayant qu'il consacrait à faire une seule tête de grandeur naturelle.

Gerard Dow était aussi d'un grand fini dans ses ouvrages; mais je le trouve bien supérieur aux autres. Au reste, il faut être juste: si Denner n'avait eu de mérite que son fini inconcevable, et dont on ne peut vraiment juger qu'au moyen d'une forte loupe, il n'aurait pas grande réputation; mais on doit avouer qu'en même temps sa couleur générale est d'une grande vérité, et que ces mêmes têtes qui peuvent supporter l'épreuve de la loupe, avec laquelle on découvre tous les pores de la peau et les moindres détails microscopiques, sont néanmoins si bien entendues pour l'effet général, qu'elles font encore beaucoup de plaisir vues à la distance d'où l'on regarde les autres tableaux.

Il semblerait d'après cela qu'aucun maître ne peut être préféré à Denner, et cependant il n'en est rien; cela prouve tout simplement qu'il a existé, dans le siècle dernier, un homme d'un talent particulier pour ce genre très-achevé, doué d'ailleurs d'une vue excellente, et surtout d'une patience, je dirai presque d'un flegme incroyable, pour pouvoir se courber des années entières sur une seule tête, et que ses tableaux, après tout, ont beaucoup moins de vie, et procurent moins de plaisir aux amateurs éclairés que ne font certains ouvrages faits en quelques jours par les mains expéditives et savantes d'un Van-Dyck, d'un Rubens, d'un Titien, d'un Van der Helst, et de tant d'autres artistes morts, sans compter les vivans. L'on ne peut s'empêcher, en voyant les plus beaux tableaux de Denner, de leur payer un tribut d'admiration ; mais l'on reste froid, et l'on ne se dit pas à soi-même, comme en voyant les œuvres de quelques autres maîtres : Je voudrais peindre ainsi, dût-il m'en coûter dix ans de vie!

Eh bien, ces grands maîtres, que tous les connaisseurs, et même un grand nombre de ceux qui ne sont guidés que par leur bon goût, élèvent bien au-dessus de Denner, ne se sont attachés qu'à l'apparence générale, sans entrer dans plus de détails qu'il n'en faut pour produire tout l'effet possible. Ce sont eux qu'il faut prendre pour modèles ; ils vous embraseront du feu divin qui les anima.

Pour revenir maintenant au coloris, quand on repeint une tête, il faut soigneusement éviter, dans les ombres fortes et profondes, les teintes grisâtres et opaques, mais tenir plutôt les ombres d'un ton chaud et transparent, quelquefois même un peu laqueuses ou sanguines, selon le genre de la carnation que l'on veut imiter. Mais n'exagérez rien ; vous risqueriez de faire de la chair écorchée : ne perdez jamais de vue que vous peignez la même chair, qui n'est que privée du grand jour ; à quoi il faut ajouter les modifications qui résultent des reflets plus ou moins prononcés que renvoient ou certaines autres parties éclairées de la chair, ou les vêtemens, ou tout autre objet placé à plus ou moins de distance. Les touches sanguines et laqueuses n'ont jamais lieu que lorsque le jour traverse des parties cartilagineuses, comme, par exemple, dans les narines et le cartilage qui les sépare, dans les oreilles, au bout des doigts des personnes dont la peau est belle, fine et transparente; dans quelques autres parties, enfin, où ces effets sanguins sont moins sensibles, mais où ils se voient quelquefois, selon que le modèle est éclairé.

Soyez très-avare des demi-teintes que vous jugerez tirer sur les bleuâtres, verdâtres et violâtres. Les commençans les exagèrent toujours; cela est d'autant plus à craindre, que toutes les teintes où il entre du noir ou du bleu, et même du bleu d'outremer, repoussent toujours d'un tiers; en sorte que ces tons si fins et si délicats, qu'on nomme la *morbidesse* [1] quand ils sont distribués avec art et ménagés à propos, et qui font paraître les carnations si pures, si fraîches et en même temps si souples, leur donnent au contraire une apparence livide et cadavéreuse, quand on les emploie sans ménagement.

C'est pour cette raison surtout que je recommande de n'en mettre que fort peu ou point du tout dans les

---

1 *Morbide*, *morbidesse*, terme italien. Les chairs d'une jeune femme blanche et fraîche, et celles d'un bel enfant, ont beaucoup de morbidesse : il semble à l'œil qu'elles doivent être douces et veloutées au toucher.

ébauches, et de réserver plutôt leur application en terminant les carnations et en faisant usage des dessous, comme je l'ai expliqué plus haut[1]; observez encore que partout où la peau est tendue sur les os, comme au front, aux pommettes des joues, etc., les lumières prennent une teinte d'une couleur un peu plus jaunâtre qu'ailleurs, bien qu'elles soient toujours blanches et fraîches.

N'affectez pas d'étendre l'incarnat, qui colore les joues d'une manière trop uniforme; mais ayez soin d'imiter fidèlement ces petites inégalités rosâtres, quelquefois assez vives, qui mettent tant de transparence dans la peau, et qui empêchent que les joues n'aient l'air fardées. Étudiez aussi avec attention le luisant insensible qui éclaire la partie la plus élevée de la joue, proche de la pommette, lorsqu'un léger sourire soulève et gonfle un peu cette partie; sans quoi elle paraîtrait toute plate, n'aurait aucun relief, et offrirait à la vue une joue placardée de rouge artificiel, sans la moindre apparence de ce qu'ont les belles peaux satinées et veloutées.[2]

Ne détachez jamais d'une manière dure, sèche et tranchée le tour du visage, ni d'aucune partie tournante et fuyante; mais fondez-les doucement et moelleusement, sans néanmoins perdre la forme, dans le

1 Voyez ce qu'on a dit relativement aux teintes bleuâtres, etc., page 326 et suivantes.

2 Voyez, comme un exemple donné, la manière dont il faut opérer pour dégrader insensiblement toutes les teintes d'une joue fraîche, page 259.

fond, dans le cou, ou toute autre partie sur laquelle ces bords se dessinent : cela leur donnera de la rondeur, et ils n'auront pas l'air d'une découpure collée sur le fond. Pour cela, il faut que les demi-teintes tournantes soient déjà assez habilement dégradées, pour qu'il n'y ait pas une opposition de couleur trop brusque entre les deux séparations, que ce soit un fond, de la chair, une draperie, ou tout autre objet; sans quoi vous n'atteindriez pas au but, et vous ne feriez que rendre vos chairs baveuses et louches sur les bords, sans que pour cela elles tournassent davantage.

En général, le cou d'une femme, quoique très-blanc naturellement, ne doit jamais être aussi brillant et lumineux que les parties très-éclairées de la tête; parce que, cette partie étant ordinairement dans une situation verticale, le jour glisse dessus sans s'y arrêter autant que dans les formes qui sont au contraire inclinées en avant et saillantes; d'ailleurs, la place qu'occupe le cou par rapport à la tête étant plus éloignée du peintre que cette dernière, doit déjà subir une légère dégradation, quoique presque insensible.

Cependant le cou, s'il est blanc et d'une belle teinte de chair dans le modèle, ne doit pas paraître moins pur dans l'imitation. Ce n'est donc point par des teintes rougeâtres, jaunâtres ou rousses que vous en dégraderez la grande blancheur; ce sera par de légers bleuâtres, verdâtres, ou même quelquefois par des tons demi-gris violâtres, que vous le ferez : le choix de toutes ces teintes dépendra de celles que vous offrira la nature, et souvent même il y aura diverses parties du cou qui participeront, en différentes places, de l'une ou de l'autre de ces teintes, et quelquefois même d'un certain amalgame de toutes ces nuances à la fois. Vous tâtonnerez et rechercherez avec soin le ton juste, car il est ordinairement si fin, qu'il paraît insaisissable au premier abord.

Il est néanmoins très-important de l'accuser juste, sans quoi l'on court risque de ne représenter qu'une teinte livide ou sale; et cependant il faut absolument qu'il soit teinté, sans quoi le cou ne paraîtrait pas sur un plan vertical, ni en arrière du visage. Il est quelques cas où cette règle varie, selon l'attitude du modèle.

Le haut des épaules, après la chute du cou, prend sur les bords tournans une teinte de chair un peu plus dorée, c'est-à-dire tenant un peu plus ou un peu moins du roussâtre; cela vient de ce que nous avons dans cette place un muscle très-épais et très-fort, qu'on nomme le *trapèze*[1] : or, il arrive presque toujours que les muscles épais prennent cette légère teinte, parce que la peau est là plus épaisse qu'ailleurs. Néanmoins ceci ne doit être envisagé que comme un avertissement général. Il y a beaucoup de femmes qui ont les muscles du cou moins blancs que la teinte locale du visage, et d'autres à qui s'applique une remarque contraire; il

---

1. Le trapèze est un grand muscle qui enveloppe toute la partie postérieure du cou, qui s'étend ensuite sur une partie des épaules qu'on appelle vulgairement la nuque, et qui recouvre les omoplates ou les os des épaules, en finissant en pointe par derrière, précisément comme la pointe d'un fichu, ce qui fait qu'on lui donne indifféremment ce nom ou celui de trapèze.

n'y a donc point de règle absolue à cet égard, si ce n'est la plus sûre de toutes, qui est de peindre ce qu'on voit, tout en tâchant de ne rien exagérer, et de tenir toutes les teintes plutôt plus fraîches que plus rousses.

C'est en suivant ce principe que vous devez éviter avec le plus grand soin de marquer aussi fort qu'on le voit quelquefois, dans les personnes maigres, les deux principaux muscles du cou[1], ainsi que les clavicules[2]. C'est dans ces sortes de détails qu'il vous est permis d'adoucir un peu et de flatter les formes trop sèches et trop maigres, sans néanmoins trop s'éloigner du genre de complexion de la personne : cela seul aidera à faire une ressemblance agréable.

Reprenez maintenant les teintes locales des chairs les plus pures et les plus lumineuses pour peindre la poitrine et les seins, afin de faire sentir la saillie en avant du cou; il faut que toutes les demi-teintes rompues qui arrondissent et font tourner soit les seins, soit la table même de la poitrine, soient infiniment belles, pures, fraîches et peu sensibles; c'est-à-dire qu'elles aient peu de force, et se perdent mystérieu-

1 Les deux principaux muscles du cou se nomment mastoïdes : ils servent aux mouvemens de la tête.

2 Les clavicules sont ces os qui tiennent d'une part aux épaules, vont ensuite se joindre au-dessous du cou et forment le haut de la poitrine : c'est ici que viennent s'attacher les muscles du cou qu'on appelle mastoïdes ou mastoïdiens. Il est absolument indispensable à un élève d'étudier l'anatomie, qui est la science des muscles, ainsi que l'ostéologie, qui est la science des os. Le livre de Tortebat est excellent pour cela.

sement partout avec les couleurs locales et pures des lumières des chairs. Écrivez largement toutes ces grandes et belles formes, et ne vous attachez pas à de petits détails anatomiques, que le mouvement de la respiration fait paraître et disparaître simultanément dans les personnes maigres. Ne leur donnez pas beaucoup plus d'embonpoint qu'elles n'en ont réellement; mais évitez le contraire, et adoucissez en général toutes les formes sèches, mesquines ou anguleuses.

Peignez toutes ces grandes parties d'une brosse libre et moelleuse, et empâtez-les grassement, afin que la lumière s'arrête sur ce travail bien nourri, et qu'il attire l'œil par son relief. C'est en suivant le même principe que vous devez peindre toutes les grandes parties, comme les épaules, les bras et tout le reste du corps, si vous faites une académie, c'est-à-dire une figure nue ou à peu près nue. Si la personne a les seins mal placés, ou trop rapprochés, ou trop bas, ou même trop près du menton, comme on le dit vulgairement, corrigez ces défauts; ne les copiez pas servilement: modifiez aussi ce que la teinte générale aurait de peu flatteur, c'est-à-dire de trop rouge ou de trop roussâtre, etc. Embellissez un peu, mais adroitement; qu'on ne dise pas que c'est le corps, les bras, le cou, les épaules ou la poitrine d'une autre personne, et qu'on puisse encore reconnaître la complexion de l'original, quoique embellie jusqu'à un certain point: personne ne vous en blâmera.

Je ne répéterai pas ici ce qui a été dit sur le maniement de la brosse, non plus que sur la méthode à suivre pour composer et essayer les diverses teintes sur la palette avant de les étendre sur le tableau, et plusieurs autres renseignemens qui se rattachent tous à la pratique[1]; mais je rappellerai à mes lecteurs que dans toutes les circonstances il faut manier la brosse et la couleur dans le sens de la forme et des muscles que l'on peint. On sent bien que si, pour arrondir une partie, comme un sein, un cou, une épaule, un bras, etc., l'on traînait la couleur du haut en bas, au lieu de la coucher en demi-cercle, ou par des courbes ou hachures en portions de cercle, l'on ferait un travail contraire à la forme qu'on a en vue, parce que les traces de la brosse seraient en opposition avec le modelé qu'on cherche à établir. Il en est de même des draperies, des meubles, des cheveux, etc.; en un mot, de tous les objets qu'on peint.[2]

Je dois renvoyer mon lecteur à la leçon 17.e; il fera bien de la relire en entier, et d'y recourir chaque fois qu'il entreprendra de peindre une nouvelle étude : que ce soit pour l'ébauche ou pour achever une ébauche, n'importe, il se rafraîchira la mémoire de tous les détails dans lesquels je suis entré pour lui faciliter les premiers essais.

---

1 Voyez dans la leçon 17.e, page 233 et suivantes, et les pages 260, 270, 333, 348 et 349; voyez aussi les leçons 18.e et 19.^{e}

2 Voyez plus particulièrement, leçon 18.e, la page 266 et suivantes, où l'on recommande expressément de manier la couleur avec la brosse toujours dans le sens de la forme qu'on cherche à modeler.

Je compte, au reste, sur la sagacité de ceux qui me liront, pour savoir faire abstraction des différences qui existent entre quelques procédés employés dans les ébauches et ceux qu'on y substitue quand on achève l'ébauche avec la seconde palette; ils sont plutôt relatifs à l'emploi de certaines couleurs, qu'à la manière dont il faut manier la pâte et établir la dégradation du coloris en général. Je dois dire cependant que, si je n'avais pas eu l'intention de faire servir à deux fins les explications minutieuses dans lesquelles je suis entré en parlant des ébauches, je ne me serais pas étendu autant sur la finesse et la richesse du coloris, car il est assez inutile de les rechercher avec autant de soin dans une simple ébauche; il est même mieux, et plus profitable pour la réussite de l'ouvrage, de préparer certaines teintes d'une ébauche, moins pour ce qu'elles doivent paraître actuellement relativement à la vérité du ton de l'original, que pour ce qu'elles doivent devenir ensuite par les teintes superposées en demi-transparence, qu'on mettra sur l'ébauche par le travail de la seconde reprise du tableau. Ainsi, par exemple, voyez dans cette leçon, page 326 et suivantes, les avantages qu'on peut retirer des dessous, c'est-à-dire des teintes préparatoires d'une ébauche, pour en obtenir ensuite, en les recouvrant légèrement par d'autres teintes mixtes, les tons les plus mystérieux, les plus fins, en même temps que les plus vrais qu'on puisse désirer en demi-teintes bleuâtres, violâtres, ou légèrement gris-verdâtres, roussâtres, etc., quoique les divers mélanges ou teintes qu'on emploie actuellement our produire ces effets ne soient, ni sur la palette, ni ar elles-mêmes, du ton qui en résulte par cette manœuvre de superposition et de cette demi-transparence.

L'on s'assure des avantages non moins précieux our les ombres, quand on les a préparées à l'ébauche d'un ton chaud, léger et transparent, et qu'on les recouvre ensuite avec des bruns-verdâtres rompus, selon le cas et le degré de force convenable : l'on évite par là de tomber dans l'opacité et le farineux.[1]

Il faut, autant que possible, s'arranger pour achever une tête dans le courant de la journée, surtout en été : il serait impossible de lier les teintes si l'on attendait au lendemain ; la couleur alors serait trop prise. Cependant, comme la chose est difficile, surtout pour un commençant, et que d'ailleurs le peintre dépend de son modèle, qui ne peut pas toujours poser si longtemps de suite, voici ce que l'on peut faire :

D'abord, si la saison est assez fraîche et humide, vous pouvez reprendre votre ouvrage de bonne heure le lendemain ; mais je vous conseille en ce cas de transporter votre tableau dans un endroit sombre et frais, comme dans un caveau, en le plaçant de manière à ce qu'il ne courre aucun risque, et cependant à ce qu'il ne soit pas suspendu, ni dans le cas de tourner et retourner sur lui-même, parce que le contact de l'air, qui le frapperait continuellement, contribuerait beaucoup à le faire sécher. On peut encore aboucher le tableau en

---

1 Voyez la page 329, où il est question de ces teintes opaques et farineuses, et comment il faut opérer pour les éviter.

ne l'appuyant que par les quatre coins sur une grande terrine d'eau : la légère évaporation de cette eau l'entretient assez frais, et l'on ne risque rien de la poussière; mais il faut toujours que ce soit dans un caveau bien obscur et fermé.

L'on pourra par ces précautions reprendre la suite de son travail du jour au lendemain sans inconvénient, pendant les cinq ou six mois de l'année les plus frais; mais encore on doit n'entreprendre que les parties du visage qu'on est certain de pouvoir achever et lier, car ce travail exige que la pâte de la couleur soit encore assez fraîche.

Vous n'arrêterez jamais votre travail au milieu d'une grande partie, comme, par exemple, dans une grande joue, surtout dans la lumière, etc.; mais vous l'arrêterez aux tempes, en y comprenant le haut de la fonte des sourcils, et par suite la racine du nez. Ayez soin d'*amincir*[1] la pâte de couleur sur les bords que vous devez reprendre le lendemain, et d'y ajouter une très-petite addition d'huile, comme un léger *frottis*.

Le lendemain, vous peindrez l'enchâssement des yeux, sans travailler aux prunelles ni au blanc des yeux, qui peuvent toujours se détailler plus tard.

---

1 J'appelle amincir la couleur, en coucher fort peu et seulement un *frottis* vers les parties que l'on doit reprendre le lendemain; et l'on fera bien d'ajouter un peu d'huile dans la couleur qui servira à faire ce frottis, de crainte qu'il ne sèche trop tôt; mais cette addition d'huile, qu'on prend au bout de la brosse, doit être presque imperceptible, sans quoi elle roussirait la teinte : d'ailleurs, il est reconnu que moins la couleur est empâtée et épaisse, surtout quand il entre du blanc dans le mélange, moins elle est prompte à sécher.

Vous ferez la joue la plus éclairée, tout le nez, en un mot, tout le côté éclairé de votre tête, jusqu'à la séparation du cou avec la tête, à l'endroit où il y a toujours une ombre, ou du moins une demi-teinte, qui vous donne une limite naturelle, et vous amincirez la couleur sur les bords, comme nous l'avons déjà dit.

Ainsi, à l'exception des touches de lumière piquantes et des ombres fermes, que vous aurez soin de poser le lendemain avant de passer à une autre chose, voilà le front et ses alentours, tels que les racines des cheveux et les petites mèches échappées qui le bordent, les yeux et tout le visage achevés et fondus jusqu'à la naissance du cou, d'un côté, et jusqu'au-dessous de l'œil qui est du côté de l'ombre, de l'autre, en y comprenant toute l'ombre du nez, toute la bouche, le menton et leurs alentours[1]. Il reste à faire les oreilles, ou l'oreille, si l'on n'en voit qu'une, une grande partie de la joue ombrée, et enfin les prunelles. Vous y travaillez le troisième jour, et vous achevez ainsi le visage. C'est à regret que je distribue en autant de séances un travail qui, pour bien réussir, devrait être terminé en un seul jour, à l'exception des prunelles et même, à la rigueur, des oreilles, qu'il est facile de peindre après coup sans faire de taches; mais, enfin, si l'on ne peut

1 Il serait impraticable de peindre toutes les lumières du nez, et même de la bouche et du menton, sans y joindre les demi-teintes et les ombres; il n'y a donc que les ombres qui avoisinent et touchent immédiatement le fond qu'on puisse reprendre après coup, encore cela est-il bien hasardeux.

faire mieux, il est bon de savoir où il est le moins préjudiciable de s'arrêter. On le peut sans autant d'inconvénient dans toutes les petites parties, et surtout dans celles qui sont dans l'ombre, parce que les couleurs qu'on emploie dans les ombres, n'ayant pas de blanc, ne sèchent pas aussi facilement.

Si c'est une femme que vous peignez, ou toute autre personne qui ait le cou nu, vous peindrez le cou et la poitrine dans le même jour; car il n'y a pas moyen de rejoindre avec succès des parties aussi lumineuses et qui exigent autant d'unité.

Ce que je vois de plus fâcheux dans ce nombre de séances et le temps qui s'écoule entre la première et la dernière, c'est que les couleurs du front, et progressivement celles qui auront été couchées ensuite, étant déjà à moitié sèches, n'auront plus l'aspect qu'elles avaient quand vous commençâtes votre ouvrage : elles paraîtront *embues*, c'est-à-dire mates et blanchâtres, ce qui vous offrira une dissonnance capable de vous déranger beaucoup sur l'harmonie générale et l'identité du ton. Mais c'est à vous à prendre vos précautions. Il est malheureux aussi que la même palette ne puisse pas vous mener jusqu'au bout, car cela serait au moins une boussole qui vous empêcherait peut-être de vous égarer, au lieu qu'une nouvelle palette ne pourra jamais être complétement semblable à la précédente; et cela peut vous induire en erreur, surtout dans les premiers essais que vous ferez.

Si c'est en été que vous travaillez, redoublez de précautions, en observant tout ce qu'on vient d'indiquer.

D'abord, ne mêlez point de smalt partout où vous ferez entrer un mélange de blanc ou de jaune de Naples. Ensuite, chaque fois que vous abandonnerez votre tableau pour ne le reprendre que le jour suivant, ayez soin de prendre de l'huile pure, mais fort peu, et frottez-en les bords de la couleur à l'endroit où vous devez la rejoindre. Vous ferez cela avec une brosse ferme et douce en même temps, et puis ensuite vous étendrez ce peu d'huile avec le bout du doigt, de façon que la place ne soit que légèrement onctueuse sans être précisément humide; car, je le répète, on ne saurait mettre trop peu d'huile. Vous ferez la même opération à toutes les choses que vous voudrez reprendre et lier avec le tout ensemble, comme, par exemple, aux cheveux, au fond ou aux draperies, etc.; mais il faut éviter de le faire dans le blanc vif des linges, ou même dans la belle lumière de toutes les étoffes qui sont d'une couleur claire et délicate, comme vert d'eau, bleu-de-ciel, rose, lilas, jaune, etc. Quant aux couleurs rouges, comme les cinabres, vermillon de Chine et surtout les laques cramoisies, elles sèchent si lentement, qu'à moins qu'elles ne soient mêlées de beaucoup de blanc, il n'y aura pas besoin de frotter les bords d'huile pour pouvoir les reprendre; ce serait également inutile pour l'outremer pur.

Pour toutes les teintes où vous ajouterez de l'huile grasse, il est superflu d'humecter les bords, parce que l'huile grasse séchera assez du jour au lendemain, pour que vous puissiez repasser les bords par-dessus; mais il faut toujours amincir la teinte ou le glacis sur les bords, afin d'éviter les croûtes et les épaisseurs. Tout ce qui est peint avec une assez grande quantité d'huile grasse, ne prend pas de l'*embu;* cette huile est elle-même une espèce de vernis gras.

Quand un élève sera parvenu à couvrir le visage dans la journée (j'appelle le couvrir, l'avoir peint en entier, avec toutes les finesses de ton et le travail indiqué plus haut dans la leçon 18.ᵉ, page 259 et suivantes), et qu'il aura fondu toutes les teintes entre elles, comme on l'indique page 266, il pourra s'en tenir là jusqu'au lendemain matin, où il peindra alors en entier les yeux, c'est-à-dire, les prunelles et ce qui les avoisine de plus près, après quoi, pendant que la pâte de sa couleur a encore une sorte de flexibilité, il donnera les touches spirituelles, tant en force qu'en luisans clairs et vifs, comme on l'a indiqué page 270 et suivantes.

Je ne m'étends pas sur ce qui concerne les bras, les mains; ces objets exigent un dessin parfait, et toute la grâce dont ils sont susceptibles, soit dans la position générale, qui doit toujours être aisée, souple et naturelle; soit dans les détails des contours extérieurs et des formes intérieures qui y sont comprises. Faites-en beaucoup d'études séparées, soit d'après le plâtre antique, soit sur de belles parties ou fragmens moulés sur nature, et enfin, d'après la nature même. Vous dessinerez d'abord au simple crayon noir et blanc un grand nombre de bras, de gorges, de mains et de pieds; puis vous en peindrez quelques-uns en imitant simplement le plâtre, c'est-à-dire, d'après la bosse, et enfin vous commencerez à en faire quelques autres en couleur, avec toutes les teintes de la nature vivante. Mais comme on ne saurait trop tôt se nourrir l'imagination de belles formes, vous choisirez bien vos modèles, soit en hommes, soit en femmes. Quand vous saurez peindre de belles mains, de belles poitrines, il ne vous sera pas difficile d'en faire d'autres; et du moins vous y supléerez plus aisément pour ennoblir la forme.

Dans toutes ces parties le maniement de la couleur est le même que pour la tête; il demande seulement plus de hardiesse dans l'exécution, et une pâte en général encore plus nourrie, mais pourtant sans excès. La palette que l'on compose pour toutes les parties qui ne sont pas la tête, doit être en général plus simple, quoique plus volumineuse; l'on n'a pas besoin d'une aussi grande variété de teintes, et d'ailleurs on est toujours à même d'en composer au bout de la brosse, pour tous les cas possibles. Il faut proportionner la grosseur des brosses à l'étendue des grandes parties qu'on a à couvrir, et il vaudrait mieux pécher par la grandeur de ces brosses que par le défaut d'en employer de trop petites; car il faut étendre la couleur grandement et largement.

Pour ne rien omettre; je recommande aux élèves de s'attacher à peindre les bras, les poitrines, les mains, etc., de la même teinte de chair que la tête, c'est-à-dire que leur ton local soit en harmonie; car si vous peigniez les bras, la poitrine, etc., d'une femme blonde, blanche et délicate au dessous d'une tête de brune, ou que vous fassiez le contraire, la discordance, ou plutôt l'impossibilité d'une pareille réunion, choquerait les yeux les moins exercés. Nous avons déjà dit qu'il faut éviter, dans un portrait de femme surtout, de rendre les formes trop pauvres et trop maigres, trop grasses et trop ramassées, ou qui pèchent d'une manière frappante en quelque excès que ce soit. Cela n'empêche pas qu'on ne caractérise jusqu'à un certain point le genre de complexion de la personne; mais, bien loin d'exagérer ou de copier servilement ces défectuosités, il faut les affaiblir et les dissimuler un peu; trop d'exactitude sur ce point déplairait aux spectateurs presque autant qu'au modèle. Ne détaillez pas durement et séchement les ongles, les yeux, ni l'entre-deux des doigts; ces sortes de duretés sont communes dans les essais des commençans. Ne marquez la séparation des seins qu'avec des ombres ou des demi-teintes fort tendres; rien n'est moins gracieux que ces gorges étroites et rapprochées, telles pourtant que les faisait souvent Rubens. Je ne dis point qu'il faille donner beaucoup de gorge à une personne qui n'en a presque point, ou n'en faire paraître que médiocrement à une autre qui en a trop; mais flattez toujours un peu et sans trop de scrupule ces parties qui ne constituent pas essentiellement l'exacte ressemblance; je ne saurais trop insister là-dessus. Vous n'avez nul besoin de mettre votre modèle dans la confidence de ce que vous avez intention de faire à cet égard; il ne faut même pas qu'il s'en doute : dites-lui seulement que vous pouvez achever sans lui telle ou telle partie, il en sera enchanté; en attendant vous tâcherez de vous procurer, pour les parties que vous voulez un peu embellir, un autre modèle, plus avantageusement traité par la nature, quoique toujours d'une conformation analogue; et si, par hazard, votre modèle en est instruit, vous avez la ressource de lui dire que vous avez fait cela pour lui éviter un trop grand nombre de séances; c'en sera assez pour mettre son amour-propre en repos.

Presque toutes les personnes qui viendront se faire peindre, vous recommanderont de ne pas les flatter; elles vous feront même à ce sujet des raisonnemens très-sensés, parce qu'en effet elles les feront de bonne foi. Mais ignorez-vous que tout le monde, sans exception, se croit mieux qu'il n'est réellement? Je dis cela sans malignité; c'est une vérité que le temps et l'expérience vous démontreront, la nature l'a voulu ainsi; et c'est un bonheur. Si certaines personnes se doutaient de leur laideur, ou seulement qu'elles sont loin d'être aussi bien que d'autres personnes dont elles ne peuvent pas souffrir la figure ou l'expression, elles ne voudraient plus se montrer dans le monde; elles se rendraient malheureuses et affligeraient leurs amis.

C'est donc un bienfait du Ciel, que la bonne idée que nous avons de nous-mêmes, quand ce petit ridicule n'est pas porté trop loin; et puisque tout le monde est dans le même cas (car je n'en excepte ni les hommes ni les personnes âgées), ne vous tenez pas strictement pour obligé de suivre la recommandation qu'on vous fait, de ne point du tout flatter un portrait;

croyez-moi, vous n'aurez jamais à vous en repentir; vous ferez des heureux, peut-être même des jaloux. Mais le talent de faire des ressemblances agréables n'est pas donné à tout le monde : c'est en partie un don de la nature. Si j'ose citer ma fille comme le possédant à un degré remarquable, on croira peut-être que je cède à un amour-propre plus pardonnable encore que celui dont je faisais tout-à-l'heure l'apologie; mais j'ai l'heureuse certitude que des yeux indifférens portent le même jugement sur ses ouvrages.

XX.e LEÇON.

Des Vêtemens, des Draperies, et de la manière de les traiter.

J'ai déjà fait mention des couleurs d'habillemens qui sont les plus convenables aux diverses carnations.[1] J'ajouterai sur ce sujet quelques mots, avant d'entrer dans les détails relatifs à la manière de les peindre.

Les étoffes bariolées ou à fleurs, en soie, en laine, ou seulement imprimées sur des toiles de coton, sont rarement d'un bon goût en peinture; les nombreux détails qu'elles comportent, nuisent non-seulement à l'effet général, et par conséquent à la tête, mais en outre à l'intelligence des plis. Ce papillotage de fleurs, de raies ou de mouches, attire l'œil et rompt la belle simplicité d'une étoffe unie. Il est des cas, néanmoins, où l'on peut se les permettre, parce qu'ils caractérisent jusqu'à un certain point le goût et les usages dominans, comme dans les schalls et dans les mousselines brodées : dans ces dernières il faut que les broderies soient blanches, sur une mousseline ou une gaze de même couleur, et qu'elles ne se distinguent que par la différence des deux blancs; alors cela n'a rien de dur. Les broderies blanches aident même le peintre à mieux faire sentir la transparence d'une étoffe légère, pourvu

1. Voyez la leçon 19.e, page 317 et suivantes.

qu'il évite avec soin de les trop détailler, ce qui est le défaut le plus commun de tous les élèves et amateurs. Il ne faut rendre sensibles dans les dessins ou les broderies, que ce qui est le plus en évidence, ce qui reçoit le plus de lumière se trouvant placé sur quelques parties des plus grands plis en relief. Il faut bien se garder de les peindre avec une forte épaisseur de couleur, cela donnerait à l'étoffe une lourdeur désagréable; d'ailleurs l'élève aura soin de varier la teinte de son blanc, et de ne l'employer complétement pur que dans les parties les plus brillantes, comme sur la lumière la plus vive des épaules, dans les ourlets, sur la saillie de la gorge, et encore sur l'élévation que forment les plis qui sont immédiatement au-dessous de la ceinture. Quant aux broderies qui s'aperçoivent encore dans les parties reculées ou tournantes, il est fort essentiel de ne les indiquer qu'avec des blancs grisâtres; et loin de s'attacher à leur donner de la netteté, il faut au contraire ne les faire que d'une manière vague et interrompue, ainsi que la nature nous les présente au premier aspect, avant que nous les examinions attentivement pour les peindre.

Cette espèce de négligence calculée fera beaucoup mieux paraître les formes des membres ou des plis, que si vous vous attachiez péniblement à ne pas omettre une seule mouche. Il en est de même des schalls; il ne faut peindre toutes ces palmes, bordures et fleurs variées de mille couleurs que d'une manière vague, indécise et moelleuse; on n'en imitera que mieux la nature de ces tissus brochés et chamarrés, au lieu que, si vous les détailliez avec trop de netteté, vous leur donneriez l'apparence du fer-blanc peint, parce qu'on n'y verrait point ce duvet pelucheux qu'offrent les étoffes de laine, si bien tondues et rasées qu'elles puissent être.

Les couleurs rompues, comme le fauve, feuille-morte, certains verts sales ou des bruns indécis, ne siéent pas à la jeunesse; il est une multitude de gris qui ne leur sont pas plus convenables : il faut les réserver pour les personnes d'un âge mûr ou pour la vieillesse. Le gris de lin qui tire sur le lilas est le seul gris qui convienne à la jeune personne, encore ne sied-il bien qu'aux blondes ou aux brunes très-fraîches et blanches de peau.

Une couleur foncée sur une plus claire fait un meilleur effet que la combinaison contraire; il vaut mieux en général faire un schall plus obscur que la robe sur lequel il est posé; il en est de même pour les habits d'hommes : la couleur d'un frac ou d'un habit quelconque fait un meilleur effet sur un gilet ou une veste de couleur claire, que si c'était le contraire. Mais toutes ces petites considérations ne sont que générales; il est des cas où il ne convient de faire autrement, soit pour se plier aux habitudes d'une personne, ou pour toute autre raison que le peintre saura apprécier.

Du jet des Draperies, et de l'art qu'il faut mettre à les mannequiner. [1]

Rien ne prouve plus évidemment qu'il faut joindre l'art à la nature dans beaucoup de cas, que le beau jet d'une draperie. En effet, si le peintre copiait toujours servilement ce que la nature et le hazard lui présentent, il ferait la plupart du temps des choses de mauvais goût, et qui gâteraient toutes les formes de son dessin, c'est-à-dire estropieraient en quelque sorte les membres d'une figure, si bien qu'il les eût disposés dans le principe.

Il est certains plis malheureux qui, loin d'aider le spectateur à découvrir les formes de la figure qui est dessous, et à en comprendre l'attitude, rompent tellement ces formes, que telle draperie ne paraît plus qu'un amas d'étoffe chiffonnée et jetée au hazard sur une figure, pour la dérober à nos regards.

1 *Mannequiner* signifie arranger sur un mannequin une robe ou un vêtement quelconque de manière qu'il fasse de beaux plis et un bon effet par rapport à la figure de la personne qui est censée en être habillée. L'art de bien mannequiner est fort difficile, et demande beaucoup de connaissances, de goût et de patience, et l'on passe souvent des journées entières à ce travail sans pouvoir se contenter. Chacun sait qu'un mannequin est une grande poupée, ou tout en bois, ou composée de bois et de métal pour les charnières des articulations de tous les os, et recouverte, pour les muscles et les chairs, d'un ouvrage rembourré et piqué avec art, pour imiter toutes les formes et proportions d'une figure d'homme, de femme ou d'enfant. Il s'en fait de grandeur naturelle et de demi-grandeur. M. Huot, à Paris, est celui qui les fait le mieux. Au bout d'un an, il les livre pour le prix de huit ou neuf cents francs.

C'est ce qu'il faut éviter avec soin, en cherchant, au contraire, quoique sans affectation, à distribuer les plis et l'ampleur de l'étoffe de manière à ce qu'elle laisse apercevoir la forme du nu, ou, en d'autres termes, qu'à travers cette étoffe on voie assez clairement l'attitude et même, jusqu'à un certain point, la forme des membres. Il arrive quelquefois que la robe ou le schall, c'est-à-dire les draperies que la personne porte actuellement, se trouvent très-agréablement drapées : en ce cas, si l'on ne fait qu'un buste, il faut prier la personne de vouloir bien poser sans se remuer, pour qu'elle vous laisse le temps de peindre cette partie du vêtement. Si vous craignez de n'en avoir pas le temps, il faut en prendre un croquis à l'estompe et à crayon noir et blanc, afin de vous guider par ce dessin pour la distribution des plis, en peignant d'après cela, ou encore pour mannequiner votre étoffe d'après l'esprit de ce croquis.

S'il s'agit d'un portrait en pied, où la figure se voit tout entière, il n'y a pas moyen de songer à peindre en une seule et même séance un habillement entier, surtout un habillement de femme; en ce cas (toujours en supposant que le hazard vous offre sur la nature et la personne même une heureuse disposition d'effet et de plis) il faut vous hâter d'en prendre un croquis général, qui vous guidera pour draper votre mannequin ou une autre personne qui se prêtera à remplacer pour cela le modèle. Si vous n'êtes pas encore assez expéditif pour entreprendre un travail général si considérable, vous peindrez d'abord une partie, et puis une autre, comme les manches, ensuite le corsage; une autre fois la jupe, le schall, et enfin tout le reste; et quoique vous ne puissiez nullement vous promettre de mannequiner chaque fois votre étoffe exactement de la même manière, vous en approcherez toujours assez, guidé par votre croquis, pour ne rien faire de faux et d'incohérent. Au surplus, je préviens mes lecteurs, qu'il faut qu'ils s'habituent de bonne heure à n'être pas trop exigeans sur les plis qu'une draperie exécutée en diverses reprises leur offrira: ils pourraient mannequiner ainsi des années entières, sans faire reparaître exactement les premiers plis qu'ils ont observés: ils ne doivent donc pas s'arrêter à des choses de détail; s'ils obtiennent à peu près juste la masse générale des principaux plis, ainsi que l'effet des ombres et des lumières principales, ils doivent s'en contenter.

Qu'ils se persuadent que les détails sont des choses si arbitraires, que cela importe peu à l'effet général; d'ailleurs il est très-possible qu'en cherchant à ressusciter un pli quelconque, ils en fassent naître tel autre qui vaudra encore mieux : en ce cas il n'y a pas à hésiter, il faut s'en saisir, pourvu toutefois qu'il ne soit pas en contradiction manifeste avec les ondulations des plis qui l'avoisinent. Tout cela n'est pas l'apprentissage d'un jour; il faut avoir du goût, de la persévérance, et en même temps savoir se décider.

Ce n'est pas avec les doigts qu'on parvient à mannequiner une étoffe; il faut se servir d'une petite baguette arrondie au bout, ou d'une forte et longue aiguille à tricoter : de cette manière on ne dérange pas la masse générale, et même certains détails qu'on désire conserver, et l'on a toute la facilité possible pour faire éclore les plis que l'on cherche.

Ce qui embarrasse le plus quand on habille un mannequin, c'est de lui donner, à travers les vêtemens dont il est drapé, l'attitude et le maintien naturel et facile de la nature vivante. Cette poupée, si bien faite qu'elle soit, a quelque chose de disgracieux ; et il est nécessaire de savoir très-bien dessiner pour s'en servir avec succès : aussi est-il indispensable, avant tout, que le contour de votre figure soit parfaitement bien dessiné d'après votre modèle. Ne vous hasardez point à négliger cette précaution, en vous confiant à l'usage du mannequin ; votre figure serait de bois, et n'aurait ni grâce ni souplesse. Le mannequin ne sert que pour copier plus à l'aise la nature et l'effet des étoffes ; c'est pourquoi il est nécessaire de le poser, autant que possible, dans la véritable attitude que l'on a fait prendre au modèle, afin que les plis suivent les inflexions des membres ; mais passé cela ne faites jamais un contour d'après le mannequin ; conservez soigneusement ceux que vous avez tracés d'après votre modèle.

Quand une personne s'assied ou qu'elle fait un mouvement quelconque, ses draperies obéissent à ces mouvemens, et les plis qui en résultent sont naturels : ils peuvent souvent n'être pas tous d'un choix assez heureux pour qu'on doive les peindre, nous l'avons déjà observé ; mais du moins ils ne sont jamais tellement discordans avec le mouvement et l'attitude de la personne, qu'ils présentent des contre-sens et des plis impossibles. Il n'en est pas de même des plis que présente un mannequin. Comme celui-ci ne prend que l'attitude tâtonnée et graduelle qu'on lui donne, il n'y a point de mouvemens spontanés, et par conséquent les plis n'ont rien de naturel; l'étoffe n'est, à vrai dire, que chiffonnée par le contact des mains : en sorte que, si l'art ne venait pas ici au secours de l'artiste, il ne trouverait rien de passable à copier. Cette réflexion achèvera de convaincre les élèves que, pour réussir à draper naturellement et convenablement le mannequin, après qu'on l'a posé dans l'attitude de corps du modèle, il est précieux de pouvoir se guider dans ce travail par un croquis ou un petit dessin qui rafraîchisse la mémoire de l'aspect qu'avait la draperie entière quand elle obéissait à la nature vivante. Ce croquis sert encore de guide pour savoir jusqu'à quel point les formes du dessous se laissaient apercevoir. Ainsi, l'on y verra à quel degré l'on distinguait le mouvement des hanches, des cuisses, des jambes, etc., et l'on mannequinera en conséquence.[1]

Comme on est appelé à peindre des personnes d'une différente complexion, les unes fort grosses ou grasses, les autres maigres et fluettes, je conseille à ceux qui achètent un mannequin, de le demander plutôt un peu

---

1 Le fabricant de mannequins donne toujours un imprimé qui indique de quelle manière il faut les manier pour leur donner telle ou telle attitude, ainsi que pour leur passer les robes; je n'entrerai donc dans aucun détail à ce sujet.

mince et les membres peu fournis, que le contraire. En voici la raison :

Si vous aviez un mannequin charnu et fort, les robes des personnes minces ne pourraient pas y passer, au lieu que vous pouvez le matelasser et le grossir avec quelques bandes de mousseline adroitement disposées pour imiter une personne plus forte. De cette manière un seul mannequin servira pour toutes les tailles. Je conseille qu'un mannequin de femme ait cinq pieds de haut; je dis de femme, parce que leurs vêtemens et les différentes étoffes dont elles s'habillent sont plus difficiles et plus longues à peindre que ceux d'hommes.

Avec un peu d'intelligence on peut faire usage d'un tel mannequin pour peindre les habits d'hommes; on n'a qu'à grossir adroitement toutes les formes et les membres, à l'exception de la poitrine; et sur un contour bien dessiné, l'on n'aura aucune difficulté à peindre par-dessus ce matelassage un habit d'officier, qui a beaucoup de détails, ou tel autre qu'on voudra peindre plus à son aise que sur le modèle qui le porte habituellement : cependant faites toutes ces choses, autant que possible, sur le modèle même.

Passons maintenant à la manière de bien draper et de bien peindre les étoffes.

Pour qu'une robe, un schall, une grande draperie, présentent un aspect agréable, il faut avant tout qu'ils ne cachent pas entièrement les formes de la figure, mais qu'on puisse sans peine découvrir à travers les plis quelle est la situation des parties du corps qu'ils couvrent. Ce n'est pas qu'il faille que les formes se dessinent sans discontinuité; au contraire, l'étoffe doit abandonner la forme dans les enfoncemens, et partout où il n'y a pas une saillie de ronde bosse qui l'oblige à faire moins de plis et à être plus étendue sur cette partie arrondie. Ainsi, quelle que soit l'attitude que vous ayez adoptée pour votre modèle, il s'y trouvera des membres ou des parties du corps plus saillantes les unes que les autres; ces parties saillantes repousseront l'étoffe, et ne lui permettront pas de se diviser en plis profonds : c'est sur ces parties saillantes que vous laisserez apercevoir la forme du corps à travers le vêtement, et c'est en effet là que la nature vous les présentera, pour peu que vous y fassiez attention. Mais que l'artiste se garde bien de mettre de l'affectation dans cette distribution; ses draperies ressembleraient alors à des linges mouillés qui prennent toutes les formes du corps, en s'appliquant et se collant pour ainsi dire contre lui. C'est un défaut dans lequel tombent ceux qui drapent d'invention, ou même avec des étoffes mouillées. Cet expédient peut être bon dans de certains cas, pour les statuaires, par exemple, ou bien pour les peintres d'histoire, qui, ayant souvent besoin de consulter d'un seul coup d'œil plusieurs mannequins groupés ensemble, font et modèlent eux-mêmes ces petites figures avec de la terre glaise. On appelle ces petites figures des *maquettes* [1] : elles n'ont guère qu'un

---

1 Ces maquettes, pour savoir les faire et s'en servir, exigent déjà un certain degré de talent et d'intelligence; car, bien qu'on ne les sculpte que très-grossièrement, il faut néanmoins qu'elles soient bien propor-

pied de haut, et moins encore. Pour que les draperies de ces petites maquettes puissent avoir un degré de souplesse et de pesanteur proportionné à leur dimension, on les drape avec des linges mouillés, plus ou moins enduits de terre glaise, pour leur donner une apparence plus ou moins épaisse, mince ou fine, et pour qu'elles n'aient pas la roideur qu'auraient des morceaux d'étoffe d'une aussi petite dimension, et qu'elles aient assez de poids et de souplesse pour tomber d'elles-mêmes et envelopper le corps et les membres de ces petites figures grossièrement ébauchées et modelées.

Mais dans les mannequins de grandeur naturelle, les diverses étoffes dont on les habille doivent être les mêmes que celles dont tout le monde fait usage.

Évitez, autant que vous le pourrez (surtout dans les draperies qui ne sont pas tombantes perpendiculairement), les plis parallèles et qui se ressemblent trop, particulièrement quand ils sont très-rapprochés l'un de l'autre : néanmoins, c'est ce que vous ne pouvez pas éviter dans la robe d'une personne debout. Dans les étoffes fortes, et qui ont du moelleux et de la consistance, comme les gros draps, les velours et les fortes étoffes en soie, tâchez de ne pas trop multiplier les plis, mais faites en sorte d'établir de grands et beaux plis généraux, qui présentent de larges masses sans

---

tionnées, et surtout qu'elles aient l'attitude et le mouvement juste de la figure pour laquelle elles servent de mannequin. Au reste, on parvient bientôt à cela; mais il faut avoir de l'usage, et être assez avancé dans la science du dessin.

préjudicier aux formes du dessous. Si vous drapez une étoffe souple et mince, il y aura naturellement un plus grand nombre de petits plis; il faut cependant faire en sorte qu'il s'en trouve quelques-uns qui présentent de grandes masses générales et bien distinctes des petits plis, soit pour éviter la monotonie, soit pour produire des ombres accidentelles.

Les petits plis sont plus abondans partout où l'étoffe est pressée et liée, comme à la ceinture, aux manches, etc.; mais, en opposition de ces petits plis, il faut que l'œil se repose sur de grandes parties lisses, ou du moins larges et presque unies.

Évitez toujours qu'un pli grand et profond vienne croiser une forme ou un membre du corps qui doit paraître saillant; vous détruiriez par-là l'économie et l'intelligence de votre figure. Rien n'est plus défectueux, quoiqu'il arrive souvent que la draperie offre ce mauvais effet dans la nature même : une draperie doit couvrir le nu sans jamais le défigurer.

Quant aux grands plis lâches et tombans, tachez qu'ils n'aient rien de trop symétrique; mais qu'ils diffèrent d'ampleur, de forme, de situation, et qu'ils présenteut des angles opposés les uns aux autres, sans violenter l'étoffe. Consultez à cet égard les gravures faites d'après les meilleurs peintres, telles que celles d'après les Raphaël, les Poussin, etc.; mais n'imitez pas en cela la plupart des maîtres des écoles flamande et hollandaise. Ces peintres, quoiqu'ils aient bien traité les draperies, quant à la manière de les peindre, ne les ont pas drapées en général avec autant de grâce et de goût, ni jetées avec autant d'art. Les peintres français, et surtout les Italiens, méritent la préférence.[1]

---

1 Il y a d'excellens peintres qui usent d'un moyen qui me paraît bien imaginé, pour juger de l'effet général que doit avoir un tableau composé d'un assez grand nombre de figures, ainsi que de la distribution des couleurs de draperies, pour produire un ensemble harmonieux : ils fabriquent, en bois ou en carton, un intérieur à peu près semblable à celui qui doit faire le fond de leur tableau, n'importe que ce soit un portique, un palais, une église ou une chambre; ils percent les fenêtres de ce petit local aux endroits où ils ont l'intention de les placer dans leur tableau, en sorte que le jour ne puisse y pénétrer par aucune autre voie. Cette espèce de boîte, qui a quelques pieds de proportion, est construite de manière qu'on puisse enlever le plafond et même les côtés latéraux, ce qui laisse la liberté de la peupler d'autant de petites figures ou *maquettes* que la composition du tableau en contient. Les peintres habillent ces maquettes des couleurs qu'ils jugent à propos, puis referment le local, qui n'est ouvert que par le côté où le jour n'entre pas, et là ils examinent l'effet général de tout l'ensemble, ainsi que les ombres que se portent les unes aux autres toutes les figures. Ils jugent de même du bon ou du mauvais effet que font les diverses couleurs des draperies, des reflets qu'elles se renvoient, et des lumières qui brillent avec le plus d'éclat. S'ils ne sont pas satisfaits du choix des couleurs de draperies ou de l'effet général du clair-obscur, ils rouvrent la boîte, qui est placée sur une table, et ils font dans l'intérieur tous les changemens et les modifications convenables.

L'on ferait assurément un fort mauvais tableau, si l'on se bornait, sans talent, à copier cet intérieur avec toutes les maquettes qui le peuplent; mais un habile homme peut en tirer un grand parti pour distribuer son effet général. J'ai vu de ces essais qui ont piqué vivement ma curiosité, et j'ai voulu en donner une idée à ceux qui n'en ont pas entendu parler.

Manière d'imiter les différentes espèces d'Étoffes et leurs Couleurs, mates ou brillantes.

L'on a déjà vu qu'on ne peut obtenir un beau bleu céleste qu'avec de l'outremer, ou, à la rigueur, avec les bleus tirés du cobalt. Il en est de même pour toutes les teintes vives où il entre du bleu, en tant qu'elles sont claires et brillantes, comme sont particulièrement les étoffes de soie. Ainsi un beau violet, un tendre lilas ou de beaux verts clairs, ne peuvent s'obtenir que par ces bleus, soit en y mêlant (outre les autres couleurs qui les constituent, comme les laques de garance pour les violets et les lilas, et les jaunes pour les verts) plus ou moins de blanc, pour éclaircir la teinte, soit encore en préparant dès l'ébauche toutes les vives lumières *avec du blanc pur*, pour revenir par-dessus avec des glacis transparens, comme on l'a dit, pages 31 et 32. (Voyez aussi la leçon 6.e sur les glacis et les préparations, page 155 et suivantes.) Mais pour peindre les étoffes de drap et toutes celles qui sont d'un bleu foncé et obscur, le bleu de Prusse est excellent; il est même préférable à l'outremer, s'il est d'ailleurs d'une bonne qualité, ainsi que pour faire des verts foncés ou vert-dragon, en le mêlant avec des ocres, comme celle de rue, ou l'ocre jaune ordinaire, selon le cas.

Mélange pour imiter le Drap bleu-foncé à l'ébauche.

Mêlez dans le beau bleu de Prusse un tiers de laque foncée n.° 12; ajoutez-y un vingtième d'ocre rouge, et environ autant de noir de vigne ou de noir de Prusse. Vous y mêlerez du blanc pour les deux teintes les plus claires : la moins claire sera la couleur locale, et la plus claire, pour rehausser les plus grandes lumières; c'est à vous à y mettre le blanc nécessaire pour imiter l'etoffe de drap que vous copiez.

Vous ferez deux autres teintes du premier mélange, dont vous aurez réservé une partie avant que d'y avoir ajouté la moindre parcelle de blanc; et au lieu de cela, vous y ajouterez du noir, en faisant une teinte beaucoup plus obscure que l'autre, pour les plus grandes forces et vigueurs dans les ombres.

De ces quatre teintes (que vous aurez soin de faire copieuses, en proportion de la superficie que vous avez à couvrir) vous pourrez ébaucher toute votre draperie, non qu'elles soient assez variées pour tout ce que vous aurez à exécuter; mais vous en ferez d'intermédiaires au bout de la brosse pour tous les cas possibles, en prenant garde néanmoins de ne point trop salir votre couleur locale et vos lumières par les teintes où il y a beaucoup de noir, et de ne point non plus mélanger dans les grandes ombres celles où il entre du blanc.

Le mélange indiqué peut paraître extraordinaire,

en ce que l'on y emploie beaucoup de laque, et même de l'ocre rouge, pour faire du bleu-foncé; cependant cela est absolument nécessaire pour atténuer l'âcreté et la trop grande vivacité du bleu pur, où l'on n'aurait mêlé que du blanc ou du noir. Une pareille teinte de bleu n'imiterait point celle du drap, elle ressemblerait plutôt à du verre bleu, ou à de la toile cirée, qu'à une étoffe de laine.

Ce mélange, indépendamment de sa teinte locale, est utile pour couvrir la toile, parce que le bleu de Prusse et la laque sont deux couleurs tellement transparentes que, sans le noir et l'ocre rouge, dans les ombres surtout, vous ne pourriez y parvenir, et l'on verrait partout les traînées de la brosse sur l'impression.

Quand vous acheverez cette draperie sur l'ébauche sèche, vous emploîrez moins de couleur, et vous commencerez par étendre une légère préparation du premier mélange pur, sans blanc, sur le tout, ou du moins sur les parties que vous pouvez vous promettre d'achever dans la journée.

Vous composerez les mêmes teintes que pour l'ébauche, excepté la plus obscure des quatre, où vous ne mêlerez point de laque n.° 12, non plus que d'ocre rouge; mais vous la ferez avec de la terre de Cassel, *sans noir*, de la laque brûlée, et un peu de bleu de Prusse, ce qui lui donnera beaucoup de profondeur, de force, en même temps qu'un ton rompu, moins froid que celui de l'ébauche.

En ébauchant, vous ne mettrez pas beaucoup d'importance à détailler les plis, il vaut mieux même y laisser du vague, et s'attacher à couvrir la toile d'une manière unie ; car, pourvu que l'effet général des ombres et des lumières y soit indiqué de gros en gros, et que le tout soit bien dessiné et en place, il vous sera plus agréable de réserver tous les détails et les finesses des plis pour finir.

Quand vous en serez à la reprise du tableau, vous rectifierez vos contours et vos plis avec de la craie blanche, et vous acheverez votre ouvrage sans être contrarié par les faux plis de l'ébauche. [1]

On observera que le côté d'un habit dans l'ombre doit être légèrement reflété et d'un ton brunâtre rompu, parce qu'il n'est un peu visible dans cette grande masse d'ombre que par l'effet des faibles reflets que lui renvoient les objets du fond. Cela a lieu non-seulement dans les couleurs passablement claires, mais aussi dans les bleus, les noirs, les verts-foncés et les bruns. Ces reflets sont toujours à l'opposé du jour. Il faudra aussi faire perdre tous les contours qui se dessinent sur le fond, en amalgamant d'une manière un peu vague les bords de l'étoffe avec ce fond, ou avec d'autres objets, s'il s'en trouve par derrière l'habit, en

---

1 Vous aurez l'attention de mêler un peu d'huile grasse dans vos teintes à mesure que vous travaillerez; mais vous n'en ferez usage que pour celles où il n'y a aucun mélange de blanc. Si vous croyez devoir mettre un temps trop long à achever cette draperie, vous ne prendrez de l'huile grasse qu'au bout de la brosse, et à mesure que vous en aurez besoin; mais dans le cas contraire vous la mélangeriez de suite dans vos teintes obscures, celles qui sont sans blanc.

sorte que les plus fortes touches se trouvent toujours dans les ombres *portées* par le collet, les revers, etc. ainsi que dans celles qui séparent les bras du corps. Mais on observera qu'il ne faut jamais établir de plis profonds et noirs au-dessus du renflement des membres; cela casse les formes, comme nous l'avons dit plus haut.

Vous débuterez donc par établir les refentes d'ombre les plus vigoureuses, puis celles qui le sont moins, jusqu'aux plus faibles de toutes. Ensuite viendra la teinte locale du drap partout où elle n'est ni ombrée, ni très-éclaircie par l'effet des lumières. Cela fait, vous mélangerez la moitié de cette dernière teinte locale avec un tiers, plus ou moins, de celle qui a le plus de blanc, et vous en peindrez les masses les plus lumineuses partout également, sauf à y revenir l'instant d'après avec une partie de la teinte la plus claire de toutes, pour accuser certaines touches plus lumineuses que toutes les autres; mais il ne faut point les tenir trop claires, car alors votre étoffe aurait des luisans comme la soie ou les étoffes rosées et calandrées, ce qui ne ressemblerait point à l'effet mat que présentent les draps, excepté quand ils ont la première fraîcheur et le lustre de l'apprêt.

Vous suivrez la même marche pour peindre quelque draperie que ce soit, c'est-à-dire que vous commencerez toujours par les plus fortes touches d'ombres, après avoir étendu partout une légère préparation locale sans mélange de blanc. Il est des cas où les draps présentent à l'œil une teinte de couleur infiniment plus brillante et plus vive que lorsqu'ils sont éclairés en face. C'est lorsque l'étoffe est placée entre le jour et le spectateur. Dans cette situation, la plus grande partie est dans une grande obscurité générale; mais sur les bords et les tournans de l'étoffe, où le jour traverse le peluché du drap, on y voit des touches de lumière très-vives, et portant une couleur infiniment plus belle qu'elle ne semble l'être quand on envisage le drap éclairé en face du jour. Le drap, dans ces cas-là, fait un peu l'effet du velours, qui n'est brillant et chatoyant que sur les bords. Il est très-rare qu'on fasse un portrait à ce jour; le peintre est presque toujours placé entre la fenêtre et le modèle, sans quoi ce dernier serait presque en entier dans l'ombre. Mais on fait grand usage de cette manière d'éclairer une figure dans les compositions d'histoire ou dans les tableaux de genre, et même quelquefois dans ceux de famille, quand il y a un grand nombre de figures, afin de varier les attitudes et de rendre l'effet général plus piquant : on a seulement l'attention de n'éclairer à ce jour-là que les personnages secondaires, ceux auxquels on porte le moins d'intérêt, comme une servante, un domestique ou parent éloigné, parce que le plus souvent ces figures, dans l'ombre, n'offrent que peu de ressemblance, surtout aux spectateurs indifférens.

Remarque essentielle sur l'aspect des Plis des différentes étoffes, et manière de les caractériser.

L'imitation des différentes sortes d'étoffes dépend bien plus de la nature des plis qu'elles font, et de leur apparence peluchée ou lisse, que de toute autre chose. La preuve incontestable qu'on peut en donner, c'est qu'on imite parfaitement toutes ces étoffes sans en imiter le moins du monde le tissu, ce qui serait même impossible. Ainsi, par exemple, prenez du drap, de la durance, du velours, du satin, du taffetas ou un tissu de coton, etc.; que toutes ces étoffes soient teintes exactement de la même couleur, en cramoisi, par exemple: le peintre, pour peu qu'il ait d'habileté, ne laissera aucun doute aux spectateurs sur l'espèce d'étoffe qu'il aura voulu imiter. Pourquoi cela? parce que chacune de ces étoffes porte un caractère qui lui est tellement propre, par la nature des plis qu'elle forme, et par son apparence mate ou brillante, qu'à une distance assez considérable nous les reconnaissons dans la nature même, quoiqu'assurément nous en soyons trop éloignés pour en voir ou en manier le tissu.

Ce n'est donc qu'à la configuration des plis, et à l'apparence plus ou moins mate, ou plus ou moins lisse et brillante, que le peintre doit s'attacher pour faire reconnaître le vrai caractère d'une étoffe quelconque, ainsi que de tous les corps et substances possibles. L'on fait plus encore; en suivant ce principe, l'on parvient à donner à ces étoffes le degré de finesse ou de grossièreté qu'elles ont dans la nature; que ce soit de la laine, de la soie, des linges ou toute autre substance. On imite même tout cela sans le secours des couleurs, mais simplement avec du crayon ou des traits de gravure. Chacun est à portée d'apprécier la vérité de ce fait, d'où il résulte qu'il faut absolument étudier avec soin et d'après la nature même tous les effets de ces différentes étoffes, ainsi que le caractère de leurs plis, dont les uns sont mous et arrondis, d'autres anguleux et tranchans, et d'autres flasques, souples et fort multipliés, comme dans les mousselines et tous les fins linges en général, etc.

Je ne prétends pas insinuer que le coloris n'entre pour rien dans toutes ces imitations. Le satin, par exemple, porte des couleurs tellement vives et brillantes, et surtout le satin blanc, qu'il devient pour ainsi dire un miroir où viennent se réfléchir toutes les teintes des objets qui l'entourent. Toutes les étoffes de soie ont quelque chose de semblable, à l'exception du velours et de quelques espèces mates, comme le gros de Tours, etc. Mais il y a cette grande différence entre le satin et les taffetas ou autres soieries légères, que les plis de ces dernières sont beaucoup plus multipliés qu'ils ne le sont dans les soieries fortes et dans le satin. Ce dernier surtout forme de grands plis arrondis, qui, s'ils n'avaient pas par-ci par-là quelques yeux et petits crochets cassés, ressembleraient à des tuyaux d'orgue, tant ils ont l'apparence métallique par leurs formes, leurs luisans et leurs beaux reflets.

Les étoffes de lin, de chanvre ou de coton n'ont point de lustre, à moins qu'elles ne soient calandrées. La soie écrue est dans le même cas; mais il est inutile de nous occuper de toutes ces exceptions, le peintre saura les distinguer, et ne peindra aucune de ces étoffes sans avoir la nature sous les yeux.

Les *velours* et les *pannes* ou *peluches* portent un caractère particulier, en ce qu'ils n'ont jamais plus de vivacité et de lumière que dans les tournans arrondis des plis, là où les autres étoffes auraient au contraire des demi-teintes, et qu'au lieu que le jour vienne se placer sur les reliefs les plus saillans et les plus rapprochés de l'œil du spectateur, ces parties, au contraire, sont presque toujours mates et passablement obscures, sans l'être pourtant au point où le sont les fortes ombres et les profonds enfoncemens de plis. La multitude innombrable de petits bouts de soie qui forment le duvet du velours, ne permet pas aux rayons du jour d'éclairer ces parties, parce qu'ils se font ombre les uns aux autres; et comme tous ces brins de soie sont très-rapprochés, il en résulte une superficie unie et mate, qui ne renvoie point de lumière, ou du moins fort peu. Mais lorsque le jour frappe de côté sur cette espèce de duvet ou de brosse (ce qui arrive aux tournans et aux bords des plis), nous ne les voyons plus en raccourci; le jour s'arrête sur les extrémités de toutes ces pointes, qui, se trouvant un peu écartées et éparpillées par l'action des plis, nous renvoient alors les brillantes couleurs dont la soie est susceptible.

Ce contraste frappant du grand clair à une masse obscure, sans être tranché durement, produit les effets les plus riches et les plus flatteurs, d'autant que les parties brillantes et vives sont plus rares et beaucoup moins étendues que celles qui sont obscures; en sorte que les yeux n'en sont point fatigués, et pour ainsi dire rassasiés, comme on l'éprouve en regardant d'autres étoffes également brillantes partout. Aussi le velours sied-il bien à toutes les carnations.

J'ai déjà fait observer que les draps ont quelque chose qui tient un peu, quoique faiblement, de l'effet du velours; ils prennent quelquefois, sur les bords fuyans des plis, des touches de lumière plus vives que partout ailleurs, ce qui provient de ce que le drap n'est pas une étoffe absolument rase et unie, comme la serge de laine, etc.

J'ai cru devoir faire remarquer ces sortes d'effets aux commençans, parce que toutes leurs études d'après la bosse les ont habitués à placer les lumières et les ombres comme elles se voient en effet sur chacune des superficies unies; mais il n'en est pas de même des divers objets que doit représenter la peinture. Il était nécessaire de les en avertir.

De toutes les Étoffes légères et transparentes.

Il faut aussi étudier avec soin les gazes, les mousselines, les crêpes, et en général toutes les étoffes transparentes. Elles sont difficiles à bien rendre, parce qu'elles présentent une complication de plis en tous sens, qui s'aperçoivent les uns à travers des autres, sans qu'on puisse ni les confondre ni les distinguer tout-à-fait. Pour réussir à les rendre, il faut d'abord établir les dessous d'une manière douce et vague, sans trop faire attention pour le moment aux plis superficiels qui les recouvrent. Cela fait, on se trouve moins embarrassé pour placer les plis de dessus; mais l'on a soin, en général, de peindre ces sortes d'étoffes avec peu d'épaisseur de couleur, ce qui contribue à leur donner l'aspect léger et fin qu'elles doivent avoir. L'on en fait beaucoup plus en blanc qu'en d'autres couleurs; mais quand on a de ces dernières à exécuter, je pense, d'après ma propre expérience, qu'il est avantageux de ne les peindre d'abord que comme si elles étaient blanches (si toutefois elles reposent sur un dessous blanc de soie ou autrement); puis, quand ce travail *est entièrement sec*, on étend sur le tout un léger glacis, ou bleu, ou rose, ou vert, etc., en observant de doubler la force du glacis, et même de le tripler, partout où la nature nous offre deux et trois doubles de cette étoffe les uns sur les autres.

Par cette méthode l'on est maître de son travail; on ajoute ou l'on retranche à l'intensité de la couleur du glacis, sans courir le risque de perdre les plis et les formes du dessous, et en même temps l'on sacrifie avec des grisâtres rompus certaines parties qu'on trouve trop vives, ou bien l'on en réveille d'autres avec un mélange de blanc, pour leur donner plus d'éclat.

Je n'ai pas besoin de dire que, quand on a une gaze noire ou de toute autre couleur foncée à poser sur un dessous de couleur claire, il faut la peindre de suite de la couleur qu'on a choisie. Il serait absurde de la préparer en blanc. Je dirai seulement qu'il faut la peindre en glacis sur un dessous sec, après qu'on en aura tracé les principaux plis avec de la craie blanche pour s'orienter [1]. Au reste, toutes ces draperies transparentes doivent être traitées légèrement, et travaillées avec une brosse très-libre, sans s'attacher à un million de petits accidens de détail qui, loin d'ajouter au meilleur effet de l'ouvrage, y nuiraient plutôt. Ce n'est pas précisément de la négligence que l'on vous demande, c'est une manière de peindre spirituelle, qui ne caractérise que ce qui mérite de l'être, ce qui demande beaucoup de goût et de tact; en sorte que l'ensemble satisfasse la vue, quoique fait librement et à peu de frais.

L'on recommande, en général, de ne pas mettre trop d'importance aux draperies, non plus qu'à toutes les autres parties accessoires, et l'on a raison; parce que des soins trop minutieux dans ces choses-là détournent l'attention du spectateur, et font paraître la tête et les autres parties des chairs moins achevées. Mais il faut entendre cette maxime comme je viens de l'expliquer: il ne faut point croire que l'on soit dispensé de traiter les accessoires avec quelque soin; mais on doit s'atta-

---

1 L'on ne doit rien appréhender des mauvais effets de la craie blanche qui reste sur la toile; elle disparaît complétement, parce qu'elle ne couvre pas du tout, employée à l'huile. On fera bien cependant de n'en mettre que ce qu'il en faut pour tracer, et d'éviter l'excès, pour que cette poudre blanche ne s'éparpille pas sur tout le tableau.

cher simplement à rendre l'esprit de la chose, sans pâlir dessus trop long-temps.

Cherchez surtout à bien mannequiner votre modèle, afin d'éviter les plis parallèles, ceux qui sont désagréables à l'œil, et surtout, je le répète, ceux qui rompent l'intelligence de la forme d'un membre, et qui paraissent s'enfoncer jusque dans les chairs. En vain diriez-vous que vous l'avez vu ainsi; vous étiez libre de mieux choisir. D'ailleurs, la nature n'est pas immobile; elle se présente en un instant sous mille points de vue différens; en sorte qu'on n'a pas le temps de se fatiguer de son aspect : mais la peinture reste toujours la même; il faut donc que le goût préside à tous les objets qu'elle représente. C'est pour cette raison qu'il faut éviter certains raccourcis qui font un mauvais effet, si bien dessinés et peints qu'ils puissent être. Vous les avez copiés juste; mais dans la nature vous pouviez vous en expliquer la bizarrerie : en remuant un peu la tête à droite ou à gauche, cela seul en changeait l'aspect; au lieu que dans une peinture vous êtes condamné à envisager toujours sous le même aspect une chose qui paraît estropiée et désagréable.

Il faut donc non-seulement s'affranchir des choses qui peuvent paraître douteuses ou désagréables, mais encore élaguer les détails insignifians, et ce chiffonnage de plis sans motif ni caractère, qui détruirait l'effet général de votre draperie. Prenez cette licence, surtout quand vous peignez plus petit que nature; ne vous arrêtez qu'aux principales masses, et peignez une draperie de façon qu'on soit persuadé que, si on en étendait l'étoffe, elle présenterait réellement toute l'étendue et l'ampleur qu'on doit lui supposer. Mais mettez du discernement dans le choix de vos plis, et que le désir d'être simple ne vous fasse pas tomber dans la pauvreté; car on doit toujours reconnaître le genre, l'espèce et la qualité de chaque étoffe.

Ne faites jamais les ombres d'aucune draperie d'une couleur aussi vive et aussi pure que celles des lumières : par la même raison que le blanc devient gris, et même brun, dans les fortes ombres, il est naturel de penser que toutes les autres couleurs s'y ternissent de même. Il est cependant des cas où les étoffes, de soie surtout, ont des reflets qui ont assez de vivacité : c'est lorsqu'un pli éclairé renvoie sa lumière contre un autre qui est dans l'ombre, et duquel il est très-rapproché; mais en ce cas la teinte de ce reflet n'est pas vive en lumière; elle est plutôt d'une couleur éclatante. Ainsi, par exemple, qu'il y ait deux grands plis arrondis proches l'un de l'autre dans une draperie rouge, rose, jaune, bleue, verte, ou de toute autre couleur : si l'un de ces pli reçoit une vive lumière qui soit en regard de l'autre pli ombré, le reflet qui en résulte double en quelque sorte l'intensité de la couleur, en sorte qu'à cette place elle paraît plus foncée, sans être très-sensiblement ternie par l'ombre. Les jeunes élèves qui voudront réfléchir à cet effet, le retrouveront dans beaucop de cas. Une boîte d'or à charnière à demi ouverte présente aussi, dans la couleur que les deux fonds se renvoient mutuellement, une teinte beaucoup plus vermeille que n'aurait le métal au grand jour; la teinte de l'or devient doublement colorée par le reflet ou, si l'on veut, par la réverbération que la partie éclairée renvoie à celle qui ne l'est pas : cette réverbération a lieu toutes les fois que deux parties d'un même corps sont très-rapprochées, surtout quand ces corps sont unis, lisses, polis, et d'une teinte claire. On le remarque jusque dans les chairs : il arrive presque toujours qu'une poitrine de femme, très-éclairée, renvoie une double couleur de chair sous le menton, mais toujours d'une manière moins sensible que quand cet effet a lieu entre deux métaux polis ou entre deux étoffes lustrées, comme sont les satins, les taffetas, etc. On retrouve dans les draperies blanches un effet à peu près pareil; c'est-à-dire que le reflet, au lieu d'être d'un gris plus ou moins roussâtre, prend une teinte argentine, ou quelquefois légèrement jaunâtre-clair, selon la qualité de l'étoffe et la proximité des parties qui renvoient ces reflets.

Mais, hors les cas que l'on vient de citer, la teinte des ombres doit toujours être beaucoup moins vive que n'est la couleur locale de l'objet. Il faut en étudier le ton, et ne pas imiter les enlumineurs d'images, qui, pour faire les parties ombrées d'une étoffe rose, je suppose, doublent la force de ce même rose; en sorte que les ombres sont plus vives et plus éclatantes que les lumières.

Si l'on suivait ce principe en peignant les chairs, on n'aurait besoin que d'une série graduelle de teintes couleur de chair, depuis la plus claire jusqu'à la teinte couleur de brique, et plus rouge encore, en sorte qu'on ferait des chairs comme de la terre cuite au four. Ceci nous ramène à ce que j'ai déjà plusieurs fois répété, c'est que les ombres de tous les objets imaginables perdent une grande partie de la teinte locale de ces mêmes objets, pour emprunter celles des corps qui leur renvoient une faible lueur par réverbération, ou par cette clarté vague dont toutes les molécules de l'air sont imprégnées. Il est donc très-essentiel d'étudier et de comparer avec le plus grand soin, non-seulement la *valeur* [1] de ces ombres par rapport à la partie éclairée, mais en outre le ton emprunté qu'elles prennent; sans quoi, l'on ne ferait rien que de faux; toutes les couleurs auraient une apparence de saleté, et les ombres paraîtraient des taches, au lieu de ressembler à des objets plus ou moins privés du jour direct du ciel. Pourquoi n'a-t-on jamais entendu dire à un enfant ou à la personne la plus ignorante, que les ombres d'un visage ou de tel autre objet dans la nature ressemblassent à des taches de malpropreté, quoique souvent ces ombres portent des teintes extrêmement décomposées, relativement à la teinte locale? c'est que le tout est vrai, en harmonie, et d'accord avec les lois immuables de la nature. D'après ces observations, il n'est pas aussi ridicule qu'on le croit, d'entendre, par exemple, dire à une personne qui ignore l'art de la peinture, pourquoi a-t-on mis

---

1 Valeur, signifie ici le degré de force d'une ombre par rapport aux parties éclairées du même objet, n'importe qu'il soit question d'un dessin, d'une gravure ou d'une peinture.

du tabac sous le nez dans le portrait de cette personne; elle n'en prend pas ? Les jeunes artistes ne reçoivent ordinairement les critiques de ce genre qu'avec un sourire de pitié, et en haussant les épaules. Je pense qu'ils ont grand tort; ils agiraient beaucoup plus sagement en mettant à profit un avis donné ingénument par une personne sans préjugés, et qui rend compte simplement de la sensation qu'elle éprouve.

N'est-il pas évident que, si le peintre eût fait cette ombre d'un ton plus juste, le spectateur ne l'aurait pas plus remarquée dans le tableau qu'il ne la remarque journellement dans la nature même ? Quant à moi, j'avoue que je ne dédaigne jamais les observations qui sortent de la bouche des personnes totalement étrangères à l'art; elles ne leur sont ordinairement dictées que par la force de la vérité : connaissant leur propre ignorance, elles ne se hasardent pas volontiers à faire des critiques qui les exposeraient peut-être à la raillerie des assistans; ce n'est donc que lorsqu'une chose les frappe désagréablement, qu'ils se laissent aller naïvement à dire leur pensée.

En revanche, je me méfie beaucoup plus des observations des demi-connaisseurs; ils brûlent en général du désir de faire étalage des connaissances superficielles qu'ils peuvent avoir, ils tranchent et jugent à tort et à travers (j'en excepte ceux qui sont doués d'un tact exquis et d'un jugement très-sain); ils ne débitent guères qu'une collection de lieux communs et de termes techniques dont ils ont meublé leur mémoire; ce fatras scientifique, qu'ils mettent à la place du vrai savoir, éteint peut-être en eux un esprit libre de tous préjugés, qui les eût probablement mieux servi, s'ils n'eussent point eu la prétention de paraître connaisseurs.

Des Draperies voltigeantes et soulevées par l'air.

Les draperies voltigeantes ne peuvent pas se copier d'après nature. Il faut avoir beaucoup observé, et être déjà un bon praticien, pour oser se hasarder à en faire. Je n'ignore pas que quelques artistes en suspendent avec des étais en fil de fer; mais cet arrangement même exige un grand degré d'observations et de goût. Ainsi, j'invite les élèves à examiner, tout en se promenant, les contours flexibles que prennent les extrémités des draperies, quand elles sont agitées par le vent, soit qu'une personne fasse éclore ces contours par une marche rapide ou un mouvement de corps précipité, ou que la force du vent en soit la seule cause. Au reste, il n'est pas très-ordinaire d'ajuster des draperies voltigeantes dans un portrait, la mode en est passée; néanmoins dans un portrait en pied cela se pratique encore avec beaucoup de succès, comme on en peut juger par nos meilleurs peintres modernes. Mais il faut que cela soit aussi bien traité que par des Gérard, des Guérin, des Gros, des Girodet, des Isabey et quelques autres, pour que l'effet en paraisse naturel. D'ailleurs on ne soulève guères ainsi que les gazes et les mousselines légères, sans quoi il faudrait supposer, non pas un simple zéphyr, mais un orage : or, outre l'inconvenance de représenter une personne de sang-froid, immobile, exposée à l'orage, il faudrait que tout dans le tableau correspondît à cet effet. Les cheveux devraient être en désordre, ainsi que tous les accessoires légers ; et, si le fond représente un paysage, les arbres et les nuages devraient indiquer la violence du vent.

Je ne dis point que cela n'eût son mérite, si tout l'ensemble était bien entendu et bien traité ; mais je pense qu'un pareil effet, si pittoresque qu'il puisse être, ne peut convenir que pour des portraits de soldats, de héros, de marins, ou bien encore pour le portrait d'un savant géologue ou d'un naturaliste qui affronte les intempéries de l'air par amour de la science.

On sent que je ne parle point des tableaux d'*histoire* et de *genre*, où tout est permis, hors les invraisemblances.

Quant à ce qui concerne *le faire*[1] dans les draperies, il doit être large, bien nourri et exempt de menus détails. Les lumières doivent être grassement et librement empâtées, et les ombres moins épaisses de couleur. Il faut se servir de grosses brosses, quoique toujours relatives à la dimension du sujet ; et le peintre doit pour ainsi dire se jouer et badiner avec sa brosse à main levée, excepté pour certains petits détails de broderies ou autres semblables, comme de la dentelle, etc.

---

1 *Le faire* s'entend du maniement de la couleur. On dit qu'un tel peintre a un *beau faire*, quand sa couleur est bien et librement maniée.

XXI.e LEÇON.

Procédé pour retoucher, par places isolées seulement, un Tableau qui a déjà été peint deux fois, et auquel on désire corriger certains défauts ou modifier quelques teintes sans faire de taches.

Je suppose maintenant votre tableau parfaitement sec, après l'avoir peint pour la seconde fois. Il est rare que vous n'y désiriez faire aucune correction, soit pour rendre quelque partie plus sourde, quelque autre plus vigoureuse, une troisième plus fraîche ou plus chaude, tel autre endroit moins âcre, une teinte plus transparente, une touche plus énergique à réveiller, soit en force, soit en lumière, ou enfin une lumière trop criante à atténuer, etc., soit dans certaines parties, soit dans l'harmonie du tout ensemble : il est donc avantageux de pouvoir ne retravailler que les parties fautives, sans repeindre en entier le tableau ; d'abord, parce que ce serait un ouvrage très-considérable ; ensuite, c'est que vous risquez d'anéantir ce qu'il y a de bien ; car vous ne pouvez pas toujours vous promettre de rétablir avec le même succès toutes les parties qui avaient réussi. Or, si vous vouliez exécuter ces corrections *à sec*[1] et sans autre précaution

[1] Peindre à sec, c'est poser de la couleur sur une partie sèche sans y

que de repeindre ces parties isolées comme on repeint sur une simple ébauche, vous feriez autant de taches que vous auriez de parties à retoucher.

Pour éviter cet inconvénient, prenez un peu d'huile blanchie (indiquée dans la leçon 9.e, page 196 et suivantes); servez-vous-en comme on l'explique dans cette leçon, n'en étendez que fort peu, et seulement sur la partie que vous retouchez actuellement. Si vous en étendiez d'avance sur toutes les places que vous avez intention de retoucher, elles deviendraient farineuses et blanchâtres, attendu que l'huile blanchie sèche beaucoup plus promptement que l'autre, ce qui est d'ailleurs une qualité très-convenable pour faire ces sortes de corrections.

Cette huile est encore excellente pour étendre en glacis certaines couleurs vives et claires sur de belles draperies qu'on craindrait de ternir en se servant d'huile grasse; cependant, pour les laques et le jaune

---

mettre auparavant une préparation onctueuse. Or, l'huile d'œillet ordinaire n'est pas ce qui convient le mieux pour cela, parce que, d'un côté, elle n'est pas assez blanche, et que d'ailleurs elle ne sécherait pas assez promptement, ce qui laisserait visiblement des taches désagréables dans tous les endroits retouchés. Si l'on peint à sec, les taches sont moins apparentes; mais on ne peut pas bien juger de l'amalgame et de l'identité du ton qu'on pose avec celui des dessous et des alentours, qui sont plus blanchâtres, étant secs; en sorte qu'on est très-sujet à se tromper à cet égard. Les seules retouches qu'on doive faire à sec, sont celles qui n'ont que la moindre étendue possible, et qui exigent une touche franche et caractéristique, comme des brillans vifs dans les métaux, le verre, les broderies, et autre touches semblables, soit en forces, soit en lumières.

indien, je conseille d'y joindre toujours un peu d'huile grasse : ces couleurs sont trop long-temps à sécher, surtout en hiver.

Moyennant les diverses retouches et glacis dont je viens de parler, vous acheverez entièrement votre tableau; mais, comme toutes les couleurs employées très-minces ont de la difficulté à sécher, vous mettrez ensuite votre tableau au grand air, au grand jour, au soleil même, s'il n'est pas trop ardent, mais toujours bien à l'abri des accidens et de la poussière.

XXII.e LEÇON.

Sur la composition des différens Verts, particulièrement sur ceux qu'on emploie dans les paysages; suivi de quelques considérations sur les effets de Soleil et d'Ombres, sur les Lointains, le Feuillé des arbres, etc.

Toutes les terres vertes, étant des oxides de cuivre, sont bannies de ma palette, comme noircissant elles-mêmes et altérant toutes les autres couleurs. Les laques vertes, dont on fabrique plusieurs espèces, ne sont pas solides en général, étant extraites de différentes substances végétales. Je n'en conseille donc pas l'usage, excepté pour les cas rares, où l'on peut faire des glacis avec du vert-de-gris en aiguilles et cristallisé n.° 37, et peut-être encore avec la laque verte n.° 38, en tant que l'expérience prouvera qu'elle ne change pas et qu'elle n'altère pas les autres couleurs, ce que je ne puis encore affirmer.

Mais, dans tous les cas, ne vous servez de ces deux verts que très-rarement, seulement pour des glacis, presque jamais dans les paysages, et jamais pour empâter. J'insiste pour n'en faire usage que rarement, parce qu'en effet il n'arrive guères qu'on ait l'intention de produire un vert aussi cru et aussi éclatant que ceux qu'on peut obtenir en glaçant d'autres verts avec ces deux-ci.[1]

Tous les autres verts vifs peuvent se composer avec le bleu de Prusse, pour les plus intenses et les plus foncés, et avec l'outremer pour les plus tendres, et surtout pour ceux des lointains; on y mêlera les différens jaunes, en raison de la force qu'on voudra donner à ces verts, ou du ton chaud ou frais qu'ils doivent avoir pour l'objet qu'on veut peindre.

Mais en général il ne faut user du bleu de Prusse qu'avec circonspection : c'est une couleur âcre, qui a la propriété de teindre fortement toutes celles qu'on mélange avec elle, parce que ses molécules se divisent à l'infini. C'est surtout dans les ciels, les eaux et les belles draperies, qu'il faut en être avare, même à l'ébauche, attendu que le bleu de Prusse repousse au vert-roussâtre, et qu'il ternit toutes les teintes lumineuses, à l'exception des verts, où il n'a pas les mêmes inconvéniens, et où il est même très-utile. Le bleu de Prusse ne vaut rien pour faire de beaux violets ni aucune teinte tendre, à moins qu'il ne soit mélangé avec assez de beau noir-bleuâtre, et qu'on ne l'emploie que dans les ombres de certaines draperies, dans les ébauches seulement, ou mêlé avec beaucoup de blanc dans les chairs, comme je l'ai observé et indiqué leçon 17.e, p. 230; encore faut-il toujours lui préférer, pour peindre les chairs, le smalt

---

1 Voyez ce qui a été dit du vert-de-gris, page 82, et pour la laque verte, page 87, où l'on indique la manière de s'en servir et les cas où l'on peut en faire usage.

en hiver, ou le bleu de Thénard en été. Le bleu de Prusse, mêlé avec du jaune de Naples, donne un vert joli, mais un peu froid. Ce vert n'est bon que dans de certains cas, comme, par exemple, dans les reflets bleuâtres renvoyés par le ciel sur les arbres, du côté de l'ombre, en le composant plutôt bleuâtre que jaunâtre; dans certaines draperies vertes, et dans les feuillages de certaines plantes ou fleurs, comme les plantes grasses, etc. Quand on veut les réchauffer un peu, l'on y met moins de jaune de Naples, et l'on y ajoute de l'ocre jaune; si on le désire plus chaud et plus foncé, on n'y met que de l'ocre jaune, et point de jaune de Naples; si on le veut plus obscur et plus chaud encore, on n'y met que de l'ocre de rue.[1]

Quant aux verts ternes et rompus, comme il en faut beaucoup plus que d'autres, pour les arbres et le paysage en général, on en compose de plusieurs manières, selon le ton qu'on veut produire et la nature qu'on a à copier. Par exemple, pour des verts dans l'ombre on peut n'y point mettre de bleu, et les faire seulement avec un noir-bleuâtre et différens jaunes : ils sont doux et très-harmonieux. Voulez-vous que la teinte soit encore plus grisâtre-clair, comme pour des saules dans l'ombre, ou certaines plantes grasses ou autres? Faites-les avec le noir, le jaune de Naples, et plus ou moins de blanc. Si ces verts sourds doivent être roussâtres,

1 On juge bien que, pour qu'un vert quelconque paraisse chaud, il faut que le jaune domine ; car on aurait beau employer le jaune le plus doré, il serait toujours froid si le bleu domine dans le mélange.

faites abonder les jaunes obscurs, et servez-vous même de la terre de Sienne brûlée ou non brûlée, selon le degré de force, de rousseur ou de chaleur : le bleu brûlé brun est encore très-bon pour cela. Mais, en général, ces trois couleurs ne couvrent pas; il vaut mieux, pour ébaucher, se servir des ocres, en y ajoutant, au besoin, un peu d'ocre rouge pour les roussir davantage.

Mais, en finissant un tableau, si le plan de verdure que vous peignez actuellement se trouve déjà assez enfoncé dans la perspective pour que la teinte bleu-gris violâtre des lointains commence à prendre le ton aérien, ne vous servez plus alors que de l'outremer, ou, à défaut de celui-ci, du bleu de Thénard. Rompez les verts trop vifs qu'il vous donnerait (mêlés seulement avec le jaune de Naples ou l'ocre jaune); rompez-les, dis-je, avec de la laque de garance, ou quelquefois avec un peu d'ocre rouge, et presque toujours avec plus ou moins de blanc, pour imiter la teinte de l'air.

Il faut que les verts de vos prairies et de vos arbres participent toujours un peu plus, et par degrés, de la teinte aérienne des lointains, à mesure que les objets s'enfoncent vers l'horizon de votre tableau. Ne vous privez pas néanmoins de ces coups de soleil accidentels qui font un effet si agréable dans la nature, et qui aident si puissamment le peintre à séparer les plans et à varier la monotonie du ton qu'aurait un paysage, s'il était partout également ombragé par les nuages. Ces éclaircies lumineuses doivent être légèrement dorées, sans avoir pourtant toute l'énergie des coups de soleil des premiers plans. Il y en a de jaunâtres, d'autres couleur nankin, ou presque couleur de chair, d'autres roses, d'autres orangées, etc. : cela varie à l'infini, en raison de l'état du ciel et de l'atmosphère, de la hauteur du soleil, de l'espèce de terrain ou des récoltes qu'il porte dans cet endroit, et enfin de la saison, et surtout du pays que représente le lieu de la scène. Après ces préceptes généraux, on ne peut plus donner de règles; il faut imiter la nature fidèlement, pour le ton de couleur principalement; et si, après beaucoup d'études peintes sur la nature même, l'on ne devient pas fin coloriste, c'est-à-dire vrai, c'est qu'on n'est pas bien organisé pour cette partie, qui, selon moi, est la plus essentielle dans le paysage.

Quand on commence à étudier le paysage d'après nature, il faut d'abord ne faire que des traits ou contours au crayon de mine de plomb, que l'on pourra hacher çà et là pour l'intelligence des masses d'ombres, afin de ne pas s'y perdre et d'avoir une légère idée de l'effet. Ces hachures, faibles et peu rapprochées, n'effaceront pas les contours et les détails de votre trait, et cependant elles écriront les diverses masses d'ombre, qui sans cela se confondraient à vos propres yeux au bout de peu de temps.

Tâchez de bien saisir les divers mouvemens et les inflexions des branches d'arbres qui ne sont pas trop éloignés de vous, comme vous distinguez les draperies par la forme des plis que chacune présente: ainsi c'est au port et à la masse de l'arbre en général que vous reconnaissez les espèces dans le lointain, et c'est surtout à la nature du branché et du jet propre à chacune que vous pouvez les caractériser, plutôt qu'à la forme des feuilles d'un arbre et à la teinte qu'elles portent.

Il n'est cependant pas inutile, surtout pour les arbres assez rapprochés de l'œil, de chercher, autant que possible, à imiter leur feuillé et la teinte de leur verdure; il ne s'agit pas d'imiter la forme de chaque feuille, ce serait une entreprise ridicule; mais l'on peut, jusqu'à un certain point, et par un certain *badinage* du pinceau qu'il est impossible de préciser, adopter une touche, *un faire* qui caractérise le feuillé d'un chêne de celui d'un noyer, d'un châtaignier, d'un maronnier d'Inde; celui d'un orme, d'un tremble, d'un peuplier, d'un saule, d'un acacia, etc. On ne voit pas la feuille, mais on la devine; et le port plus ou moins élancé ou tortueux de l'arbre et de ses branches, fait le reste.

Il est d'autant plus important de chercher à imiter, jusqu'à un certain point, toutes ces choses dès les premiers pas qu'on fait dans ces sortes d'études, qu'une fois qu'on a adopté une certaine manière de feuiller, qu'elle soit fausse, ou vraie, ou régulière, l'on n'en change plus, ou l'on n'en change que très-difficilement. Il en est de cela comme de l'écriture, une fois qu'on a la main formée à peindre les lettres d'une certaine façon, l'on garde cette manière toute sa vie.

Il n'est pas rare de voir des paysages très-beaux, d'ailleurs, qui pèchent par la touche trop uniforme d'un même feuillé pour tous les arbres. Les uns feuillent en épines, d'autres ne font que des petits points ronds, d'autres des zig-zags insignifians, un quatrième arrange toujours quatre ou cinq feuilles ensemble aussi bien en ordre que les doigts de la main, ou en étoiles tombantes, comme on le voit dans les marronniers et les châtaigniers. Ce défaut dépare extrêmement de bons ouvrages, et y jette une monotonie qui finit par rebuter le spectateur.

C'est aussi aux touffes plus ou moins fournies de feuilles aux extrémités des branches, qu'on peut reconnaître l'espèce de l'arbre. Copiez donc long-temps la nature, et peignez beaucoup d'après elle, avant que de vous hasarder à feuiller *de génie* ou *de souvenir*, et même quand vous en êtes arrivé là, ne restez pas trop long-temps sans refaire de nouvelles études devant ce maître universel; il vous conduira toujours plus près de la vérité que toutes les copies que vous pourriez faire d'après les meilleurs paysagistes.

Cependant, en ne prenant pour véritable maître que la belle nature, consultez en même temps les tableaux des plus célèbres peintres de ce genre. Regardez alternativement et avec la glus grande attention les Claude-Lorrain, les Ruisdaël, les Berghem, les Bott, les Carli-Dujardin, etc., et comparez-les avec la nature; vous verrez comme ils l'ont rendue, avec quel art ils ont su choisir leurs effets, et quelles combinaisons ils ont adoptées pour la distribution de l'ombre et de la lumière. Prenez de chacun d'eux ce qui vous paraîtra le plus vrai, le plus piquant et le plus romantique; mais n'adoptez aucune manière en particulier:

soyez fidèle à la nature; s'il faut que vous ayez une manière, que ce soit comme à votre insçu, qu'elle soit la vôtre propre, comme étant le résultat de vos études et de votre façon de sentir, et non le fruit de l'imitation de la manière d'un autre. On est toujours faux et faible quand on ne fait que se traîner sur les traces d'un maître quelconque.

Les ciels et les lointains, et même les grandes étendues d'eau (quand elles sont calmes et d'un bleu céleste), doivent être peintes dès l'ébauche avec les outremers; sans quoi l'on n'obtiendrait pas un ton de couleur assez fin et assez fuyant, en faisant usage des autres bleus.

On composera pour toutes ces choses, et surtout pour les ciels, des teintes d'outremer et de blanc plus ou moins graduées en intensité de bleu, en y mêlant toujours plus ou moins de blanc. Le ciel, faisant l'effet d'une voûte depuis le dessus de nos têtes jusqu'à l'horizon, ne doit pas être peint d'une teinte également bleue partout. Le haut du ciel, étant à nos yeux la partie la plus éloignée des vapeurs qui s'élèvent de la terre, nous paraît d'un bleu plus pur et plus foncé que sur l'horizon, surtout à l'opposé du soleil; mais il faut que cette dégradation de bleu se perde et s'amalgame d'un bout à l'autre d'une manière insensible, et sans qu'on laisse apercevoir le passage d'une bande plus foncée à celle un peu plus claire qui la suit. Pour cet effet on composera sur la palette quelques teintes graduées en bleu; on emploîra la plus foncée dans le haut du ciel, depuis l'angle le plus éloigné du soleil, et l'on procédera à la dégradation par bandes obliques, toujours un peu plus pâles, jusqu'à la partie où la couleur bleue se mêle et se confond imperceptiblement avec la teinte plus ou moins orangée de l'horizon. C'est surtout ce passage qui doit être inaperçu, et c'est de ce point que vous ne mêlerez plus de bleu dans la teinte, et que vous n'emploîrez que la teinte pure de l'horizon, en la tenant graduellement plus claire et lumineuse, à mesure que vous approcherez de la terre et du point le plus rapproché du soleil. Pour que le passage du bleu pâle à celui de la teinte orangée soit insensible, il faut que les deux teintes, quoique d'une couleur fort différente, aient néanmoins le même degré de valeur en force, sans quoi l'une ferait tache dans l'autre. Les teintes d'horizon varient beaucoup; mais en général la plus ordinaire, par un ciel serein, tient de la couleur de chair très-lumineuse. On la modifie ensuite selon la nature qu'on copie, en la rendant ou plus rouge, ou plus blanchâtre, jaunâtre, et même quelquefois un peu verdâtre, etc. Si le ciel a de grandes parties de nuages, ne vous astreignez pas à les couvrir d'outremer, ce serait du temps et de la couleur perdus; mais s'il n'y a que quelques nuages fort légers, vous ne les réservez que négligemment, et même quelquefois pas du tout. Vous les peindrez par-dessus l'azur du ciel avec peu de couleur, tantôt d'un gris violâtre, tantôt d'un autre ton; mais toujours avec des gris composés d'outremer, de blanc, et de plus ou moins d'ocre rouge ou jaune, et quelquefois de laque cramoisie. Les teintes d'horizon préparées sur la palette, vous fourniront ensuite tout ce qu'il faut pour reveiller les bords lumineux de ces nuages; d'ailleurs vous modifierez vos teintes au bout de la brosse, et, moyennant une provision suffisante de blanc, vous les éclaircirez à volonté, surtout pour l'horizon, qui est ordinairement toujours plus lumineux, à mesure qu'il se rapproche de la terre. S'il est d'une couleur très-pure, au lieu d'ocre rouge, vous vous servirez de cinabre. Du reste, vous appliquerez votre couleur, sans y ajouter de l'huile, avec une grosse brosse bien nourrie de soie et de couleur; et, au lieu de la filer et de l'étendre par grandes traînées, vous la frapperez par petits coups séparés les uns à côté des autres, en commençant par l'angle de votre tableau où le bleu est le moins clair, et en avançant ainsi toujours en biais, suivant une inclinaison d'environ quarante-cinq degrés, mais en observant de tenir toujours le haut du ciel un peu plus foncé que tout le reste. Ces coups de brosse ainsi tapés se donnent de gauche à droite, et on les étend ensuite à peu près de toute la longueur des soies de la brosse, et à chaque dégradation ainsi de suite. Il faut avoir soin de poser toujours la même épaisseur de couleur également partout, au moyen de quoi on n'éprouve aucune difficulté pour unir ensuite le tout, en prenant un grand et fort blaireau, qui achève de mêler et confondre toutes les gradations les unes dans les autres. Il ne faut pas craindre d'appuyer un peu fortement la brosse en posant la couleur; mais il faut la manier de façon à ce qu'elle dépose bien la pâte sans la rouler. On fait cela à petits coups précipités, à peu près comme si l'on voulait faire des hachures très-courtes, et qui se rejoignissent toutes les unes dans les autres. C'est aussi de cette manière qu'il faut poser la couleur pour toutes les grandes parties, comme fonds, meubles, terrains et draperies; sauf, quand le plus gros de la pâte est posé, à revenir dessus, en de certains endroits, pour imprimer à la couleur le mouvement qu'elle doit avoir par rapport au sens de la forme des objets. On commence ordinairement à couvrir une grande partie, en partant de la gauche du tableau, parce qu'il est plus naturel et plus commode de manier la brosse de gauche à droite, que de faire le contraire.

Si vous avez à peindre un ciel gris et nuageux, n'ébauchez point avec l'outremer, prenez seulement le noir de bouchon, qui est le plus léger et le plus bleuâtre de tous les noirs; s'il y a cependant des parties bleues ou seulement très-bleuâtres, vous prendrez l'outremer pur pour les premières, et vous en mêlerez plus ou moins (avec le noir et le blanc) pour les secondes. Pour les nuages dont les tons varient de teintes, vous mêlerez dans vos gris tantôt de l'ocre rouge-clair, tantôt de la laque, et enfin de l'ocre jaune quand ils prennent un ton roussâtre. Souvent même le bleu d'outremer mêlé de blanc, qui vous a servi pour le ciel, mêlé avec une des teintes chaudes de l'horizon, fournit le ton qu'on désire; vous y ajoutez d'ailleurs ou du gris, ou l'une des couleurs indiquées, au bout de la brosse, jusqu'à ce que vous en soyez satisfait: mais n'en mettez jamais d'autres, excepté de l'un des cinabres, dans certains cas rares que vous saurez bien discerner, sans quoi votre ciel deviendrait lourd, et n'aurait point l'air fuyant, surtout si vous preniez des terres de Sienne, etc. Vous procéderez de même, lorsque vous reprendrez un ciel pour l'achever; vous éviterez, sans trop de gêne cependant, de couvrir de bleu ou de gris les parties lumineuses des nuages.

Quant aux lointains proprement dits, ils se peignent en général avec les teintes du ciel, qu'on modifie selon le besoin; toute la différence qu'il y a, c'est que vous aurez quelques teintes verdâtre-clair à glisser çà et là dans de certaines places, ainsi que des éclaircies à peu près couleur de chair, comme on l'a fait observer plus haut. Les lointains feront d'autant plus l'effet désiré, que vous les traiterez largement. Il ne faut annoncer que les masses de clairs et d'ombres, et les toucher spirituellement, sans entrer dans les détails. Si vous avez la vue très-longue, clignez les yeux, regardez la nature en masse sans chercher à découvrir péniblement les menus détails, et peignez-les comme vous les voyez dans cette manière vague; ils vous réussiront beaucoup mieux, surtout si vous accusez le ton juste. N'ébauchez point vos arbres d'un beau vert, pas même ceux qui se trouvent sur des plans rapprochés; préparez-les tous d'une teinte plus chaude, c'est-à-dire plus rousse: ces sortes de dessous rendent les verts qu'on pose par-dessus à la seconde reprise, beaucoup moins crus, et d'un ton beaucoup plus harmonieux. Sans cette précaution, vous tomberiez indubitablement dans l'enluminure, et vos verts deviendraient si âcres et si crus, que votre tableau aurait l'air, selon l'expression triviale, mais communément adoptée parce qu'elle est juste, *d'une omelette aux fines herbes*.

Ce qu'on vient de dire, suppose que vous faites votre ébauche sur une toile imprimée d'un ton chaud et orangé [1]; si, au contraire, vous ébauchez sur un fond gris-blanc, j'indiquerai ce qu'il faut faire pour que tout le paysage, et même le bleu du ciel, ne prenne pas une teinte froide, qui ressemblerait à une médiocre aquarelle, n'ayant aucune profondeur de ton.

Quand on peint sur un fond gris-blanc, il est bon de ne faire d'abord qu'une espèce de première ébauche en glacis; c'est-à-dire d'établir tous les plans, tous les objets et le ciel même d'un ton chaud et orangé, sans épaisseur ni empâtement, et sans mélange de blanc, comme si l'on faisait un lavis au bistre sur papier blanc. L'on a soin de prendre des teintes plus gaies et plus claires pour tous les lointains et le ciel, afin d'éviter le farineux [2]. On ébauche même les terrains, les arbres, tout en un mot, en transparence et beaucoup moins vigoureux que n'est l'original. Cette

---

1 Voyez ce que c'est que l'*impression* des toiles, les diverses couleurs à l'huile ou à la colle qu'on leur donne, et la manière de les préparer soi-même, leçon 30.e

2 Voyez ce qu'on entend par le mot farineux, leçon 19.e, page 329.

espèce de préparation présente de grands avantages : le premier est d'établir déjà un ensemble qui a une sorte d'effet ; cette méthode est, en paysage, ce que la préparation dont j'ai parlé pour les chairs, est aux figures [1]. On peint ensuite là-dessus avec plus de confiance, quand cette préparation est bien sèche ; et l'on peut avancer la seconde ébauche (qui se fait alors avec les pleines couleurs) beaucoup plus qu'on ne l'aurait fait sans cela ; en sorte qu'avec peu de travail on peut terminer son tableau à la troisième reprise seulement avec les touches spirituelles des forces, et celles de rehauts et divers glacis, dans les arbres, les terrains, ou partout ailleurs. Le second avantage n'est pas moindre que le premier ; c'est d'établir des dessous chauds, qui percent toujours un peu, quoiqu'on les couvre à la seconde ébauche, et qui donnent quelque chose de mûr et de très-étoffé à tous les tons qu'on pose par-dessus.

Si l'on peint sur un fond déjà imprimé d'une teinte unie, mais orangée (ce que je préfère, surtout quand les toiles sont préparées à la colle et non à l'huile),

---

1 Voyez la leçon 18.e, page 252, pour la manière de préparer les principales masses d'ombres dans les chairs, comme au lavis, quoique avec de la couleur à l'huile. Il y a cependant une grande différence entre les préparations des paysages et celles des têtes. Dans les paysages, on ne réserve rien ; l'on peint partout, et l'on fait une espèce de dessin d'une seule teinte orangée dans les clairs, et plus brune dans les forces ; au lieu que dans les têtes ou figures on n'établit légèrement d'une teinte de bistre que les principales ombres, et l'on réserve tout le reste pour l'empâter avec la pleine couleur.

on peut de suite ébaucher avec toutes les couleurs empâtées, et faire comme je l'ai détaillé.

Plusieurs excellens peintres mettent en pratique ces deux préparations, et ils s'en trouvent bien, ainsi que moi : cet usage n'est cependant pas adopté par la généralité des artistes.

Dans les ébauches des arbres, des gazons et des terrains, vous n'emploîrez jamais le jaune indien; il n'est bon que pour faire des glacis : il ne faut employer tour à tour que l'ocre de rue pour les forces, l'ocre jaune pour les parties plus claires, en y mêlant du blanc au besoin. Pour les verts gais l'on peut employer le jaune de Naples, parce qu'il couvre bien; mais évitez de le mêler avec du blanc : ces deux couleurs se nuisent réciproquement, et changent beaucoup, mêlées ensemble. Mais quand vous voulez composer des teintes chaudes et dorées, servez-vous des ocres, parce que le jaune de Naples verdit toujours un peu : évitez surtout d'en faire entrer dans les ciels.

Un grand nombre de peintres des plus célèbres, soit parmi les Italiens, soit parmi les Flamands, n'ont fait que peu d'usage des toiles ou panneaux imprimés en blanc ou en gris : ils ont été d'une extrémité à l'autre, en choisissant l'impression au brun-rouge ou à l'ocre rouge. Cette dernière couleur n'est point malfaisante de sa nature, comme l'est le blanc; mais il en est résulté pourtant un grand inconvénient : leurs tableaux ont poussé au brun. Nous en avons plusieurs exemples dans les productions de deux célèbres peintres français qui avaient adopté cet usage, Poussin et Lebrun:

leurs ouvrages, et surtout ceux du premier, sont presque entièrement défigurés par cette teinte brune, qui perce à travers de leurs chairs et même de tout le reste. Au surplus, je présume qu'ils ont fait usage de terre d'Italie calcinée; or, je crois avoir dit ailleurs qu'elle est tellement bitumineuse, qu'il ne serait pas étonnant qu'elle eût altéré le blanc, qui n'est qu'un oxide de plomb.

On fera donc très-bien de ne la pas employer, bien que la teinte qu'elle porte sur la palette soit des plus belles et des plus séduisantes; mais, outre sa qualité bitumineuse, je la crois d'une couleur trop forte, trop foncée. On tiendra un juste milieu entre la froideur des impressions[1] grises et la trop forte intensité des brunes, en choisissant la couleur orangée. Voici quelques exemples qui prouvent ce que j'avance, et qui en même temps indiquent que l'on ne doit pas craindre de laisser dominer le jaune dans la préparation de cette impression, pourvu que ce soit un jaune chaud et orangé, et non pas un jaune citron et verdâtre.

Prenez une feuille de papier de couleur cramoisie; posez dessus une feuille de papier blanc assez mince pour avoir de la transparence : vu à travers le papier

---

1 La préparation ou l'enduit qu'on applique sur la toile avant de peindre, se nomme *impression ;* elle sert à en boucher les trous et les pores, et à la rendre unie, ainsi que les panneaux et autres superficies sur lesquelles on peut peindre. On les imprime en gris-blanc, en brun, en rouge, et enfin en couleur orangée, mais jamais en d'autres couleurs; et je préfère cette dernière teinte à toutes les autres. (Voyez la leçon 30.e, pour l'impression des toiles.

blanc, le cramoisi paraîtra louche, froid et violâtre-gris. Changez la feuille du dessous, substituez-y un rouge-vif écarlate, il paraîtra à travers du papier blanc d'un rose-grisâtre seulement : si la feuille de dessous était rose, cela ne ferait qu'un léger lilas. Enfin, si vous prenez une feuille colorée en beau jaune doré ou orangé, à peu près couleur de la fleur de souci, le papier blanc prendra alors une teinte chaude, lumineuse, qui n'aura presque plus rien de louche et de grisâtre. Voilà la teinte la plus avantageuse, parce que les bleus, les violâtres, les gris et les verdâtres que l'on couchera par-dessus n'auront rien de cette froideur ni de cette crudité que donnent les fonds blancs; rien non plus de la teinte douteuse et terne que produisent les fonds rouges ou brun-rouge. Les fonds blancs ou gris-blanc font paraître les bleus extrêmement crus, froids et arides; et les fonds bruns, n'étant pas assez lumineux, percent à travers les couleurs claires qu'on pose par-dessus, et les font paraître sourdes, vineuses et sombres. Le temps ne fait qu'accroître ces inconvéniens, parce que la teinte de l'impression de la toile perce chaque année un peu plus à travers de la peinture. On sent bien que dans l'expérience indiquée la feuille de dessous tient lieu de l'impression du fond de la toile; le papier blanc représente les couleurs claires qu'on pose par-dessus, et dans lesquelles l'on fait le plus souvent entrer plus ou moins de blanc.

La couleur d'or est tellement avantageuse à la peinture, que plusieurs peintres anciens, qui peignaient en petit, ont peint sur des panneaux dorés : leurs ouvrages se sont merveilleusement conservés, et sont restés d'un ton général très-pur et très-chaud[1]. Plusieurs de mes amis impriment leurs toiles à la colle, avec de l'ocre jaune, une petite pointe d'ocre rouge et beaucoup de terre de pipe, qui n'altère point les couleurs comme le blanc de plomb, et qui est très-souple et ne se casse point, comme le fait la céruse, ainsi que la plupart des marnes ou craies blanches.

Tenez toujours vos ébauches d'un ton plus clair et plus chaud que ne sera votre tableau une fois achevé; il en résultera que toutes les teintes que vous remettrez par-dessus auront ce charme et cette profondeur de coloris qui est le contraire de l'enluminure et de la crudité.

Mais ne croyez pas faire chaud en mettant beaucoup de rouge; vous deviendriez, au contraire, vineux et sale, comme je viens de le prouver par la superposition des papiers qui nous ont servi d'exemples. Les teintes chaudes, je le répète, sont celles qui sont orangées; car, si vous preniez un jaune-citron sans mélange d'un peu de rouge, tous vos bleus deviendraient verdâtres, et presque toutes les autres couleurs prendraient une teinte sale et livide.

On ébauche les arbres sans détails par-dessus le

---

1 L'or, ce métal si pur, contribue sans doute beaucoup à la conservation des couleurs qu'on applique dessus; mais indépendamment de cela, sa couleur jaune-doré est un fond très-avantageux pour toutes les couleurs.

ciel; on ne réserve l'impression de la toile qu'au centre des grandes masses de feuillage où le ciel ne se voit point à travers les branches : souvent même, quand ces parties du ciel sont très-petites, on ne les réserve pas; on couvre la masse partout, et l'on ne rappelle ces petits points du ciel qu'à la reprise du tableau. Mais il est essentiel de tracer fidèlement au crayon les troncs et les principales branches avant d'étendre la couleur du ciel; ces traits s'aperçoivent encore assez à travers la couleur de l'ébauche pour pouvoir les retrouver : l'on évite par là d'établir de fausses masses dans le feuillé, et l'on a de quoi se conduire pour placer les branches de l'arbre.

Réflexions sur les convenances à observer dans les Tableaux de paysages, selon la nature particulière des différens pays, les costumes et les mœurs de leurs habitans, etc.

Trop souvent les paysagistes, dans leurs compositions et même dans les vues prises d'après nature, n'observent pas assez de n'y introduire que ce qui leur appartient, et qui caractérise en quelque sorte la physionomie de chaque contrée : ils déguisent ainsi des pays qu'on désirerait connaître tels qu'ils sont, ou qu'on ne peut reconnaître après les avoir vus.

Ce défaut de fidélité, en blessant les vraisemblances, diminue beaucoup l'intérêt et le plaisir qu'on aurait pu prendre à des ouvrages d'ailleurs remplis de mérite sous le rapport de l'art et de l'exécution.

Pour éviter ce défaut, le peintre ne doit jamais mêler plusieurs sortes de natures ensemble; il doit toujours s'attacher à rendre les formes, la couleur et l'aspect général de chaque pays; car chacun d'eux a sa physionomie propre, en raison de sa position géographique, de son sol et de la nature de son atmosphère, qui agissent si puissamment sur la végétation; il doit également imiter le genre des monumens, des fabriques et des chaumières, ainsi que les espèces de bestiaux, les plus naturels au pays, et le costume le plus généralement adopté par les habitans. S'il peint des eaux, il les fera telles qu'elles sont, ou limoneuses, ou transparentes et limpides, ou abondantes, ou rares et stagnantes.

En un mot, si le peintre veut plaire, qu'il fasse le portrait du pays; que les ciels même aient quelque chose de méridional, de tempéré, ou de septentrional.

Tous les sites ne sont pas également beaux à peindre: sachez choisir. Mais quand vous avez fait votre choix, et que la nature que vous avez devant les yeux vous présente un aspect agréable, ne le défigurez pas par des ornemens étrangers, le plus souvent incohérens avec le site que vous peignez; ne faites pas surtout de ces transpositions arbitraires, si usitées par les artistes médiocres, en plaçant sur les montagnes de la France, de l'Allemagne ou de la Suisse, des ruines ou des monumens qui n'y existèrent jamais, et qu'on ne voit qu'en Grèce ou en Italie; que les figurines de ces contrées ne soient pas vêtues à l'antique, ni occupées à célébrer une fête de Bacchus ou quelque autre sujet aussi peu vraisemblable: autant vaudrait-il placer une scène de vendanges au fond de la Laponie. Les hommes n'aiment que le vrai dans les arts; ils resteront froids et indifférens devant un tableau qui ne leur représente aucun pays en particulier.

Observez donc et rendez sans rien outrer le caractère et le ton général de chaque pays. Dans la belle Italie, que vos teintes, chaudes et dorées, annoncent qu'un soleil brûlant darde sur son sol, et calcine en quelque sorte ses terres rougeâtres; que des restes d'anciens et magnifiques monumens, placés dans des lieux élevés, attestent sa grandeur passée, et rappellent à nos yeux que les arts y fleurirent, et que jadis ses habitans furent les maîtres du monde.

Passant ensuite à une nature moins brillante et moins riche de ton, voyez les tableaux des maîtres hollandais et flamands: avec quelle vérité ils ont peint leur propre pays; bien qu'il ne soit ni très-beau ni très-pittoresque, ils ont su néanmoins le rendre avec tant de naïveté et d'une couleur locale si juste, que leurs ouvrages font encore aujourd'hui notre admiration, je dirai presque notre désespoir d'arriver à ce degré de vérité et de perfection, surtout sous le rapport de la couleur.

Cherchons donc à rendre tellement les objets, qu'on en reconnaisse sur-le-champ la teinte locale. Qu'une vue des Pays-Bas décèle l'humidité de son sol par la fraîcheur et l'abondance de sa verdure; mais qu'une teinte argentine et quelquefois grisâtre, surtout dans les ciels et les lointains, en caractérise le climat nébuleux. Voilà ce que leurs meilleurs peintres ont si bien imité; et ils nous ont prouvé que ces sortes d'effets, bien entendus, ne laissent pas d'avoir beaucoup de charmes, quoique ces teintes, un peu trop généralement grisâtres, n'aient pas tous les avantages des teintes variées et brillantes des pays chauds.

Passons maintenant à cette suite de tableaux représentant quelques-unes des contrées de la Suisse, ce pays si varié et si favorisé de la nature par la grandeur et la beauté de ses sites. Ici l'on n'est embarrassé que du choix; tous les aspects ont leur genre de beauté, tantôt riant, tantôt grandiose et sévère : vous y trouvez tour à tour, et en plus grande masse, les montagnes de l'Italie et les fraîches campagnes de l'Angleterre et de l'Écosse. Une verdure abondante tapisse le pied des collines; des arbres majestueux les ombragent, et laissent entrevoir çà et là de jolis hameaux, de riches villages, et les flèches brillantes et argentées de leurs églises[1]. De nombreux troupeaux paissent en liberté mille plantes aromatiques, et nourrissent les heureux habitans de l'Helvétie; ceux-ci, généralement robustes, industrieux et braves, se distinguent dans chaque canton par un costume particulier, souvent élégant et toujours pittoresque.

L'ordre, la tranquillité et la paix règnent partout; l'air qu'on y respire est embaumé, et en même temps si pur, que les objets s'y colorent de mille teintes plus variées et plus brillantes qu'ailleurs. Voyez les reflets harmonieux et nacrés produits par le soleil couchant

---

1 Les clochers, en Suisse, sont recouverts en écailles de fer-blanc, qui les font apercevoir de loin et briller comme de l'argent.

dans les lointains des Alpes, tandis qu'au-dessus d'elles, au-dessus même de la région des nuages, d'immenses pics de granit, d'une hauteur inaccessible, s'élancent vers le ciel, d'où ils paraissent souvent suspendus et séparés de la terre par de longues nuées blanchâtres et horizontales, qui, en dérobant une partie de leurs bases, ne laissent voir que leurs sommités couronnées de neiges et de glaces éternelles, réfléchissant en couleur de feu les derniers rayons du soleil.

Rien n'est comparable au spectacle imposant qu'offrent en ce moment les monts les plus élevés, et surtout le géant de l'Europe[1] : seul rayonnant au milieu des hautes montagnes qui l'entourent, déjà plongées, depuis un quart d'heure, dans une ombre froide et grisâtre; seul brillant et étincelant comme un charbon ardent, il reçoit encore le soleil, et semble être le roi de la nature. Mais bientôt, à son tour couvert par degrés d'un voile livide, son éclat s'évanouit; il n'offre plus alors que l'image de la désolation et de la mort. Le spectateur attristé tombe dans une sorte de mélancolie, en songeant au néant de tant de scènes pompeuses qui dans ce monde ne brillent qu'un moment!

Mais avançons, et voyons les autres tableaux. Quelle prodigieuse accumulation de montagnes placées les unes

1 Le Mont-Blanc, la plus haute montagne de l'Europe, situé en Savoye, à douze ou quinze lieues de Genève, d'où il se voit comme s'il n'en était qu'à quelques lieues. La *Jungfrau* et le *Gemmi*, dans le canton de Berne en Suisse, sont les sommités les plus élevées après le Mont-Blanc. On dit cependant que le Mont-Rosa et le Pic du Midi passent immédiatement après le Mont-Blanc.

devant les autres comme en amphithéâtre! À les voir de loin, et à leur couleur bleuâtre, on les prendrait pour les vagues d'une mer en tourmente dont les ondulations gigantesques s'élèvent jusqu'au ciel.

Cependant, en s'en rapprochant, l'aspect change : le tableau se déroule; chacune de ces montagnes présente un coup d'œil différent. Les unes, verdoyantes et d'un accès facile, portent sur leurs flancs arrondis de riches pâturages et de nombreux troupeaux, et sous des voûtes de verdure, formées d'arbres touffus et veloutés, des ruisseaux limpides arrosent plus bas les vallées, et invitent le voyageur à venir y chercher l'ombrage et le repos. Un peu plus haut, sur la pente de la colline, de jolis groupes d'arbres, parsemés à distances inégales, entourent et ombragent les toits rustiques de quelques modestes chalets[1]; et fort au-dessus d'eux, de grands bois de sapins noirâtres couronnent les sommités de la montagne.

Avançons, et voyons le tableau suivant : un autre genre de nature qui a bien ses beautés s'offre ici à nos regards; ce sont ces monts arides et sourcilleux, dont les flancs déchirés ne présentent de toute part qu'abîmes et précipices.

Regardez ces roches pelées dont les cimes aiguës et recourbées ressemblent à autant de dents monstrueuses

---

1 On nomme ainsi dans le pays de longs hangars tout en bois, qui servent à faire les divers fromages, et qui abritent les hommes qui les font, ainsi que le bétail qui en fournit le lait. Quand la mauvaise saison approche, on abandonne les chalets et l'on descend dans la plaine.

et menaçantes[1]. En vain y chercherait-on quelque trace de végétation ; tout est mort : les glaces et les neiges n'y fondent presque jamais ; elles ont envahi la place, et la nature désolée sur ces roches maudites ne trouve nulle part de quoi se reproduire ; ou si, de loin en loin, l'on aperçoit sur quelque place isolée une pâle végétation, ce n'est jamais que dans les trous ou les crevasses caverneuses du rocher, où les débris et la poussière de quelques vieux arbres tombés en dissolution sont jetés par les ouragans, et forment à la longue une espèce de terreau dont quelque peu de mousse et d'herbe semblent à peine pouvoir se nourrir.

Le silence régnerait perpétuellement sur ces roches sauvages, s'il n'était interrompu par le sifflement des vents, l'éclat de la foudre et le fracas épouvantable des avalanches ou des blocs de rochers, qui, en se détachant soudain du haut de ces monts, roulent, sautent, et se précipitent jusque dans le fond des vallées : les échos multipliés d'alentour répètent et prolongent ce bruit, presque sans interruption, à plusieurs lieues à la ronde. Le voyageur curieux qui vient explorer ces contrées, saisi d'épouvante, regarde son guide avec anxiété ; il s'arrête en gardant le silence, craignant que tout ce qui l'entoure ne s'abîme sous ses pas : mais celui-ci le rassure, en lui faisant observer que, malgré

---

1 Ces pointes aiguës portent tantôt le nom d'*aiguilles*, tantôt celui de *dents* quand elles sont pleines, recourbées et crochues comme sont les dents des animaux carnassiers. L'on en voit qui ont plusieurs centaines de pieds d'élévation.

ces bouleversemens, qui se renouvellent sans cesse depuis une longue suite de siècles, rien ne paraît avoir changé de place ni d'aspect.

Tout ici est si grand, si vaste, que quelques déplacemens partiels sont à peine aperçus. L'on se hâte cependant de regagner, à travers des sentiers rapides et raboteux, une nature moins âpre, moins sauvage, et l'on arrive enfin, après mille détours tortueux, sur la lisière de cette forêt de hauts sapins dont on voyait naguères les têtes pyramidales à plus de mille pieds au-dessous de soi. Ici la scène change; c'est le sujet d'un autre tableau.

Sous l'œil du voyageur, et pendant qu'il reprend haleine, se présente un vaste et riant paysage; et bien qu'on soit encore très-élevé, les objets se distinguent déjà plus nettement. Entre ces deux massifs d'arbres qui forment une espèce d'encadrement, parcourez d'abord d'un coup d'œil général ce riche lointain et la chaîne bleuâtre des Hautes-Alpes; voyez-les se mirer dans les eaux limpides et azurées de tous ces différens lacs. Cette multitude de petits amas blanchâtres que vous voyez parsemés çà et là sur leurs bords ou sur le penchant des collines et jusque dans la plaine, sont autant de petites villes et de villages; et tout à l'entour sont les champs et les vignobles qui nourrissent leurs habitans, ou les vertes prairies, entourées de haies vives et d'arbres, qui alimentent leur bétail : de jolis bois de hêtres et de chênes ornent encore la beauté de ce paysage, et, par leurs masses moelleuses et inégales de grandeur et de coloris, en rompent la monotonie.

Mais passons au tableau suivant, nous y verrons ces fameuses cascades qui attirent de toute part les amateurs de la belle nature.

On les voit bouillonnant s'échapper de leur source, pour se précipiter en une seule masse des plus grandes hauteurs jusque dans les vallées.

L'air retentit au loin du fracas de leur chute, que l'œil ne les découvre encore que comme un long galon d'argent paraissant immobile sur le rocher dont il a déchiré les flancs; mais à mesure qu'on s'en rapproche le spectacle devient de plus en plus imposant : leur volume est immense, et leur masse précipitée mugit avec un bruit effroyable.

Tombant et bondissant de rochers en rochers, en les blanchissant de son écume, cette nappe resplendissante se divise, et s'élargit enfin par tant de chocs récidivés: ce n'est bientôt plus qu'une poussière humide, une vapeur brillante, flottant sans mouvement et comme suspendue dans le vague de l'air, mais qui, éclairée d'un rayon de soleil, offre aux yeux enchantés tous les phénomènes de l'arc-en-ciel.

Tout à l'entour de la cascade, sur une pelouse toujours verte et fleurie, mille petits filets d'eau, dépôt de cette masse humide, serpentent, en se frayant divers chemins, selon leur pente naturelle : ils forment bientôt des ruisseaux qui fuient en gazouillant, et s'étendent dans la contrée. Plus bas, coulant toujours, réunissant par degrés leurs ondes vagabondes, on les voit s'augmenter de momens en momens, jusqu'à ce que tous ensemble, arrivés dans un même lit, ils deviennent enfin un véritable torrent, qui s'accroît toujours plus de l'eau de toutes les ravines. Alors ses flots accumulés grondent et le blanchissent d'écume; leur rapidité devient effrayante; rien ne résiste à leur impétuosité, et leur courroux ne commence à s'apaiser que quand ils se sont élancés bien avant dans la plaine. Mais peu à peu les eaux s'écoulent avec moins de fracas; les bouillonnemens s'évanouissent, et font place à une surface plus unie où l'on peut déjà voir, à travers quelques rides, l'image incertaine et vacillante des arbres qui bordent les rivages. On se plaît à côtoyer les bords, et l'on jouit de l'heureux calme qui a succédé à tant de bruit. Le torrent, devenu un fleuve majestueux, s'étend au loin, traversant les provinces, qu'il fertilise dans son cours, jusqu'à ce qu'il aille enfin rendre et déposer ses flots dans le sein de la mer.

XXIII.e LEÇON.

J'ai entrepris cet ouvrage pour les amateurs et pour les commençans; je dois donc entrer avec mes lecteurs dans des détails superflus pour les artistes de profession, fastidieux pour les personnes qui ne s'occupent pas de peinture, indispensables pour l'élève, qui vainement chercherait dans tout autre livre à les trouver rassemblés et disposés dans un ordre convenable.

Du Jour qu'on doit choisir comme le plus favorable à l'atelier d'un Peintre, et de quelques moyens de se le procurer.

L'atelier d'un peintre doit être au nord, de préférence à toute autre exposition, afin d'éviter les alternatives fréquentes du soleil et du jour ordinaire, qui changent entièrement l'aspect et l'effet des objets qu'on a devant les yeux pour les imiter.

Quelques nuages, promenés dans les airs par le vent et se suivant à des intervalles irréguliers, suffisent pour arrêter l'artiste au milieu de son travail. Dans un atelier exposé au nord, il n'a point à craindre cet inconvénient, ou du moins les changemens de lumière y seront beaucoup moins sensibles, les rayons du soleil n'y pénétrant jamais.

Vous ne pouvez éviter cependant que certains nuages blancs et lumineux ne viennent quelquefois changer un peu la nature de votre jour, ainsi que tels nuages obscurs et pesans; mais cela peut se supporter, et quelquefois même un nuage blanc peut vous provoquer à concevoir un effet d'ombres et de lumières plus ferme et mieux caractérisé. Dans ces cas-là il faut tâcher de se les bien rappeler, afin que tout l'effet général participe à cette lumière piquante.

Ce qu'il faut éviter, autant que possible, ce sont les reflets renvoyés par les murs, les toits, les arbres, etc. : ces réverbérations sont peut-être plus nuisibles à la réussite d'un ouvrage que le soleil même.

Le jour d'un peintre dans son atelier doit venir d'en haut, et le plus proche du plafond possible; il doit boucher la fenêtre à peu près du milieu jusqu'en bas. Il est bon, et même indispensable, surtout quand on peint le portrait ou la figure d'après nature, que le plafond soit élevé d'environ neuf à dix pieds et plus encore, si cela peut se rencontrer ainsi; car il faut boucher le jour au moins à cinq pieds de hauteur depuis le sol, et davantage, si la hauteur du jour le permet et que la fenêtre soit très-élevée. Il ne faut qu'un seul jour; ainsi l'on masquera le jour des autres fenêtres d'un atelier, s'il y en a plus d'une. Il est des cas pour certains sujets d'histoire ou de genre, comme des scènes familières dans un intérieur, où l'on fait intervenir plus d'un jour ou plus d'une lumière à la fois dans une composition, mais ceci sort de la règle; les amateurs à qui je m'adresse, n'en sont pas encore là: ainsi ils ne recevront le jour que d'une fenêtre unique.

La lumière d'un jour plongeant ainsi d'en haut sur les objets, en détermine les ombres et les clairs d'une manière plus nette et plus lisible pour le peintre; l'on ne voit point de *pénombre* ou de doubles ombres, et en même temps le modèle vivant ne reçoit aucun des reflets de la rue ou du chemin, en sorte que l'effet est unique, simple, et n'a rien de compliqué. D'ailleurs, le modèle et le peintre lui-même se trouvent également bien d'un jour ménagé de la sorte, il repose les yeux et ne fatigue point comme ceux qui viennent d'en bas. J'invite même toutes les personnes qui aiment à s'occuper à des ouvrages délicats, comme à des broderies, des dentelles, ou même simplement à la lecture, de s'arranger de façon à ne recevoir le jour que d'en haut; elles s'en trouveront bien, et conserveront leur vue plus long-temps.

Il arrive souvent qu'on a l'intention de peindre un portrait ou un sujet quelconque sur un fond de ciel: cela peut se faire, mais il faut traiter le fond, et surtout la tête, d'une tout autre manière que quand on fait un fond de chambre ou d'intérieur quelconque; ajoutez que l'artiste doit être déjà assez habile et fort adroit pour savoir détacher agréablement une tête sur un fond de ciel.

Le meilleur parti à prendre pour être vrai, est celui de s'établir soi-même en plein air et comme en rase campagne, afin d'imiter au naturel les effets de ce genre de lumière, qui ne ressemble en rien à celui d'un intérieur, dont le jour n'éclaire la tête et la figure que d'un seul côté. En plein air, au contraire, un torrent de lumière environne le modèle de tous côtés, et cela d'une manière presque uniforme, à moins qu'on n'expose son modèle aux rayons du soleil, ce qui n'est pas trop supportable pour d'autres personnes que des villageois.

Si donc on est comme forcé d'éviter le soleil, l'effet d'un portrait sera en général très-peu déterminé et difficile à saisir, parce que, les reflets du ciel environnant la figure de toute part, les ombres en seront fort adoucies et bleuâtres; effet qui pourrait devenir très-beau, si on le rendait parfaitement bien; mais c'est ce qui arrive rarement. Bien des peintres, surtout ceux qui font le portrait, détachent souvent leurs têtes sur un ciel, sans changer le moins du monde la nature et la teinte générale des ombres; c'est un contre-sens : dans un intérieur, les ombres sont infiniment plus brunes qu'en plein air ; ils font donc des ouvrages durs et sans la moindre harmonie. Pour éviter autant que possible cet inconvénient, puisqu'on ne peut pas toujours établir son atelier en plein air, voici ce qu'il faut faire.

Ayez quelques châssis de cinq ou six pieds carrés de proportion, tendez-les d'une toile pas trop fine, barbouillez ces toiles de diverses teintes de ciel; les unes en bleu d'azur, d'autres mélangées de bleu et de nuages plus ou moins clairs, une troisième imitant un ciel grisâtre et obscur, et enfin sur une ou deux autres de ces toiles peignez de gros en gros des fouillis de verdures, mais seulement d'une manière sourde, vague, embrouillée, sans détails, et surtout sans la moindre dureté. Tout cela doit être confus et n'avoir aucune forme déterminée; l'essentiel est que les tons de ciel et de verdures soient doux et fuyans, alors ils pourront vous servir de fonds, en les barbouillant de diverses teintes de chaque côté des châssis, afin d'avoir un plus grand nombre de teintes à choisir, selon l'effet que vous voulez produire. Vous calculerez d'avance quelle est la teinte plus ou moins claire ou obscure qu'il convient de donner à votre fond de ciel ou de paysage. Vous pourrez même entourer votre modèle de quelques-uns de ces châssis, ce qui vous aidera de votre place à juger ce qu'il convient de faire pour détacher agréablement vôtre tête, afin qu'elle ne paraisse ni fade, ni dure. Vous aurez non-seulement la ressource de choisir tels ou tels châssis, dont les teintes seront variées; mais vous l'augmenterez encore en les plaçant de manière à ce qu'ils soient plus ou moins directement ou obliquement opposés au jour de votre atelier : au moyen de quoi vous varierez à l'infini les teintes obscures ou claires de vos fonds, en sorte que votre modèle, étant reflété de ces châssis de toute part, se trouvera éclairé presque comme il le serait en plein air. Il est sous-entendu que vous placerez ces divers châssis derrière et sur les deux côtés de votre modèle, à une distance telle qu'il ne soit ni trop ni trop peu reflété.

Les fonds de paysage ou de verdure sont souvent très-propres à servir de champ ou de fond à une tête; mais il faut les détailler très-peu, les peindre d'un ton floux, sourd et harmonieux, et éviter (*surtout aux alentours de la tête*) toutes les sécheresses, les formes arrêtées, les angles, en un mot, tous les petits détails qui pourraient attirer les yeux aux dépens de l'objet principal, qui est la figure, et surtout la tête.

Vous placerez ces divers châssis à différentes élévations, suivant le besoin, soit en les élevant sur des chaises, ou, ce qui vaut encore mieux, en les suspendant à des pieds, comme sont ceux dont on fait usage pour battre et nettoyer les habits. L'on perce huit ou douze trous le long de la branche qui s'élève verticalement, et au moyen d'une cheville de bois ou de fer, qu'on change à volonté, l'on suspend ces châssis à la hauteur qu'on désire[1]. Ces châssis doivent former ensemble une espèce de demi-cercle autour du modèle, afin qu'il en reçoive les reflets de toute part.

Ces sortes de châssis barbouillés plutôt que peints en toutes sortes de teintes fondues ensemble d'une manière vague, comme seraient des nuages peu distincts et colorés de quelques taches et nuances différentes, en gris-bleu, gris-roux, gris rougeâtre et brunâtre, et même dans le bas jaunâtre et verdâtre; ces châssis, dis-je, sont d'un grand secours pour peindre quelque fond que ce soit, du moins pour la teinte générale d'un fond, n'importe que ce soit un ciel, un intérieur, des rochers, de la verdure ou de l'architecture; parce que, suivant l'inclinaison plus ou moins oblique que vous leur donnez par rapport au jour, qui de la fenêtre

1 Voyez la planche 6.e, figure *P*, où l'on voit une très-petite figure d'un de ces pieds à suspendre les châssis. On s'en sert aussi pour y suspendre tel tableau que l'on copie, ainsi que pour des dessins, des gravures, etc.

entre dans l'atelier, vous les rendez plus sombres ou plus lumineux à volonté; et d'ailleurs vous avez encore le double moyen de les modifier, en les éloignant ou en les rapprochant plus ou moins de votre modèle.

Lairesse conseille fort ce moyen, qui n'est point dispendieux, et qui peut rendre de grands services, tout simple qu'il est; car il arrive très-fréquemment que l'intérieur d'un atelier n'est point convenablement disposé pour faire un fond qui soit avantageux; il est ou trop sombre ou trop clair, ou bien encore, il y a quelque meuble foncé, comme du noyer ou de l'acajou, qui présente une surface trop obscure. Ces châssis remédient à tout; l'on se forme ainsi à volonté et l'on varie à l'infini le genre, la teinte et la nature des fonds de ses ouvrages, du moins en ce qui concerne le ton général.

Si quelqu'un pense qu'on a tort de mettre tant d'importance à un fond, qu'il se désabuse; c'est au contraire une partie qui demande beaucoup d'attention et de calcul : une tête, très-bien peinte d'ailleurs, peut ne faire aucun effet sur un fond mal entendu ; aussi voit-on souvent les plus habiles artistes faire, effacer et refaire plusieurs fois les fonds de leurs sujets ou de leurs portraits.

Ce moyen épargne bien des calculs : l'on dispose son fond derrière et sur les côtés de son modèle par ces châssis, jusqu'à ce qu'on en soit content, c'est-à-dire, jusqu'à ce que le sujet ressorte dessus d'une manière harmonieuse, sans détruire, ni les fraîcheurs des chairs d'une part, ni la vigueur des principales ombres; car les unes et les autres, calculées à leur juste valeur, contribuent également au bon effet général et au relief d'une tête ou d'un sujet quelconque, lequel doit toujours paraître isolé du fond, comme s'il y avait en effet de l'espace et de l'air tout autour du sujet.

Quand on est parvenu à se contenter sur la teinte générale d'un fond, rien n'empêche ensuite qu'on n'y exprime certains détails, si le sujet le comporte; ainsi l'on en fera ou un fond d'architecture, ou d'appartement, ou de rochers, ou de verdure, ou de ciel, ou de marine, etc. Mais toujours faut-il mettre la plus grande attention à n'accuser ces détails que d'une manière *vague*, *passée*, *indécise* et *moelleuse*, afin que rien de tout cela ne papillotte[1] aux yeux, en sorte que le spectateur n'y fasse d'abord aucune attention, et que tout l'intérêt se porte sur ce qui constitue le sujet principal du tableau; cela ne l'empêche pas ensuite d'accorder quelque attention aux différentes parties d'un fond. Il en est même qui doivent être détaillées et bien rendues, ce sont les accessoires qui se groupent en quelque sorte avec la figure, comme un fauteuil, une table, un tronc d'arbre, des fleurs, en un mot, tout ce qui est placé très-proche, et même

---

1 On dit qu'un sujet, un fond ou une composition quelconque papillotte, lorsque trop d'objets à la fois attirent les regards, soit que cela vienne de ce qu'ils sont trop éclairés, trop arrêtés ou trop durement détaillés; car rien, au premier coup d'œil, ne doit captiver l'attention que le sujet principal : ce principe est commun à tous les arts d'imitation.

quelquefois en avant de la figure. Mais tout ce qui est censé faire fond à une certaine distance derrière le personnage ou les personnages, doit être peint d'une manière vague et peu déterminée.

Les fonds de ciel qui font le meilleur effet, sont ceux qui représentent un ciel rembruni et orageux; d'abord parce qu'ils sont susceptibles d'être diversifiés de beaucoup de sortes de teintes, ce qui les rend très-harmonieux relativement aux têtes; et comme le peintre est libre de coordonner les masses et les teintes des nuages à sa fantaisie, il ne manquera pas, s'il entend son art, d'en profiter habilement pour obscurcir certaines parties, et en tenir d'autres accidentellement plus claires, selon que sa tête pourra y gagner en relief, en effet et en harmonie générale. Qu'on ne dise pas qu'il est faux d'éclairer d'une vive lumière une tête, et même toute une figure, tandis qu'on l'appuie sur un fond d'orage ou de mauvais temps; cela se voit tous les jours : votre figure reçoit le jour de l'*orient*, je suppose, où le ciel peut être clair, tandis qu'à l'occident ou au midi le ciel sera chargé et obscur. Le peintre ne peint jamais le ciel qu'il a derrière soi, il ne le voit pas; il ne peint et ne peut peindre que la partie du ciel qu'il voit devant lui : or ce n'est point celle-là qui éclaire son modèle.

Ce qu'il faut éviter avec soin, c'est d'appuyer une tête sur un fond d'un beau bleu de ciel; rien n'est plus désavantageux : car non-seulement ce beau bleu détruit toutes les fraîcheurs des chairs, mais en outre un fond aussi clair et aussi lumineux oblige le peintre à détacher tout son sujet en silhouette, c'est-à-dire qu'il doit tenir toute la figure plus foncée que le fond, s'il ne veut pas être d'une fadeur dégoûtante. Ces fonds bleus sont d'ailleurs durs, et donnent à tout l'ensemble une apparence de faïence qui ne plaît à personne. Un tel fond pourrait tout au plus convenir aux hommes de couleur, comme à un Africain ou à une peau cuivrée.

J'ai dit plus haut, qu'il faut masquer le jour qui vient par la partie basse de la fenêtre à la hauteur d'environ cinq pieds du plancher ou du sol. On le fait au moyen d'un rideau qu'on accroche par des anneaux aux deux côtés du bois de la fenêtre. Ce rideau doit intercepter complétement les rayons du jour; mais, comme il ne faut pas non plus qu'il tranche trop avec l'éclat du jour, ce qui fatiguerait les yeux du modèle, on le composera de deux toiles, l'une noire, et l'autre blanche. L'on coudra les deux toiles ensemble par les bords. La noire ôte la transparence et s'applique du côté des vitres, et la blanche paraît en dedans de l'atelier. Il arrive de là que ce rideau qui n'a plus de transparence, n'est cependant pas d'une teinte obscure en dedans, parce que l'on ne voit que la doublure blanche, qui conserve, quoique dans l'ombre, assez de clarté pour ne pas trancher trop durement avec le grand jour qui est au-dessus. Pour cet effet l'on a soin de remplier un peu le blanc du côté du noir, afin que le haut du rideau, ni aucune autre partie, ne laissent apercevoir le côté noir dans l'intérieur de l'atelier.

On peut aussi ménager le jour de manière à le faire venir de très-haut pour le modèle, et à conserver pour le peintre tout celui de la fenêtre entière, soit que l'artiste préfère un pareil jour, soit qu'il exécute un ouvrage qui demande un soin extrême par le grand nombre de détails, soit enfin que le jour commence à baisser, et qu'on ait quelque partie qu'on veuille absolument achever avant la nuit. L'on peut aussi vouloir donner au modèle *un jour à la Rembrant*, venant de très-haut, en sorte que le corps ou le bas de la personne soit très-peu éclairé, afin d'obtenir plus de piquant par la tête, et pourtant conserver pour soi un plus grand jour. En ce cas on prendra un rideau plus long que le précédent, que l'on suspendra à une équerre de fer, en forme de potence: le fer sera cylindrique partout, afin que les anneaux du rideau puissent couler horizontalement, comme ceux d'un rideau ordinaire, et que la branche verticale puisse tourner sur elle-même dans deux anneaux de fer, placés l'un en haut, l'autre en bas, pour se réserver la facilité de donner à volonté plus ou moins d'ouverture au rideau, en le rapprochant ou en l'éloignant plus ou moins de la fenêtre. Cette équerre tourne comme une porte sur ses gonds, en sorte qu'en l'éloignant de la fenêtre vous rapprochez le rideau de votre modèle, qui ne reçoit le jour que par-dessus ce rideau, tandis qu'il laisse au peintre tout celui qu'il peut désirer[1]. Il ne faut

---

1 Voyez la planche 5.e, figure *O*, où j'ai dessiné en petit la figure de ce rideau et de la tringle coudée qui le porte. La partie horizontale doit

pas ouvrir tellement ce rideau, que le modèle puisse recevoir le jour ailleurs que du haut de la fenêtre. Il importe que le côté intérieur du rideau soit noir, puisqu'autrement le peintre qui l'a en vue, serait ébloui de son reflet. J'insisterai avec raison sur la précaution que j'indique plus haut, de ne laisser aucune bande noire visible au rideau en dedans de l'atelier. Le célèbre Argand, à qui l'on doit l'invention des lampes à courant d'air, vulgairement appelées à Paris *lampes à la quinquet*, mettait à toutes ses lampes, au lieu d'un abat-jour de fer-blanc, un abat-jour ou réflecteur de papier. Il n'ignorait pas que la demi-transparence du papier lui faisait perdre peut-être une partie du renvoi de la lumière sur l'objet éclairé; mais il savait aussi qu'une ligne noire et tranchée avec une lumière vive, offusque la vue. Les abat-jours en métal, n'ayant aucune transparence, ont cet inconvénient d'une manière très-prononcée; c'est pourquoi il leur préférait ceux de papier, et l'expérience de tous les jours prouve qu'il avait raison.

C'est le même inconvénient que je veux éviter pour le rideau dont je propose l'usage; l'on ne laissera donc aucune bande blanche du côté noir, ni aucune noire sur le côté blanc.

Voici encore une manière avantageuse d'éclairer son

---

avoir vingt à vingt-quatre pouces, la partie verticale environ cinq pieds, et le rideau de même. L'on peut varier l'élévation du rideau, en perçant quelques trous dans le haut de la tringle verticale, dans lesquels on passe une cheville à la hauteur où l'on veut le fixer.

modèle : si vous avez dans votre atelier deux fenêtres sur la même face, et que le trumeau qui les sépare ne soit pas de plus de deux pieds ou deux pieds et demi, vous pouvez tirer de cette disposition une lumière très-piquante pour votre modèle. Il faut d'abord que ces deux fenêtres soient placées à peu près au milieu de la chambre, sans cela il n'y aurait pas assez d'espace derrière le modèle pour lui servir de fond ; et, quant au peintre, nous avons déjà fait observer qu'il doit avoir la possibilité de se reculer de quelques pieds. Le peintre disposera les choses de manière à tirer son jour de la fenêtre la plus éloignée du modèle, tandis que celui-ci ne sera éclairé que par l'autre fenêtre. Pour cela, on interposera un rideau mouvant[1] entre les deux fenêtres : selon qu'on l'ouvre plus ou moins, en le faisant mouvoir comme une porte, il intercepte le jour du peintre sur le modèle, et celui du modèle aux regards du peintre.

Ce rideau devra en conséquence être plus long que celui dont j'ai déjà parlé. Il devra être suspendu tout proche du plafond sur la branche horizontale de l'équerre, et descendre jusqu'à quelques pouces du parquet. Le rideau, en ce cas-ci, doit être de couleur très-obscure et même noire des deux côtés, afin qu'il n'éblouisse ni le peintre, ni le modèle. L'effet qui résulte de cette manière d'éclairer le modèle, est très-prononcé ; certaines lumières, venant de côté, sont

1 Ce rideau ou cloison ambulante est garni d'anneaux, et monté sur une équerre, comme celui dont j'ai déjà parlé.

très-vives, tandis qu'à l'opposé de la fenêtre les ombres sont très-prolongées. Cet effet particulier d'ombres et de lumières aide puissamment à varier le clair-obscur des sujets ou des portraits, ce qui est un avantage, en ce qu'on évite la monotonie qui résulte d'une seule et même manière d'ombrer un grand nombre d'ouvrages; mais cet effet, qui a beaucoup de piquant, est un peu trop sévère pour les jeunes personnes des deux sexes; il est plus applicable aux têtes mâles, et surtout aux militaires, aux magistrats et aux vieillards.

Il est encore une manière différente d'introduire le jour dans un atelier, je la crois la plus avantageuse de toutes; mais pour en faire usage, il faut être logé chez soi, ou du moins se résoudre à faire une dépense assez considérable dans la maison d'un autre; si les localités se prêtent à cet arrangement.

On établit son atelier immédiatement au-dessous du toit, dans lequel on pratique une ouverture et un vitrage en pente semblable à celui d'une serre; c'est de là que l'on tire son unique lumière. Rien n'égale la beauté et la pureté d'un pareil jour; comme il vient naturellement d'en haut, il dispense de tout autre ajustement en rideaux ou autres secours semblables; tous les objets, sous cette belle lumière, prennent un aspect et un caractère admirables, sans fatiguer les yeux du modèle, ni ceux du peintre.

Je n'ajoute rien à ces diverses méthodes d'éclairer un atelier, si ce n'est qu'à quelque jour qu'on l'établisse, il faut éviter le soleil et tous les reflets provenant du dehors : il faut surtout se garantir des réverbérations qni arriveraient sur le modèle; elles changent trop la teinte locale des chairs, comme de tous les autres objets; elles sont moins nuisibles, quoique toujours plus ou moins désagréables, *quand elles ne dardent* que sur la place du peintre.

Comment on peut, dans quelques cas, se garantir des réverbérations du dehors.

On peut se garantir de la réverbération des objets voisins, comme d'un mur, d'une cheminée, et même des arbres, si ces objets ne sont pas très-élevés, ni surtout très-rapprochés de l'atelier.

C'est par le moyen d'une espèce d'abat-jour en bois, ou d'un simple châssis garni de toile, dans la forme que je vais indiquer, et qui est en usage pour les fenêtres des prisonniers.

Cet abat-jour a la forme d'un simple pupitre vu par-dessous, dont les deux côtés latéraux sont larges et élevés par en haut, et finisseut en angle aigu par en bas; mais, au lieu qu'on place un pupitre à plat sur les deux côtés latéraux, on place l'abat-jour presque de champ et de façon à ce que les deux côtés interceptent le jour qui vient à droite et à gauche, et garnissent ainsi toute l'ouverture que laisserait une simple planche inclinée, qui surplomberait par en haut sur la rue.

Cet abat-jour est donc composé de trois pièces: celle du fond, qui doit être de toute la largeur de la fenêtre, et de deux autres qui forment les côtés latéraux, qui sont coupés en angle aigu par le bas, et joints avec la pièce du milieu.

Ces pièces de côté se voient donc de l'atelier comme on verrait le dessous d'un pupitre, quand on le tiendrait sens dessus dessous, et que la partie la plus basse reposerait sur le mur, tandis que la plus élevée serait en haut, mais inclinée de sept ou douze pouces en dehors du mur. Dans cette situation cet assemblage s'incline à volonté en dehors de la fenêtre, mais seulement par le haut; tandis que le bas reste fixe et repose sur la tablette que forme l'épaisseur du mur.

On laisse une ouverture de six lignes dans le bas de la planche du milieu, pour l'écoulement des eaux pluviales; et par le haut l'on y visse un anneau auquel on passe une corde pour soutenir l'abat-jour et le fixer au point d'inclinaison nécessaire. Cette inclinaison se détermine en raison de la hauteur des objets extérieurs que l'on veut cacher : plus on tire la corde à soi, plus l'abat-jour paraît élevé, et cache davantage les objets; et plus on lui donne d'inclinaison par en haut sur la rue, plus il laisse entrer de jour dans l'intérieur : c'est à l'artiste à lui donner l'inclinaison nécessaire pour masquer les réverbérations, tout en ne se privant du jour que le moins possible.

Pour éviter les accidens, on arrête le bas de l'abat-jour par deux clous ou pivots arrondis plantés dans le mur; ces clous doivent être assez libres dans les trous qu'on perce dans le bas des pièces latérales, pour laisser toute liberté d'incliner ou de redresser l'abat-jour à volonté.

Les côtés latéraux de l'abat-jour bouchent le vide produit par l'inclinaison qu'on lui donne, et doivent être d'une largeur proportionnée à l'ouverture la plus forte qu'on sera appelé à donner à l'abat-jour.

Quant à la hauteur du tout, elle se calcule sur le plus ou moins d'élévation des objets extérieurs dont on craint la réverbération. On peut l'évaluer à trois ou quatre pieds; l'on est le maître ensuite de réduire l'effet de cette élévation, en donnant plus ou moins d'inclinaison à l'abat-jour. L'on peindra le tout en noir, et à l'huile, en dedans, et d'une couleur quelconque le dehors, pour préserver le bois.

L'avantage de cet arrangement sur un simple rideau est très-grand, en ce qu'un abat-jour, tout en masquant les objets qui renverraient des reflets, laisse néanmoins entrer le jour en entonnoir jusqu'au bas de la fenêtre, tandis qu'un rideau déroberait une grande partie du jour de l'atelier.

Moyen de se garantir des rayons du soleil, si l'on n'a pas un atelier au nord.

On se pourvoira d'un châssis de bois léger, sur lequel on tendra du papier mince et fin : le papier *végétal*[1] est ce qu'il y a de mieux pour cela; il le faut

1 Le papier qui porte ce nom est fort transparent, et presque aussi blanc que le papier fin ordinaire; il sert souvent aux architectes pour calquer leurs plans : presque tous les papetiers en vendent.

du plus grand format. On collera ces feuilles ensemble, en ne les chevauchant que de quatre lignes l'une sur l'autre.

Pour éviter le froncement du papier, on le collera, non à l'amidon, mais avec de la colle à bouche[1]. Le châssis ne doit avoir aucune traverse de bois, qui intercepterait le jour; il ne sera composé que de quatre baguettes, formant un carré plus ou moins long, en raison de la forme de la fenêtre.

Quand on a réuni les feuilles de papier à la mesure convenable pour que le tout puisse couvrir la totalité du châssis et au-delà, l'on prend la mesure de ce dernier, en le posant sur le papier qu'on aura étendu sur le plancher, et l'on tracera avec un crayon tout le pourtour du châssis, en sorte qu'il reste encore tout autour une bande suffisante (c'est-à-dire dix-huit lignes de papier), qui servira à le coller sur le bois du châssis.

Mais avant de coller le papier, on le mouillera légèrement partout avec une éponge, excepté sur les bords, qu'on aura eu soin de replier en dessous, sans quoi la

---

1 La colle à bouche est une espèce de gélatine blonde, dans laquelle il y a un mélange de gomme et un peu de sucre candi et de vinaigre blanc : elle se vend en petites bandes de trois pouces chez les marchands de papier. Pour s'en servir, on l'humecte en la tenant d'un pouce dans la bouche, entre les dents. Au bout de quelques minutes, on la sent s'amollir par la salive et la chaleur de la bouche; alors on dispose convenablement son papier, et, en le frottant avec la colle, on l'arrête à deux ou trois places pour qu'il ne se dérange plus, et à chaque place qu'on aura collée, on se dépêche de poser un morceau de papier indépendant, à travers lequel, et avec un plioir, on frotte la place pour faire prendre la colle.

colle n'y prendrait pas. Le papier étant humecté, l'on déplie les bords secs, que l'on enduit de colle d'amidon; puis on les colle sur le bois du châssis, sans trop l'étirer, et surtout pas davantage d'un côté que d'un autre. Le papier, encore humecté, sera lâche, et ne vous paraîtra pas assez tendu; mais en séchant il remplira votre attente. Si vous l'étiriez trop pendant qu'il est humide, ou le papier se romprait en séchant, ou, étant trop tendu, il tourmenterait le bois du châssis.

Pour donner un peu de consistance à cette grande étendue de papier, l'on tend faiblement une ficelle, de moyenne grosseur, d'un des angles à celui qui lui est opposé; on en fixe une autre à l'un des deux autres coins du châssis, et, avant de la fixer au coin correspondant, l'on fait un tour, et même un nœud, au centre de la première corde, après quoi l'on fixe l'extrémité de cette dernière ficelle à l'angle qui n'en a point encore : cette croix en losange soutient suffisamment le papier, qui serait trop sujet à se crever.

L'on fixe les ficelles avec des petits clous à tête, qui s'arrêtent facilement dans le bois blanc.

Le châssis est achevé. Il sera de quelques pouces plus large que l'ouverture de la fenêtre vitrée, afin que, quand le soleil donne de côté, il puisse néanmoins arrêter les rayons.

Il ne faut point huiler le papier, cela lui donnerait une teinte trop jaunâtre : d'ailleurs, il sera assez transparent quand le soleil donnera à travers; et quand il n'y a point de soleil, on abaisse le châssis, l'on n'en fait point usage.

Les rideaux d'étoffe ne valent rien, et parce qu'ils laissent passer les rayons entre chaque fil, et parce qu'ils ne sont pas uniformément tendus.

Manière de suspendre le Châssis de papier et de s'en servir, en le tenant toujours à la hauteur où le soleil se montre.

L'on visse à chacun des angles supérieurs du châssis un petit anneau; ces anneaux le suspendent par des crochets fixés à la petite corde qui sert à soulever et à abaisser le châssis. C'est ce qu'on exécute pour soulever un rideau ordinaire au moyen de deux poulies, en métal ou en bois, dans lesquelles on fait passer la corde.

Cet arrangement est très-commode, non-seulement parce qu'on n'a pas besoin de monter sur une chaise pour accrocher ou décrocher le châssis, mais encore pour parer à un inconvénient plus grave. Sur le soir, ou dès le matin, le soleil, étant peu élevé sur l'horizon, ne traverse qu'une portion du châssis : on n'aurait pas un jour suffisant, si, pour une petite partie où le soleil donne, l'on était obligé de laisser le châssis tout entier contre l'ouverture de la fenêtre.

En ce cas on descend le châssis par la corde qui vient aboutir sur le côté gauche, et on ne le laisse contre la vitre que jusqu'à la hauteur où le soleil donne : alors la partie supérieure de la fenêtre vous laisse le jour naturel.

L'on suspend à la cordes qui est sur le côté gauche, un petit contre-poids en plomb, qui contre-balance juste la pesanteur du châssis; en sorte qu'à quelque hauteur que vous ayez besoin de le fixer, il reste en place, tant qu'on ne tire pas la corde pour l'élever davantage.

Tout cela se fait de sa place, sans être obligé de se déranger, et d'une seule main, la gauche.

Quand on veut élever le châssis, on tire le plomb en bas; pour l'abaisser, on soulève le plomb tout doucement, ce qui permet au châssis de retomber par son propre poids, et de rester en place dès qu'on cesse de le soulever.

L'on calcule la hauteur du châssis de manière à ce que, quand il touche par terre, sa partie supérieure ne monte pas plus haut que le rideau noir et blanc accroché à la fenêtre, et dont j'ai parlé en premier lieu. (Voyez page 469.)

De cette manière on n'a que rarement l'occasion de décrocher le châssis : tant qu'on n'a pas besoin d'ouvrir la fenêtre, il peut rester ainsi suspendu, tantôt haut, tantôt bas, selon le besoin qu'on en a. Quand on veut l'ôter tout-à-fait, il suffit de le décrocher; mais, pour que les cordes ne s'embrouillent pas, il faut avoir la précaution, avant tout, d'arrêter à un clou la corde qui suspend le contrepoids.

Je n'ai pas encore dit quand cet ajustement est le plus utile : c'est lorsque, par un ciel variable, le soleil se montre ou disparaît de minute en minute. Cette alternative de lumière et d'ombre impatienterait le peintre, s'il était obligé de monter chaque fois pour ajuster son châssis; mais ici un coup de main suffit pour cela, et sans se déranger de place.

Voilà ce qu'on peut faire de mieux quand on a le soleil dans un atelier. Le nord est bien préférable; le jour y est plus égal, et l'on est dispensé de tous ces ajustemens, qui ne laissent pas d'interrompre souvent l'artiste, et de l'exposer à une grande variation de lumière.

L'opinion généralement reçue est qu'un tapis vert est ce qui convient le mieux pour boucher le bas d'une fenêtre. Prenez-le tel, si vous l'avez sous la main; mais doublez-le en dedans d'une étoffe blanche, non-seulement pour qu'il ne tranche pas durement avec le grand jour qui est au-dessus, comme nous l'avons dit plus haut, mais aussi pour lui ôter toute transparence, s'il est d'une étoffe légère; car le vert est de toutes les couleurs celle dont le reflet serait le plus désavantageux pour les carnations du modèle.

De la Place qu'occupe ordinairement un Peintre dans son atelier; de ses grandeur et proportion, et de sa meilleure disposition.

Le peintre se place presque toujours de façon à avoir la fenêtre à sa gauche; s'il se plaçait autrement, sa main droite, qui tient le pinceau, porterait ombre sur son tableau. Il tournera un peu le dos au jour, pour n'en pas être ébloui, et pour que son tableau soit plus éclairé et presque en face du jour.

Quand on peint une jeune femme ou un enfant,

qui ont généralement des carnations très-fraîches, on les place de manière à ce que le jour les éclaire plutôt en face que par le côté, ce qui diminue sensiblement la masse des ombres. Les portraits éclairés de cette manière ne produisent pas toujours autant d'effet que les autres; mais ils sont plus agréables et plus flatteurs.

L'on évite, en général, même pour les portraits d'hommes encore jeunes, de les éclairer par un jour venant trop de côté, c'est-à-dire, qu'il faut que la partie du visage qui est du côté de l'ombre, soit néanmoins un peu éclairée; rien n'est moins agréable qu'un visage qui est tout clair d'un côté, et tout ombré de l'autre. S'il s'agit d'un tableau composé de plusieurs figures, c'est alors tout autre chose; il y aurait de l'affectation et un manque d'art et de goût à n'éclairer toutes les têtes que de la même manière, ainsi qu'à les poser toutes dans la même attitude. Il faut au contraire varier autant que possible et les attitudes et les jours, et adopter l'effet de clair-obscur, qui se prête le mieux à l'ensemble général du tableau.

Nous avons déjà observé que l'atelier d'un peintre ne doit recevoir le jour que d'une seule fenêtre, à quoi nous ajouterons que le local doit être assez spacieux, pour que la personne qu'il peint puisse être placée à environ quatre ou cinq pieds de lui, et qu'en outre il reste encore au moins autant de distance, si ce n'est davantage, derrière le siége du modèle[1]. Il

1 Il est des cas où il est bon d'éclaircir un peu le fond ou les parois d'un atelier : c'est lorsqu'on a dessein d'appuyer une tête ou toute une

faut aussi que l'artiste lui-même ait un espace libre derrière lui, afin qu'il puisse de temps en temps se lever et s'éloigner de son tableau à la distance de cinq ou six pieds, pour mieux juger de l'effet général de son ouvrage. La chambre doit avoir au moins quinze à dix-huit pieds en tous sens, et plus, s'il est possible; ce ne sera que mieux. Il n'est pas impossible de peindre d'après nature dans un local plus rétréci; mais alors, les parois étant trop rapprochées du modèle, il en reçoit des reflets qui contrarient beaucoup l'artiste, et nuisent sensiblement à la réussite de son ouvrage. Ces inconvéniens sont moindres, quand on ne fait que copier un tableau.

Quand on peint une personne de la tête aux pieds, il est absolument nécessaire d'éloigner encore davantage son modèle; sans quoi l'on pécherait contre une agréable perspective. Le peintre, plongeant sa vue sur les genoux du modèle, aurait beau dessiner fidèlement sa figure telle qu'il la voit, il en résulterait toujours un effet disgracieux; le modèle aurait l'air mal assis, et tous les accessoires, les siéges, les tables, le parquet même, sembleraient s'incliner en avant. Cette observation est essentielle : l'on peut bien également peindre la tête en n'en étant éloigné que de quatre ou cinq pieds, afin d'en voir plus exactement les dé-

---

figure sur un fond de ciel ou très-clair. En ce cas il ne faut pas masquer entièrement le jour qui peut venir des autres fenêtres de l'atelier, mais seulement le tempérer par de doubles rideaux blancs, ou de toute autre manière qui atténue l'éclat du grand jour sans renvoyer aucun reflet coloré dans le local.

tails; mais il est indispensable d'éloigner son modèle du double au moins, soit pour dessiner tout l'ensemble de la figure, soit pour peindre tout ce qui n'est pas la chair. Si l'on aperçoit quelque différence légère dans les *contours* de la tête et des mains, et même des bras et de la taille, etc., quand on en est plus rapproché, il ne faut néanmoins rien changer à l'esquisse qu'on en a arrêtée, quand on en était plus éloigné; cela fausserait la perspective de l'ensemble. Sans que je le dise, on sent qu'il est ici de rigueur de s'être assuré d'avance que le trait est juste.

La disposition de l'atelier peut être telle qu'en éloignant de neuf ou dix pieds le modèle de soi, le grand jour ne frapperait plus avec assez d'éclat sur lui : en ce cas le peintre doit se reculer lui-même en arrière, afin de ne rien faire perdre à son modèle de la belle lumière qui doit l'éclairer, ou du moins ne reculer le modèle que de quatre à cinq pieds, et s'éloigner lui-même de quatre à cinq pieds. Ces arrangemens dépendent beaucoup du local où l'on donne séance, et de la place qu'occupe la fenêtre dans l'atelier.

Il faut autant que possible que la fenêtre d'où l'on tire le jour soit placée à peu près au milieu de la chambre; mais plutôt de deux ou trois pieds plus proche de la paroi à laquelle le peintre tourne le dos que de l'autre côté, où se trouve la place ordinaire de ses modèles; parce qu'il est essentiel, je le répète, qu'il reste un espace assez grand derrière le siége des modèles, soit pour les entourer au besoin des châssis à reflets divers dont j'ai parlé, soit parce que les parois, étant trop rapprochées du modèle, seraient alors presque aussi éclairées que le modèle même, ce qui donnerait un mauvais fond, peu propre à faire détacher convenablement et agréablement la tête.

Encore un mot concernant la distance à laquelle il faut placer son modèle : cette condition d'un certain éloignement, que j'ai indiquée (surtout pour les portraits en pied), est si essentielle, que les vues les plus courtes doivent nécessairement s'y conformer, sauf à se servir de lunettes concaves, si l'œil nu ne peut pas distinguer les objets à cette distance.

J'ai dit plus haut qu'un peintre doit avoir le jour à sa gauche, et j'en ai donné les raisons ; néanmoins il arrive assez fréquemment qu'un peintre fait le contraire, soit pour varier l'effet de ses ouvrages, soit parce que le lieu où son tableau devra être placé, tire son jour du côté droit, et qu'on observe très-généralement de placer les portraits à leur véritable jour. Au reste, c'est un léger inconvénient pour le peintre à l'huile, attendu que le tableau qu'il travaille est toujours placé presque verticalement sur le chevalet, ce qui fait que la main de l'artiste ne porte qu'une ombre assez légère sur son ouvrage ; le jour de son atelier venant du haut de la fenêtre, les rayons du jour arrivent sur le tableau en grande partie au-dessus de sa main.[1]

---

1 C'est encore pour cette raison que je conseille aux commençans de s'habituer à dessiner au crayon sur un chevalet.

J'ai déjà parlé du mauvais effet qui résulte pour la perspective de tous les objets d'un tableau lorsque le peintre est trop rapproché d'eux ou du modèle vivant. Lors donc que vous dessinerez, non-seulement la figure entière, mais aussi les meubles et autres accessoires d'un tableau, ayez soin de vous placer sur un siége peu élevé et toujours plus bas que ne le sont les chaises ordinaires : par ce moyen, le point de vue sera plus bas dans l'horizon de votre ouvrage; vous ne plongerez pas autant sur la superficie des objets, ce qui leur donnera une perspective et un aspect beaucoup plus agréables.

Mon intention n'est point de donner un cours de perspective ; cette science est trop étendue, elle mérite à elle seule un traité complet ; mais j'en recommande l'étude à tous ceux qui mettront de l'importance à faire quelque chose de bien, elle leur est d'une absolue nécessité ; sans elle, leurs ouvrages seront toujours plus ou moins fautifs, et quelquefois même entièrement défigurés. Il existe plusieurs bons ouvrages sur cette science ; les meilleurs sont ceux qui l'ont traitée à l'usage des peintres. Voyez ceux que j'indique dans la table à la fin du volume.

XXIVe LEÇON.

Sur le choix des Pinceaux et des Brosses à peindre.

(Voyez les dessins des planches 5.e et 6.e)

Un bon pinceau doit être de forme *conique*, sans former ventre au sortir de la plume. On choisira ceux qui ont le moins de ce renflement qu'on appelle ventre, et qui ont le plus de ressemblance avec le fer d'une flèche d'arc. Que la pointe n'en soit ni trop aiguë, ni trop carrée, mais un peu arrondie, et que les poils, égaux et fins par le bout, se réunissent tous ensemble pour ne faire qu'une seule pointe moelleuse. Ne prenez jamais de ces brosses ou pinceaux qui s'écartent et font deux ou plusieurs pointes; en mouillant les pinceaux dans un verre d'eau, et secouant ensuite l'excédant de l'eau, vous verrez aisément s'ils ne forment qu'une pointe. Il faut encore qu'ils soient bien et fortement liés, et qu'ils aient au bout ce qu'on appelle la fleur du poil; car c'est elle seule qui forme la pointe du pinceau par la diminution sensible de chacun des poils, et non pas parce qu'ils en auraient moins au bout que sous la ligature. Il faut encore qu'un pinceau soit élatisque, et qu'il fasse naturellement ressort sur lui-même quand on l'appuie sur la pointe et qu'on le relève ensuite. Ceux qui ont cette qualité au plus haut degré, sont faits de poils pris dans le bout *des queues de martre.* Ils sont un peu roussâtres pour l'ordinaire ; il y en a cependant de plus noirs les uns que les autres. Ces pinceaux sont fort chers, parce que la martre est une fourrure assez rare ; mais malgré cela je les conseille de préférence aux pinceaux *de petit-gris.* Ces derniers n'ont point d'élasticité ; ils se gâtent très-promptement, surtout à l'huile, attendu qu'il faut tous les jours laver les pinceaux dont on s'est servi dans la journée, ce qui se fait en les raclant sur une lame de fer ; en sorte qu'en peu de temps ils s'affourchent, se déforment et présentent plusieurs pointes, chose très-défavorable au travail.

Il est vrai que les pinceaux *en petit-gris* ne coûtent que de quatre à six sous, selon leur grosseur ; tandis que ceux en martre coûtent de vingt à trente sous et plus ; mais, je le répète, les premiers, même tout neufs, sont très-inférieurs en qualité.

Des Brosses.

Les brosses ne sont que rarement montées dans des plumes ; il y en a de grandes, de moyennes, et de petites. Elles doivent toutes avoir à peu près la forme conique qu'on recommande pour le choix des pinceaux ; mais il est inutile et même nuisible qu'elles forment aussi bien la pointe. Elles sont, en général, plus grosses que les pinceaux montés en plume, et le poil en est toujours blanchâtre partout ; on les monte sur des baguettes de bois. Les plus grosses ont le poil plus ferme que les autres; mais on les fabrique d'un poil plus soyeux, à mesure qu'elles diminuent de grosseur.

Les plus petites sont en poils de chèvre, et presque toutes les autres en soies de porc, qu'on a soin de choisir plus ou moins fermes, en raison du volume de la brosse.

Il ne faut jamais qu'un pinceau, ou une brosse, ait été coupé du côté de la pointe avec des ciseaux ou autrement. Ce doit toujours être la fine fleur du poil, qui, par sa forme naturellement conique, forme la pointe. Il ne faut qu'un ou deux poils coupés pour qu'une brosse trace des sillons dans la couleur. Quand on en a de pareilles, il faut les mettre à part, et n'en faire usage que pour des fonds, des cheveux, ou tel autre genre d'ouvrages auxquels quelques légers sillons ne nuisent pas.

Servez-vous le plus souvent possible de brosses plutôt que de pinceaux, je l'ai déjà recommandé; mais l'on ne saurait trop le répéter, parce que les commençans ont tous une forte tendance à se servir des pinceaux de préférence aux brosses; il leur semble que plus leurs outils sont déliés, et mieux leurs ouvrages s'en trouveront; ils s'abusent en cela : la peinture à l'huile demande à être traitée grassement et largement; laissons à la gravure et aux dessins à la plume ce travail rangé et minutieux qui ne peut pas s'exécuter par d'autres moyens, et profitons pour la peinture des moyens moelleux qu'elle nous offre. Ne vous servez donc de pinceaux à plumes que pour préciser quelques touches fines et qui demandent une grande délicatesse d'exactitude, ou bien pour certains petits tableaux où l'échelle naturelle des objets est extrêmement diminuée, ou bien encore pour de très-petites têtes, ou des figurines d'hommes ou d'animaux d'une si petite dimension qu'elles ne puissent être touchées spirituellement avec de petites brosses, ce qui est rare. La raison de cela n'est pas seulement qu'en général l'on fait les brosses plus volumineuses que les pinceaux à plume proprement dits; mais c'est que les brosses posent mieux la couleur sur la toile, au lieu que les pinceaux la roulent, l'essuient et l'emportent avec eux; cela fait que le travail au pinceau devient toujours pauvre, maigre, et paraît fatigué.

Il est inutile de tenir dans la main gauche un trop grand nombre de brosses ou de pinceaux; six ou huit brosses au plus, et deux ou trois pinceaux, suffisent à tout : un plus grand nombre embarrasse et fait perdre un temps précieux à les choisir, selon la teinte dont ils sont déjà imprégnés; et d'ailleurs il vaut mieux, quand le cas le requiert, en déposer quelques-uns dans le pincelier, pour en reprendre autant de propres à leur place, sauf à retourner à ceux qu'on a posés, si la couleur dont ils sont chargés se trouve être la même ou seulement très-analogue à celle qu'on est dans le cas de prendre. D'ailleurs il ne faut pas perdre de vue que vous aurez toutes ces brosses à nettoyer le soir, sous peine de les perdre, ce qui est ennuyeux et long à faire. Je préfère donc leur donner un coup e lavage, en passant dans mon pincelier tout en regardant et réfléchissant sur mon ouvrage, que d'en avoir trop à nettoyer le soir. Il ne faut pourtant pas pousser cela à l'excès; car alors on ne ferait jamais rien de pur et de propre; mais il y a tant de différentes teintes, dans les chairs surtout, que, si à chacune d'elles l'on voulait prendre une brosse entièrement propre de la veille, on n'en finirait pas. La dimension des brosses et des pinceaux se mesure sur l'étendue de la place qu'on travaille actuellement, ainsi que sur la nature plus ou moins délicate de l'objet qu'on est appelé à peindre.

Les plus grosses brosses pour les tableaux, *dits de chevalet*, varient depuis douze à quinze lignes de longueur, sur un diamètre de quatre à cinq lignes dans le plus fourni de la brosse, jusqu'à celles qui n'ont que quatre à cinq lignes de longueur, sur environ une ligne ou une ligne et demie de diamètre, qui sont les plus petites. Les plus grosses servent à faire les fonds, les draperies, et même souvent les meubles et les cheveux; les brosses intermédiaires sont propres à peindre les chairs, et les détails des draperies, des cheveux, etc.; les plus petites ne servent qu'aux menus détails, comme à certaines touches d'ombres ou de lumière dans les yeux, le nez et la bouche, dans des travaux de dentelles, de broderie fine, etc. Enfin, comme tout est comparatif, on conçoit aisément que, lorsqu'on peint un sujet beaucoup plus petit que de nature, les brosses moyennes deviennent de grosses brosses, et les plus petites des brosses intermédiaires.

Mais, en général, pour peindre les fonds et les ciels, ou pour ébaucher des draperies, il faut d'assez grandes brosses, même pour de petits tableaux.

Règle générale : il vaut mieux pécher par l'excès de grosseur des brosses, que par celui de leur petitesse, quelque ouvrage que l'on fasse; il en sera plus moelleusement peint.

Des soins que demande la conservation des Brosses et des Pinceaux, et de la manière dont il faut les nettoyer pour ne les pas gâter.

Presque tous les marchands et les peintres se lamentent sur le dégât que leur font les mites (espèce de vers qui rongent les pinceaux). Les uns les enferment soigneusement dans les boîtes avec du poivre en poudre, d'autres les plient et les enferment dans des papiers imbibés d'essence de térébenthine, etc. A la longue, ces préservatifs ne servent à rien; les insectes les bravent, et dévorent les pinceaux.

Voici un moyen qui m'a parfaitement réussi depuis bien des années. Il ne s'agit que d'imbiber chaque pinceau ou brosse, séparément, d'huile d'olive; les vers n'attaquent pas les objets onctueux, du moins tant que l'huile dont ils sont imprégnés n'est pas desséchée.

L'huile d'olive, n'ayant aucune propriété dessiccative, conserve pendant plusieurs années sa qualité onctueuse, qui éloigne les insectes et les fait périr quand ils en sont touchés.

Je trempe donc tous mes pinceaux neufs, ainsi que es brosses, dans de l'huile d'olive, j'y trempe de ıême tous ceux qui m'ont déjà servi à peindre, mais ui ont été si bien lavés après qu'à la longue ils se-aient susceptibles de ne plus faire fuir les mites.

J'essuie légèrement, un à un, avec un linge fin, haque brosse ou pinceau pour en extraire l'excédant de l'huile ; dans cet état je les renferme dans une boîte ou dans plusieurs, selon leurs grosseur et volume : jamais un insecte n'en a attaqué un seul depuis que j'ai usé de ce moyen.

Au bout d'un certain laps de temps quelconque, et quand on veut se servir des pinceaux ou des brosses, on n'a qu'à les bien essuier, et en extraire l'huile restante entre les doigts et à travers un linge fin : après quoi, sans les laver à l'eau de savon ou de toute autre manière, on les passera sept ou huit fois dans de l'huile à peindre, en les raclant doucement sur la lame du pincelier à chaque fois, comme quand on nettoie les pinceaux ordinaires. Après cela, on pourra s'en servir en toute assurance, sans craindre que les couleurs ne puissent pas sécher. Ce moyen simple a de plus le grand avantage de conserver aux pinceaux toute la souplesse désirable. Il ne faut cependant pas les laisser imprégnés de la même huile d'olive plus de huit ou dix mois, sans les essuyer un peu, et les retremper dans de l'huile d'olive fraîche ; non qu'ils fussent gâtés ou perdus pour cela, mais ils deviendraient à la longue assez gommeux et collans pour qu'il fût difficile de les bien laver dans l'huile d'œillet.

Il ne faut pas plus d'une demi-heure pour renouveler l'huile sur deux ou trois cents pinceaux.

Les entes ou manches des brosses et des pinceaux doivent être au moins de quinze à seize pouces de longueur ; l'on peint mal et gauchement avec des pinceaux emmanchés trop court : pour bien faire et agir librement de sa brosse, il faut que la main soit à environ six pouces du tableau que l'on peint, et même plus éloignée encore quand l'habitude le permettra. Quant aux brosses et pinceaux dont vous faites usage journellement, ne laissez point passer un jour sans les nettoyer, surtout en été, sinon l'huile et la couleur dont ils sont remplis, venant à s'agglutiner, vous donneraient des peines infinies pour leur rendre la souplesse et la propreté nécessaires ; d'ailleurs, la fatigue que vous leur feriez éprouver pour les bien nettoyer, enleverait toute la fleur du poil, les affourcherait et les gâterait tout-à-fait.

Il faut donc, si vous ne pouvez vous astreindre tous les soirs à laver vos pinceaux vous-même, que quelqu'un, dressé à cette besogne, s'en charge pour vous et le fasse avec soin, comme je vais l'indiquer.

Commencez par enlever et exprimer le plus gros de la couleur et de l'huile de vos pinceaux, en les essuyant entre vos doigts avec un papier souple et non collé : après quoi vous les reprendrez un à un, en les trempant dans l'un de vos godets d'huile d'œillet [1] et en tenant le manche du pinceau dans la main, ayant l'index étendu sur le poil du pinceau, et à cha-

---

[1] Voyez tout le détail de la boîte à couleur, planche 3.e

que immersion dans l'huile (qui ne doit pas être trop sâle) vous frotterez légèrement le poil entre la lame du pincelier et l'index, en retirant le poignet à vous et sans ratisser trop fortement. Quand vous apercevrez que l'huile qui sort du pinceau est passablement dépourvue de couleur, alors vous essuierez un peu votre doigt, ou torchon, ou linge qui vous sert de *torche-pinceau*, et vous laverez encore, et de la même manière, ce même pinceau, en le trempant cette fois dans un godet d'huile entièrement propre et limpide; mais vous ferez tomber l'huile qui sort du pinceau, dans l'autre godet sâle, afin d'en réserver toujours un des deux tout-à-fait propre : en une demi-heure on peut nettoyer ainsi trente ou quarante brosses ou pinceaux.

Les brosses dont on ne devra pas faire usage de deux ou trois jours, doivent être de plus lavées à l'eau de savon, jusqu'à ce qu'elles ne contiennent plus du tout d'huile; ensuite on les rince dans de l'eau très-nette, on les secoue et on les laisse sécher jusqu'au lendemain, puis on les renferme. Sans cette précaution, elles se gommeraient et deviendraient gluantes et visqueuses, ce qui les rendrait très-difficiles à bien nettoyer.

Quant aux pinceaux et petites brosses douces, il ne faut pas les laisser dans le pincelier, surtout en été, plus de cinq ou six jours imprégnés de la même huile d'œillet, ils se gommeraient aussi; il faut donc avec le doigt en exprimer la vieille huile dans un des godets sur la lame du pincelier, et les nourrir d'un peu d'huile nouvelle.

Après avoir nettoyé les pinceaux, il faut, avant que de les étendre dans le pincelier où on les tient, les imbiber toujours d'un peu d'huile propre; c'est cette huile qu'il faut renouveler au moins tous les cinq ou six jours lorsqu'on ne s'en est pas servi depuis ce temps.[1]

Quand vous prévoyez que plusieurs des brosses ou pinceaux dont vous avez fait usage dans la journée, ne vous serviront plus de quelque temps, c'est-à-dire un mois, six semaines, vous les trempez dans l'huile d'olive, après avoir bien essuyé ce qu'ils peuvent contenir d'huile à peindre.

Si vous aviez négligé trop long-temps d'entretenir vos pinceaux ordinaires d'huile d'œillet, et qu'ils eussent perdu leur souplesse et fussent devenus gluans, voici le moyen de les remettre en état de servir; mais je dois prévenir qu'ils ne sont jamais aussi bons qu'auparavant.

Ayez dans la paume de votre main gauche un morceau de savon blanc, et près de vous une cuvette remplie d'eau de fontaine, tiède en hiver et fraîche en été. Plongez le pinceau[2] dans cette eau, après en

---

1 L'on verra ce que c'est que le pincelier, la lame sur laquelle on frotte légèrement les poils des brosses entre elle et le premier doigt (l'index), à la planche 3.e, qui représente la boîte à couleur et tout ce qui y a rapport.

2 Je préviens ici, une fois pour toutes, que, pour ne pas répéter les mots brosses et pinceaux, je n'en nommerai qu'un des deux dorénavant, ce qui signifiera l'un et l'autre, à moins que je n'en spécifie un des deux plus particulièrement.

avoir bien exprimé l'huile, tournez et retournez-le bien humecté d'eau sur le savon, vous le rincerez de temps en temps, et le savonnerez encore, jusqu'à ce que vous voyiez que le poil est tout-à-fait maigre et débarrassé de l'huile visqueuse. Il ne faut pas éparpiller les poils en les frottant trop rudement sur le savon, de peur de les déformer : on peut appuyer avec une certaine force pour dégraisser le fond du pinceau, mais il ne faut pas écraser trop fort. Vous ferez ce mouvement sur le savon jusqu'à ce que vous jugiez votre pinceau parfaitement net, après quoi vous l'agiterez fortement dans l'eau propre, pour en extraire le savon, et vous le laisserez sécher deux ou trois heures après en avoir secoué l'eau.

Comme le savon brûle et gâte la fleur du poil, je vous conseille de passer vos pinceaux à l'huile d'olive dès qu'ils vous paraîtront assez secs.

Ne mêlez jamais vos pinceaux trempés dans l'huile d'olive avec ceux imprégnés d'huile d'œillet; ce peu d'huile d'olive empêcherait toutes vos couleurs de sécher. Il faut donc les tenir renfermés dans un endroit à part, de crainte d'une distraction.

Manière de tenir les Pinceaux pour les nettoyer.

Après avoir essuyé vos pinceaux avec un mauvais torchon ou un papier souple, vous prenez le pinceau dans la main, précisément comme on tient un couteau lorsqu'on va s'en servir pour couper un morceau de viande, c'est-à-dire, que la paume de la main doit être en dessous. L'on tient le manche du pinceau avec le pouce et les trois derniers doigts, et l'on ne tient étendu en avant que l'index : c'est avec le bout de ce doigt que vous pressez *un peu* les poils de votre pinceau, en l'appuyant sur la lame arrondie, fichée au-dessus du godet qui contient l'huile la moins propre ; et dans cette position vous plongez huit ou douze fois votre poil de pinceau dans l'huile, et chaque fois vous le ratissez *doucement* sur la lame à deux ou trois reprises avant que de le replonger : cela se fait en élevant un peu le poignet, ce qui abaisse le bout du doigt et le pinceau, et en retirant chaque fois l'avant-bras, comme quand on essuie ou exprime le fluide d'un objet quelconque.

Il faut tourner de temps en temps le pinceau dans la main, afin de le ratisser également tout autour, puis on le replonge dans l'huile, et ainsi de suite. On conçoit qu'il ne faut jamais ratisser le pinceau à rebrousse-poil, mais seulement en retirant la main à soi.

Quand il paraît déjà passablement propre, on l'essuie dans un mauvais linge, ainsi que le bout de l'index ; après cela on le plonge dans le godet d'huile tout-à-fait propre, et on le ratisse encore deux ou trois fois sur la lame, qu'on a eu soin d'essuyer aussi à chaque pinceau ; ensuite on humecte le pinceau d'un peu d'huile propre, sans en mettre trop et sans le ratisser sur la lame : on l'étend, *comme propre*, sur les deux fils de fer qui sont placés au-dessus des pinceliers, le côté du poil un peu plus bas que l'extrémité du manche, afin que l'huile se maintienne uniquement dans les poils du pinceau, et ne vienne pas à couler le long du manche, qu'on a toujours soin d'essuyer et de maintenir propre.[1] (Voyez la planche 3.e)

Lorsqu'on reprend les pinceaux le lendemain pour peindre, l'on a soin, à mesure qu'on en prend un, d'en exprimer l'excédant de l'huile qu'on y a mis la veille, afin qu'il n'y en ait pas plus qu'il n'en faut dans les couleurs qu'on puise sur la palette. Quand on place les pinceaux, soit sur les fils de fer du pincelier, soit dans une boîte, soit dans les tiroirs de la boîte à couleur, il faut prendre bien garde que la pointe des pinceaux n'appuie contre rien, car ils prendraient un faux plis, ils resteraient crochus par le bout et ne se redresseraient jamais bien.

L'on ne saurait recommander aux élèves trop d'ordre et de propreté dans tous leurs outils, il faut qu'ils s'y accoutument de bonne heure, sans quoi leurs ouvrages se ressentiront toujours du peu de propreté de leur attirail de peinture. Ainsi leurs palettes, leurs pinceaux, leurs huiles, l'intérieur de leur boîte à cou-

1 Les deux pinceliers, les godets, et généralement tout l'intérieur de la boîte à couleur, doivent être en fer-blanc. Les pinceliers sont de forme demi-cylindrique, comme une tuile courbe du côté creux : l'on imprime à peu près la même courbe aux fils de fer qui sont arrêtés au-dessus. Ceux-ci doivent être distans de deux pouces du fond du pincelier, en sorte que le poil des pinceaux soit isolé et qu'il n'y ait que le manche ou le bois qui repose sur les fils de fer. On aura soin de placer l'un de ces fils de fer de quatre ou cinq lignes plus bas que l'autre à chacun des pinceliers, et l'on déposera le côté du poil du côté le plus bas, afin que la pente oblige l'huile à rester le dans corps même du pinceau.

leur, et même leurs petits linges ou *torche-pinceaux*[1] : tout cela demande des soins et un entretien assidu. D'ailleurs il en coûte bien moins de le faire journellement, que d'attendre que le tout soit dans un état de saleté tel qu'il faille perdre une journée pour l'approprier. Rien n'entrave et ne contrarie plus le travail d'un peintre, que de rencontrer sous sa main de mauvais outils en tout genre. L'on gâte souvent la besogne d'une demi-journée pour enlever les saletés de toutes espèces qui se trouvent dans la couleur, sur le tableau, ou dans les pinceaux et autres outils. Ne répugnez donc pas à mettre journellement un peu d'ordre et de soins dans vos affaires, afin de les entretenir dans un parfait état de *propreté*, vous regagnerez ce temps au centuple par l'agrément que vous trouverez à n'avoir jamais que de bons outils, de bonnes couleurs, etc.

Les dames et les amateurs qui ne pourront s'astreindre à entretenir eux-mêmes leurs outils dans cet état de propreté, devront se donner la peine au moins d'instruire et de dresser convenablement un domestique à ce travail ; et ils feront bien de l'inspecter plusieurs jours de suite dans les commencemens, afin que l'ouvrage soit fait comme je l'ai indiqué : sinon je les pré-

---

1 On appelle torche-pinceaux, plusieurs petits linges dont on se sert pour essuyer la palette et les pinceaux. On les fait avec de vieux linges de lin ou de chanvre ; ceux en coton déposent trop de petits fils en charpie, ainsi que ceux faits avec de trop vieille toile de lin ou de chanvre. Il est bon d'ourler les torche-pinceaux, pour éviter cet inconvénient.

viens qu'ils doivent s'attendre à toutes sortes de mécomptes et de désagrémens.

Des Putois et des Blaireaux.

(Voy. les pl. 5.ᵉ et 6.ᵉ)

Il me reste à parler des putois et des blaireaux, deux espèces de pinceaux qu'on ne trempe jamais dans l'huile, à moins que ce ne soit dans l'huile d'olive, afin de les préserver des insectes, si l'on ne s'en sert pas journellement. En ce cas il faut les dégraisser complétement avant de les employer, en les lavant à l'eau de savon, comme on l'a indiqué à la page 495, et les laisser entièrement sécher après les avoir bien rincés dans de l'eau très-pure, car on ne les emploie jamais *qu'à sec*.

Les putois sont composés d'un poil roide, noir, et ne font jamais la pointe; ils sont faits en forme de balai, et ne servent qu'à lier légèrement une teinte avec la teinte voisine, en maniant le putois dans le sens de la forme, et sans appuyer : on ne fait ainsi que caresser la superficie de la couleur, lorsqu'elle est devenue plus ferme que lorsqu'on l'a posée, ce qui arrive au bout de six à sept heures.

La plupart des commençans, et même les mauvais peintres, font un usage immodéré des putois et des blaireaux, qui servent à peu près pour les mêmes cas, c'est-à-dire à fondre les travaux de la brosse; ils trouvent plus commode de lier leurs teintes de cette manière que d'établir une grande échelle de tons bien gradués : mais ils salissent toutes leurs teintes en frottant ainsi les couleurs ; ils amollissent toutes les formes, et leurs insipides ouvrages n'ont ni franchise, ni finesse de ton, ni relief, ni caractère.

Loin d'adopter cette mauvaise méthode, on ne doit se servir des putois qu'avec la plus grande discrétion, et plutôt pour enlever les sillons et le chatoiement que laissent les poils de la brosse, que pour faire passer une partie de deux teintes voisines l'une dans l'autre.

Néanmoins l'on peut quelquefois, et par places, se servir habilement et adroitement de ce moyen de fondre ; mais il ne faut y avoir recours que le moins possible, et surtout ne promener ces espèces de pinceaux secs que deux ou trois fois sur la place qu'on veut fondre, sans quoi on salit son ouvrage.

L'on a déjà vu que les putois ni les blaireaux ne se nettoient jamais dans l'huile : l'on ne s'en sert qu'à sec ; mais comme l'extrémité des poils retient toujours un peu de couleur, il faut les en débarrasser, et les nettoyer de la manière suivante, quand ils n'en sont chargés que d'une petite quantité.

Ayez un morceau de drap d'un pied de long environ, qui sera tendu avec quelques clous sur une planchette ; vergetez doucement votre putois dessus, mais légèrement et sans trop l'appuyer sur le drap ; faites-le aller et venir vivement douze ou quinze fois de suite ; puis secouez-le sur l'angle d'un meuble, et soufflez ensuite fortement dessus : ce petit frottement le débarrassera du peu de couleur qu'il avait ramassée. Si cela ne suffit pas, passez-le encore autant de fois, et toujours très-légèrement, sur le parquet ou plancher de votre chambre : le peu de poussière qui s'y trouve, enveloppe les brins de couleur, les roule, et ils se détachent aisément en secouant le pinceau par le manche et en soufflant ensuite sur les poils. Par précaution, l'on peut encore le faire aller et venir cinq ou six fois sur la manche ou le pan de son habit, en soufflant toujours fortement et à plusieurs reprises sur les poils, pour en chasser la poussière qui pourrait s'y être attachée. Il est bien rare que cela ne suffise pas pour nettoyer tout-à-fait le putois ou le blaireau quand il ne s'y est attaché que peu de couleur, et seulement à la fine pointe des poils.

Mais si le putois est trop garni de couleur, il faut alors, mais seulement le soir, prendre le parti de le laver à l'eau de savon, le bien rincer ensuite à l'eau fraîche, le secouer et le laisser sécher.

Il y a des personnes qui ont auprès d'elles un petit tiroir dans lequel elles mettent un peu de sable extrêmement fin ; elles promènent leurs putois et leurs blaireaux sur cette poudre fine, ce qui groupe et roule la couleur en petites boulettes, qui ensuite se détachent aisément du pinceau en le secouant et en soufflant dessus alternativement et à plusieurs reprises. Ce moyen est aussi bon que le premier ; mais ce n'est que pour les cas où il n'y a que fort peu de couleur attachée aux pointes du poil.

Quand un putois est trop garni de couleur pour

pouvoir continuer de s'en servir, et qu'il ne peut pas être nettoyé promptement et sans être savonné, on en prend un autre semblable, pour ne point perdre de temps pendant qu'on est à peindre.

Tout ce qu'on vient de dire des putois s'applique aux blaireaux. La différence des putois aux blaireaux consiste principalement en ce que les premiers ne sont jamais bien gros, tandis qu'on fabrique des blaireaux de toutes les grosseurs; d'ailleurs le poil de ces derniers est moins dur et moins roide, quoiqu'il soit aussi élastique que celui des putois. On a des blaireaux, depuis les plus petits, qui n'ont que cinq ou six lignes de longueur, jusqu'aux plus gros, dont on se sert pour égaliser un fond ou une grande draperie, qui ont jusqu'à deux, trois, et même quatre pouces de largeur : ces derniers ne servent guère qu'à étendre le vernis. On en fait même de plus gros encore, et ils sont toujours en forme de balai plat, ou ce qu'on appelle en *patte d'oie*. (Voyez les planches 5.e et 6.e)

Les gros blaireaux sont toujours liés et montés dans du fer-blanc; ils servent dans la peinture à blairotter les fonds de ciel et autres grandes parties; mais, à moins qu'on ne fasse de très-grands tableaux, l'on peut très-bien se borner, pour les plus gros blaireaux, à ceux de deux pouces de large, tel que celui qu'on trouvera figure *G*, planche 5.e : mais pour coucher le vernis sur une toile de quatre à six pieds carrés, il est bon d'en avoir de plus grands. Je ne crains pas de répéter que les blaireaux ou les putois ne doivent servir qu'à enlever les traces trop visibles des coups de brosse, surtout dans les chairs, où il ne faut que caresser la couleur dans le sens de la forme qu'on a établie par le moyen des ombres et des clairs.

L'on peut en agir plus librement dans les autres grandes parties, et appuyer un peu plus le blaireau, surtout dans les fonds de toute espèce, les meubles, parquets ou grandes masses de draperies; mais encore faut-il le manier avec souplesse, légèreté et beaucoup d'adresse, pour ne point brouiller les formes et les couleurs ensemble.

C'est aussi pour éviter cet écueil qu'on recommande de ne faire usage du blaireau que vers le soir, lorsque la couleur du tableau a déjà acquis une certaine consistance, étant déjà sur la toile depuis plusieurs heures.

Il faut observer que, dans les fonds de ciel ou les fonds d'intérieur, il ne faut promener le blaireau que dans un seul sens, afin qu'il ne laisse pas lui-même sur la couleur des traces trop visibles de son passage, ce qui aurait lieu si l'on blairottait en tous sens.

Pour cet effet il faut promener le blaireau en commençant dans le haut, par l'angle gauche, et ramenant la main en bas et diagonalement, comme si l'on voulait tracer une ligne du coin à gauche d'en haut jusqu'au coin droit d'en bas. Arrivé là, on relève le blaireau, et l'on trace une seconde traînée parallèle à la première, soit au-dessus, soit au-dessous, et ainsi de suite, jusqu'à ce qu'on ait repassé sur toutes les parties du fond. Il est superflu de dire qu'il faut s'arrêter à propos sur toutes les places qui ne font pas partie du fond, et reprendre plus bas ou plus loin la même ligne, comme si elle n'était pas interrompue par la tête ou la figure, etc. Ainsi, l'on promène le blaireau en biais, de gauche à droite, en descendant; c'est dans ce sens que les sillons se voient le moins : il faut éviter de blairotter en remontant. En un mot, les traces du blaireau doivent être gouvernées comme les hachures d'un fond quand on dessine au crayon; elles vont toujours dans le même sens.

Ces deux espèces de pinceaux, et généralement tous les pinceaux ou brosses, de quelque poil qu'ils soient, ne doivent jamais avoir été coupés avec des ciseaux pour les égaliser : les uns et les autres doivent, pour être bons et ne laisser aucune trace sur la couleur, avoir la fleur du poil.

Quand un grand blaireau a été dans le vernis, il est inutile de se donner la peine de le nettoyer; il vaut mieux le laisser sécher de soi-même à l'air et à l'abri de la poussière, après l'avoir dégorgé contre la tasse. Il deviendra dur comme une seule et même masse; mais, lorsqu'on voudra s'en servir, on n'a qu'à le laisser tremper une demi-heure dans une tasse profonde, remplie jusqu'à moitié de bonne essence de térébenthine rectifiée; elle dissoudra le vernis qui gommait le blaireau, et quand on se sera assuré qu'il a repris sa souplesse, on le secouera en dehors de la rue, pour rejeter l'excédant de l'essence; après quoi on le trempera dans le vernis même, et l'on pourra s'en servir de nouveau pour coucher le vernis sur un tableau.

Il arrive pourtant fréquemment que, si l'on ne laisse pas tremper assez long-temps le blaireau dans l'essence, ou même dans le vernis, la dissolution ne s'opère pas en entier. Dans ce cas l'on voit paraître sur le tableau qu'on vernit actuellement une multitude de petits grains qui ressemblent à du sable, et qui ne sont autre chose que des débris de vernis qui n'ont pas eu le temps de se dissoudre tout-à-fait dans l'essence.

Cet accident désagréable m'est arrivé une seule fois : j'ai été obligé d'enlever ce vernis sablonneux avec le doigt, ce qui est long et ennuyeux [1], et d'en remettre un nouveau.

---

1 Je parlerai ailleurs de la méthode à suivre pour enlever un vernis qui est rayé, ou qui a roussi de vieillesse, ou enfin qui a mal réussi. Voyez la leçon 34.e

XXVe LEÇON.

Des Bois dont on fait les Palettes, de leur forme, etc.

Il y a des palettes de différentes espèces de bois, et de différentes formes et grandeurs.

Quand on travaille à un tableau de fort grande dimension, il faut avoir de grandes palettes; et en ce cas la forme *carré-long* est la plus convenable. On profite des quatre angles, qui sont autant de places qu'on a de plus pour préparer les mélanges qui se font au bout du pinceau. D'ailleurs, le peintre se plaçant plus loin de la toile pour travailler à de grands tableaux, et se tenant ordinairement debout, ces angles ne l'embarrassent pas autant que s'il travaillait assis et plus rapproché de son tableau, comme il arrive pour ceux de moyenne et de petite dimension, qu'on appelle tableaux de chevalet.

On se sert généralement, pour les tableaux de médiocre grandeur, de palettes de forme à peu près ovale[1] (voyez la planche 7.e, pour la forme à suivre). Les bois que je préfère, ne sont pas des racines noueuses, comme beaucoup de peintres les recherchent; ces yeux et ces nœuds du bois embellissent un meuble;

---

1 La palette qui se voit planche 7.e est la demi-grandeur de celle que je propose: on la fera donc une fois plus grande, toute proportion gardée.

mais pour une palette j'aime mieux un bois gai et sans nœuds, parce qu'il n'accroche jamais la spatule, comme le font les bois noueux, si lisses et si bien travaillés qu'ils puissent être. Les bois de sorbier, de poirier et de pommier sauvages, sont ceux que je préfère, parce qu'ils sont durs et d'une belle couleur. Les palettes en bois d'acajou se fendent trop facilement, ce bois est trop cassant; et celles en noyer se voilent.

Quant à la forme la plus commode et la plus avantageuse à donner à la palette, on la connaîtra mieux par la planche 7.e que je pourrais la décrire. Je lui donne beaucoup de saillie à droite, parce que c'est là qu'on pose et qu'on forme les teintes; en sorte que, pour les prendre avec le pinceau, l'on n'est pas obligé de croiser beaucoup la main droite.

Le trou qui sert à passer le pouce de la main gauche, se trouve à peu près au milieu de la palette, ce qui fatigue beaucoup moins le poignet que s'il était percé plus sur la gauche ou sur la droite. Ce trou *A* doit être placé à seize lignes du bord de la palette. Au surplus, étant dans l'usage de faire mes teintes, dès le matin, sur une glace dépolie (ce que peu de peintres font), pour les transporter ensuite sur ma palette, comme je l'ai indiqué leçon 17.e, page 223, je n'ai pas besoin de réserver à gauche, pour les délayer, autant de place que si je devais faire ce travail sur la palette même. L'épaisseur du bois, au bas de la palette et à l'entour du trou, doit être de deux très-fortes lignes d'épaisseur, parce que c'est là qu'elle fatigue le plus. On diminuera graduellement cette épaisseur jusqu'au bord extérieur d'en haut dans son pourtour : la palette ne doit plus y avoir qu'une forte ligne d'épaisseur.

Le trou *A*, qui sert à passer le pouce pour tenir la palette, doit avoir vingt-deux lignes d'ouverture dans son grand diamètre, sur dix-sept ou dix-huit lignes pour le petit diamètre. La palette aura de quinze à seize pouces dans son grand diamètre, sur onze ou douze pouces pour le petit diamètre (toujours pieds de France).

Il faut faire choix d'un bois dur très-sain, qui n'ait point de veines tendres, qui ne soit point poreux, mais tout uni et sans nœuds. On tiendra le fil du bois dans la longueur du grand diamètre, parce qu'il est alors moins cassant, et que d'ailleurs la spatule de corne glisse mieux dessus.

L'on pratique un biseau arrondi à droite du trou *A*, à l'endroit où s'appuie le pouce, afin que l'angle du bois ne le blesse pas (ceci s'entend du côté où l'on pose les couleurs), et l'on en fait autant de l'autre côté, mais en dessous de la palette, à l'opposé de celui qui est dessus, en sorte que, quand on la tient du bon côté, ce dernier biseau de dessous soit à la gauche de celui qui tient la palette; le tout pour qu'elle ne blesse pas la main. Les deux côtés de la palette doivent être très-unis et bien dressés; le dessus, c'est-à-dire, celui qui reçoit les couleurs, doit être parfaitement uni et même poli, mais sans aucune cire ni vernis quelconque. Pour cela, il faut, quand l'ouvrier l'a très-bien dressé au rabot et au racloir, y passer encore une pierre ponce bien dressée elle-même, et dont tous les bords auront été ébizelés et rabattus. Cette pierre ponce ne doit avoir que quatre pouces de diamètre au plus ; on ne la promène pas à sec sur la palette, mais on l'humecte avec un peu d'huile de noix, ou d'œillet, ou de lin ; jamais avec de l'huile d'olive. Il ne faut pas trop appuyer, de crainte de faire des raies et des traits sur le bois ; on doit éviter surtout, qu'il se détache de la pierre ponce des parcelles ou petits brins qui traceraient des traits profonds et difficiles à enlever. Quand la palette sera bien dressée et égalisée par ce moyen, prenez un chiffon de vieux linge, saupoudrez la palette de poudre fine de *tripoli jaunâtre*, imbibez d'huile, et frottez vigoureusement dans le sens des fils du bois, et toujours de la même manière, jusqu'à ce que le bois présente un assez beau poli. Il est essentiel que la poudre de tripoli soit très-égale, très-fine, et n'ait point de grains durs ; pour cela il faut en choisir un morceau qui soit très-doux au toucher ; on en ratisse doucement sur la palette avec une lame de couteau, de façon à ce qu'il y ait une dose assez forte de poudre : on renouvelle la dose de temps en temps. Cette opération est longue à bien exécuter ; mais aussi l'on en est payé par le résultat, quand la palette offre une superficie aussi unie et polie qu'un miroir.

On prendra la précaution de placer la palette sur une table qui soit plate et bien dressée ; sans cela on la fendrait par la pression du polissage.

Il faut ensuite imbiber le bois de la palette des deux côtés d'autant d'huile de lin qu'il pourra en absorber; afin d'en boucher tous les pores, et d'empêcher qu'il ne boive l'huile de vos couleurs. Voici comment cela se fait.

Après avoir achevé le travail du polissage, et bien essuyé le bois pour qu'il n'y reste aucune trace de tripoli, vous imbiberez d'huile de lin non cuite toute votre palette, tant dessus que dessous [1]. On peut aussi le faire avec de l'huile de noix; mais l'huile de lin devient plus dure, et vaut mieux par cette raison. Il faut faire cette opération, autant que possible, dans un temps chaud, afin de la terminer plus promptement. L'on suspend ensuite la palette par une ficelle au grand air, mais non pas au soleil, de crainte qu'elle ne se voile; et on la laisse ainsi tourner à l'air, ce qui contribue à faire sécher l'huile. On remet de l'huile deux ou trois fois par jour, ou chaque fois qu'en allant visiter la palette, l'on voit qu'elle a absorbé l'huile qu'on y avait étendue; on a soin d'en mettre avec encore plus d'attention sur le côté supérieur, et l'on continue jusqu'à ce que la palette ne puisse plus en absorber. Cela dure plusieurs semaines, et ce serait encore plus long, si l'on n'opérait point par un temps sec ou chaud. Lorsque vous voudrez commencer à

---

1 L'huile grasse ou cuite sèche, à la vérité, plus promptement à la superficie que l'autre; mais elle reste long-temps molle et tendre sous la première pellicule: c'est pourquoi, pour cet objet, l'huile de lin fraîche est très-préférable.

vous servir de la palette, vous aurez soin de la frotter encore avec un fin linge et un peu d'huile d'œillet, pour la bien nettoyer; et si, après y avoir posé vos couleurs, vous voyez qu'elle les absorbe et les détache encore, vous jugerez qu'elle n'a pas été suffisamment abreuvée d'huile; vous en remettrez encore pendant quelques jours, et vous lui laissez le temps de sécher à fond, jusqu'à ce que l'huile soit devenue assez dure.

Quand une palette a été bien préparée, elle ne se voile et ne se tourmente plus; le bois reste plat, quelque temps qu'il fasse, ce qui est un grand avantage.

Il est utile d'avoir plusieurs palettes de rechange, pour pouvoir transporter les couleurs de l'une à l'autre, quand on peut les conserver plus d'un jour; il faut aussi en avoir une plus petite que les autres pour certains petits ouvrages. J'invite ceux qui en prépareront, d'en préparer au moins trois à la fois, dont deux égales, et une d'un tiers plus petite. Il n'en coûtera pas plus de peine pour en imbiber d'huile trois au lieu d'une; et comme il faut toujours plusieurs semaines pour qu'elles soient en état de recevoir les coûleurs, l'on fera bien de les préparer toutes trois en même temps, pour n'avoir pas l'ennui de recommencer.

Plus une palette vieillit, meilleure elle est, pourvu qu'on l'entretienne toujours propre, bien nettoyée, et qu'on n'y fasse pas de traits avec la spatule. C'est pourquoi il est essentiel de ne pas laisser les couleurs se dessécher sur le bois de la palette; car alors elles s'y agglutinent si fort, qu'il faut ratisser long-temps pour les enlever, ce qui raie et gâte le bois.

Bien des gens négligens ont recours alors à l'essence de térébenthine, ce qui donne en effet beaucoup plus de facilité à enlever les vieilles couleurs; mais cette essence gâte les palettes, elle ramollit l'huile de lin; bientôt les palettes ne valent plus rien, et deviennent presque aussi poreuses qu'avant la préparation onctueuse.

Il ne faut jamais laisser passer une nuit à une palette chargée depuis le matin, sans la nettoyer et en transporter les couleurs qui pourront être bonnes encore, sur une autre palette. Ce sont surtout les bords extérieurs de chaque petit tas de couleur qui se dessèchent principalement pendant les chaleurs, ainsi que les petits essais qu'on dépose çà et là, lorsque l'on compose des mélanges au bout de la brosse.

En transportant les teintes d'une palette à l'autre, il faut donc éviter de ramasser ces bords; il ne faut enlever que le centre des tas qui paraîtront être assez frais pour pouvoir reservir le lendemain.

Vous les rangerez dans le même ordre, afin de vous y reconnaître, et vous ferez en sorte de les déposer en petits tas élevés, sans les étendre et sans s'efforcer d'en rassembler la totalité, afin de ne pas les placer à deux fois ou en deux reprises de la spatule; car également les bords ne vaudraient plus rien le lendemain.

Quand, le soir, vous avez enlevé de votre palette tout ce qui valait la peine d'être reporté sur une autre, vous raclez et enlevez le reste avec la grande spatule, et vous le jetez dehors. Cela fait, vous versez un peu d'huile sur la palette, vous l'étendez avec la spatule sur toute la superficie, en la maniant comme quand on délaie de la couleur; puis avec le tranchant de la spatule vous allez et venez un peu partout, pour enlever l'huile salie, dont vous vous débarrassez plutôt que de la mettre dans un de vos godets, où elle vous serait absolument inutile. Vous passez alors un torchon, ou du papier souple, ou de la vieille toile, sur toute l'étendue de la palette : après quoi vous reprenez quelques spatulées d'huile tout-à-fait propre, et vous recommencez de nouveau à faire ce que je viens d'indiquer. Vous rassemblez et relevez cette huile; et comme elle sera moins chargée de couleurs que la précédente, vous la déposerez dans le moins propre de vos deux godets, en raclant votre spatule contre la lame qui est fichée au-dessus. Repassez un torchon, mais qui soit plus propre que le premier; frottez bien partout, et ensuite reprenez de l'huile propre (autant qu'en pourrait contenir un dé à coudre), étendez-là, frottez et ratissez encore comme les deux premières fois; déposez cette huile dans le godet terni, et enfin, avec un linge propre essuyez parfaitement la palette partout; en cet état elle pourra rester aussi long-temps que vous le voudrez, sans vous en servir.

L'on donne toujours un petit coup de torchon sur les bords qui font l'épaisseur du bois, ainsi qu'au-dessous de la palette, afin qu'on puisse la manier et s'en servir ensuite sans craindre de se salir.

J'ai dit plus haut qu'en hiver surtout l'on pouvait conserver les teintes d'une palette un peu volumineuse deux et même quelquefois trois jours de suite, pourvu qu'on prît les précautions que j'ai indiquées[1]; mais il faut toujours ratisser et enlever ce qui commence à sécher et à devenir visqueux, et surtout tous ces petits essais qu'on compose à la brosse et qui, étant trop peu considérables, sèchent plus promptement que les tas d'où on les a puisés.

Ces petits essais doivent même être enlevés souvent dans la journée et à mesure qu'ils se multiplient sur la palette, pour que l'on puisse en faire de nouveaux et s'y reconnaître facilement.

Il est vrai qu'on retrouve souvent dans ces échantillons épars des tons qui se rapportent juste à la teinte qu'on cherche, c'est pourquoi il ne faut pas trop se presser de les enlever; mais il faut du moins le faire toutes les heures, passer ensuite un peu d'huile, ratisser, essuyer, etc., en un mot, nettoyer la palette, afin d'avoir la place libre, et aussi pour n'être pas tenté d'employer des couleurs qui ne sont plus assez bonnes pour être travaillées avec succès. Vous rejetterez tous ces essais sur un coin perdu de votre palette ou, ce qui vaut mieux encore, sur un morceau de papier. Chaque fois que vous relevez ainsi les essais éparpillés, allez soigneusement avec l'angle le plus aigu de votre spatule tout autour de vos petits tas, sans les entamer cependant, mais seulement pour les affranchir de toute bavure déjà visqueuse ou mal-propre. Tout cela est assez long à

---

1 Voyez la leçon 3.e, page 210 et suivantes.

décrire, mais assez promptement fait ; il n'est d'ailleurs pas mal, tant pour son modèle que pour soi-même, d'avoir ainsi quelques instans de répit.[1]

Au surplus, qu'on ne se figure pas que l'état de peintre soit une profession de paresseux, et qu'il n'y ait que du plaisir; c'est au contraire l'état qui demande peut-être le plus d'activité, car on est constamment occupé, si ce n'est de l'art en soi-même, c'est au moins du matériel de l'art.

Tous les vrais artistes vous diront que si l'art de la peinture n'était pas en lui-même rempli de charmes, comme il l'est en effet pour tous ceux qui le professent avec amour, il serait un métier très-pénible, tant il y a de précautions à prendre, de choses à calculer, à prévoir et à préparer, indépendamment du temps considérable qu'il faut y consacrer pour l'art même, si l'on veut faire quelque progrès.

Joignez à tout cela qu'il faut pour ainsi dire ne pas négliger un seul jour de manier les crayons ou les pinceaux, afin d'entretenir constamment l'adresse de la main et la justesse du coup d'œil; sans quoi l'on se rouille promptement. Dans les délassemens même, dans l'exercice qu'il prend pour l'entretien de sa santé, dans

---

1 Toutes ces attentions et cette extrême propreté sont indispensables quand on peint des portraits où des figures entières beaucoup plus petits que nature, et, par exemple, une tête de trois où quatre pouces et au-dessous, parce que les moindres saletés paraissent des monstres, et que d'ailleurs les couleurs du tableau se conservent beaucoup plus pures; mais l'on peut se relâcher un peu d'une partie de ces précautions, lorsqu'on peint aussi grand que nature.

ses promenades, un peintre est toujours occupé des objets qui frappent sa vue; il en étudie les formes, les mouvemens, la couleur et les détails, ainsi que les beaux effets de lumière et d'ombres; son esprit et ses yeux sont toujours occupés de son art. Il faut de plus qu'il consacre aussi un certain temps à son instruction, à l'étude, à la lecture; tout cela remplit la vie d'une manière agréable et détourne bien des jeunes gens des chemins qui mènent aux vices; mais il n'est pas moins vrai qu'il n'y a pas d'état où il faille mettre le temps mieux à profit.

Le lendemain de bon matin il faut recommencer à faire sa palette, réfléchir mûrement au travail qu'on va entreprendre, et s'identifier pour ainsi dire avec l'objet qu'on doit imiter; car un bon artiste ne fait jamais rien de routine; tout objet devient nouveau pour lui; la nature est inépuisable dans ses productions variées, et l'on ne saurait rien faire de bien sans la consulter et la suivre pas à pas.

Je sais que presque dans tous les états, quand on veut s'y distinguer, il faut y consacrer tous ses momens et presque toute sa vie. Mais j'ai entendu dire à tant de gens peu réfléchis, qu'ils enviaient bien l'état d'un peintre, qui ne fait jamais rien que d'agréable, et dont toute la vie se passe ainsi sans prendre la moindre peine, sans faire le moindre effort; en un mot, qui ne fait toujours que s'amuser en travaillant, que j'ai voulu les désabuser en leur faisant un tableau fidèle de la vie active et constamment occupée qu'il est appelé à mener.

XXVI.[e] LEÇON.

Des Chevalets.

Chevalet le plus simple.

Rien n'est plus simple que la construction d'un chevalet ordinaire : il est composé de deux branches ou montans en forme d'A ouvert en haut et davantage en bas; ces deux branches sont liées ensemble par deux traverses, dont celle d'en haut est naturellement plus courte que celle d'en bas. Les deux montans sont percés de trous depuis le haut jusqu'en bas, à l'exception d'un pied par le bas, et d'un pied et demi en haut. Ces trous sont distans de deux ou trois pouces les uns des autres et parfaitement parallèles d'une des branches à l'autre, ce qui est indispensable, parce qu'ils sont faits pour y placer des chevilles à la hauteur qu'on désire, lesquelles chevilles servent à supporter une petite tablette mobile, sur laquelle on pose le tableau : or, si elles n'étaient pas à la même élévation, la tablette pencherait et le tableau aussi.

Le derrière du chevalet est muni d'une troisième branche, qu'on appelle *queue*. Elle doit être de cinq ou six pouces plus longue que les deux montans. C'est cette queue qui soutient le chevalet, lorsqu'on la repousse en arrière pour qu'il se tienne debout; c'est pourquoi elle doit être fixée à une charnière par le haut contre la petite traverse, et toujours par derrière.

En éloignant ou rapprochant plus ou moins la queue du reste du chevalet, on lui donne plus ou moins d'inclinaison ; mais pour qu'elle ne s'écarte pas d'elle-même, ce qui le ferait tomber, on adapte ou une petite corde ou deux petits crochets de fer et deux anneaux qui l'empêchent de s'écarter tout-à-fait.

Quand on veut serrer le chevalet et cesser momentanément de s'en servir, l'on rapproche la queue tout contre le corps du chevalet : on la lie légèrement, et dans cet état on le transporte aisément contre un mur, où, ne prenant que fort peu de place, il n'embarrasse pas, surtout si l'on enlève la tablette, qui est tout-à-fait libre et mobile. Cette tablette doit avoir autant de longueur que l'ouverture des montans en a par le bas, au point où ils posent sur le plancher ; quant à sa largeur, un demi-pied suffit, mais on adapte un petit listel ou une baguette demi-ronde au bord extérieur avec quelques clous d'épingle, pour que les objets qu'on y pose ne roulent pas par terre, non plus que le tableau, à tout événement : on ne cloue point de listels sur les deux petits côtés.

On construit des chevalets plus ou moins grands, en raison de l'étendue et de la dimension des tableaux que l'on peint. La proportion ordinaire, pour des tableaux depuis un pied jusqu'à quatre ou cinq, est de cinq pieds et demi de hauteur, sur deux pieds et demi de largeur à la traverse d'en bas, et un pied ou quinze pouces pour la traverse d'en haut.

Chacun des montans aura trois pouces de largeur ou de face, sur une épaisseur de bois d'un pouce ; les deux traverses auront quatre pouces de largeur et un pouce d'épaisseur. La queue doit être un peu plus carrée que les autres pièces ; ainsi on lui donnera deux pouces et demi de largeur en face, sur deux pouces d'épaisseur. L'on fixera la charnière avec des vis et non pas avec des clous, crainte d'accident. La petite tablette n'aura que six lignes d'épaisseur, et les chevilles en bois trois quarts de pouce de diamètre, sur neuf ou dix pouces de longueur. On les taillera en forme de crochet du côté où elles doivent retenir la tablette[1]. Ces chevalets sont les plus simples de tous : on les construit ordinairement en bois blanc, tant par économie que pour qu'ils soient légers ; mais ils ont quelques désagrémens : on peut craindre que la petite tablette ne tombe, et avec elle le tableau qui repose dessus. Néanmoins on fera bien d'en avoir un : leur légèreté les rend utiles pour poser le tableau qu'on copie, ou bien pour placer dans un jour favorable plus d'un tableau à la fois quand on est dans le cas de les mettre sur le chevalet pour les montrer. Ils ne coûtent que cinq ou six francs, ou huit au plus.

Les chevalets simples sont beaucoup moins commodes que les deux suivans, dont je vais donner la description et les dessins[2]. Leur forme dispense d'enlever

---

1 Je me suis dispensé de faire un dessin du chevalet simple, parce qu'il ressemble entièrement, quant aux montans et à la queue, à celui que j'ai dessiné sous les deux aspects, planche 4.e, figures *A* et *B*.

2 Voyez la planche 5.e, pour le dessin du chevalet à vis de pression, figure *A*. Je ne l'ai pas dessiné en totalité, ce qui m'a paru inutile ; mais on y verra distinctement l'ajustement de la vis de pression, ainsi que la tablette.

le tableau de dessus la tablette pour l'exhausser ou l'abaisser, ce qui fait perdre moins de temps et courir moins de risque.

Chevalet à vis de pression.

(Voyez planche 5.e)

Dans cette espèce de chevalet, la tablette, fixée avec des vis sur la pièce *A* (laquelle est composée de trois morceaux de bon bois dur joints ensemble), se meut et se fixe à la hauteur qu'on veut par le moyen d'une grosse vis en bois, *B*. On desserre la vis pour changer la tablette de place, et on la serre pour la fixer, ce qui n'a lieu que par la pression du bout de la vis contre la branche montante du centre, *C*. La branche *C* du centre du chevalet est une addition indispensable, qui n'existe pas dans le chevalet simple que j'ai décrit en premier lieu. La pièce de bois *A*, composée de trois pièces, pourrait ne l'être que d'une seule, en y perçant un trou carré au centre pour lui donner un libre passage quand on la fait monter et descendre le long de la branche du centre, *C*. Mais les ouvriers trouvent plus commode de la composer en plusieurs pièces, pour s'éviter la peine de percer d'une manière bien juste un trou carré dans un seul bloc de bois.

Quoi qu'il en soit, elle est tout aussi bonne, et peut être plus solide comme plus facile à bien exécuter, quand elle est de plusieurs morceaux collés et vissés ensemble. C'est ainsi qu'elle est représentée dans la planche 5.^{e}

Cette pièce *A* doit embrasser de tous côtés et très-exactement la branche *C*, et elle doit être assez bien ajustée pour qu'elle ne puisse ballotter d'aucun côté, bien qu'elle doive couler facilement et sans secousses ni efforts le long de la branche *C*, qu'elle enveloppe partout.

La tablette ou planchette *D*, sur laquelle repose le tableau, doit être très-solidement fixée sur la saillie supérieure de la pièce *A*; mais elle reste parfaitement libre à droite et à gauche, et ne fait qu'effleurer et toucher très-légèrement les deux montans inclinés, *EE*. Il ne doit y avoir aucun vide entre ces dernières pièces, sans quoi la tablette serait sujette à fouetter à droite ou à gauche, n'étant assujettie qu'au milieu *C*; mais en même temps la tablette *D* ne doit subir aucun frottement sensible contre les deux montans *EE*, sans quoi le tableau éprouverait des saccades et des secousses dangereuses, lorsque le peintre monte ou descend la pièce *A*, en desserrant la vis *B*.

L'avantage de cet ajustement consiste, comme on le voit, à faire mouvoir la planchette du haut en bas, ou du bas en haut, sans être obligé d'enlever préalablement le tableau, et sans risquer de faire basculer la planchette sur laquelle il repose, attendu qu'elle est solidement fixée avec deux ou trois bonnes vis sur la saillie de la pièce *A*.

Cette espèce de chevalet a plus d'un avantage sur le premier; il mérite d'être construit avec du bois de chêne, de hêtre, ou de noyer; il coûte douze à quinze francs. On doit observer qu'à la longue la vis en bois devient trop libre, et ne serre plus avec une assez forte pression contre la branche *C;* je trouve donc plus prudent de se procurer tout de suite un chevalet à crémaillère : ce dernier coûte un peu plus cher que les autres; mais il réunit à lui seul toutes les commodités et la solidité possibles; ses proportions sont les mêmes que celles des deux chevalets déjà décrits.

Chevalet à Crémaillère de fer.

(Voyez la planche 4.e)

Ce chevalet, le plus solide et le meilleur des trois, est composé de trois branches, comme le précédent, mais il a de plus une quatrième branche, placée au centre : cette branche est mobile; elle coule doucement sur la troisième, en s'élevant ou s'abaissant en même temps, et comme d'une seule et même pièce, avec la pièce *O*, à laquelle elle est adhérente, y étant solidement fixée, ainsi que la planchette ou tablette *g*. Cette quatrième branche, *a*, est enchâssée à queue d'aronde dans la branche du centre, *b*, en sorte qu'elle coule sur elle comme une layette qui s'abaisse et s'élève à volonté par-dessus *b*, emportant avec soi, non-seulement tout l'attirail de la tablette, *h*, *g*, et les tiroirs, *i*, mais en outre l'équerre en fer dont je vais parler, qui y est également fixée. Cette équerre, *F*, formant un angle droit avec la branche mobile *a*, sert à accrocher une nouvelle espèce d'appui-main, figure *C C*, dont je parlerai tout à l'heure. On conçoit que, puisque la branche mobile *a* et l'équerre *F* sont adhérentes à tout l'attirail de la tablette où repose le tableau, ce dernier ne cesse jamais d'être appuyé et soutenu par le haut, aussi bien que par le bas, à quelque élévation qu'on le place pour la commodité de l'artiste[1]. Je vais maintenant décrire la construction de ce chevalet, ainsi que de la crémaillère qui l'arrête sans efforts partout où l'on désire fixer l'élévation de la tablette.

Tous les serruriers savent ce que c'est qu'une crémaillère; mais ici, au lieu que les coches soient en fer, elles ne sont qu'entaillées à angle vif dans le corps du bois de la branche immobile *b*. Si l'on craint l'usure de ces coches, il est facile d'obvier à cela : on clouera sur les coches une bande de laiton très-mince et assez souple pour qu'à petits coups de marteau l'on puisse la plier et lui faire suivre tous les mouvemens des coches, de façon à les en garnir entièrement d'un bout à l'autre, sans peine et sans couper la bande de laiton. Il ne faut pas que les clous ou pointes que l'on y plante de loin en loin aient aucune tête ou saillie; cela empêcherait le pêne à ressort de la crémaillère de glisser sans obstacle et sans secousse dans toutes les coches. Chaque coche est creusée par le bas à la profondeur de six lignes environ, et diminue progressivement de profondeur, à mesure qu'elle s'élève; les coches sont à un pouce six lignes les unes des autres, et ont à peu près neuf ou dix lignes de largeur en travers, pour recevoir le ressort, qui doit avoir la même

---

1 Voyez la planche 4.e, figures *A* et *B*, qui représentent le même chevalet, *A*, vu par devant, et *B*, vu un peu par derrière, pour pouvoir en montrer et en expliquer toutes les pièces.

largeur et y entrer librement mais sans ballotter. Si les coches ne finissaient pas en mourant jusqu'à fleur du bois en remontant, l'on aurait trop de peine à faire glisser le ressort dessus, et le doigt qui le retire à soi, éprouverait trop de fatigue.

La pièce *O* est un seul bloc de bois dur, qui contient le ressort, lequel vient se nicher de soi-même dans les coches [1]. L'on ne peut pas voir le pêne du ressort, qui entre dans les coches, parce qu'il est censé caché dans l'une d'elles; mais on voit le bouton *T*, qui sert à retirer le ressort et le pêne à soi, lorsqu'on veut le faire sortir d'une coche et entrer dans une autre, ou plus basse ou plus élevée. Dès qu'on cesse de maîtriser le ressort en le lâchant, le pêne s'engage tout naturellement dans l'enfoncement de l'une des coches, et, comme il est assez fort, il soutient toute la machine, en venant se reposer dans l'endroit le plus profond de la coche, c'est-à-dire par le bas; mais tant qu'on tire, avec l'index, le bouton à soi, l'on ne rencontre aucun obstacle, et l'on fait aller et venir la tablette sans difficulté de haut en bas ou de bas en haut.

Cette crémaillère présente le double avantage d'être très-solide et de n'avoir besoin que d'une seule main pour la faire mouvoir; en sorte que, sans se déranger ni quitter la palette, on peut élever et abaisser son

---

1 Voyez la figure *Ex*, où l'on a dessiné isolément la pièce *O*, ainsi que la figure en profil, *E*, qui en est proche, pour qu'on puisse la voir plus distinctement.

tableau le plus facilement du monde : l'on n'a qu'à appuyer le pouce de la main droite contre la tablette pour se donner de la force, en saisissant en même temps, de l'index, le bouton *T* du ressort, qui est en saillie par-dessous la planchette, et l'on fera le mouvement qu'on désire sans peine; puis, lorsque le tableau est à la hauteur voulue, on n'a qu'à lâcher le bouton, qui s'engage de nouveau; ainsi du reste.

La pièce *O* est percée de part en part pour donner passage au montant immobile *b*, sur lequel sont pratiquées les coches presque d'un bout à l'autre. On la creuse aussi suffisamment en dessous pour y noyer le ressort, et l'on comprend aisément que le verrou ou pêne de ce ressort a une issue qui lui permet d'arriver dans les coches par un trou pratiqué exprès pour cela dans la pièce *O*; mais cette issue n'est pas visible ici, parce qu'elle est cachée par la pièce *O* elle-même, et que le trou par où passe le verrou se trouve tourné naturellement contre les coches de la branche *b*. J'appelle cette issue un trou; mais, au fait, ce n'est proprement qu'un creux de quelques lignes, pratiqué pour y noyer le verrou, qui est placé tout au bas de la pièce *O*, entre la pièce carrée de fer qui recouvre le ressort, et au milieu de laquelle se trouve placé le bouton de fer *T*, qui a la forme d'une cheville de violon. Quelqu'un qui regarderait la pièce *O* en dessous, verrait le ressort ou du moins le verrou se mouvoir, car il n'est que noyé; il n'est pas partout enveloppé par le bois.

Quant à la queue du chevalet, elle est aussi fixée

par derrière à la traverse d'en haut, *d*, comme dans les autres chevalets; mais, comme cette traverse-ci est beaucop plus épaisse de bois, surtout au milieu, afin qu'elle puisse être creusée pour donner passage à la branche mobile *a*, qui s'y glisse en layette, et qui est elle-même taillée en queue d'aronde, il a fallu tenir cette traverse *d* très-forte de bois, et lui donner en même temps la forme d'une espèce de triangle, afin que la branche immobile *b* puisse y être enchâssée fixément et très-solidement. Il y a bien une petite face dans l'angle du triangle qui reçoit la queue, et sur lequel on aurait pu visser une charnière de fer pour le haut de la queue; mais comme il ne fallait pas courir le risque, ou de poser une charnière qui n'aurait pas eu assez de solidité, ou de traverser toute l'épaisseur du bois avec de longues vis, ce qui aurait entravé le mouvement de la branche mobile *a*, l'on a préféré d'ajuster la queue avec une forte goupille de fer, comme on le voit dans la figure *B* en *r*.

L'on a donc collé et consolidé un morceau de bon bois contre la petite face du derrière de la traverse *d*. Ce morceau est assez évidé en dessous pour donner entrée au haut de la queue *e*, et pour qu'elle puisse se mouvoir dans cette entaille; et au moyen d'une cheville de fer qui traverse le tout, la queue se trouve être solide et bridée partout.

L'on voit une petite bride en fer, *k*, posée sur la tranche, et ayant la forme d'une portion de cercle; elle sert à tenir la queue à l'éloignement qu'on désire, tantôt plus écartée, tantôt moins : on la fixe par le moyen d'une vis de pression en fer, *l*. Cette branche courbe tient au chevalet par la charnière *m*, figure *B*.

L'on voit que le bout de cette branche courbe *k* passe par une ouverture pratiquée dans l'épaisseur du bois de la queue, ce qui la rend extrêmement solide quand on a serré la vis *l*.

La charnière *m* est très-bien imaginée, afin qu'on puisse rejeter la bride *k* sur l'un des côtés, lorsqu'après l'avoir sortie de l'ouverture pratiquée dans la queue, l'on veut rassembler le chevalet pour le poser dans un coin; car si l'on laissait saillir cette bride, en la maintenant dans le trou quand le chevalet est fermé (ce qui pourrait bien se faire), il en résulterait au moins de l'embarras. C'est aussi pour éviter les accidens que, même pendant que mon chevalet est ouvert et en place, j'ai fait couper tout l'excédant inutile de cette pièce, et l'ai fait arrondir dans le bout. D'ailleurs, il n'arrive jamais que l'on veuille donner une trop forte inclinaison au chevalet; au contraire, il faut de bonne heure s'accoutumer à dessiner et à peindre sur un chevalet qui soit presque vertical; et si l'on craint qu'il ne tombe en avant quand on s'appuie de la main sur la tablette, il n'y a qu'à ajuster au bas de la queue un fort contrepoids en fer ou en plomb, qu'on accroche et décroche aisément au moyen de deux anneaux vissés derrière la queue.

La bride, recourbée en portion de cercle, doit être nécessairement dans cette forme, attendu que la queue et le chevalet représentent les pointes d'un compas, et que, si la bride était toute droite, le mouvement d'ouverture ne pourrait pas avoir lieu.[1]

Il me reste à décrire 1.° la tablette, 2.° l'équerre *F*, 3.° l'appui-main.

La tablette *h*, sur laquelle on pose son châssis ou tableau, tient fixément et solidement sur la pièce *O*. Une autre planche, *g*, tient à la pièce *h*; elle y est fixée à angle droit. Par-dessous la tablette *h* sont deux tiroirs en layette, *i i*: l'un est placé en face et à la gauche du peintre, l'autre est placé à sa droite; mais il est sur le côté latéral du chevalet. Ce tiroir est beaucoup plus long que le premier, afin d'y mettre des brosses, des pinceaux, etc. Dans le premier, qui s'ouvre en face, on renferme des petites boîtes contenant les couleurs qu'on ne met pas en vessies, et même quelques autres en poudre broyée et sèche, pour les cas où l'on trouverait qu'une couleur est trop peu épaisse, ou bien encore pour avoir sous la main une couleur prête à être délayée au cas qu'elle vînt à manquer dans la vessie. Comme les tiroirs sortiraient quelquefois tout-à-fait sans qu'on le voulût, on les arrête par deux pointes ou chevilles de fer à tête, placées au-dessus de la tablette. Ces mêmes chevilles servent à fermer les tiroirs, en les plaçant dans d'autres trous qui correspondent à ceux pratiqués dans l'épaisseur du bois qui forme le devant des tiroirs.

---

1 On donnera à la bride *k* neuf pouces de longueur, six lignes de largeur, et une ligne et demie d'épaisseur de fer. On n'oubliera pas qu'elle se place de champ, c'est-à-dire comme on place une lame de couteau quand on coupe quelque chose sur une assiette.

Les deux brides *q q*, qu'on voit derrière la planche *g*, figure *B*, sont encore plus indispensables. Elles servent à contenir toute la tablette à sa place, c'est pourquoi elles embrassent les deux montans *c c;* sans cela la tablette, qui n'est consolidée qu'au centre, pourrait ballotter et s'écarter un peu des montans *c c;* au lieu qu'étant assujettie par les deux brides, elle ne fait jamais grand écart.

Le brides *q q* sont en bois dans le chevalet qu'on voit ici : elles tiennent par huit vis contre la planche verticale *g*. Quant aux deux autres vis, l'une au-dessous de l'autre, qu'on voit au centre de la planche *g*, elles sont là pour la consolider contre la branche mobile *a*. (Voyez la figure *A*, planche 4.°)

J'aimerais mieux que les deux brides *q q*, au lieu d'être en bois, fussent construites en fer arrondi et poli, elles n'en seraient que plus solides et moins embarrassantes : au reste, de quelque matière qu'on les fasse, on sera toujours obligé de leur donner une certaine largeur d'ouverture, pour qu'on puisse abaisser la tablette *h* autant qu'il est quelquefois nécessaire, comme lorsqu'on peint un ciel ou quelque autre chose qui se trouve tout-à-fait dans le haut du tableau.

La planchette *h h* est bordée extérieurement d'un listel, pour que les choses qu'on y pose ne tombent pas; mais en outre on en cloue un autre au centre, qui la sépare en deux parties égales : l'espace entre le listel du milieu et le corps du chevalet sert à placer le tableau; et l'autre, qui se trouve plus rapproché de soi, sert à y poser des pinceaux et autres choses, ainsi qu'à appuyer un peu la main gauche lorsqu'on tient la palette, ce qui soulage beaucoup. (Voyez le plan de cette tablette, figure *F*.)

De l'Équerre en fer, F.

Cette équerre sert à accrocher et à suspendre l'appui-main *C C* : on la fixe par deux fortes vis sur la branche mobile *a*. L'une des vis se place au bas de la partie de l'équerre, qui est parallèle à la branche *a*, où elle reste fixe; l'autre vis, qui a une tête à oreille pour la manier avec les doigts, se place en haut de l'équerre, à l'endroit coudé et toujours sur la branche mobile *a*. Ces deux vis fixent l'équerre assez solidement pour qu'on ne craigne pas de s'appuyer sur l'appui-main *C C* quand il y est accroché et suspendu. Quand on veut le décrocher et plier le chevalet pour l'emporter, l'on détourne la vis à oreille; alors l'équerre, ne tenant plus au bois que par la vis d'en bas, s'abat d'elle-même, et ne présente plus de saillie embarrassante en dehors du chevalet à droite.

Les deux extrémités de cette équerre seront un peu arrondies pour éviter les angles vifs et les accidens qui peuvent en résulter; et l'on pratiquera à l'extrémité de la branche horizontale un petit crochet ou renflement, qui empêchera l'appui-main *C C* de tomber, si on le poussait trop vivement à droite.

Appui-main à Baguette, le plus simple et le plus usité, figure D.

Comme le peintre travaille à son tableau sur un plan presque vertical, il lui faut au moins une petite baguette pour appuyer son poignet en peignant, sans quoi il n'aurait pas la main assez sûre pour peindre des détails, ou des objets petits et délicats. L'usage ordinaire est de se servir pour cela d'une baguette ronde et unie, d'environ quatre ou cinq pieds de longueur, laquelle a en haut un bouton qu'on enveloppe d'un peu de coton et d'une peau de gant, qu'on lie au-dessous. Ce bouton est là pour qu'en approchant du tableau avec le bout de l'appui-main, ce qui arrive fréquemment, on ne risque pas d'endommager la toile. Le diamètre de cette baguette est d'environ neuf lignes par le bas, qui est l'endroit par où on l'empoigne de la main gauche, et elle va en diminuant jusqu'au-dessous du bouton, où son diamètre n'est plus que de six lignes. L'on fait les appui-mains de bois blanc, afin qu'ils soient aussi légers que possible : il y a même des peintres qui, pour cette raison, les font d'un bout de roseau.

Les appui-mains en baguette, comme celui que je viens de décrire, sont presque les seuls dont on fasse usage : les peintres qui font les choses les plus délicates, y sont habitués et n'en désirent ordinairement point d'autres (voyez planche 4.e, figure *D*). Mais quoique j'engage fortement tous les élèves à s'y habituer, et surtout à ne peindre toutes les parties un peu grandes qu'avec cette baguette, qui leur formera mieux la main et la leur laissera plus souple, je veux néanmoins leur faire part d'un nouvel appui-main, que j'ai adopté pour peindre de très-petits objets, et qui d'ailleurs est utile d'une autre manière [1], lors même que je fais usage de la baguette, ce qui arrive le plus fréquemment, parce qu'on a plus d'adresse, plus de liberté, en un mot, plus d'élan et d'élégance dans le coup de brosse, que quand on s'habitue trop tôt à celui que je vais décrire.

Nouvel Appui-main, où l'on peut aussi, au besoin, appuyer le coude.

(Voyez pl. 4.e, fig. *CC*, où il est vu en face, et fig. *C*, où on le voit un peu par derrière.)

Cet appui-main est composé,

1.° D'une planchette de quatre pouces de largeur, sur une longueur d'environ quarante-huit à cinquante pouces et quatre lignes d'épaisseur; ou, pour parler plus juste, sa longueur se détermine sur la distance qu'on aura établie entre la branche horizontale de l'équerre de fer et la tablette du chevalet, contre laquelle la planchette *a* vient s'appuyer; car, comme l'équerre et la tablette *h* du chevalet *A* sont fixés sur

---

1 Il me sert à appuyer le bout de l'appui-main à baguette sur les crochets, qui sont fichés sur le côté du nouvel appui-main, comme on le verra bientôt.

la branche mobile *a*, et que l'appui-main s'accroche par le haut sur l'équerre, il en résulte que, quand on élève ou abaisse la crémaillère, sur laquelle repose le tout, on fait mouvoir le tout en même temps.

2.° L'appui-main est muni dans le haut de deux crochets qui se placent en dessous ; ces crochets, de fer, servent à l'accrocher sur l'équerre *F*, d'où, par une pente douce, l'appui-main vient s'appuyer par le bas contre la tablette du chevalet, non dessus, mais contre l'extérieur qui fait face au peintre. L'appui-main ne doit pas déborder le dessous de la tablette *h h*; plus long, il embarrasserait le peintre, qui le heurterait avec les genoux.

3.° Comme il convient qu'il y ait une distance de cinq ou six pouces entre le tableau et l'appui-main, on aura l'attention de fixer l'équerre sur la branche *a* aussi haut que possible, afin que l'appui-main n'ait pas une pente trop brusque, ce qui aurait lieu si l'équerre était placée trop bas. Pour cet effet l'on tiendra la branche *a* de dix-huit pouces plus longue que le haut du chevalet, quand la tablette se trouve placée à hauteur du creux de l'estomac lorsqu'on est assis. Si l'appui-main n'était distant du tableau que de deux ou trois pouces, à l'endroit où le peintre place sa main pour peindre, il n'aurait pas l'écartement nécessaire pour manier sa brosse avec liberté.

Sur le côté droit de l'appui-main et du côté extérieur où l'on pose la main, l'on fixera une bande ou listel de bois d'un demi-pouce d'épaisseur et de dix-huit lignes de largeur, et de toute la longueur de l'appui-main, pour renforcer en cette place la planchette, qui n'a que quatre lignes d'épaisseur partout ailleurs. C'est le long de cette bande renforcée, et presque du haut en bas, que l'on percera des trous à trois pouces les uns au-dessous des autres pour y mettre des crochets de fer. Ces crochets, au nombre de cinq ou six, pourront être changés de place, d'un trou dans un autre, pour y poser l'extrémité de l'appui-main à baguette, figure *D*, à la hauteur qu'on désirera. L'on trouvera ces crochets très-commodes toutes les fois qu'on fera usage de l'appui-main *D*, ce qui a lieu le plus souvent; l'on se sent la main plus sûre et plus solide, que si la main gauche, qui tient la baguette par en bas, était obligée de soutenir tout le poids qu'y ajoute la main droite quand elle s'appuie dessus, si légèrement qu'on le fasse; d'ailleurs l'on risque moins de toucher le haut du tableau avec le bouton de l'appui-main.

Dans bien des cas, et surtout quand on exécute des détails minutieux et petits, l'on pourra abandonner la baguette *D*, et n'appuyer la main qui tient le pinceau que contre la planchette même qui forme l'appui-main *C C*, pourvu qu'on s'arrange de manière à avoir assez de distance entre le tableau et l'appui-main à l'endroit où l'on travaille actuellement[1]. Nous pas-

---

1 L'appui-main *C C* étant suspendu sur l'équerre *F*, on aura toute liberté de le pousser tantôt à droite, tantôt à gauche, selon la place du tableau où l'on veut travailler; comme aussi le tableau même peut être glissé à droite ou à gauche, selon le besoin et ce qui paraîtra le plus commode au peintre.

serons maintenant à la pièce où l'on peut appuyer le coude.

Construction de la Pièce mobile c e, *qui s'ajuste à l'appui-main* C C, *et qui sert à appuyer le coude en de certains cas, assez rares, quand on peint des détails petits et délicats.*[1]

L'appui-coude *c* est une petite tablette supportée sur une petite console, *e*, qui s'abaisse et s'élève à volonté pour la commodité du peintre. Il est assez inutile que le mouvement de haut et de bas soit considérable, attendu que tout l'attirail s'élève déjà à la fois et à volonté par la crémaillère du chevalet même, qui est ajustée, comme on l'a vu, dans la pièce de bois *O*.

Indépendamment de cela, l'appui-coude est muni aussi d'une petite crémaillère, qui est ajustée dans la console *e*, et dont le ressort s'accroche dans un nombre de coches très-rapprochées les unes des autres, entaillées sur le dessus de l'appui-main *a*, mais seulement jusqu'à la moitié de sa longueur. (Voyez la figure *C C*, et celle *C*, planche 4.e)

La tablette *c*, ainsi que la console *e*, sont solidement fixées en mortaises et collées avec le petit bout de la planchette *b* : ces deux pièces sont placées à

---

1 L'on voit par le dessin que la tablette *c* est plus large et plus saillante que la console *c* qui la supporte, afin qu'elle présente plus de surface au coude; mais la tablette n'est adhérente à la planchette *b* qu'entre les deux rainures *d d*.

angle droit. Cette planchette *b* s'abaisse et s'élève ei layette et coule facilement, mais sans ballotter, dan les deux listeaux à rainures, *d d*, qui sont solidemen fixés sur les deux côtés à droite et à gauche de l'appui-main *a*.

Cet appui-coude *c*, qui ne fait qu'un avec sa console *e* et la planchette *b*, se fixe aisément à la hauteur voulue par le ressort de la crémaillère, qui est construit comme celle du chevalet et que j'ai déjà décrite.

Les dames, et même bien des hommes, pourront garnir d'un coussinet la tablette destinée à soutenir leur coude ou leur avant-bras. Je dis l'avant-bras ou le coude, parce que souvent on n'y repose que l'avant-bras; dans cette situation l'on a les mouvemens plus libres que si l'on s'accoudait entièrement.

Quand on ne veut faire aucun usage de l'appui-coude, on lâche le ressort de la crémaillère en tirant à soi le bouton : on peut le faire sortir ainsi, et le séparer entièrement de l'appui-main, en le laissant glisser par en bas hors des rainures de la layette *d d*; on le fait rentrer de même.

Quand on fait cette opération, on n'enlève pas pour cela tout l'appui-main; on le laisse également suspendu en place, mais on le retire sur la droite autant que la saillie de l'équerre en fer, *F*, le permet: c'est dans cette situation qu'il est encore fort utile pour appuyer l'autre appui-main à baguette, *D*, dont on se sert le plus souvent; c'est l'usage qu'on en fait, comme je l'ai dit plus haut page 536. Il est inutile l'en donner une explication plus détaillée ; j'ajouterai seulement que le bout de l'appui-main *D* doit déborder les crochets de quelques pouces pour plus de sécurité.

utre manière d'appuyer le poignet droit, par le moyen d'une Chaise à dossier porte-bras.[1]

Je tiens à l'appui-main *C C* à cause des crochets sur lesquels on a la facilité, dans tous les cas, d'appuyer le bout de la baguette ou appui-main *D* ; en sorte que ceux qui préféreraient l'usage de la chaise à dossier que je vais décrire, à celui de l'appui-coude *c*, qui coule sur la planchette de *C C*, feront bien néanmoins de conserver cette disposition, en en retranchant seulement l'appui-coude *c*, et tout son attirail *e*, *b* et *d d*.

On s'assied à cheval sur la chaise, et l'on a le dossier devant soi. Ce dossier doit être droit et n'être nullement ceintré, afin que dans toute sa largeur, en étendue de droite à gauche, il forme une ligne parallèle avec le tableau que l'on peint, et que, à quelque place qu'on pose la main, elle se trouve toujours à une égale distance du tableau. Le peintre déterminera lui-même la distance qu'il lui convient de mettre entre le dossier de sa chaise et son chevalet, puisqu'il n'a qu'à se reculer ou s'avancer plus ou moins. Ce dossier

---

1 J'appelle ce dossier un *porte-bras*, puisque, dans le cas où il s'agit, on n'y appuie que les bras et nullement le dos. Je ne donne pas un dessin de ce siége, parce que j'espère qu'on s'en fera une idée assez nette sans cela.

ou porte-bras devra être plus large que la branche unique qui le supporte, et la dépasser d'environ quatre ou cinq pouces de chaque côté : ce dossier formera lui-même une espèce de tablette de trois pouces de largeur, sur une étendue d'environ vingt pouces de droite à gauche. Le dessus de cette espèce de tablette sera rembourré en crin, légèrement arrondi, comme un coussinet, et recouvert de maroquin ou de basane, pour que le bras glisse aisément dessus et conserve tous les mouvemens libres. Quant au siége proprement dit, on le tiendra plus étroit près du dossier qu'ailleurs, afin qu'il ne gêne point les cuisses; il aura une forme circulaire du côté opposé. On lui donnera l'élévation convenable, qui est à peu près celle des chaises ordinaires; mais il vaudra mieux le tenir un peu plus bas, afin de ne point planer à vue d'oiseau sur le modèle.

Quant à l'élévation du porte-bras ou dossier, il faut, pour que la personne qui s'en sert y puisse appuyer les deux bras commodément, que le maroquin soit à deux pouces au-dessus du creux de son estomac; il faudra donc prendre cette proportion selon la grandeur du buste de l'artiste, afin qu'étant assis il ait les bras appuyés à deux pouces plus haut que le creux de son estomac.

Ce dossier, ou plutôt ce porte-bras, ne doit être soutenu que par un seul montant, placé au milieu, qu'on tiendra très-fort par le bas, et assez large par le *haut*, où il doit s'élargir à droite et à gauche en forme de console, pour venir appuyer solidement le porte-bras. Si l'on établissait deux montans, comme la plupart des chaises ordinaires, ils tiendraient trop de place en largeur dans le bas, ce qui obligerait le peintre à écarter les genoux d'une manière fatigante.

Le support unique aura donc seulement quatre ou cinq pouces de largeur près du siége, et s'élargira par une courbe gracieuse et en console jusqu'au-dessous du porte-bras, où il aura environ neuf à dix pouces. Quant à l'épaisseur du bois de ce montant, elle sera de deux pouces en bas, et ira en diminuant vers le haut jusqu'à n'avoir plus qu'un pouce ou quinze lignes.

Cette chaise est fort commode : elle soulage tout le corps en même temps qu'on a les deux bras appuyés, l'un qui porte la palette et l'autre qui tient le pinceau. Le peintre a tous ses mouvemens libres; et quand il veut se lever, il peut le faire sans déranger son siége.

XXVII.e LEÇON.

Des Toiles, Cartons et Panneaux de bois pour peindre dessus.

(Voir la planche 6.e)

Quoique je doive supposer que la plupart des personnes qui s'occupent de la peinture à l'huile peuvent se procurer des châssis à clefs tout montés avec leur toile, etc., je ne crois pas inutile néanmoins d'enseigner à ceux qui n'ont pas cette facilité comment ils doivent faire cette besogne, ou, s'ils ne la font pas eux-mêmes, comment ils doivent diriger les ouvriers pour qu'elle soit bien faite.

Je parlerai aussi des *panneaux* [1], des *cartons*, et même des *papiers*, sur lesquels on peut peindre moyennant une préparation qu'on y applique, et qu'on appelle *impression*. On n'emploie les cartons et les papiers que pour économiser des toiles, lorsqu'on commence

---

1 Les panneaux sont des planchettes en carré long de dix jusqu'à cinquante pouces carrés, qu'on fait faire au menuisier pour peindre dessus. Les plus minces, quand ils n'ont que huit à douze pouces carrés de superficie, n'ont que deux à trois lignes d'épaisseur de bois; mais il faut les faire d'un très-vieux bois, qui ait plus d'un siècle d'ancienneté sans quoi ils se tourmentent et voilent : c'est pourquoi je préfère toujours les toiles. Les plus grands panneaux n'ont guère que cinq à six lignes d'épaisseur. Ils doivent tous être parfaitement bien dressés unis partout.

à s'essayer dans la peinture, ou bien lorsqu'on veut courir la campagne pour faire quelques études à l'huile d'après nature, sans être trop chargé et embarrassé par des châssis.

Les cartons et papiers forts peuvent être imprimés, comme les toiles et les panneaux, par un enduit ou préparation faite à l'huile ou à la colle; mais les cartons surtout, à moins qu'on ne les choisisse très-minces, comme de l'épaisseur de trois cartes à jouer, sont sujets à se bosseler, à se tourmenter, et forment des ondulations qu'il est presque impossible de maîtriser et de faire revenir à plat, tel moyen de compression ou de contrainte qu'on emploie pour les rendre unis et tendus.

Si l'on veut faire usage de cartons pour aller peindre le paysage en rase campagne, il faut les choisir d'une belle pâte, mais seulement d'un quart de ligne d'épaisseur; et si l'on veut qu'ils se maintiennent assez passablement unis et plats, leur grandeur ne doit pas excéder un pied, ou quinze pouces au plus. Quant au papier, on le choisit fort; mais, si fort qu'il soit, on a de la peine à le faire tenir sur le chevalet sans lui donner du corps par un carton, auquel on l'attache par les quatre coins avec des pains à cacheter, ce qui revient au même que d'employer du carton; car sans cela, le papier étant plus souple, et pouvant d'ailleurs être comprimé par une forte pression ou tension, je le préférerais au carton mince, et à plus forte raison au carton épais d'une ligne, dont je ne conseille nullement l'usage. Nous nous arrêterons donc à des cartons minces ou à des papiers forts, pourvu qu'on emploie quelque moyen de soutenir ces derniers de façon qu'ils puissent résister au mouvement de la brosse sans en être ni froissés ni déplacés de dessus le chevalet de campagne, dont j'aurai occasion de parler bientôt.[1]

Du choix des meilleures Toiles à peindre.

Les toiles de chanvre sont les meilleures, parce qu'elles sont plus fortes, et qu'elles peuvent supporter d'être très-fortement tendues sans se rompre.

Les toiles de lin sont moins fortes; d'ailleurs elles sont sujettes à se détendre.

Les toiles de coton ne valent rien pour cet usage.

L'on peint aussi, sur du fort taffetas, de très-petits ouvrages, comme des dessus de tabatières, etc.; mais

---

1 Quand on peint d'après nature sur carton, en plein air, on doit avoir une caissette, de quinze ou vingt pouces, qu'on construira d'un bois léger et mince, pour la facilité du transport. La caissette aura un rebord d'un pouce sur trois de ses côtés, avec des rainures pour y glisser un couvercle en layette. Le fond de la caissette doit être tout autour d'un pouce plus grand que le tableau, afin qu'on puisse aisément manier la brosse et peindre dans les bords et les coins. On fixera le carton sur le fond de la caisse, par les quatre coins, avec de la cire molle ou quatre petits clous. Les rebords défendent le tableau contre le vent et la poussière pendant qu'on peint, et la layette, qui s'y adapte, le préserve de tout accident lorsqu'on le transporte d'un lieu dans un autre; mais il faut qu'il y ait un espace de trois ou quatre lignes entre la peinture et la layette.

De retour à la maison, l'on se hâte d'enlever la layette, pour donner de l'air au tableau et le faire sécher; sans quoi les couleurs renfermées roussiraient. L'on fixera un petit crochet à la layette, pour qu'elle ne s'ouvre pas d'elle-même pendant le transport.

quand le châssis est grand de six ou huit pouces, le taffetas est sujet à se déchirer.

Il faut acheter de la toile écrue, qui soit tout-à-fait sans apprêt, qui n'ait point été blanchie, et qui n'ait point de préparation gommeuse.

Elle doit être d'un tissu égal, et n'avoir que le moins de nœuds possible.

On la choisit assez fine pour de petits tableaux depuis huit jusqu'à douze ou quinze pouces, et un peu moins fine pour de plus grands châssis. Au reste, l'on proportionne la finesse et le grain du tissu de la toile au genre d'ouvrage. Si, par exemple, l'on fait un tableau de fleurs, ou un tableau composé de plusieurs petites figures dont les têtes n'auraient que deux ou trois pouces de proportion, on prendra de la toile assez fine, bien que le châssis soit de vingt-quatre ou trente pouces, parce qu'il faut que toutes les têtes et les mains reposent sur un grain égal, fin et uni.

Si l'on peint aussi grand que nature, une toile moins fine est préférable : elle happe mieux la couleur, et les inégalités des fils ne s'aperçoivent pas à travers l'impression, attendu qu'on ne regarde ces ouvrages qu'à une certaine distance, qui doit être au moins de cinq ou six pieds.

Pour de très-grands tableaux, l'on choisit des toiles plus fortes encore, sans quoi elles seraient sujettes à se fendre par la grande tension, mais toujours d'un tissu égal et sans gros nœuds. Du reste, dans un grand tableau, le léger grainé que forme le tissu de la toile, et qui se voit toujours un peu à travers l'impression, est plutôt favorable que nuisible à la peinture; c'est pourquoi il vaut mieux ne jamais trop charger de couleur l'enduit qui doit boucher les trous de la toile; car si l'on pouvait n'en point mettre du tout, cela n'en vaudrait que mieux, surtout pour les grands sujets. Mais cela ne se peut pas; la couleur traverserait le tissu de la toile, et d'ailleurs l'on aurait beaucoup de peine à l'étendre : n'en mettons du moins jamais que l'épaisseur qui est absolument indispensable.

XXVIII.e LEÇON.

Construction des Châssis à clefs.

L'on fait faire au menuisier un châssis d'une dimension analogue au tableau qu'on a le projet de peindre; on lui en donne la mesure juste, tant en hauteur qu'en largeur, mais toujours en y comprenant l'extérieur du châssis.

Les châssis à clefs sont de beaucoup les meilleurs, parce que quand la toile vient à se détendre, ce qui arrive toujours au bout d'un certain temps, au moyen des clefs on la retend avec quelques coups de marteau. C'est ce qu'on va expliquer tout à l'heure, en décrivant comment se font ces châssis et les clefs.[1]

On les fait presque toujours en bois de sapin, pour qu'ils soient plus légers. Faits en bois dur, ils sont fort bons aussi; mais, outre qu'ils sont plus lourds, ils coûtent aussi plus cher que les châssis en bois blanc.

Les châssis d'une petite dimension, comme ceux de vingt-quatre pouces et au-dessous, ne sont composés que de quatre pièces ou ais, assemblés carrément ensemble, comme on le dira; mais les châssis depuis deux pieds jusqu'à trente-six ou quarante-cinq pouces

---

1 Voyez la planche 6.e, figure *B* et figure *C*. On a placé ces deux châssis l'un dans l'autre pour économiser la place. Au surplus, la planche explique tous les détails; c'est pourquoi on ne les répètera pas tous dans le texte.

ont une traverse de plus; et ceux plus grands encore en ont deux, qui forment la croix derrière le tableau pour soutenir les quatre pièces qui forment le cadre du pourtour.

L'on proportionne la largeur et l'épaisseur du bois à l'étendue plus ou moins grande du châssis. Pour en donner une idée, je dirai, par exemple, que chaque pièce de bois, pour un châssis carré long de deux pieds, doit avoir environ deux pouces et six lignes de largeur, sur une épaisseur de bois de huit lignes.

L'on assemble les châssis à *mortaises* d'un côté, et à *tenons* de l'autre, comme se font tous les assemblages; mais ici ils ne doivent être qu'enchâssés l'un dans l'autre, sans chevilles, sans clous et sans colle. La raison en est que, si toutes les pièces n'étaient pas libres de pouvoir s'écarter les unes des autres par le moyen des clefs, ces clefs deviendraient inutiles. Ce n'est donc que par la toile, qui se cloue tout autour d'un châssis, que ce dernier se tient solidement assemblé et qu'il ne peut plus se disjoindre, à moins qu'on ne décloue la toile.

Les traverses simples ou les traverses en croix doivent avoir la même liberté, et pouvoir s'écarter un peu les unes des autres, lorsqu'au moyen des clefs on les force à cela pour tendre fortement la toile.

Les clefs sont des petits coins de *bois dur*, qui s'enchâssent dans des ouvertures pratiquées pour cet usage à toutes les jointures; et comme ces clefs sont plus étroites d'un bout que de l'autre, et qu'on enchâsse le plus étroit le premier, en frappant sur le large côté, on fait entrer la clef toujours plus en avant du côté qui devient progressivement plus large : cela oblige les ais à s'écarter autant que la toile peut le permettre, et tend cette dernière comme un tambour. (Voyez la planche 6.e, figures *B* et *C.*) Mais il ne faut pas chasser une clef plus qu'une autre ; il faut donner le même nombre de coups de marteau à chacune d'elles et de la même force, sans quoi l'on ferait tordre la toile, et d'ailleurs on risquerait de la fendre ou de rompre les mortaises du châssis. Au surplus, il ne faut pas tendre la toile jusqu'à faire plier le châssis ; il faut s'arrêter à propos, ce qui s'aperçoit aisément par la résistance que présente la clef sous le marteau.

Il ne faut pas enfoncer une seule clef jusqu'à ce qu'elle ne puisse plus avancer ; l'on dérangerait l'équerre du châssis : donnez d'abord deux petits coups à l'une d'elles, faites-en de même aux autres, jusqu'à ce que vous les ayez toutes enfoncées également, et que vous ayez fait tout le tour du châssis ; après quoi, vous recommencez à redonner encore deux petits coups sur la première, et ainsi de suite, jusqu'à ce que la toile paraisse tendue également partout. L'on cloue aussi des contreforts aux quatre angles d'un châssis ; mais on ne les cloue que d'un seul des bouts de chaque contrefort, lorsqu'on craint que le bois de la mortaise soit trop faible pour la grandeur du châssis et la forte tension de la toile. Ces contreforts, *I*, soutiennent le bois, et l'empêchent de s'écarter et de fléchir. Ce dernier ajustement est le plus solide de tous pour de grands châssis.

L'on voit dans le châssis *D* la traverse *K*, qui n'est tracée qu'en petits points. Je l'ai placée sur le plus petit des deux châssis, quoique j'aie dit qu'on ne mettait de ces traverses qu'à ceux d'une dimension déjà un peu grande; on ne doit pas être induit en erreur pour cela. Je ne l'ai placée au petit châssis que pour ne pas risquer de mettre de la confusion dans le dessin des deux châssis, et j'ai même évité d'indiquer la pièce qui forme la croix avec la pièce *K* pour la même raison; mais il est aisé de voir que la sixième pièce devrait croiser à angle droit, traverser par son centre la traverse *K*, et venir s'appuyer en haut et en bas contre les traverses *AA* et au milieu du châssis *D*, en supposant que sa grande dimension exigeât qu'on prît cette précaution.

Les clefs sont plus ou moins grandes et épaisses, selon la grandeur du châssis; mais, pour prendre pour exemple une moyenne, on tiendra ces clefs de la proportion suivante. Épaisseur du bois, deux lignes partout; le haut côté, qui est le plus large, dix-huit lignes, et l'autre extrémité, quatre ou cinq lignes. Il ne faut pas les faire terminer en pointe par le bout, parce qu'alors elles s'enfoncent trop, et percent quelquefois la toile; on leur donnera une forme un peu arrondie, et de quatre ou cinq lignes de largeur. Voyez la forme des clefs *o*; elles ont environ trois ou quatre pouces de longueur, et forment un angle obtus, dont le bout est retranché et arrondi.

Non-seulement on chasse deux clefs à chaque angle du châssis, ce qui en nécessite huit; mais il en faut, outre cela, deux autres à chaque traverse; l'une s'enfonce en haut, et l'autre en bas (voyez la traverse *K*). J'aurais mis également deux clefs à la traverse qui eût croisé cette dernière, si je l'avais indiquée ou tracée dans le dessin du châssis *D*. Il faut que les ais du châssis, du côté où s'applique la toile, soient rabotés en talus, ou en *chanfrein*, de façon que la toile ne touche que les bords extérieurs du châssis, sans quoi les bords intérieurs, s'ils touchaient la toile, s'imprimeraient dessous, et formeraient une trace apparente du côté de la peinture, ce qu'il faut soigneusement éviter. Pour cet effet, on diminue le bois en talus sur toute la largeur des ais, en partant des bords extérieurs, et progressivement jusqu'aux bords intérieurs, où le bois sera de trois lignes moins épais qu'à l'extérieur.

En outre, l'on arrondira les angles du bois tout autour du châssis, pour qu'ils ne coupent pas la toile, ce qui arriverait si l'on laissait les angles vifs.

XXIX.e LEÇON.

Méthode pour couper les Toiles à la mesure des Châssis, qu'elles soient déjà imprimées ou non.

L'on trouve à acheter dans presque toutes les grandes villes des toiles tout imprimées; les meilleures, pour la finesse et l'égalité de la toile, coûtent vingt sous le pied carré, en sorte qu'une toile imprimée, de six pieds dans tous les sens, ce qui fait trente-six pieds carrés, coûte trente-six francs. L'on peut aussi trouver facilement des toiles imprimées toutes tendues sur leurs châssis à clefs; mais comme elles sont d'un transport beaucoup plus coûteux qu'un simple rouleau de toile imprimée, l'on préfère les faire venir sous cette dernière forme, pour éviter des frais, et pour être libre de varier à volonté la proportion et la grandeur des châssis en raison de celles des tableaux qu'on est dans le cas d'entreprendre. Je n'entre dans ces considérations que pour l'instruction des personnes qui demeurent loin d'une grande ville.

Les marchands de couleurs [1] doivent expédier ces

[1] Il y a un grand nombre de marchands de couleurs, de toiles, etc., à Paris : MM. GÉRARD, peintre paysagiste, rue de la Michaudière; BELLOT et REY, tous deux rue de l'Arbre-sec; GIROUD, rue du Coq Saint-Honoré, et plusieurs autres, chez qui l'on trouve tous les objets nécessaires à la peinture, et auxquels on peut s'adresser avec confiance.

toiles (qui sont très-lourdes, à cause de l'impression à la céruse) de la manière suivante.

Il faut commander aux marchands de rouler la toile autour d'un rouleau de bois, qui doit être plus long qu'elle d'un pouce de chaque bout, et de rouler la couleur d'impression en dehors, et non en dedans; en voici la raison.

Si la toile a été roulée comme je l'indique, et qu'il s'y soit fait quelques cassures ou légères fissures, les parties se rapprochent d'elles-mêmes, lorsqu'on la tend sur le châssis. Il arrive au contraire qu'elle se casse et s'éfendille, lorsqu'après avoir été roulée la couleur *en dedans*, ce qui reserre les pores, on vient à la dérouler et à l'étendre pour la placer sur le châssis.

Au reste, les bonnes toiles ne doivent pas être cassantes; quand elles le sont, c'est preuve qu'il est entré beaucoup d'essence de térébenthine dans l'huile qui a servi à délayer la pâte d'impression : or cela ne vaut rien. Il faut qu'elles aient été imprimées à l'huile pure sans mélange d'essence; alors elles restent souples, et ne sont point cassantes. Mais il est très-essentiel que l'impression soit parfaitement sèche, et qu'elle ait été exposée au grand air plusieurs jours avant que l'on peigne dessus, sans quoi, toutes les couleurs s'altèrent et roussissent. Une bonne toile doit avoir été imprimée depuis un an pour n'avoir pas le défaut de faire roussir les couleurs; j'engage donc ceux qui en feront emplette, à s'en procurer à l'avance pour ne courir aucun risque à cet égard. L'on suspend par deux ou trois clous le morceau de toile imprimée contre une paroi, et même au soleil, dans un galetas où l'on puisse sans inconvénient laisser les fenêtres ouvertes pendant toute la belle saison : cela est indispensable, soit qu'on imprime les toiles à l'huile soi-même, ou qu'on les fasse venir toutes préparées. J'indiquerai plus bas comment il faut s'y prendre, quand on veut faire cette opération, soit à l'huile, soit à la colle; ici je vais donner quelques directions pour bien tendre une toile quelconque sur son châssis.

Tenture des Toiles à peindre sur leurs Châssis.

Étendez d'abord votre morceau de toile, ou sur une grande table, ou par terre sur le plancher; placez ensuite votre châssis dessus, en ayant soin d'en réserver autour environ deux pouces en dehors qui dépassent le châssis, afin d'avoir de la marge, non-seulement pour garnir l'épaisseur du bois et y planter les clous; mais en outre, pour qu'il en reste dix à douze lignes pour la pincer avec les tenailles et la tendre avec force.

Vous placerez votre châssis comme je viens de le dire; et lorsque vous aurez pris vos mesures pour ce qui doit excéder le châssis tout autour, vous en prendrez la trace avec de la craie blanche, ou tout autre crayon, avant que de le déranger de dessus la toile. Cela fait, et votre trait n'étant que la mesure juste de l'extérieur du châssis, vous enleverez ce dernier, et puis avec une règle vous tracerez en dehors du trait que vous aurez fait en suivant les bords extérieurs du châssis un second trait tout autour, et à deux pouces d'éloignement du premier. Après quoi, avec de grands ciseaux vous couperez la toile toujours étendue à plat sur le plancher, en suivant la trace du trait extérieur.

Dans tout cela il faut avoir attention de ne point tracer ni couper la toile en biais, mais de le faire à droit fil, et dans le sens naturel du tissu; sans quoi, jamais la toile ne se tendrait également, si même elle ne se fendait pas en la tendant.

Vous remettrez le restant de la toile sur son rouleau, ou bien vous la replacerez suspendue comme elle l'était, et en lieu de sûreté, en prenant bien garde de ne lui donner aucun mauvais pli.

Les tenailles dont on fait usage pour tendre les toiles, sont celles dont se servent les tapissiers pour tendre les étoffes sur des chaises ou toute autre espèce de meubles. Elles ont des mâchoires cannelées en dedans, en sorte qu'une cannelure arrondie et en relief se rencontre sur l'autre mâchoire, vis-à-vis d'une cannelure en creux, ce qui grippe la toile très-solidement sans néanmoins la déchirer, d'autant plus que les mâchoires de cette espèce de tenailles sont longues, ou plutôt étendues de droite à gauche, d'environ trois pouces ou trois pouces et demi, ce qui leur donne la forme d'un marteau quand elles sont fermées. Le manche en est assez long (environ neuf à dix pouces), afin que la longueur de ce manche serve comme d'un levier, qui donne beaucoup de force au poignet sans faire pourtant un trop grand effort de la main. Ce manche se compose de deux branches, attenantes chacune à l'une des mâchoires, ce qui a lieu pour toutes les tenailles : le tout est en fer. On voit de ces tenailles chez tous les tapissiers; tout autre instrument déchire la toile, et n'en grippe d'ailleurs qu'une trop petite étendue en largeur, au lieu que celui que j'indique mord la toile de toute l'étendue de ses mâchoires, c'est-à-dire trois pouces ou trois pouces et demi, ce qui est une largeur suffisante pour des châssis de dimension médiocre.

Comment on cloue la Toile autour d'un Châssis.

L'on place la toile sens dessus dessous, en sorte que le côté bon à peindre soit contre la table et le revers en dehors. On place le châssis sur cette toile de façon à ce que le vrai côté du châssis (celui où l'on a fait un chanfrein) appuie sur le revers de la toile; et si ce n'est pas ce même côté sur lequel on avait tracé tout le pourtour du châssis avec de la craie, on ne manquera pas de faire cette trace, en se servant de tout l'extérieur du châssis comme de règle, et en réservant deux pouces d'excédant de toile très-également tout autour du châssis.

Cela fait, et le châssis posé *bien carrément* sur la toile, on replie l'excédant de l'un des côtés en le faisant juste au milieu du châssis, et l'on enfonce un premier clou, non encore sur la tranche du bois, mais sur le derrière du châssis : on ne l'enfonce qu'à demi, afin d'avoir plus de facilité à l'arracher ensuite.

Ce premier clou ainsi planté à demi, vous en plantez pareillement un second, droit vis-à-vis, à l'extrémité opposée du châssis; mais pour cette fois vous étirerez la toile avec la tenaille, sans néanmoins le faire avec trop de force, crainte de déranger l'emplacement du tout.[1]

Cela fait, vous pourrez vous placer plus commodément pour faire le reste : vous releverez la toile et le châssis, et, étant assis, vous prendrez le châssis et sa toile entre vos jambes, et le tiendrez alors sur le côté, puisque la toile, ayant déjà deux clous, ne pourra plus se déranger; vous mettrez deux autres clous au milieu des deux côtés qui n'en ont point encore. Vous vous servirez faiblement encore de la tenaille pour le premier, mais plus fortement pour le second; et vous les planterez l'un et l'autre sur l'épaisseur du bois, et non derrière, comme le sont, pour le moment, les deux premiers que vous aviez d'abord enfoncés à demi.

Il faut avoir soin de planter tous les clous d'un châssis vis-à-vis les uns des autres, afin de pas risquer de tordre la toile; et de plus il faut observer de les espacer tous, quoiqu'à la simple vue, à distance égale; à deux pouces les uns des autres pour de petits châssis, et à trois pouces pour de plus grands, mais jamais à un plus grand éloignement; et à l'exception des deux premiers clous, qu'on n'enfonce qu'à demi pour pou-

---

1 L'on se servira, pour clouer les toiles, de petits clous à double tête : ils ne traversent pas la toile comme ceux qui n'en ont qu'une simple, et ils en arrêtent une plus large étendue à droite et à gauche. Quant à la longueur des clous, cinq ou six lignes suffisent.

voir les enlever ensuite, tous les autres se chassent jusqu'au fond.

Vos quatre premiers clous étant posés, retirez le premier clou que vous aviez planté; tendez la toile fortement avec la tenaille, et après avoir percé un trou sur l'épaisseur du bois avec un poinçon, plantez-y le clou, et, tout en tenant la toile tendue avec la tenaille, chassez ce clou tout entier et jusqu'au fond. Retournez votre châssis sens dessus dessous, arrachez de même le clou à demi planté, que vous aviez placé en second lieu derrière le châssis; étirez bien la toile avec les tenailles; percez le trou sur le côté du bois avec la pointe du poinçon, mettez-y le clou et chassez-le tout-à-fait. Vos quatre premiers clous consolidés, les autres se placeront aisément et promptement. N'oublions pas que ces quatre premiers clous doivent occuper le milieu de chacun des quatre côtés du châssis, en sorte qu'ils forment les quatre extrémités d'une +. Maintenant, à droite et à gauche de chacun de ces quatre premiers clous, placez-en deux autres à la distance indiquée. Faites comme nous l'avons indiqué en premier lieu, c'est-à-dire, plantez d'abord, sur le côté le plus haut du châssis, deux clous, l'un à droite, l'autre à gauche du premier planté; ensuite retournez le châssis de façon que le côté qui a déjà les trois clous s'appuie sur le plancher, et plantez les deux clous suivans vis-à-vis à l'autre extrémité du châssis, qui se trouve maintenant en haut. Ensuite, faites-en autant sur les deux autres côtés, jusqu'à ce qu'il y ait trois clous de plantés sur les quatre côtés du châssis. Recommencez la même manœuvre, et plantez-en deux autres à droite et à gauche sur tous les côtés, et ainsi de suite, jusqu'à ce qu'il ne reste plus de toile lâche que l'espace de deux ou trois pouces aux quatre coins.

Je n'ai pas besoin d'expliquer qu'avant de planter chaque clou, il faut préalablement avoir pincé et étiré fortement la toile avec la tenaille, cela va sans dire; mais j'expliquerai comment il faut la pincer pour ne pas la déchirer, et comment ensuite il faut l'étirer peu à peu et par petites secousses, pour ne pas risquer de la rompre.

Pour pincer la toile sans la déchirer, on la double en dessous à l'endroit où la tenaille pourra mordre, et l'on place les mâchoires de façon à ce qu'elles pincent la toile également d'un bout des mâchoires à l'autre bout; c'est-à-dire, qu'il faut que les mâchoires soient sur une ligne parallèle avec les bords du chassis, qu'elles ne tordent point la toile, et qu'elles l'étirent également dans toute la partie qu'elles pincent et qui doit être de toute la largeur de la mâchoire.

Après avoir redoublé la toile en dessous avec les doigts, on la saisit avec la tenaille, en levant un peu le coude et le manche de la tenaille, puis on abaisse peu à peu et par petites secousses, en appuyant la mâchoire qui est en dessous contre le bois du châssis, ce qui donne beaucoup de force au poignet; et l'on tire ainsi la toile (avec précaution cependant) jusqu'à ce qu'on sente qu'elle résiste trop; puis, sans abandonner la tenaille, dont le manche se trouve être maintenant plus bas que quand on a commencé à saisir la toile, et toujours en tenant les mâchoires appuyées en arc-boutant contre le bois du châssis et en dessous, on se saisit du poinçon emmanché; l'on perce à moitié le trou dans la toile et sur le milieu de l'épaisseur du bois; l'on prend un des clous, qu'on tient ou entre les lèvres, ou tout auprès de soi, et on l'introduit dans le trou préparé par le poinçon; on le chasse avec le marteau jusqu'au fond, puis on lâche la tenaille. Voilà ce qu'il faut faire à chaque clou, en ayant attention de ne pas étirer la toile plus fort à une place qu'à une autre, parce que cela lui ferait faire des plis.

C'est pour cela qu'il faut s'arranger pour ne jamais pincer qu'une même largeur de toile avec la tenaille chaque fois qu'on la saisit; et s'il arrivait qu'on en eût pris une fois plus qu'une autre, et qu'il fallût trop d'efforts pour faire arriver les mâchoires en dessous du châssis, il vaudrait mieux abandonner prise et ne rien forcer, mais pincer un peu moins de toile, afin d'arriver à la tendre partout également et avec le même effort.

Quand une toile est tendue avec égalité sur son châssis, non-seulement toutes les mortaises qui assemblent les quatre coins se touchent jusqu'au fond et joignent de toute part; mais pour le moment les clefs deviennent inutiles, et on ne les place qu'au bout d'un certain temps plus ou moins long, comme trois ou six semaines, lorsqu'on s'aperçoit que la toile commence à n'être plus suffisamment tendue. Il faut donc bien se garder de les mettre en place au moment où l'on tend la toile ; elles deviendraient nuisibles, bien loin d'être utiles, parce qu'elles empêcheraient les ais de se joindre en tenant les mortaises écartées. On tiendra donc ces clefs ou petits coins de bois dans un lieu où l'on puisse les retrouver pour l'époque où l'on sentira le besoin de les placer.

L'on s'y prendra de même pour tendre ou une toile déjà imprimée, ou une simple toile écrue sans impression ; on observera seulement que celles qui sont déjà imprimées exigent encore plus d'attention et de soin que les autres, parce que la préparation, à l'huile surtout, les rend toujours un peu cassantes, et beaucoup moins souples et faciles à étirer que celles qui n'ont aucun enduit.

Quelques personnes se fiant sur le placement des clefs pour tendre convenablement leurs toiles, ne les tendent que négligemment avec les clous, ce qui est une mauvaise méthode ; d'abord, parce qu'elles ne les tendent pas partout également, ensuite c'est que, quand elles chassent les clefs, il se fait un tel écart entre les assemblages, que le châssis perd une grande partie de sa solidité, et qu'en outre il perd plus ou moins son équerre, ce qui est fort désagréable et souvent très-pernicieux, surtout quand on est dans le cas d'élever des lignes perpendiculaires dans le fond d'un tableau, soit pour un intérieur d'appartement, soit, à plus forte raison encore, lorsqu'on fait un fond d'architecture ; car alors les bords du châssis ne peuvent plus servir de guide pour l'aplomb des lignes ni de parallèle pour rien. Il faut donc dès en commençant, et sans le secours des clefs, qui ne doivent jamais servir que de supplément, tendre les toiles convenablement, pourvu qu'on ne les tende pas à l'excès, jusqu'à faire plier le châssis ou faire fendre la toile.

Il me reste encore à indiquer comment on arrête et l'on remploie les quatre coins.

Quand on arrive à trois pouces des angles, on a soin de ne pas planter les clous de manière à empêcher que les ais ne puissent pas s'écarter lorsqu'on vient à placer les clefs; cela est bien essentiel : un peu d'attention de la part de celui qui fera cet ouvrage, lui fera enfoncer les huit clous qui lui restent à mettre, de façon qu'ils n'attachent pas ensemble les parties qui doivent pouvoir s'écarter. Le plus sûr est de les planter dans le centre de l'épaisseur du bois qui forme les tenons. Les mortaises sont les parties qui sont fendues en fourche, et les tenons sont les parties qui s'enchâssent très-juste dans l'enfourchement des mortaises. (Voyez la planche 6.e)

Quand on a placé ces huit derniers clous, il ne reste plus à la toile que les quatre petits angles vifs à recouvrir et à consolider.

Repliez alors en forme de capuchon ces coins baillans, en les pinçant dans le sens de l'angle, comme on ploie les papiers qui servent de caisses aux biscuits ordinaires; ramenez sur l'un des côtés le bout de ces angles ainsi replié, et arrêtez-les avec un très-petit clou; votre toile sera clouée partout.

XXX.e LEÇON.

Comment il faut poncer les Toiles imprimées.

J'ai déjà dit qu'il est bon d'exposer au grand air, et même au soleil, la toile tendue sur un châssis, afin de la blanchir avant que de peindre dessus; car elle est presque toujours trop grasse et trop rousse, surtout quand le rouleau de toile n'a pas été exposé à l'air. Une journée un peu chaude suffit pour la mettre en état; mais, pour bien faire, il vaut mieux ne l'exposer à l'air qu'après l'avoir bien également poncée. Ce qu'enlève la pierre ponce, diminue d'autant la couche que l'air et le soleil doivent traverser et blanchir.

Prenez un morceau de pierre ponce bien blanche, légère, et à peu près ronde, sur un diamètre de trois à quatre pouces. Sur un grès ou sur toute autre pierre qui soit déjà dressée elle-même, comme les marches ou le perron d'un escalier, usez votre pierre ponce jusqu'à ce qu'elle présente une superficie plane de quelques pouces de diamètre; mais enlevez les angles saillans si le morceau est trop rempli d'irrégularités, de crainte que les angles ne raient votre toile. En trois ou quatre minutes votre pierre ponce sera dressée: rabattez-en les angles vifs qui pourraient, en se brisant, gâter votre ouvrage. Cela se fait en deux tours de main, en usant la pierre tout autour sur les côtés.

Secouez-la bien et même brossez-la pour qu'il n'y reste point de grains durs ou de poussière de grès. Vous promenez ensuite la pierre ponce ainsi dressée, sur toute la surface de votre toile, sans appuyer trop fortement, tandis que vous tenez l'autre main étendue et très-plate sous la toile, en ayant soin de soutenir la place que vous poncez actuellement, afin que la toile ne fléchisse pas trop. Vous promenez sucessivement de cette manière vos deux mains, l'une dessus, l'autre dessous la toile, jusqu'à ce qu'elle vous paraisse suffisamment égalisée, et qu'un joli grainé s'établisse généralement partout. Faites bien attention que, quand vous en serez à poncer au-dessus du bois, il faut le faire avec encore plus de légèreté; car si vous veniez à appuyer trop fort, la toile, fléchissant toujours un peu, toucherait le bois du châssis, ce qui l'userait en un instant jusqu'à enlever toute l'impression, et bientôt après le tissu même.

Ceci doit vous convaincre de la nécessité de diminuer le bois en chanfrein, pour éviter le contact du bois avec la toile, comme je l'ai prescrit quelques pages plus haut. Il y a plus, la brosse même, quand on étend la couleur d'un fond, pèse assez fortement sur la toile pour qu'il se forme une trace visible au-dessus des bords intérieurs du châssis, si l'on ne diminue pas en talus l'épaisseur du bois pour éviter cet inconvénient.

En sept ou dix minutes ordinairement cette opération doit être terminée, si l'on s'y prend bien, et si la pierre ponce est d'une bonne qualité, c'est-à-dire, brillante, friable, très-blanche, et pas trop dure ni compacte. Il faut promener la pierre en tournant, comme si l'on broyait de la couleur ; cela forme un grainé et un mat plus fin et plus égal qu'en la faisant aller et venir en long et en large de haut en bas. L'on repose une partie du châssis sur l'angle d'une table pour le soutenir pendant qu'on ponce, sans quoi l'on risquerait de bosseler la toile par le poids des mains, et d'ailleurs cela est infiniment plus commode. L'on est assis devant une table, et l'on tient le châssis devant soi un peu en pente, comme un pupitre ; l'un des côtés s'appuie sur la table, et l'autre sur les genoux, ce qui suppose un intervalle entre soi et la table, tel qu'il permette de passer la main gauche sous le châssis, pendant qu'on agit de la main droite pour promener la pierre ponce : alors on tourne et retourne le châssis en tous sens, pour se mettre à son aise sans étendre les bras, pour aller partout. Il faut de temps en temps chasser et souffler la poussière en dehors de la fenêtre ou sous la cheminée, pour mieux juger de l'état de la toile, de ce qu'on a fait, et de ce qui reste encore à faire. Un peu d'intelligence et quelque expérience mettront les commençans au fait de ces détails qui sont plus vîte exécutés que je ne puis les décrire.

Quand une toile est bien également poncée, il y a vraiment du plaisir à tracer dessus ; toutes les espèces de crayons, comme mine de plomb, sanguine, fusain, craie blanche, mordent aussi bien que sur le meilleur papier ; mais j'observerai, qu'à moins qu'on ne fasse des objets très-petits, comme les figures et animaux qui peuplent un paysage, on doit toujours donner la préférence à la craie blanche, qui ne salit nullement la toile, et qui s'enlève d'un seul petit coup de linge.

Avant que d'esquisser un sujet quelconque sur la toile poncée, il faut la bien laver avec une éponge et à plusieurs eaux, jusqu'à ce qu'il n'y reste plus aucun vestige ni de couleur usée, ni de poudre de ponce, et jusqu'à ce que l'eau qui en découle soit tout-à-fait claire et limpide; ensuite on essuie doucement avec un linge très-propre, passablement fin, et qui ne dépose pas de fils. Une toile qui ne serait pas égalisée et dégraissée à la pierre ponce, ne recevrait la couleur que fort difficilement; au lieu qu'étant bien préparée, elle prend sur-le-champ partout.

L'on comprendra qu'il faut garder un juste milieu dans tout ceci, et qu'il faut également éviter de trop poncer une toile, comme aussi de lui laisser des traits ou des inégalités d'impression. Tout ce que je puis ajouter, c'est que l'on a soin de poncer avec plus d'égalité toutes les parties où l'on prévoit qu'on peindra des chairs, surtout quand ce sont des tableaux de petite proportion, qu'on est accoutumé à regarder d'assez près.

De la manière d'étendre la Pâte d'impression à l'huile sur une Toile écrue et neuve, et du degré de finesse de cette Toile, selon ce qu'on veut peindre.

Les toiles rousses écrues sont celles qu'on emploie pour tableaux, parce qu'elles sont plus fortes que quand elles ont subi le blanchissage.

Quant à leur degré de finesse, j'ai déjà dit qu'il doit être proportionné à la dimension du châssis, au genre de peinture, et à la proportion des figures qu'on veut y peindre. En effet, l'on comprendra que si, sur une tête beaucoup plus petite que nature, un gros fil ou quelques nœuds de toile venaient à la traverser, cela produirait un très-mauvais effet, attendu qu'on regarde de très-près ces sortes d'ouvrages : cet inconvénient devient à peu près nul, quand on peint de grandeur naturelle.

Il faut tenir un juste milieu dans le degré de finesse ou de grossièreté des toiles. Les plus fines ne doivent pas l'être plus que la toile dont on fait les chemises d'un riche artisan ; et les plus fortes ou grossières ne doivent pas l'être davantage que les chemises d'un laboureur. L'essentiel est qu'il n'y ait pas de nœuds, et que le tissu en soit égal, ainsi que les fils.

Quand la toile est tendue sur son châssis, comme on l'a indiqué plus haut, depuis la page 552 et suivantes, on doit y passer d'abord une légère couche de colle de gants, dite colle de Flandre [1]. Cette eau de colle doit être assez claire et *tiède*, afin qu'elle ne soit plus en consistance de gelée. Cet encollage sert à coucher et agglutiner tous les petits fils qui ressortent de la toile. On l'étend avec une grosse brosse de deux pouces de diamètre sur trois pouces de longueur, et on la laisse entièrement sécher à l'air, ce qui n'exige qu'une ou deux heures, selon la saison.

La toile étant encollée et sèche, vous la poncez légèrement partout, pour en user les nœuds, aussi bien que le duvet [2]; après quoi, vous la vergetez pour en chasser la poussière de la pierre ponce. Cela fait, vous imprimez votre toile à l'huile avec une couleur fort épaisse et passablement broyée. L'on prend, pour faire cet enduit, du blanc de céruse, auquel on mêle, tantôt un peu de noir de vigne ou tel autre bon noir, pour en faire un gris de perle; tantôt un peu d'ocre rouge et un atome de noir, si l'on veut que la teinte soit un peu rosâtre; tantôt, enfin, un tiers d'ocre jaune-clair, et une petite pointe d'ocre rouge, si, comme moi, l'on préfère la teinte orangée à toutes les

---

1 Si l'on veut faire cette colle soi-même, l'on prend des rognures de peaux de mouton ou de peaux de gants, qu'on fait bouillir et fondre dans de l'eau; après quoi on la passe à travers un linge : mais il est plus commode de l'acheter chez les marchands. On la trouve en tablettes, couleur de sucre d'orge, fort transparentes, et beaucoup moins noires que les tablettes de colle forte. Chaude, elle doit être fort claire, et refroidie, elle ne doit avoir que la consistance d'une gelée.

2 Il faut se servir d'une pierre ponce de quatre ou cinq pouces de diamètre, et qui soit bien dressée par-dessous, comme je l'ai indiqué page 563. On la prend d'une grandeur proportionnée aux toiles.

autres ; mais dans ce dernier cas l'on n'ajoute point de noir : dans les deux précédens on n'en fait entrer que fort peu, et seulement ce qu'il en faut pour atténuer le grand blanc de la céruse, qui est la couleur principale dont se forme l'enduit. Il faut que cette couleur soit assez épaisse pour qu'elle ne puisse s'étendre que comme un onguent tendre; l'on y met par conséquent moins d'huile que pour les couleurs à mettre en vessie. Pour étendre cet enduit sur la toile, l'on prend indifféremment ou une grande lame de fer, de vingt pouces de long sur vingt lignes de large, ou une lame de buis ou de corne de la même proportion.

Il faut que la lame soit bien unie et en même temps assez forte pour qu'on puisse appuyer fortement sans craindre de la casser; car, si l'on n'appuyait pas du tout, la couleur n'entrerait pas dans les interstices de la toile, et n'en remplirait pas tous les trous.

L'on fait cette opération grandement, et presque à tour de bras, en prenant beaucoup de couleur sur la lame, mais en la couchant néanmoins aussi également que possible partout; ce qui n'est pas difficile, puisque le grain de la toile vous guide, et qu'ensuite vous ratissez légèrement jusqu'à ce que vous sentiez qu'il n'y en a pas plus sur une place que sur une autre.

La couleur, ainsi refoulée avec cette grande lame, s'incruste dans le tissu de la toile, et y adhère très-solidement ; il n'en faut appliquer sur la superficie que juste ce qu'il en faut pour couvrir les fils ; car si l'on en mettait davantage, la toile serait lourde et cassante, et coûterait d'ailleurs trop cher. Ceci est d'autant plus important que la céruse, étant un blanc de plomb, fait toujours un fond préjudiciable aux autres couleurs, à moins que l'impression ne soit très-sèche, ce qui n'a guères lieu qu'au bout de huit mois, ou même d'une année entière. Cependant aucune autre couleur ne peut remplacer la céruse pour l'enduit à l'huile; mais l'on peut s'en passer quand on imprime à la colle, comme on le verra bientôt. Quand la toile est imprimée d'une manière unie, on l'expose au grand air, et même au plus grand soleil, afin d'en hâter la dessiccation.

Plusieurs personnes mêlent une partie d'essence de térébenthine dans l'huile de noix ou de lin, pour lui donner plus de fluidité; mais cette méthode n'est pas bonne; il en résulte deux inconvéniens : on rend la toile cassante, et on fait roussir la couleur d'impression. D'autres personnes font un mélange d'huile et d'eau, qu'elles battent bien ensemble, ce qui en fait une espèce de pommade; elles mêlent leur couleur dedans, ce qui rend la pâte assez fluide sans y mettre trop d'huile. Je n'ai pas essayé ce procédé; mais je ne suis pas éloigné de le croire assez bon, en ce que l'eau s'évapore promptement, et ne laisse qu'une faible quantité d'huile, qui sèche aussi plus promptement que quand il y en a davantage et qu'on n'y mélange point d'eau. Reste à savoir si la pâte a assez d'adhérence à la toile avec aussi peu d'huile; je craindrais que l'impression ne s'enlevât par écailles, et qu'elle ne devînt cassante au moindre pli qu'on donnerait à la toile, ce qui serait un grand inconvénient.

L'on imprime des toiles qui ont une grande souplesse, et qu'on manie dans tous les sens sans les casser; mais on leur donne cette qualité en mêlant du miel et de la cire dans la couleur d'impression; on y fait encore entrer d'autres drogues, qui doivent toutes, plus ou moins, avoir des résultats fâcheux pour les couleurs du tableau.

La meilleure méthode, selon moi, quand on imprime des toiles à l'huile, c'est de se servir de bonne huile de noix bien claire et bien rectifiée, sans autre mélange. Composez votre pâte avec de la céruse d'Hollande, bien blanche et bien cassante, ajoutez-y moitié d'ocre jaune, et très-peu d'ocre rouge-clair n.° 7, de façon à ce que votre teinte soit couleur d'or blanchâtre, mais passablement orangée, et broyez le tout avec l'huile de noix. Ce fond est resplendissant de lumière, il n'a rien de cru ni de froid, comme le gris-blanc pur; et tout ce que vous peignez sur cette teinte d'impression devient harmonieux et chaud, et ne fait point repousser les couleurs au roussâtre ni au noir.

Je n'ignore pas que beaucoup de peintres anciens ont peint sur des impressions faites à l'ocre rouge pure, comme étant une couleur beaucoup plus innocente que le blanc de céruse; mais qu'en est-il résulté? C'est qu'au bout d'un demi-siècle ou d'un siècle leurs peintures ont poussé au brun, parce que l'impression de l'ocre rouge pure étant trop obscure, elle est ressortie peu à peu à travers des teintes du tableau; effet qui a toujours lieu après un certain laps de temps, c'est ce qui a fait disparaître l'éclat et la fraîcheur que les Lebrun, les Poussin et tant d'autres avaient mis dans leurs beaux ouvrages.

Pour me résumer sur cet objet, une toile toute blanche est aride et manque de profondeur, en sorte que tout ce qu'on peint dessus, a la froideur de l'aquarelle sans en avoir les qualités. Les toiles grises ont le même inconvénient, et n'invitent pas l'artiste à employer des teintes chaudes, à cause de la grande opposition qu'elles ont avec le fond gris-bleuâtre de l'impression; les fonds brun-rouge repoussent, parce qu'ils sont trop obscurs : je m'en tiens donc à la couleur orangée, qui n'a aucun de ces inconvéniens, pourvu qu'on n'y mêle qu'un atome d'ocre rouge.

L'on objectera, sans doute, que de très-habiles artisans n'ont employé que les fonds d'impression que je ne conseille pas, et que néanmoins ils ont fait des ouvrages admirables. Oui, une teinte d'impression ne peut ni ôter ni donner du talent : il ne s'agit pas de cela; mais bien de savoir si telle ou telle couleur d'impression est préjudiciable ou favorable à l'artiste et à la durée de l'ouvrage. On ne me contestera pas cela; on sentira qu'il n'est pas indifférent de peindre sur une préparation noire, ou sur une préparation claire, et de choisir entre les impressions claires la plus favorable à l'effet et à la solidité des couleurs. Tout ce qu'on vient de dire sur les impressions des toiles, se rapporte également aux panneaux, aux cartons, au papier, en un mot, à tous les corps sur lesquels on est appelé à peindre.

Préparation des Toiles qu'on veut imprimer à la colle et sans huile.

L'impression des toiles, panneaux, cartons, papiers, etc., avec de la couleur délayée seulement avec de la colle d'amidon ou de bonne farine, présente de grands avantages. Elle a aussi un inconvénient, mais il est plus que compensé; et j'invite les artistes, les amateurs et les élèves à faire l'essai de ce procédé, et à ne pas se rebuter trop vîte du seul iuconvénient qu'il présente, et qui est de donner un peu plus de peine à étendre les couleurs d'une première ébauche, parce qu'elles s'emboivent très-promptement.

Les avantages sont : 1.° de n'employer point de céruse ni aucun blanc de plomb; 2.° de pouvoir peindre au bout de quelques heures sur cette préparation, sans courir le moindre risque de voir changer les couleurs, en sorte que, dans un cas pressé, l'on peut dans la même journée clouer une toile, l'imprimer et faire une ébauche dessus, si l'on s'y prend de bonne heure le matin, et que les jours soient chauds, longs et secs; 3.° ces toiles sont tellement absorbantes, que deux ou trois heures après que vous avez peint une partie, vous pouvez la terminer, ou du moins la retoucher au point qu'il n'y reste plus que quelques petites retouches ou glacis à poser pour achever un tableau; 4.° la couleur qui s'emploie pour cette impression est si innocente, qu'elle ne peut en aucune manière attaquer celles du tableau; et comme elle ne contient point d'huile, elle absorbe celle qui se trouve dans les couleurs de la palette; en sorte qu'elle passe et s'évapore beaucoup plus facilement, tant du côté de la peinture qu'au revers de la toile. Voilà les principaux avantages : entrons dans plus de détails. D'après tout ce qu'on vient de dire, il est naturel d'inférer que les tableaux peints sur cette préparation doivent se conserver beaucoup plus long-temps que les autres dans toute leur pureté, et cela parce qu'on n'emploie point de blanc de plomb et point d'huile. Je ne puis m'empêcher de déplorer que tant d'habiles artistes n'emploient que des couleurs mal préparées, mal purifiées et mal broyées. Comment se ferait-il autrement, quand on a la commodité presque à chaque pas de trouver chez les marchands de couleur des vessies toutes faites, et cela pour le prix le plus modique. Il serait impossible que les marchands de couleur pussent vivre de leur établissement, s'ils voulaient faire subir à leurs couleurs les purifications qui les rendraient parfaites et inaltérables. On les a mises à trop bas prix. Que la foule des élèves, qui ne font encore que s'exercer, profitent de cette facilité et du bon marché, cela est juste; leurs ouvrages ne sont pas encore de ceux qui doivent aller à la postérité; mais que des maîtres habiles n'y regardent pas de plus près, voilà ce qui me désole. Si les peintres hollandais et flamands n'eussent pas été plus soigneux et plus difficiles dans le choix de leurs couleurs, nous ne jouirions probablement pas à présent de toute la pureté de leurs ouvrages : voyez comme les tableaux italiens se sont moins conservés;

c'est qu'ils employaient les couleurs comme ils les recevaient des fabriques. J'en appelle aux chimistes, qu'ils disent s'il n'est pas à craindre que tous les chefs-d'œuvre qu'enfantent les grands artistes de France, ne soient bientôt plus ce qu'ils sont maintenant. J'en appelle aux artistes eux-mêmes, et je leur demande s'ils n'ont pas vu déjà des marques de dépérissement dans leurs ouvrages faits seulement depuis quinze ou vingt ans. Il serait temps de sauver du naufrage tant de productions existantes et à naître; et si un homme soigneux, et en même temps de bonne foi, se mettait à ne préparer que d'excellentes couleurs, parfaitement purgées et purifiées de tous les sels et corps étrangers qui les altèrent, et broyées sur des pierres dures avec tous les soins et la propreté qu'exige ce travail, je ne doute pas que les artistes, et même beaucoup d'amateurs n'aimassent mieux y mettre un prix convenable, que de faire une économie qui doit en peu de temps détériorer leurs plus beaux ouvrages. Ce n'est point aux marchands qu'il faut s'en prendre, ils ne peuvent faire mieux, je le répète; il est même surprenant qu'ils ne nous servent pas plus mal encore, au prix où sont les couleurs : il ne suffit pas qu'une couleur soit bien broyée, il est bien plus essentiel encore qu'elle ait été auparavant bien lavée et bien purgée de tout ce qui peut nuire; or ce travail exige du temps et des soins que l'on doit payer.

Je reviens à l'impression à la colle, et je dis qu'elle achemine déjà à une plus grande conservation des couleurs, par les raisons que j'ai données, et que d'ailleurs l'expérience a complétement justifiées depuis quatorze ou quinze ans que plusieurs de mes collègues, ainsi que moi, nous usons de ce procédé.

Cette préparation, au surplus, se fait en beaucoup moins de temps et de frais que la préparation à l'huile, comme on va s'en convaincre; et elle présente le grand avantage, pour ceux qui ne demeurent pas à Paris, d'avoir d'un jour à l'autre un châssis préparé et tout prêt à peindre, dans les cas où l'on n'en trouve pas chez soi de la grandeur ou de la dimension voulue.

Il est aussi certains cas où l'on est forcé de peindre au premier coup [1], soit que le modèle ne séjourne pas assez dans une même ville pour attendre qu'une ébauche soit sèche et qu'on puisse la reprendre, soit pour toute autre raison. Or, il est sans comparaison plus facile de peindre un portrait au premier coup sur cette préparation que sur celle à l'huile, parce que, comme je l'ai déjà dit, la couleur adhère si promptement à la surface de la toile, et l'huile la traverse tellement, qu'au bout de deux ou trois heures, sans qu'elle soit

---

1 On appelle peindre au premier coup, terminer un tableau dès la première ébauche sans lui donner le temps de sécher; mais comme on ne peut jamais produire des ouvrages d'une grande profondeur de ton au premier coup, l'on n'emploie cette méthode que pour jeter sa pensée sur la toile : c'est ce qu'on appelle une esquisse peinte; et sur ce premier jet d'un sujet composé l'on fait un plus grand tableau tout-à-fait achevé et soigné.

Il arrive quelquefois aussi qu'on est comme forcé de peindre au premier coup des portraits, faute d'avoir le modèle assez long-temps pour pouvoir diviser la besogne en deux reprises et laisser sécher entr deux.

sèche, elle a néanmoins assez de corps et de fixité pour qu'on puisse travailler dessus sans courir le moindre risque d'arracher la couche de dessous, avec laquelle elle se lie néanmoins fort bien.

Au reste, pour les cas ordinaires, si l'ébauche est un peu plus pénible à faire, cet inconvénient n'existe plus à la reprise du tableau; car alors l'ébauche sert d'impression à l'huile, et l'on repeint dessus avec la même facilité que sur toute autre ébauche : ainsi l'inconvénient n'est pas grand, et les avantages sont positifs. On appelle ces toiles *toiles absorbantes*, parce qu'en effet elles absorbent promptement et par derrière toute l'huile des couleurs de la palette, ce qui hâte beaucoup la dessiccation et empêche que les teintes ne roussissent, attendu que le superflu de l'huile n'est pas obligé de s'évaporer du côté de la peinture, trouvant un fond perméable sur le revers du tableau.

Manière d'imprimer à la Colle.

L'on fait de bonne colle avec de l'amidon ou de la belle farine; cette dernière est encore la meilleure. On lui donne la consistance de celle qui sert à coller le papier; et quand elle est faite, on y ajoute le même volume de *terre de pipe*, de la plus blanche et de la plus propre qu'on pourra se procurer chez le marchand droguiste. On lave et on décante cette terre pour en séparer les ordures et les pierrettes; on la broie en deux tours de main, et on la mêle encore humide avec la colle.

Le tout doit avoir la consistance de la crème un peu épaisse.

Je suppose que votre toile écrue aura été encollée, poncée, etc., comme on l'a indiqué plus haut, page 563. Quant aux cartons, panneaux, ou papiers, il ne faut pas les poncer du tout avant que d'y étendre la préparation.

Ayez un gros pinceau de trois pouces de long, sur une épaisseur de diamètre proportionnée, tels que sont ceux des vernisseurs; remuez bien votre préparation dans le pot qui la contient, et étendez *très-promptement* cette espèce de crème jaune-orangé [1], d'une manière égale et régulière, sans repasser deux fois sur la même place, ce qui formerait des inégalités et des épaisseurs; car la toile absorbe très-promptement l'humidité, et la couleur se dessèche à l'instant même.

Chaque fois que l'on replonge le pinceau dans le pot, il faut remuer la drogue, afin que la couleur soit toujours de la même consistance.

Laissez sécher à l'air cette première couche, et dès qu'elle sera assez sèche, appliquez-en une seconde; laissez encore sécher; puis une troisième couche, et même une quatrième, si cela vous paraît nécessaire, pour

---

[1] L'on ne doit pas oublier que dans la terre de pipe, qui sert de blanc, il faut qu'il y ait une moitié d'ocre jaune-clair n.° 4, et très peu (un quarantième tout au plus) d'ocre rouge-clair n.° 7 : c'est ce mélange qu'il faut joindre, à volume égal, à la colle, sans avoir égard au poids des deux substances. Si le mélange paraissait un peu trop épais pour pouvoir s'étendre promptement et facilement, on y ajouterait un peu d'eau, jusqu'à la consistance de bonne crème.

que tous les trous et les fils de la toile soient partout également bouchés et recouverts. Si l'enduit est bien posé, ce qui doit se faire très-promptement comme je viens de le recommander, votre toile doit vous présenter une belle surface unie, sans qu'il y ait plus d'épaisseur de couleur en une place qu'en une autre. Elle doit conserver une demi-transparence en la regardant à travers le jour, car une trop grande épaisseur serait nuisible et rendrait la couleur cassante. Ne craignez pas qu'à travers la préparation l'on aperçoive encore un peu les traces des fils de la toile, pourvu que ce soit très-peu sensible; cela forme un petit grainé qui n'a rien de désagréable pour une tête grande comme nature ou pour un paysage. Mais si la toile doit recevoir ou un portrait beaucoup plus petit ou des figures entières fort au-dessous de la grandeur de nature, mettez plus de soin à empâter sa surface, afin de la rendre plus unie, et de faire en sorte que les traces du tissu ne soient visibles que de très-près. La terre de pipe n'est point sujette à s'écailler quand elle est encollée à propos et qu'on ne la couche pas trop épaisse; c'est probablement pour cette raison qu'on l'emploie généralement pour blanchir les baudriers. J'ai cru reconnaître en effet que la terre de pipe est de toutes les marnes la plus souple, et la plus innocente de toutes les terres, quant à l'effet qu'elles peuvent produire par leur contact sur les couleurs. La colle de farine contient un gluten très-fort; elle résiste même à l'eau chaude pendant plusieurs jours, quand elle est bien faite, ce que ne font pas les autres colles, et surtout celle de Flandre. Elle a de plus le grand avantage de ne point roussir les substances avec lesquelles on la mêle, et d'être très-absorbante; en sorte que l'huile peut la traverser et passer au revers de la toile, où elle s'évapore et ne laisse plus aux couleurs que la partie d'huile nécessaire pour les agglutiner ensemble sur le tableau.

Gardez-vous de substituer à la petite portion d'ocre rouge la même quantité de cinabre ou de quelque autre rouge que ce soit; rien ne serait plus nuisible à votre tableau, attendu que le cinabre est sujet à noircir, étant composé de soufre et de mercure. Tenez-vous-en donc aux couleurs que j'ai indiquées comme les plus innocentes de toutes; d'ailleurs il s'agit moins de produire une belle couleur orangée que de composer un fond inaltérable. Gardez-vous également de prendre du minium et quelque beau jaune; le minium n'est lui-même que du blanc de plomb très-calciné, et les plus beaux jaunes, comme le chrome ou l'orpin, sont des oxides minéraux encore plus à craindre.

Quand toutes vos couches sont bien sèches, ce qui n'est que l'affaire de quelques heures, vous poncez légèrement partout, en ayant soin de poser la paume de la main gauche au-dessous de la place où vous poncez, comme je l'ai déjà expliqué; et s'il arrivait que votre pinceau eût déposé quelque inégalité dans l'épaisseur de la couleur, vous poncerez un peu plus long-temps sur ces endroits-là que sur les autres, afin de bien égaliser le tout.

Quand on imprime des cartons à la colle, il faut

les clouer tout autour sur une planche, pour qu'ils restent tendus après avoir été imprimés. Il est même bon de ne les clouer qu'immédiatement après avoir étendu l'une des couches et pendant qu'ils sont encore humides; ils n'en seront que plus tendus, plats et unis.

Il ne faut qu'une seule couche aux papiers et cartons, ou tout au plus deux, s'ils ne sont pas devenus assez également unis à la première; car il ne s'agit pas de remplir le tissu comme il faut le faire à la toile, cela exige donc moins de couleur; et si l'on en mettait trop, l'impression étant couchée sur un corps lisse, elle s'écaillerait.

Pour tendre le papier, on s'y prend différemment: l'on a une planche très-unie, renforcée de deux bandes de bois dûr en haut et en bas, pour contrarier le mouvement de courbe que prennent ordinairement tous les bois. La planche doit être composée de trois ou quatre morceaux, collés ensemble par les côtés, et dont le fil du bois soit du haut en bas. Les deux bandes ou tenons ont au contraire le fil du bois en travers, par rapport à la grande planche; tous les menuisiers connaissent cela. Il ne s'agit que d'empêcher le bois de voiler.

Pour coller et tendre le papier sur cette planche, l'on remploie d'abord un demi-pouce tout autour du papier, pour que ces remplis ne se mouillent pas et puissent bien recevoir la colle; puis on retourne la feuille sens dessus dessous, en sorte que les remplis se trouvent dessous et touchent immédiatement la table sur laquelle on fait cette opération.

On humecte une éponge, et l'on en mouille toute la superficie de la feuille de papier, non en frottant, mais en tamponnant doucement avec l'éponge, sans quoi l'on risquerait de gâter le papier et d'en enlever l'épiderme. On laisse le papier pendant quelques minutes s'étendre et s'amollir; et si l'on juge nécessaire de l'humecter davantage, on le fait encore en tamponnant, jusqu'à ce qu'il devienne à peu près aussi souple qu'un linge: on le laisse en cet état quelques instans, jusqu'à ce qu'on ne voie plus de traces d'eau reluisantes. Alors on retourne la feuille avec précaution, et on la place sur la planche où l'on doit la coller par les bords seulement. Mais avant d'en coller les bords rempliés du papier, on étire doucement et légèrement le papier dans tous les sens, en plaçant les mains toujours vis-à-vis l'une de l'autre, afin d'étirer droit tout le tour; et dans la crainte de déchirer ce papier mouillé, on pince ensemble avec les doigts le rempli qui est resté sec avec le reste qui ne l'est pas. Quand cela est fait d'une manière très-égale et sans étirer le papier davantage d'un côté que d'un autre, on rabat les remplis et on les encolle très-également, sans faire aller de la colle au-delà du rempli[1]; et alors on retourne la feuille, on la place bien carrément sur la planchette, et on la colle promptement, sans étirer davantage le papier, sinon pour le placer partout également et carrément.

On peut aussi faire usage de colle à bouche, comme

---

1 Il est ici question de colle d'amidon ou de farine.

font tous les architectes pour tendre leurs plans. (Voyez ce que j'ai dit sur l'emploi de cette espèce de colle, leçon 23.e, page 477, note.)

Quand on a achevé un dessin qui a été tendu sur la planche, l'on ne cherche point à le décoller, on le coupe à l'équerre tout autour avec la pointe d'un canif que l'on guide contre une règle. Il en est de même pour un carton ou un papier; quand la couche d'impression est sèche, l'on décloue le carton et l'on coupe le papier, qui reste toujours très-uni si on ne le mouille pas et si l'on n'y applique que des couleurs à l'huile.

Pour clouer les cartons sans laisser trop d'intervalle entre chaque clou, on prend des clous à double tête, et on les plante à dix-huit lignes les uns des autres.

XXXI.e LEÇON.

Vernis au Blanc d'œuf, et manière de l'appliquer aux tableaux nouvellement peints, en attendant qu'ils soient assez secs pour y mettre le véritable Vernis.

Quand on a achevé un tableau à l'huile, il faut le laisser sécher jusqu'à ce qu'aucune des couleurs ne poisse plus sous les doigts. Il y a encore une autre manière de connaître si la dessiccation est assez avancée pour y mettre le blanc d'œuf; c'est en poussant la respiration dessus : si les couleurs sont encore trop fraîches, le nuage de la respiration disparaît sur-le-champ ou ne se forme même pas du tout sur la superficie de la couleur; si, au contraire, le nuage est bien visible et qu'il trouble l'apparence des couleurs en y restant quelques instans sans s'évaporer, c'est un indice qu'elles sont assez sèches pour pouvoir sans risque recevoir l'application du blanc d'œuf.

L'on ne peut pas assigner un terme après lequel les couleurs doivent être suffisamment sèches : cela dépend de plusieurs circonstances, telles que la qualité de l'huile et des couleurs qu'on a employées, la franchise ou la timidité avec lesquelles la couleur a été maniée; mais surtout la température et l'état actuel de l'atmosphère, chaude ou sèche, humide ou froide. Un tableau échera mieux en été en huit ou dix jours, qu'en six ou uit semaines en hiver. L'on peut compter qu'il faut u moins dix ou douze jours en été, et deux mois en iver, et quelquefois plus, avant qu'un tableau soit ssez sec pour se hasarder à y appliquer le blanc d'œuf.

Les couleurs brunes, les noires, ainsi que toutes les laques, sont long-temps à sécher, surtout quand elles sont employées pures et comme glacis, sans mélange d'aucune autre couleur siccative[1], à moins qu'on ne les emploie à l'huile grasse presque pure, ce qui les ternit beaucoup. D'ailleurs ce n'est pas la couleur dans ce cas qui est sèche ou qui paraît l'être; c'est la peau qui se forme sur l'huile grasse qui donne le change : or, plus cette peau se forme promptement, moins elle permet à l'huile, qui est renfermée dessous cette peau, de s'évaporer.

Il ne faut donc pas être trop impatient d'appliquer le blanc d'œuf; il en résulterait souvent des accidens qui affligent l'artiste : la couleur se gerce et s'éfendille en tous sens, parce qu'étant fortement grippée par le blanc d'œuf, celui-ci lui fait lâcher prise sur la toile, qui se grippe moins fortement.

C'est donc en palpant du bout des doigts les couleurs les plus longues à sécher, ou en poussant son haleine dessus, qu'on peut connaître à quel point de dessiccation se trouve un tableau.

---

1 Voyez les premières pages de cet ouvrage, où l'on a indiqué les couleurs qui ne sèchent que très-lentement, et auxquelles il faut ajouter plus ou moins d'huile grasse.

Je dois dire en passant qu'on n'applique ce faux vernis ou ce blanc d'œuf que pour jouir de la vue de l'ouvrage, le juger, le faire juger par d'autres avant qu'il soit assez sec pour le vernir; car sans cela il vaudrait mieux le laisser sécher tout naturellement au grand air sans blanc d'œuf.

Un tableau est tellement *embu* par places et reluisant en d'autres places, qu'il est impossible d'en concevoir une idée passablement juste, si l'on ne fait disparaître toutes les taches et inégalités par un vernis qui puisse facilement s'enlever et se renouveler sans empêcher la peinture de continuer de sécher.

On prétend que le blanc d'œuf accélère la dessiccation plutôt que de la retarder : je ne saurais l'affirmer; mais je puis assurer que, pourvu qu'on ne se hâte pas trop de l'appliquer, et qu'auparavant le tableau ait été bien lavé, comme on va l'expliquer, je ne me suis jamais aperçu qu'il nuisît à la peinture.

Comment on lave un Tableau avant d'y mettre le Blanc d'œuf.

On aura une éponge fine, très-douce, et beaucoup d'eau de fontaine très-claire, et qui ne laisse aucun dépôt; on lavera le tableau à grande eau et en frottant très-légèrement : le mieux est de placer le tableau au-dessous d'un robinet, afin que l'eau se renouvelle constamment.

Quand le tableau aura été ainsi lavé pendant quelques minutes, on exprimera l'eau de l'éponge, et l'on essuiera doucement le tableau avec cette éponge, qui humera le restant de l'eau. L'on n'essuiera d'aucun linge la légère humidité restante sur la peinture; mais, comme il faut qu'il n'en reste aucune trace, on exposera le tableau au grand soleil, ou, si l'on ne peut faire mieux, on le présentera devant un feu de flamme claire, en le tenant à quatre ou cinq pieds de distance du feu, et en remuant le tableau et le tournant sans cesse du haut en bas pour qu'il sèche également, et sans qu'aucune place ressente trop de chaleur. Il ne faut pas que le tableau devienne sensiblement chaud; cela gâterait les couleurs : il suffit qu'il n'ait plus d'humidité ni de chaleur, pour y appliquer le blanc d'œuf.

Manière de préparer le Blanc d'œuf et de l'appliquer.

On sépare soigneusement le blanc d'un œuf bien frais d'avec le jaune, puis on bat ce blanc; après y avoir ajouté une cuillerée à café d'esprit de vin et un peu, mais très-peu, de sucre candi, qu'on aura fait fondre d'avance dans la moindre quantité d'eau possible[1], on bat le tout ensemble, soit avec la barbe d'une plume, soit avec une cuiller d'argent, jusqu'à ce qu'il soit presque tout en écume.

---

1 Pour bien faire, il faut réduire en poudre du sucre candi, et jeter sur cette poudre fine un peu d'eau très-chaude. On fait cela vingt-quatre heures d'avance, afin que presque toute l'eau ait eu le temps de s'évaporer, et qu'il n'en reste que ce qu'il faut pour que le sucre reste liquide et en sirop épais.

Avant de battre l'œuf, on aura une éponge fine qui aura été humectée et ensuite pressée et essuyée dans un linge, afin qu'elle n'ait plus que l'humidité nécessaire pour avoir de la souplesse.

On plongera l'éponge ainsi préparée dans l'écume, et on la passera promptement et régulièrement sur toute la superficie du tableau, sans revenir plus de deux fois sur la même place, et l'on le laissera sécher, ce qui a lieu au bout de quinze ou dix-huit minutes.

Je préviens que l'écume laissera quelques petits bouillons sur la toile; mais il ne faut pas s'en mettre en peine, ils disparaissent sous le bout du doigt quand le blanc d'œuf est entièrement sec.

D'ailleurs, il y a un moyen d'éviter ces bouillons d'écume, en ne frottant la toile avec l'éponge que légèrement et sans revenir plus souvent que deux fois sur la même place; car, bien loin de mettre beaucoup de ce vernis, il ne faut, au contraire, en appliquer que le moins possible. C'est pour cette raison qu'on le réduit en écume, afin qu'il n'en reste que fort peu sur la peinture, et que l'huile puisse encore s'évaporer à travers les pores du blanc d'œuf, ce qui n'aurait pas lieu si on lui donnait trop d'épaisseur et de consistance.

Je me trouve ici en contradiction avec plusieurs personnes, qui disent que la partie du blanc d'œuf qui ne s'est pas convertie en écume, et qu'on trouve au fond du vase, est celle dont il faut se servir, parce qu'elle offre un vernis plus fort et plus reluisant. Cela est vrai, et c'est précisément pour cela que je n conseille pas d'en faire usage, attendu qu'il n'est point question de produire un vernis plus dense, plus compacte que celui que je propose; au contraire, il est essentiel qu'il soit assez léger et poreux, pour qu'à travers son enveloppe l'excédant de l'huile qui doit se dégager des couleurs, puisse se faire sans obstacle : sans quoi il vaudrait encore mieux mettre le véritable vernis tout de suite à la place du blanc d'œuf.

Je n'ignore pas qu'à Paris surtout la plupart des artistes, pressés de jouir de l'ensemble général de leurs productions, ou obligés, en quelque sorte, de présenter leurs tableaux à l'exposition avec tout ce qui peut les faire valoir, n'y regardent pas de si près, et les vernissent de suite, sans attendre que les couleurs soient suffisamment sèches; mais en cela ils font un grand tort à leurs ouvrages : ils emprisonnent le dessous, qui dès ce moment ne peut plus sécher, et leurs ouvrages roussissent, noircissent, et perdent une grande partie de leur mérite.

Si l'on met le blanc d'œuf en été, il ne faut pas y faire entrer de sucre, parce que les mouches s'y attachent avec acharnement, et en fort peu de jours détruisent tout l'effet du blanc d'œuf. Je ne conseille pas non plus d'y ajouter de la gomme fondue, quoiqu'elle donne plus de transparence et de luisant au blanc d'œuf, par la raison qu'elle couvre trop et bouche trop bien les pores.

Mais ce que je recommande, c'est de changer le blanc d'œuf tous les quinze jours pendant le premier mois, et ensuite tous les deux mois au moins. La raison en est que l'huile qui transpire s'arrête en partie au blanc d'œuf, et forme une espèce de crasse, qui finirait par se durcir si l'on n'enlevait pas le blanc d'œuf. D'ailleurs, je crois avoir observé que le lavage du tableau hâte la dessiccation des couleurs.

Pour enlever le Blanc d'œuf de dessus le Tableau.

On le lave simplement avec de l'eau bien propre et une fine éponge; l'on fait ce lavage à grandes eaux, jusqu'à ce qu'on ne voie plus aucune trace d'écume, et que l'eau coule du tableau parfaitement pure et claire; puis on exprime l'éponge, et quand elle est presque sèche, on lui fait emboire tout ce qui reste d'eau[1] : ensuite on fait sécher le tableau comme je l'ai indiqué plus haut, et l'on y remet un nouveau blanc d'œuf. Si l'on veut bien faire, on ne mettra le vernis à l'essence qu'une année après que le tableau aura été achevé.

Il serait à souhaiter qu'on pût se passer de vernir les tableaux; car le lustre et le brillant que cela donne à la toile, bien loin d'être un avantage, est un grand inconvénient : d'abord, ils obligent le spectateur à se placer en un seul endroit donné, d'où l'on peut voir le tableau sans être offusqué par le chatoiement du vernis; en outre, les vernis roussissent et noircissent toujours plus ou moins la peinture, et, de plus, rom-

1 On évite dans toutes choses semblables de faire usage de linges à essuyer, parce qu'ils déposeraient toujours quelque peu d'étoupes et des brins de fils.

pent les couleurs en écailles au bout d'un laps de temps plus ou moins considérable, ce qui a dégradé la plupart des plus beaux chefs-d'œuvre.

La chimie rendrait un grand service aux arts, et surtout à la peinture, si elle découvrait une composition qui fît revivre toute la pureté des couleurs, et leur rendît leur ton véritable et leur vigueur sans le secours d'aucun vernis reluisant; mais cela n'est guère possible : tous les corps mats et non polis, surtout en fait de minéraux, n'ont point la vivacité ni la variété des teintes que le poli ou le vernis leur rend. Le plus beau marbre, la plus belle agate, n'ont rien de séduisant, s'ils ne sont ni polis ni vernis, mais seulement usés : mouillez-les, et à l'instant toute la richesse de ces pierres reparaît : c'est que l'eau, tant qu'elle reste humide, est le plus beau des vernis.

Or, on ne vernit les tableaux que pour leur ôter ce *mat*, cet *embu* qui paraît comme un nuage, et qui dérobe à l'œil tout le charme, toute la vigueur et toute l'harmonie de la peinture. Si l'on pouvait rétablir les couleurs telles qu'elles furent quand le peintre les employa, encore fraîches et liquides, et qu'on pût y réussir sans appliquer un vernis reluisant, la peinture à l'huile aurait fait une immense conquête, et les tableaux se conserveraient bien plus long-temps, car les vernis les endommagent beaucoup.

Les peintures à la gouache, au pastel, à la détrempe, à l'aquarelle, en un mot, toutes les peintures qui ne sont pas à l'huile ou en émail, manquent de force, de transparence et de vigueur. C'est grand dommage, car elles ont un ton argentin que ne conserve pas la peinture à l'huile; mais l'on manque de force dans toutes ces peintures : le noir lui-même devient gris, et l'on n'a aucune puissance pour égaler l'échelle de tons que nous présente la nature, surtout dans les bruns.

XXXII.e LEÇON.

Vernis à l'essence, ou Vernis à tableaux.

Il faut bien se garder de jamais vernir un tableau avec du vernis à l'*esprit de vin* ou tels autres, excepté celui que je vais indiquer, et qui se compose de *mastic en larmes*, dissous dans de l'essence de térébenthine bien rectifiée, et qu'on appelle pour cela vernis à tableaux.

L'on trouve à acheter ce vernis dans toutes les villes où il y a quelques artistes peintres; mais souvent il est mal fait, et roussit peu de temps après qu'il a été posé sur la peinture. Un bon vernis à tableaux doit être presque aussi blanc et aussi limpide que la plus belle eau. Je vais indiquer la manière de le faire; mais je dois expliquer auparavant pourquoi il ne faut pas faire usage du vernis à l'esprit de vin, qui est d'ailleurs fort beau et très-blanc, ainsi que quelques autres, qu'il faut pourtant aussi rejeter.

Il faut pouvoir enlever un vernis de dessus la peinture, quand il est sale, roux, ou que quelque accident imprévu l'a endommagé : or, le vernis à l'esprit de vin ne peut pas s'enlever, ou du moins on ne le peut qu'à l'aide de procédés dangereux, qui altèrent toujours plus ou moins le tableau, tels que des eaux corrosives, qui, en enlevant le vernis, emportent en même temps toutes les finesses, et presque toujours tous les glacis.

Tous les autres vernis blancs ont le même inconvénient, et les autres sont d'une teinte si roussé qu'il n'y faut pas penser.

Je vais donc indiquer comment on peut faire soi-même un très-bon vernis, ensuite de quelle manière on doit l'appliquer, et quelles précautions il est indispensable de prendre avant et après l'opération.

Vous acheterez chez le droguiste la plus belle essence de térébenthine que vous pourrez trouver : elle doit être aussi blanche que de l'eau, et tellement limpide et maigre, qu'en l'agitant dans la bouteille elle bruisse fortement contre les parois du verre[1]. Quant à l'autre drogue, qui sert à donner du corps et de la consistance au vernis, c'est du mastic en larmes. On le distingue en mastic mâle et en mastic femelle : le mâle est le meilleur. Il faut le choisir soi-même et le trier, en ne prenant que les larmes les plus blanches et les plus transparentes, comme quand on trie de la gomme d'Arabie.

L'on peut faire la dissolution sur le feu, comme je l'expliquerai tout à l'heure ; mais il faut n'employer qu'un feu très-doux, très-modéré, et prendre les pl[us] grandes précautions pour que l'essence ne s'allum[e] pas, car il en résulterait de grands accidens pour l[a] personne qui serait près du matras.[2]

---

1 L'essence de Venise et celle de Chio sont les meilleures ; mais il est bien difficile de savoir les distinguer, et l'on peut être facilement trompé là-dessus.

2 Un matras est ordinairement de verre : il y en a de plusieurs formes et dimensions. Celui que j'emploie n'est tout simplement qu'un bouteille d'apothicaire, en verre très-mince.

Je vais néanmoins indiquer la manière de faire le vernis sur le feu, ensuite celle de le faire au bain-marie, qui est préférable, et enfin celle de le faire simplement à la chaleur du soleil d'été, qui est la meilleure de toutes, mais la plus longue.

Dans tous les cas je recommande, quelque méthode qu'on emploie, de faire le vernis au grand jour; car la grande lumière du jour, et particulièrement celle du soleil, contribue, plus qu'on ne le pense généralement, à donner de la limpidité à toutes les fusions qui doivent avoir de la transparence : ceci est un fait reconnu.

Manière de faire le Vernis sur le feu.

Prenez un matras ou une grande bouteille de verre blanc et très-mince, de celles dont on fait usage chez les pharmaciens. Cette bouteille doit avoir la forme d'une poire; le cou doit en être assez alongé et le fond des plus minces qu'on pourra trouver; le ventre doit avoir environ cinq pouces de diamètre.

Prenez quatre onces de mastic *mâle* en larmes, bien blanc, propre et bien choisi; mettez-le dans le matras; versez dessus, non le même poids, mais à peu près le même volume d'essence qu'il y a de mastic. L'essence doit être très-bien rectifiée, ou de Venise ou de Chio, si l'on peut s'en procurer.

Vous fabriquerez une espèce de manche de papier à votre matras, pour le manier facilement sans risquer de vous brûler. L'on prend pour cela une grande feuille de papier gris, qui soit fort et bien collé, afin qu'il ait de la consistance et de la roideur; on le plie en plusieurs doubles dans sa longueur, et on le passe autour du cou de la bouteille, comme un ruban; après quoi on le tord jusqu'à ce qu'il serre bien le verre; on tord les bouts qui restent à la longueur de six ou huit pouces, et l'on s'en sert comme d'un manche. Il faut seulement faire attention de tordre le papier avec assez de force autour du col de la bouteille, pour qu'en la soulevant elle ne vienne pas à se lâcher et passer par l'espèce d'anneau de papier qui l'enveloppe; car alors, en retombant sur le feu, elle se casserait, et l'essence prendrait feu, ce qu'il faut soigneusement éviter.

Tenez votre matras élevé à six ou huit pouces au-dessus d'un feu très-doux, afin d'accoutumer le verre par degrés à la chaleur; baissez-le peu à peu, en posant de temps en temps vos doigts dessous pour juger du degré de chaleur : faites cela pendant trois ou quatre minutes, en l'approchant toujours un peu plus du feu; tenez constamment votre bouteille débouchée pendant l'opération, et même après, jusqu'à ce que le tout soit refroidi.

Je suppose que vous portez toujours vos doigts sous le fond du matras pour juger du degré de sa chaleur, qui ne doit pas brûler les doigts, lors même qu'il n'est plus qu'à un ou deux pouces du feu. Vou le laisserez se chauffer encore un peu plus, et lorsqu vous jugerez qu'il est assez chaud pour que le verr n'éclate plus, vous le poserez doucement sur la parti du feu la plus modérée, qui ne doit être presque que de la cendre chaude. Vous le laisserez un instant à la même place, puis vous l'avancerez peu à peu et par degrés sur un feu un peu plus vif; mais prenez garde qu'il n'y ait autour de vous et de votre feu aucune partie qui flambe ou qui pétille, de crainte d'accident. Vous remuerez souvent la bouteille en la prenant par le manche de papier, puis vous l'avancerez enfin, mais toujours graduellement, sur la partie la plus vive du feu. Ayez toujours les yeux sur le matras, et remuez-le souvent, surtout quand vous verrez que le mastic commence à entrer en dissolution. Il ne faut pas agiter la drogue du haut en bas, mais seulement horizontalement et doucement, en la faisant tourner sur elle-même, de crainte qu'une seule goutte échappée sur le feu, ne vienne à enflammer le tout.

Quand vous apercevrez qu'un petit brouillard se forme dans le matras, retirez-le doucement, et mettez-le sur une place moins chaude, car c'est une preuve que la liqueur s'échauffe trop. Lorsque vous verrez tout le mastic fondu, à l'exception de quelques particules grossières, le vernis est fait : il faut le retirer du feu, et le placer sur de simples cendres chaudes ou tièdes, afin d'éviter le passage trop brusque du chaud au froid. Laissez-le se refroidir un peu, ensuite, et pendant qu'il sera encore tiède, vous le transvaserez dans un autre flacon, plus épais, et le passerez en même temps au travers d'un tamis de soie, comme on va le dire. Vous aurez soin que le second flacon ne soit pas trop froid ; vous le ferez tiédir, ainsi que l'entonnoir de *verre* que vous prendrez pour transvaser.

D'une main vous tiendrez un petit tamis de soie un peu incliné au-dessus de l'entonnoir, de l'autre main vous verserez le vernis doucement pour le transvaser.

Vous laisserez refroidir le vernis dans le flacon débouché, et, quand il sera complétement froid, vous boucherez le flacon, afin qu'il n'y entre aucune ordure ni poussière, et aussi pour qu'en s'évaporant le vernis ne s'épaississe pas. Vous le laisserez tranquille pendant deux ou trois jours, afin qu'il dépose au fond du flacon tout ce qu'il peut encore déposer, après quoi vous pourrez vous en servir en toute assurance. Mais quand vous prendrez ce flacon de vernis, vous aurez l'attention de ne pas le remuer brusquement, afin de ne pas soulever le petit dépôt qu'il peut y avoir au fond du vase.

Si le vernis n'a pas été fait à un feu trop actif, et que les drogues aient été bien choisies, il ne doit avoir qu'une teinte rousse fort légère ; il doit être fluide, sans présenter l'apparence d'un sirop.

On aura soin, quand on voudra faire du vernis, de préparer d'avance tout ce qui est nécessaire pour l'opération : ainsi vous vous procurerez le matras et le ferez tiédir ; votre feu sera allumé d'avance, afin qu'aucun charbon ne pétille ; vous aurez le papier pour fabriquer le manche, l'entonnoir, le tamis de soie etc. ; car il ne faut pas perdre de vue la drogue pendant qu'elle est sur le feu. Vous aurez attention su tout à ce que vos bouteilles et votre entonnoir n'aient aucun reste d'humidité. Je suis entré dans les détails les plus minutieux, afin d'éviter qu'il arrive aucun accident à ceux qui voudront faire du vernis d'après ma recette ; l'on ne saurait être trop prudent à cet égard.

Le même vernis se fait aussi au bain-marie. Les ingrédiens sont les mêmes : même matras, mêmes doses, mêmes soins, etc. La différence consiste à mettre le matras dans l'eau bouillante, au lieu de le placer sur le feu ; mais il faut tiédir d'abord le matras, en l'exposant quelques minutes par le fond au-dessus de la vapeur bouillante, avant que de le plonger dedans ; et quand il est une fois plongé avec la drogue, il faut entretenir du feu au-dessous du vase qui contient l'eau, afin qu'elle reste constamment en ébullition.

Le matras qui contient les drogues indiquées, doit être plongé dans l'eau à un ou deux pouces plus haut que ne s'élèvent les drogues dans l'intérieur : le mastic se dissoudra beaucoup plus lentement que s'il était immédiatement sur le feu, comme dans le procédé précédent ; mais il finira par se dissoudre très-bien, si l'on a soin d'entretenir l'eau du bain-marie toujours bouillante : le vernis en sera plus pur et plus blanc. J'y vois encore le grand avantage de ne pas courir autant de risques si la bouteille venait à casser : cependant il ne faut pas perdre de vue toute précaution, parce que le feu qu'on est obligé d'entretenir au-dessous de l'eau, pourrait, par une étincelle, mettre le feu à l'essence. Ayez donc toujours l'œil au guet, pour qu'il ne s'en répande pas une seule goutte ; car la combustion serait instantanée et funeste pour vous, qui seriez auprès de l'appareil.

Quand votre vernis sera dissous, vous le transvaserez après avoir bien essuyé l'humidité de l'extérieur de la bouteille, et vous prendrez toutes les précautions indiquées dans l'article précédent.

L'on peut aussi dissoudre le vernis au bain de sable. Pour cela on choisit du sable fin et sec, que l'on met dans un vase quelconque, pourvu qu'il puisse contenir le matras jusqu'à la profondeur où il faut le plonger, c'est-à-dire que le bain soit environ de deux pouces ou au moins d'un pouce plus haut que le niveau de la drogue; il faut que ce vase puisse soutenir le feu sans courir le risque d'éclater, et que le sable soit toujours maintenu à une chaleur assez forte pour qu'on ne puisse pas y laisser les doigts. L'on y enterre le matras, mais l'on prend ses mesures pour qu'il ne touche pas le fond du vase; il faut qu'il reste encore au moins l'épaisseur de deux pouces de sable au-dessous du matras, sans quoi le vernis recevrait la chaleur communiquée par le feu au fond du vase, ce qui ne vaudrait rien et pourrait être d'ailleurs dangereux pour celui qui fait l'opération.[1]

Cette chaleur du bain de sable est fort douce et vaut mieux que le feu immédiat, mais j'appréhende toujours les accidens : c'est pourquoi je préfère encore la méthode au bain-marie, et bien plus encore la fu-

1 Les marmites de fer sont ce qu'il y a de mieux pour contenir et réchauffer le sable, parce qu'on ne court pas le risque qu'elles se rompent, comme celles en terre.

sion à l'ardeur du soleil, que je vais indiquer, et qui, si elle n'est pas la plus expéditive, est à coup sûr la meilleure de toutes, en ce que le vernis devient superbe et qu'on ne court aucune espèce de risque en le faisant.

Dissolution du Mastic dans l'essence à l'ardeur du soleil d'été.

Mettez dans un matras les mêmes quantités des drogues indiquées plus haut, page 595, et exposez la bouteille à toute l'ardeur du soleil le plus chaud de l'année, en ayant soin de la transporter en suivant la marche du soleil, de façon à ce que la bouteille ne reste que le moins possible privée de chaleur. Vous remuerez la drogue toutes les fois que vous aurez occasion d'aller auprès de la bouteille ; cinq ou six fois par jour suffisent.

Mais si le temps devient humide, rentrez la bouteille, et ne négligez pas de prendre ce soin ; car non-seulement le mastic ne se fondrait pas pendant que le temps est couvert et humide, mais le vernis prendrait une teinte louche et trouble, qui ferait manquer l'opération, parce que l'humidité est fatale à toute espèce de vernis.

Il faut souvent beaucoup de temps pour opérer la fusion du mastic à la simple chaleur du soleil, quelquefois même plusieurs semaines, cela dépend des degrés de chaleur et de la sérénité du ciel; mais on est dédommagé de l'attente par la beauté du vernis qu'on obtient.

Comme on expose la bouteille à l'air pendant un temps quelquefois assez long, il faut la tenir légèrement bouchée, en mettant une gaze sur le goulot de la bouteille, et de plus un couvercle de carton percé de plusieurs gros trous d'épingle par-dessus la gaze, ce qui est bien différent des autres méthodes, où pendant l'opération la bouteille doit être toujours entièrement débouchée.

Si l'essence diminue beaucoup, malgré la manière dont j'indique qu'il faut la boucher, on remettra de l'essence jusqu'à la hauteur où elle montait en premier lieu; dans tous les cas, l'on peut toujours ajouter un peu d'essence pure dans un vernis qui s'est trop épaissi.[1]

Vous passerez ce vernis au tamis de soie comme les autres, et une fois achevé, vous le tiendrez aussi très-bien bouché dans un endroit où il reçoive la lumière du jour, mais non pas le soleil, à moins que ce ne soit dans une saison froide : le soleil trop actif pourrait en peu de temps épaissir le vernis.

---

1 Il y aurait cependant un grand inconvénient à mettre une surabondance d'essence pour une quantité limitée de mastic; on courrait risque de rendre le vernis trop maigre, et, de plus, d'enlever une partie de la peinture en couchant le vernis; car rien ne mord plus fortement sur les couleurs que l'essence, même quand elles sont très-sèches et durcies par plusieurs années de vétusté : il faut donc garder une juste proportion.

XXXIII.e LEÇON.

Comment il faut s'y prendre pour étendre le Vernis convenablement sur un Tableau.

On commence par laver et dégraisser le tableau avec une éponge fine et de l'eau claire; ce qu'il y a de mieux, est d'exposer le tableau au-dessous d'un robinet, d'où on laisse tomber un filet d'eau pendant qu'on l'éponge en tous sens : il faut frotter doucement; une forte friction à l'eau pure peut endommager les glacis, ainsi que les touches les plus délicates.

Il faut bien s'assurer auparavant que l'éponge ne contient aucun corps étranger et dur, comme des pierrettes ou des débris de coquillages, ce qui arrive très-fréquemment; sans cette précaution, l'on rayerait infailliblement la peinture.

Cela fait, on enlève la majeure partie de l'eau qui est sur le tableau avec la même éponge, qu'on aura fortement exprimée auparavant.

Ensuite, comme il est très-essentiel qu'il ne reste aucune trace d'humidité sur le tableau, vous l'exposerez à l'air et au soleil pour achever de le sécher, ou, en hiver, vous le présenterez à quatre ou cinq pieds de distance d'un feu de flamme, en le tournant et retournant constamment dans vos mains, pour qu'il ne reçoive qu'une chaleur douce et égale partout. Vous le palperez du revers de la main, pour vous assurer qu'il ne reçoit qu'une chaleur tempérée; et dès qu'il sera sec, vous le laisserez se refroidir entièrement avant que de le vernir. Il faut surtout éviter la fumée, et pour cela, ne présenter le tableau au feu que de côté. Prenez alors votre vernis, versez-en une certaine quantité dans une tasse bien propre, et toujours un peu plus que vous ne jugez devoir en employer, afin de ne pas être obligé d'interrompre l'opération pour en reprendre; car un instant suffit pour épaissir le vernis, et alors on en met, malgré soi, des épaisseurs inégales, qui font un très-mauvais effet, et jettent dans le plus grand embarras.

Couchez votre tableau à plat sur une table, afin que le vernis s'étende également; ce qui n'arriverait pas, si vous lui donniez une inclinaison quelconque; le vernis étant extrêmement coulant et fluide au premier moment, il suivrait la pente la plus basse. Je vous suppose dans un lieu très-propre et à l'abri de toute poussière, condition essentielle; il faut même faire son possible pour que la respiration et les mouvemens qu'on est dans le cas de faire, soient très-modérés; car un atome suspendu dans l'air semble être attiré par le vernis, et vient se fixer dessus sans qu'on ait la possibilité de l'en éloigner, ni de l'en arracher: c'est pourquoi il faut qu'on soit seul dans le lieu où l'on vernit, et qu'il y ait déjà une demi-heure au moins qu'on n'a pas agité l'air dans cette pièce, ni aux alentours.

Plongez votre blaireau à *patte d'oie*, jusqu'à la moitié des poils seulement, dans le vase où vous avez versé du vernis, et raclez-le des deux côtés sur le rebord de ce vase pour lui en faire rendre l'excédant; et faites de même chaque fois que vous reprendrez du vernis, car il n'en faut pas mettre beaucoup; au contraire, plus la couche est mince, surtout la première fois qu'on vernit un tableau, et mieux cela vaut; car on est toujours à temps, s'il n'y en avait pas suffisamment, d'en étendre une seconde couche quelques jours après, quand la première est complétement sèche et durcie. Mais cela n'est presque jamais nécessaire, parce que, quand la première couche est très-également étendue, cela suffit pour rendre aux couleurs toute leur vivacité; il ne s'agit que de cela, et non de rendre un tableau poli comme une glace : moins le vernis est épais, moins il roussit avec le temps. Je reviens donc à l'opération. Appliquez votre vernis du haut en bas par bandes, et quand vous êtes arrivé au bas du tableau, ne remontez pas en appuyant le blaireau, mais soulevez-le sans le faire déposer, et recommencez une seconde bande tout à côté de la première, puis une troisième, une quatrième, ainsi de suite, en avançant toujours à votre droite, jusqu'à ce que toute la superficie ait été recouverte de vernis. Cela fait, ne reprenez plus de vernis, mais croisez votre blaireau de gauche à droite dans la largeur du tableau, afin d'égaliser le vernis, ainsi que pour en fournir dans les petites places où il n'y en aurait pas encore. Ensuite, si le temps est frais, ce qui épaissit le vernis plus vîte, allez doucement présenter le tableau à un feu vif, flamboyant, et tournez-le un instant, comme vous avez fait en premier lieu pour dessécher l'humidité ; tenez-vous-en à trois ou quatre pieds de distance, évitez la poussière, la fumée et les éclats du feu, et reportez-le à plat sur votre table, où vous le poserez de même à plat, et le laisserez se prendre, sans rentrer dans la chambre, et sans souffrir que personne n'y entre, au moins une demi-journée.

Il ne faut pas perdre un instant, et n'être détourné par rien, quand on fait cette opération, qu'on doit achever en une ou deux minutes, pour profiter de la fluidité du vernis. Il ne faut pourtant pas donner les coups de blaireau avec trop de vîtesse, cela ferait bouillonner le vernis, et souvent, d'ailleurs, il n'aurait pas le temps de prendre partout. Il faut donc promener le blaireau avec égalité, et en appuyant un peu, en sorte qu'on en fasse légèrement plier les poils.[1]

Le défaut le plus commun de ceux qui vernissent pour la première fois, c'est de mettre trop de vernis au blaireau, et par conséquent sur le tableau : il ne faut pourtant pas pécher par l'extrême contraire ; car, si la brosse est trop sêche, elle ne dépose pas assez, les poils s'écartent et laissent des bandes où le vernis n'a

---

1 Voyez la forme du blaireau à vernir, planche 5.e, figure *G*. Si la dimension de votre tableau a plus de deux ou trois pieds, procurez-vous un blaireau plus large et plus grand, mais toujours en forme de patte d'oie, comme celui-ci. Il est tout simple de proportionner la grosseur du blaireau à la superficie qu'on est obligé de couvrir, car l'opération doit toujours se faire promptement.

pas pris. Je laisse au discernement des élèves à saisir un juste milieu : au surplus, ce n'est point une chose difficile; un peu d'expérience les aura bientôt mis au fait, et si une première tentative n'a pas parfaitement réussi, la seconde sera plus heureuse. Quand au bout de quelques heures le vernis aura complétement pris, et ne sera plus dans le cas de pouvoir couler, vous pourrez alors suspendre le tableau contre la paroi; il vous embarrassera moins, et ne recevra pas autant de poussière; il sera complétement sec et au point de dureté où il peut parvenir au bout de cinq ou six jours, suivant le degré de la température. Dès-lors, avec un balai de plumes douces et bien fournies, ou, ce qui vaut encore mieux, avec une queue de renard, vous épousseterez le tableau, vous en chasserez la poussière, comme vous le faites à vos autres tableaux; mais il faut toujours aller légèrement, et ne pas fouetter trop fort; car vous rayeriez le vernis, qui est très-tendre, ou du moins vous y imprimeriez des traces louches qui en détruiraient la belle transparence.

L'on ne saurait prendre trop de précautions, quand on vernit un tableau, pour se préserver et de la poussière de l'intérieur et du dehors, et des insectes qui voltigent partout dans certaines saisons. Ils ont une grande antipathie du vernis et de toutes les huiles, qui les font infailliblement périr; mais ils viennent s'y jeter et s'y coller malgré eux, et l'on ne peut plus les en arracher. Il y aurait même beaucoup de danger à l'entreprendre; cela laisserait une tache sur la peinture : le plus sage, en pareil cas, est d'attendre que le vernis soit pris; alors on tache d'enlever l'insecte avec beaucoup de ménagement, et comme il n'a pas pu s'y incruster, et qu'il n'est retenu qu'à la superficie, l'on parvient à l'extraire, en ne laissant que la moindre trace possible.

Récapitulation des Précautions à prendre en général.

1.° Ne plongez le blaireau que jusqu'à la moitié de la hauteur des poils, et frottez-le contre le bord du vase, pour lui faire regorger l'excédant de ce qu'il aura pris.

2.° Étendez le vernis méthodiquement, assez promptement, mais sans promener le blaireau avec trop de vîtesse; et couchez-le par bandes, en recommençant par l'endroit qui est immédiatement à droite de la première bande, et toujours par le haut.

3.° Couchez-le également, et n'ayez jamais votre blaireau plus fourni de vernis une fois que l'autre; mettez-en peu, mais mettez-en partout, et regardez souvent de côté, si quelque place a été oubliée; mais ne repassez pas plus d'une fois, ou deux au plus, sur une même place; car alors vous en déposeriez beaucoup plus que vous ne voudriez, et plus vous chercheriez à l'étendre et à l'égaliser, plus vous augmenteriez les inégalités d'épaisseur.

4.° Quand vous promenez le blaireau en travers de ce que vous avez fait la première fois, ne reprenez point de vernis; et que votre mouvement soit un peu plus accéléré, parce que le vernis est déjà moins fluide qu'il n'était en commençant, et qu'il n'y a pas de temps à perdre.

5.° Rebouchez votre flacon de vernis, soit après en avoir versé pour y plonger la brosse, soit après y avoir remis ce qui avait été pris de trop.

6.° Il est aisé de coucher également un vernis sur un tableau de petite dimension; mais la chose n'est pas facile quand il s'agit de couvrir une grande superficie; j'invite donc ceux qui débutent, à ne vernir de grands tableaux qu'après avoir acquis quelque expérience sur de petits.

7.° Si votre blaireau est neuf, secouez-en soigneusement la poussière, afin qu'il ne dépose aucune ordure.

8.° Si, peu d'instans après vous être servi du blaireau, il est encore frais et mou, ce qui a ordinairement lieu, ne cherchez point à le nettoyer; frottez-le sur le rebord de la tasse, pour qu'il ne conserve que le moins de vernis possible; mais en cet état posez-le sur un papier propre, à l'abri de la poussière, et laissez-le sécher tranquillement, jusqu'à ce que vous puissiez l'envelopper et lui faire une espèce d'étui de papier, en ayant soin de ne point recourber les poils, cela leur donnerait un faux pli qui ne se redresserait jamais.

9.° Quand vous voudrez vous en servir une autre fois, dépliez-le avec précaution, et faites-le tremper huit ou dix minutes dans du vernis frais ou de l'essence; cela dissoudra l'ancien vernis, et votre pinceau redeviendra souple comme auparavant. Si cependant il ne paraissait pas tel, il faut le faire tremper dans de l'essence pure, jusqu'à ce qu'il vous paraisse parfaitement en état : rien n'est plus contrariant que de poser des grains de vernis sec sur un vernis encore frais ; c'est comme autant de grains de sable, qu'il faut enlever après qu'il a eu le temps de se durcir, ce qui est aussi long qu'ennuyeux.

10.° L'on ne saurait assez recommander la plus grande propreté dans toute cette opération; car la poussière et tout corps étranger sont des fléaux de la peinture.

11.° S'il arrivait que vous n'eussiez pas couché assez de vernis sur un tableau, ou qu'il en manquât sur quelque place, laissez sécher pendant deux ou trois jours, après lesquels vous en remettrez une nouvelle couche, mais très-légère.

12.° Quand un accident a terni le vernis d'un tableau, ou qu'on l'a rendu louche en l'époussetant trop fort, passez simplement et très-promptement une couche très-mince d'essence toute pure avec le blaireau; elle rendra le lustre et la transparence au vernis : mais qu'on ne le touche jamais avec les doigts, en aucun cas, qu'il soit sec ou non.

XXXIV.e LEÇON.

Comment on enlève un vieux Vernis qui a noirci, pour en remettre un nouveau.

Un tableau devient roux et sombre, soit par le fait du vernis, ou par quelque autre cause, comme les exhalaisons, la fumée, etc. On peut enlever le vernis, quand c'est un vernis à l'essence; mais on ne le peut pas, ou du moins on n'en vient à bout qu'en faisant courir de grands risques à la peinture, si c'est toute autre espèce de vernis.

Pour enlever un vernis à l'essence, tel que celui que j'indique plus haut, on a plusieurs manières de le faire; mais de toutes ces méthodes voici les deux que je préfère : celle de réduire le vernis en poussière, en le frottant avec les doigts, et celle de laver la tableau avec de bonne eau-de-vie de vin. Ce dernier procédé est beaucoup plus expéditif que le premier : des restaurateurs de tableaux très-entendus m'ont assuré qu'ils l'emploient plus volontiers que celui d'user le vernis avec les doigts; d'autres personnes m'ont assuré le contraire, en sorte que, pour concilier ces deux opinions, je les décrirai toutes deux, et j'y ajouterai ce que mon expérience peut m'avoir appris. Quand on enlève le vernis d'un tableau très-ancien et dont la couleur est gercée, je pense qu'il vaut mieux enlever le vernis à l'eau-de-vie, de crainte qu'en le frottant avec les doigts, l'on ne détache quelques parties de la peinture, que je suppose ne pas tenir fortement à la toile. Mais, s'il s'agit d'un tableau assez moderne pour qu'il n'y ait point ou très-peu de parties gercées, je crois qu'il vaut mieux enlever le vernis avec les doigts et à sec, comme je vais l'expliquer tout à l'heure, surtout si la peinture n'est faite que depuis deux ou trois ans, ce qui n'est pas un terme assez long pour que la couleur ait acquis une dureté telle que l'eau-de-vie ne puisse l'attaquer.

Méthode pour enlever un Vernis à l'eau-de-vie.

On se procurera de bonne eau-de-vie de vin; on posera le tableau sur une table, et avec un linge propre et fin l'on en humectera une partie du tableau pendant quelques instans sans le frotter; après une demi-minute environ, l'on frottera légèrement cette partie avec le linge, et l'on s'arrêtera à temps pour ne pas entamer la peinture, quand on verra que le vernis est enlevé. On ira ainsi progressivement de place en place, en avançant et en ayant soin de ne se servir du linge que là où il est encore propre, sans quoi l'on salirait la place qu'on vient de nettoyer.

Quand on a ainsi nettoyé le tableau, on l'essuie légèrement; puis avec un nouveau linge fin et plus grand (qu'on trempe dans une tasse d'eau-de-vie tout-à-fait propre), l'on frotte légèrement, et on lave entièrement la superficie, sans laisser séjourner l'humidité que le linge y a déposée. On laisse sécher le tableau, et quelques heures après on peut y mettre le vernis. Il faut bien faire attention, en faisant cette opération, de ne pas frotter fort, surtout dans les chairs, et partout où l'on pourra supposer que le peintre a étendu des glacis; car, en prenant ces glacis pour de la malpropreté, on les enleverait, ce qui détruirait l'harmonie du tableau.

Méthode pour enlever le Vernis à sec et avec les doigts.

Mettez le tableau sur une table, et déposez, pour commencer, une pincée de colophane en poudre sur un des angles du tableau et sur l'une des places les moins importantes, et frottez-en avec le bout des doigts la partie que vous attaquez.

Bientôt elle mettra le vernis en poussière; cette place étant une fois entamée, le reste suivra de proche en proche, et la poussière même du vieux vernis vous servira de véhicule et vous aidera à réduire en poussière tout le reste.

Il ne faut pas vous servir d'autre agent que des doigts, parce qu'ils ont la sensation de ce qu'ils font, et vous avertissent quand il faut s'arrêter.

Il faut s'armer de patience, car ce travail est long: il ne faut pas frotter trop long-temps de suite à la même place, de crainte de trop user et d'enlever de la peinture, surtout dans les chairs ou dans les parties où l'on présume qu'il y a des glacis. Il vaut mieux ôter d'abord le plus gros, et nettoyer de temps en temps la poussière, pour voir plus nettement ce que l'on fait, mais il ne faut rien mouiller; l'on prend une barbe de plume, ou une patte de lièvre, pour écarter cette poudre, et l'on souffle dessus pour nettoyer ce qui en reste. Quand tout le tableau est entamé, et qui est mat partout, on le nettoie avec plus de soin, mais toujours sans humecter; et l'on recommence à user ce qui peut encore rester de vernis. Quand on s'aperçoit qu'une partie ne produit plus de poussière, l'on avance, en suivant de proche en proche, et non pas par places isolées, jusqu'à ce qu'on ait la certitude d'avoir entièrement enlevé le vernis. On sent qu'en approchant de la fin du frottage il faut procéder avec encore plus de ménagement; mais dans aucun cas il ne faut appuyer fortement les doigts sur la toile, tant pour ne pas y creuser des cavités, que pour ménager la peinture. L'on s'attache avec plus de soin à enlever complétement le vernis sur toutes les parties lumineuses et claires, et sur lesquelles la teinte enfumée cause le plus de dommage, comme aux chairs, aux linges, aux ciels, etc. Il ne faut pourtant pas négliger les parties brunes, comme les fonds ou les ombres très-obscures de certains objets auxquels on attache moins d'importance. Les ombres des chairs demandent autant de soin que tout le reste, si on veut leur rendre leur première transparence, sans laquelle elles ne seraient plus en harmonie avec les lumières, et paraîtraient comme des taches noires.

Cela fait, on lavera le tableau partout avec une éponge et de l'eau, et on le séchera comme on l'a indiqué plus haut.

Quand il sera bien sec, on le vernira, comme il est dit à la page 603, et l'on fera comme si le tableau n'eût jamais reçu aucun vernis; il reprendra alors sa fraîcheur première, s'il n'a pas été trop négligé et détérioré par les accidens, les crevasses, ou la fumée, et que la crasse n'y soit pas tellement invétérée et comme incrustée dans la couleur, qu'il faille recourir à des moyens chimiques et dangereux pour le mieux décrasser : mais l'étude de ces divers moyens n'appartient pas à la tâche que je me suis prescrite; il y a tant de différens procédés, et il faut tant d'habitude, de soins et de connaissances pour parvenir à faire, en quelque sorte, revivre un très-ancien tableau rembruni, que je n'essaierai pas même d'en indiquer aucun. Les personnes qui désirent en savoir davantage, consulteront les ouvrages qui traitent spécialement cette matière, tels que celui de Watin, sur les vernis, etc., l'article Vernis dans l'encyclopédie méthodique, etc.

Si vous confiez jamais un tableau précieux aux artistes qui font métier de les restaurer, informez-vous d'avance du degré de leur savoir-faire et des méthodes qu'ils emploient; car il en est beaucoup qui gâtent les tableaux au lieu de les remettre en bon état : exigez d'eux surtout, et très-expressément, qu'ils ne repeindront aucune partie, si indifférente qu'elle paraisse.

Il y a plus, je vous conseille de ne jamais laisser repeindre aucune partie délicate, comme des chairs et un ciel, dût-il rester un trou au tableau, cela sera toujours moins préjudiciable qne d'avoir un tableau repeint, qui a perdu par cela même la moitié de son prix en même temps que sa virginité. Laissons aux marchands de tableaux le talent de maquignonner les tableaux qui leur appartiennent; mais ne souffrons jamais qu'ils en usent de même pour les nôtres. Les connaisseurs ne se trompent jamais sur un tableau repeint, quelque adresse qu'on ait pu mettre à le faire, et ils n'en veulent à aucun prix. Il est presque impossible de repeindre une partie délicate sans faire une tache au tableau. Si l'on veut masquer la retouche, et accorder le vieux avec le neuf, il arrive naturellement qu'au bout d'un certain temps cette partie roussit à son tour, et devient plus rousse que le reste. Si, au contraire, l'on veut prendre de l'empart, l'on peindra alors beaucoup plus frais que le ton local du vieux tableau, et la tache paraîtra avant, au lieu de se manifester après : c'est un dilemme dont on ne peut pas sortir. Ne vous laissez donc jamais abuser par de belles promesses. Les mêmes causes qui ont agi sur l'ancienne peinture, agiront sur la nouvelle; ainsi elles ne pourront jamais s'accorder parfaitement, à moins qu'il ne soit question que d'un bout de draperie ou d'un morceau de fond obscur, ou de quelque autre chose semblable d'une mince importance.

Pour conserver vos tableaux frais, évitez de les exposer partout où il peut y avoir des exhalaisons, de la fumée (et particulièrement celle du tabac), des vapeurs corrosives, comme celles du soufre; des miasmes, tels que ceux qu'exhalent les latrines; en un mot, toutes les odeurs trop pénétrantes.

Évitez aussi l'humidité qui revivifie les couleurs métalliques où entrent le plomb, le fer, le mercure, l'antimoine, etc. Ayez soin que jamais le soleil ne darde ses rayons sur vos tableaux; il les gerce et les crevasse partout, ainsi que le ferait le voisinage d'un feu trop ardent : ne les privez pas pourtant du grand jour; il leur est plutôt profitable que désavantageux. Un rideau de mousseline empêche les mouches d'y déposer leurs ordures; mais, pour bien faire, il faut qu'il enveloppe la bordure même, afin qu'elles ne puissent pas y pénétrer par dessous.

XXXV.e LEÇON.

Comment il faut balayer l'Atelier d'un Peintre pour éviter de faire élever trop de poussière.

Mon but est d'offrir aux commençans tous les renseignemens que je serais dans le cas de leur donner s'ils étaient mes élèves et qu'ils demeurassent chez moi ; je ne dédaigne donc pas d'entrer dans les détails qui peuvent être utiles, malgré leur trivialité. Le moyen que j'indique est aussi connu que tant d'autres choses que j'ai consignées ici ; mais il est bon d'y faire penser ceux qui n'en auraient pas l'idée d'eux-mêmes.

Jetez huit ou dix grosses poignées de sciure de bois dans un petit baquet, humectez-la avec de l'eau chaude, qui pénètre plus facilement que la froide, et n'en versez que ce qu'il en faut pour que la sciure en soit imprégnée, mais pas trop mouillée. Répandez cette sciure humectée çà et là sur le parquet, et avec un balai de bouleau ou un fort balai de paille de riz, étendez et promenez cette sciure, sans balayer précisément, mais en la roulant un peu partout, afin qu'elle saisisse toute la fine poussière qui s'éleverait bientôt dans l'atelier si elle restait entièrement sèche.

Balayez ensuite, vous ne verrez s'élever aucune poussière ; et après avoir enlevé le plus gros, repassez le balai de crin pendant que le tout est encore légèrement humide.

Autre moyen de se préserver de la fine poussière.

Dans quelques pays on est dans l'usage de faire peindre les planchers à l'huile, pour avoir la faculté de les laver souvent sans endommager le bois. Rien n'est meilleur pour un atelier : on les lave et on les nettoie avec la plus grande facilité et sans élever la moindre poussière. Je vais indiquer comment on opère en Allemagne et en Hollande, pour peindre les parquets à l'huile très-solidement. Ceux qui voudront adopter ce moyen pour leur atelier, s'en trouveront très-bien : ces sortes de planchers ne craignent aucune tache.

Manière de peindre les Planchers.

Le menuisier ayant fini de poser son plancher, on l'abreuve d'huile de lin très-chaude, qu'on étend partout également avec une grosse brosse; on laisse sécher cette première couche, qui pénètre bientôt dans le bois si la saison est favorable; car il faut faire cela en été.

Quand tout paraît embu, on remet une seconde couche d'huile très-abondante, comme la première, puis une troisième, et même une quatrième, s'il le faut, en laissant toujours sécher la précédente. Enfin, quand le bois en est gorgé et que l'huile reste à la superficie sans s'emboire, il y en a suffisamment; on laisse sécher; après quoi, avec du bon mastic de vitrier l'on remplit soigneusement toutes les fentes ou trous du plancher[1]. Ensuite on peint le plancher avec telle couleur qu'on juge à propos, pourvu qu'il y entre une moitié au moins de blanc de céruse, délayée avec de l'huile de lin ou de noix cuite, mais à froid et sans aucun mélange d'essence ni d'aucune autre drogue. On laisse sécher à fond cette première couche : on en repasse une seconde, puis une dernière, plus légère que les autres; cela suffit pour donner à la peinture une très-longue durée, pourvu qu'on n'emploie ni craie ni quelque autre mauvais blanc à la place de la céruse, et qu'on ait soin de nettoyer ses pieds avant que d'entrer dans cette pièce, pour ni porter ni sable ni terre. J'ai vu de ces planchers qu'on m'a assuré avoir plus de trente ans, et qui n'étaient pas encore usés.

Dans des maisons riches on met de la recherche et même du luxe à ces planchers; on les fait peindre en tapis de pieds, ayant une rosace au milieu, avec des bordures et des fleurons parsemés en comparti-

---

1 Pour que le mastic ou ciment de vitrier soit bon et durable, il doit être fait avec du blanc de céruse sans mélange de craie; mais on peut y ajouter un peu d'ocre rouge ou jaune, ou du noir, etc., pour lui ôter sa couleur blanche. On le délaie avec de l'huile de lin cuite, dont on ne met que la quantité nécessaire pour en faire une pâte très-épaisse, qu'on bat et retourne souvent avec un gros rouleau de bois, en plaçant la pâte sur une pierre de roche unie ou une forte planche. Quand cette pâte est bien battue et souvent retournée, elle est bonne

mens, en sorte qu'au premier instant on croirait voir un beau tapis.

Ce genre de peinture se fait très-promptement par les gens qui y sont habitués, quoiqu'ils imitent par des points de diverses couleurs tous ceux qu'on voit dans un véritable tapis en laine. Mais ce n'est point pour l'enjolivement que je propose cette méthode, c'est pour en faire usage dans l'atelier d'un peintre. Or, en ce cas une couche toute unie, couleur de noyer un peu clair, est tout ce qu'il faut pour atteindre le but. On ne veut que pouvoir laver son plancher sans élever la moindre poussière.

Je dois prévenir que cette peinture donne une forte odeur pendant plusieurs semaines, et qu'elle est très-malsaine; c'est pourquoi il faudra aérer la chambre et ne l'habiter que lorsqu'elle sera parfaitement sèche et qu'elle n'aura plus d'odeur.

Manière de laver les Planchers peints.

L'on a deux baquets d'eau, dont l'un est vide et l'autre rempli aux deux tiers. On trempe un gros torchon dans ce dernier; on l'en retire après en avoir exprimé ce qu'il a de trop d'eau; on le déploie, et on l'étend à plat sur le plancher, en commençant par un des bouts de la chambre, en le tenant des mains par les deux coins d'en bas, et laissant traîner tout le reste en se reculant en arrière, le torchon devant soi. On va ainsi jusqu'à l'autre extrémité de la chambre, après quoi on enlève le linge et on l'exprime en le tordant dans le baquet vide, où on le plonge une ou deux fois pour en faire sortir l'ordure. Quand il est propre ou à peu près, et qu'on l'a bien exprimé, on le plonge dans le baquet propre, et on le reporte pour le traîner à côté de la première bande qu'on a faite; et ainsi de suite, jusqu'à ce que toute la chambre soit nettoyée, en exprimant le torchon à chaque bande avant que d'en recommencer une autre, ce qu'il faut faire avec de l'eau propre du second baquet.

Cela fait, on prend un nouveau torchon tout-à-fait propre et l'on fait changer l'eau des baquets. On mouille ce torchon pour lui donner de la souplesse, mais comme il est fait pour essuyer le plancher et le relaver mieux en même temps, on a soin de n'y laisser que fort peu d'eau en le tordant fortement. On le promène à plat par bandes, comme l'on a fait avec le premier, on le relave encore après chaque bande achevée, etc. En voilà plus qu'il n'en faut pour qu'on sache expliquer à un domestique comment il doit s'y prendre, en lui faisant bien observer qu'il ne doit ni frotter ni aller et venir avec son torchon mouillé, mais seulement le tirer à soi en marchant en arrière.

En quelques minutes tout le plancher est sec, si l'on tient les fenêtres ouvertes, parce que l'eau n'entre point dans le bois, qui a été rendu imperméable par la peinture et toute l'huile dont on l'a gorgé.

J'ai eu un atelier préparé ainsi, je ne puis dire combien il m'était commode; en un quart d'heure il était propre, et je n'avais jamais besoin de le faire balayer, ensorte qu'il n'y avait aucune poussière.

Sans pousser la recherche jusqu'à imiter un tapis, beaucoup de gens font peindre les planchers en carreaux imitant le marbre, ce qui n'est ni long, ni difficile, ni cher, et produit néanmoins un fort joli effet. J'observerai seulement que pour un atelier faire les carreaux alternativement noirs et blancs, n'est pas ce que je choisirais : ces deux couleurs sont trop tranchantes. Je préférerais un carreau gris d'ardoise, et l'autre à peu près couleur nanquin, ou quelque autre teinte douce et harmonieuse, à cause des reflets que le plancher renvoie sur le modèle.

Liste de quelques Ouvrages sur la Peinture, dont je conseille la lecture.

Il y a un grand nombre d'ouvrages sur l'art de la peinture; entre ceux que j'ai lus, voici ceux qui m'ont paru les plus utiles.

Je ne prétends pas qu'un élève les lise tous; il fera un choix parmi ceux que j'indique, selon le genre auquel il s'est adonné. Il est bon d'en avoir un catalogue, pour connaître les auteurs qu'on pourra consulter.

Léonard de Vinci, Traité de la peinture.
De Piles, Abrégé d'anatomie (avec gravures), mis en lumière par Tortebat.
De Piles, Cours de peinture par principes.
Dandré Bardon, Traité de peinture.
Armand, Réflexions sur l'art de la peinture considérée comme peinture héroïque.
Raphael Mengs, ses Œuvres.
Lairesse, le Grand livre des peintres.
Le chevalier Josué Reynolds, ses Œuvres, traduites de l'anglais par Jansen.
Dufrénois, l'Art de la peinture, poëme traduit en français par R. De Piles.
Lebrun, Conférences sur l'expression des passions.
Gesner, Lettres sur le paysage.
Watelet, l'Art de peindre, poëme.
Lemière, la Peinture, poëme.
Landon, Vies et œuvres des peintres célèbres.

Livres enseignant la Perspective.

Valenciennes, Cours complet, mais assez difficile à comprendre pour un commençant.
Leclerc, Duplessis, Jaurat, Clinchamp, Farcy, etc.
Tous ces traités sont à l'usage des peintres.

Divers Ouvrages qui traitent des beaux Arts, et où l'on trouvera d'excellentes notions.

Encyclopédie méthodique (Beaux arts), 3 vol., avec les planches.
BARTHÉLEMY, Voyage du jeune Anacharsis en Grèce.
DUBOS, Réflexions critiques sur la poésie et sur la peinture.

Dictionnaires à consulter pour les Termes techniques.

Dictionnaire abrégé de peinture et d'architecture (sans nom d'auteur).
BOUTARD, Dictionnaire des arts du dessin.
PERNETY, Dictionnaire portatif de peinture, sculpture et gravure, etc.

LISTE ÉPROUVÉE

Des meilleures Couleurs pour la Peinture à l'huile pour Tableaux, accompagnée de leurs qualités plus ou moins siccatives.

BLANCS.

N.° 1. Blanc de Crems ou de Cremnitz [1] le plus beau (sèche promptement).

2. Blanc de plomb le plus économique, pour des fonds, etc. (sèche promptement).

JAUNES.

3. Jaune de Naples (sèche bien).

4. Ocre jaune-clair (sèche assez lentement, employé pur).

5. Ocre de rue ou jaune obscur (sèche mieux que le précédent).

6. Jaune d'Inde; en anglais, *indian jellow* (sèche difficilement sans huile grasse).

ROUGES.

7. Ocre rouge-clair (sèche assez bien).

8. Ocre rouge-foncé ou brun-rouge (sèche assez bien).

9. Cinabre de Hollande (sèche lentement).

10. Cinabre de Chine, dit vermillon (*idem*).

11. Laque de garance rose ou claire (sèche très-lentement).

12. Laque de garance cramoisie ou foncée (sèche très-lentement).

---

1 On a un beau blanc qu'on appelle à Paris *blanc d'argent;* mais, sans oser l'affirmer, j'ai de fortes raisons de croire que ce n'est autre que du blanc ou oxide de plomb, dit *blanc de Crems*, bien épuré.

N.° 13. Laque de Venise brûlée, ou, à défaut de celle-ci, du beau carmin brûlé; couleur qu'il faut brûler soi-même (sèche lentement).

14. Rouge d'Angleterre (sèche passablement).[1]

BLEUS.

15. Bleu d'outremer clair (sèche lentement employé pur).

16. Bleu d'outremer plus foncé (sèche lentement employé pur).

17. Bleu de Prusse anglais (sèche bien).

18. Bleu de cobalt, dit smalt (sèche très-promptement).

19. Bleu de Thénard, tiré du cobalt (sèche moins que le précédent).

N'employez jamais à l'huile ni les *cendres bleues*, ni le *bleu minéral* dit d'*Anvers*, ni l'*indigo*, ni aucun autre que ceux que j'indique ici : ils verdissent ou noircissent tous, et ne sont bons ou passables qu'employés à l'eau.

BRUNS.

N.° 20. Terre de Sienne non calcinée (sèche difficilement).

21. Terre de Sienne calcinée (*idem*).

22. Brun de Prusse ordinaire (sèche bien).[2]

23. Brun de Prusse anglais (sèche passablement).[3]

---

1 La terre d'Italie calcinée donne un brun-rouge foncé très-beau; mais je la retranche, parce qu'elle noircit beaucoup; au lieu que le rouge d'Angleterre, n'étant pas bitumineux, ne fait pas cet effet. (Voyez au reste ce que j'en dis pa[illegible].)

2 J'appelle le n.° 22 b[illegible] de Prusse, parce qu'il s'obtient avec du bleu de Prusse ordinaire et qu'il ne réussit pas avec du bleu de Prusse de fabrique anglaise : il donne une superbe teinte de bistre. (Voyez page 54.)

3 Celui-ci s'obtient avec le bleu de Prusse fabriqué en Angleterre; il ne réussit pas avec d'autres. (Voyez page 56.)

N.° 24. Asphalte ou bitume de Judée (sèche très-difficilement).
25. Terre de Cassel (sèche très-lentement).
26. Terre de Cologne (*idem*).
27. Brun composé (*idem*).[1]

NOIRS.[2]

28. Noir d'ivoire*, très-noir (sèche difficilement).
29. Noir de café***, peu connu (sèche passablement).
30. Noir de papier*, doux bleuâtre (*idem*).
31. Noir de bouchons***, très-bleuâtre (sèche lentement).
32. Noir de vigne*, bleuâtre (sèche lentement).
33. Noir de Prusse***, très-noir-bleuâtre (sèche plus vîte que tous les autres noirs).
34. Noir de Russie, terre peu connue, très-noire (sèche lentement).
35. Noir d'os, roussâtre (sèche difficilement).
36. Noir de pêche, violâtre (sèche très-difficilement).

---

1 Ce brun composé ne s'achète pas; on le fait sur la palette. (Voyez page 72.)

2 Il y a une foule d'autres noirs dont on pourrait faire usage, puisque la plupart des susbtances réduites en charbon donnent une espèce de noir; mais il existe une très-grande différence entre eux quant à l'excellence Tous ceux-ci sont bons : les meilleurs de ceux que j'indique sont marqués de trois ***. L'on fera bien de s'y tenir, car il est inutile d'en avoir de tant de sortes. Ainsi, je recommande particulièrement les n.os 29, 31 et 33, soit parce qu'ils sont vîte broyés, soit parce qu'ils sèchent bien ou parce qu'il y en a de [illegible] doux bleuâtres, comme le n.° 31. (Voyez comment on les obtient dans les leçon 13.e, page 208, pour le noir de café; leçon 15.e, page 216, pour le noir de bouchons, et leçon 16.e, page 218, pour le noir de Prusse. Ce dernier ne peut pas se faire avec le bleu de Prusse anglais; il faut le faire avec le plus obscur des fabriques françaises ou allemandes.)

VERTS.

(De peu d'usage; ne sont bons que pour glacer.)

N.° 37. Vert-de-gris distillé ou en aiguilles (sèche très-difficilement).

38. Laque verte (sèche très-difficilement).[1]

Toutes les couleurs qui ne sèchent que lentement ou difficilement, etc., doivent être employées avec une addition plus ou moins grande d'huile grasse[2]; mais il ne faut pas faire cette addition en mettant les couleurs en vessie, ni même en les délayant sur la palette[3] : il faut seulement n'y mélanger l'huile grasse qu'au bout du pinceau, et au moment où l'on se sert de ces couleurs en peignant, sans quoi elles se travailleraient trop difficilement. Il est des cas cependant où l'on peut faire entrer une certaine quantité d'huile grasse en délayant les couleurs sur la palette : c'est lorsqu'on fait une draperie noire, ou rouge, ou couleur de laque, ou très-brune, ou bien lorsqu'on glace d'outremer ou de telles autres couleurs très-difficiles à sécher; sans cela il serait trop long et trop gênant de puiser constamment dans le godet d'huile grasse pour ces grandes parties, qui doivent être achevées dans la journée, ou même en deux ou trois heures. Mais lorsqu'on peint des chairs, il ne faut jamais introduire l'huile grasse d'avance dans les teintes; on en prend seulement à mesure qu'on en a besoin pour les ombres très-fortes, qui sèchent difficilement sans cela.

---

1 Voyez à quel usa[illegible]deux verts peuvent être utiles sans inconvénient, et comment [illegible]s préparer et les employer, pages 82 et 87.

2 Voyez ce que c'est que l'huile grasse et la manière de la faire, page 92, leçon 1.re

3 Voyez la manière de mettre les couleurs en vessie, page 100, leçon 3.e

Quant à l'asphalte, il faut qu'il soit mis en vessie à l'huile grasse pure et sans mélange, sans quoi il ne sécherait point. (Voyez les pages 57 et 206.)

Le vert-de-gris s'emploie d'une manière toute particulière. (Voyez la page 82.)

Mais toutes les fois qu'il entre du *blanc*, ou du *jaune de Naples*, ou du *smalt*[1] dans un mélange, il est superflu et même nuisible d'ajouter de l'huile grasse : on peut seulement se le permettre dans les fonds qu'on fait promptement et qu'on ne craint pas autant de voir roussir.

---

1 Voyez quelle est la qualité dessiccative du bleu de smalt et à quoi il est bon, page 45. Mais il ne faut pas confondre le smalt avec le bleu de Thénard, quoique l'un et l'autre soient tirés du cobalt, et que chez les marchands de couleurs on leur donne indistinctement le nom de *bleu de cobalt*. (Voyez ce qu'est le bleu de Thénard, page 49.)

EXPLICATION DES PLANCHES.

On pourra prendre les mesures sur les diverses échelles jointes aux planches.

PLANCHE I.re

Figure n.° 1. *Profil de la table à broyer et des molettes.*

A. Molette n.° 1, dont la poignée, en forme de béquille, est en pierre de roche, et dont la base *B*, en pierre très-dure, comme du porphyre, est soudée à la poignée avec du bon ciment.

C. Pierre à broyer ou glace. Si l'on fait usage d'une pierre, il la faut d'une qualité très-dure ; elle doit être très-plane partout dessus et avoir 18 lignes d'épaisseur. Si l'on emploie une glace, elle doit avoir 4 à 5 lignes d'épaisseur au moins : si l'on peut s'en procurer une plus épaisse encore, ce n'est que mieux.

Si l'on emploie une pierre dure de 18 lignes d'épaisseur, on ne fera pas usage de la table pliante qu'on va décrire ; la pierre serait trop lourde pour qu'on pût se hasarder à abattre le pliant : il faudra alors se servir d'une table très-forte, qu'on aura soin de lier *solidement* à sa place, contre le mur.

D. Table pliante qui supporte la glace.

E. Charnières qui fixent le pliant de la table contre la paroi ou contre le mur. La moitié des charnières est vissée fortement contre l[illegible]'autre moitié est vissée sous la table *D.*

F. Baguette de bois, ou rebord un peu arrondi par-dessus, lequel entoure la table, excepté une ouverture de *a* en *a*, qu'on réserve pour nettoyer le dessus de la table et en chasser les saletés. (Voyez ce rebord pl. II.)

H. Entailles pratiquées dans les renforts *b b* sous la table, à droite et à gauche. Ces entailles sont creusées pour y enchâsser l'appui *T* qui soutient la table quand elle est relevée.

Voyez l'appui *T* représenté en petit. Il faut préférer cet appui *T*, qui est assemblé en une seule pièce, aux deux appuis *N X*, qui sont séparés et moins commodes à ajuster.

I. Petite cheville de fer, qu'on passe dans les trous pratiqués pour cela dans les extrémités de l'appui *T*, de la pièce de bois creusée, *H*, et d'une partie de l'épaisseur de la table *D*. Ces chevilles servent à consolider toutes ces pièces ensemble, quand on a élevé la table *D* pour broyer.

K. Partie inférieure de l'appui *T*. C'est celle qui s'enchâsse dans la pièce de bois dur, *M*, qui est fixée en bas sur le plancher. On y passe aussi les chevilles *I*, comme en haut.

L. Chaînettes tenant aux chevilles de fer *I*, pour les avoir toujours sous la main. Les chaînettes des chevilles d'en haut sont suspendues et fixées à l'appui *T*, et les chaînettes des chevilles d'en bas tiennent par un clou sur le plancher.

M. Deux pièces de bois dur, creusées, pour y enchâsser la partie inférieure de l'appui *T*. Ces pièces creusées sont solidement vissées sur le plancher, à la place convenable, pour que, quand la table est relevée, elle soit parfaitement de niveau et horizontale.

N X. Forme et proportions des deux montans séparés qui soutiennent la table *D* quand on la relève. Mais je répète qu'il vaut mieux faire usage de l'appui *T*, composé de quatre pièces et assemblé en une seule pièce. L'extrémité supérieure, *U*, de l'un ou l'autre de ces appuis, *T* ou *N X*, doit être taillée en biseau po[illegible]châsser en biais dans les pièces *H* sous la table.

Petite figure de l'appui *T*.

Cet assemblage, qui sert de pied à la table *D*, m'a paru plus commode que les appuis *N X*, qui sont séparés ; il sera aussi plus solide et s'ajustera plus aisément sous la table, étant d'une seule pièce, par l'assemblage des deux supports *N* avec les deux traverses *V V*.

Du reste, on tiendra les deux montans ou appuis *N* de la figure *T* de la même épaisseur et longueur que les appuis séparés *N X*.

Les deux traverses *V V* assembleront les deux montans *N* à la distance voulue, pour que l'appui *T* s'enchâsse juste dans les entailles *H* par en haut et *M* par en bas.

On n'a dessiné la figure *T* très-petite et sans aucune proportion avec la table que pour ménager la place dans cette planche.

N. Les deux montans qui soutiennent la table et dont la partie supérieure, *U*, a un biseau pour s'enchâsser en biais dans les creusures *H H*.

U. Biseau du haut de l'appui *T*.

K. Partie *inférieure* de l'appui *T*, qui vient s'enchâsser dans les pièces de bois creusées, *+M*, fixées sur le plancher.

V V. Les deux traverses qui assemblent les appuis *N N*. On voit les trous où doivent entrer les quatre chevilles de fer *I*, deux en haut et les deux autres en bas.

On tiendra les quatre pièces de bois qui forment tout l'appui *T* d'un fort pouce d'épaisseur sur trois pouces de largeur, et leur longueur se déterminera selon la convenance du local et de la grandeur du broyeur. Il faut faire attention cependant que la table puisse passer sur les deux pièces *+M*, quand on l'abat, pour la laisser pendante. Si le broyeur est de petite taille, il pourra monter sur un banc solide.

Je crois qu'on fera bien de tenir, comme j'ai fait, l'appui *T* de 2 pieds 11 pouces de hauteur : cela établit la table à une bonne élévation.

Figure +M, *vue en face.*

Cette figure représente l'une des deux pièces de bois creusées, *+M*, où viennent s'enchâsser les deux appuis *N* par en bas. Il faut tenir le bois de ces pièces assez fort et solide. On les visse sur le plancher par terre.

Figure R. *Petite glace dépolie.*

Cette petite glace sert à délayer les couleurs quand on fait la palette; elle sert aussi à broyer peu de couleur à la fois, quand on n'a besoin d'en préparer que pour le besoin du moment. L'on fera usage, dans ce dernier cas, du petit broyon figure *Q*, n.° 3.

Quand on fait les teintes variées d'une palette sur la glace *R*, on les délaie avec la petite spatule de corne *Y* (pl. II). On place le blanc au centre de la glace et l'on fait tous les mélanges tout autour des bords, en changeant de place, sans nettoyer celle qu'on quitte, toutes les fois qu'on fait une teinte fort différente de la précédente et qu'on a besoin d'une place très-propre.

L'emploi de cette glace épargne du temps et conserve le bois de la palette, qui reste toujours très-poli et très-propre. (Voyez le texte.)

Figure O. *Moltete n.° 2.*

Cette molette a, comme la molette n.° 1, une poignée en pierre de roche ordinaire; mais la poignée de la molette n.° 2 est en forme de cône légèrement creusé dans le milieu de sa hauteur.

L'on soude cette poignée à une base de matière fort dure, *B*.

Quelques personnes prennent un fort culot de verre ayant un bourrelet arrondi tout autour, comme on le voit ici; mais il vaut encore mieux que cette base soit en pierre très-dure, comme du beau granit, du porphyre, de la serpentine, de l'agate ou telle autre pierre dure, d'un grain très-fin et uni.

Quand on soude une de ces pierres dures pour base de la molette, on n'y fait point de bourrelet arrondi : on la taille dans la forme indiquée *B* de la molette *A*, n.° 1, et on soude la base à la poignée avec de bon ciment chaud ou froid.

Les bases à bourrelets arrondis, comme celles en verre dur, sont moins commodes à ratisser avec la spatule que les autres.

Les poignées en forme de béquille, comme le n.° 1, sont plus commodes à manier; mais elles sont sujettes à faire basculer la base de la molette, quand on n'appuie pas également avec les deux mains.

Figure Q. *Petite molette, ou broyon n.° 3.*

Cette petite molette doit être faite d'un seul morceau; l'on en a en verre : les meilleures sont en biscuit dur de porcelaine, ou en porphyre, en agate, etc.

&&. Les six chevilles de bois dur qui maintiennent la glace fixément à sa place, sans dévier d'aucun côté quand on broie. (Voyez la figure entière d'une de ces chevilles, planche II, figure & X.)

PLANCHE II.

Plan de la table D *sans l'appui* T.

A. Provision de couleur déjà délayée avec la quantité d'huile convenable, mais non encore broyée. On appelle cela mettre la couleur en pâté.

B. Portion de cette même provision de couleur *A* déjà broyée.

C. Grande glace à broyer; elle a 2 pieds sur tous les côtés.

D. Table pliante où repose la glace. Elle est représentée ici comme quand elle serait abattue et pendante ; c'est pourquoi l'on y voit les courroies *Z Z* tendues par-dessus la glace, pour l'empêcher de tomber; et quoiqu'on voie de la couleur et des outils reposés, on pense bien qu'ils sont là pour l'explication de la planche, et que ni la couleur ni aucune autre chose ne doit pouvoir reposer sur la table ou sur la glace quand elle est pendante, et surtout qu'on ne tendrait pas les courroies sur des tas de couleur, comme on le voit ici.

E. Charnières très-fortes qui suspendent la table contre le mur ou la paroi. La partie inférieure des charnières qui n'est tracée ici qu'en petits points, se visse solidement sous la table *D*.

F. Baguette sur tout le tour de la table, pour empêcher les objets qu'on pose dessus de tomber. Cette baguette ou rebord n'existe pas de *a* en *a*; on laisse cette ouverture pour chasser les ordures, etc., et nettoyer la table.

b b. Ces deux lettres indiquent les pièces de bois placées *sous* la table pour la renforcer. On a fait des hachures en biais sur la largeur de ces pièces de bois, pour les mieux indiquer au lecteur. On tiendra ces renforts de bois d'un pouce d'épaisseur, sur environ 3 ou 4 pouces de largeur. Les creusures *H H* peuvent s'entailler dans les renforts *b b*.

H H. Les deux entailles pratiquées sous le devant de la table dans l'épaisseur des renforts *b b*, pour y enchâsser le haut de l'appui *T*.

Quoique ces entailles *H H* paraissent pratiquées dans une petite pièce de bois carrée, qu'on aurait rapportée sous la table *D* de la planche Ire, l'on voudra bien se rappeler qu'elles doivent être creusées dans l'épaisseur des renforts *b b*, qui sont sous la table. L'on n'a pas dessiné ces quatre renforts *b b* dans le profil de la table *D*, planche Ire, pour éviter la confusion des lignes.

&. Les six chevilles à tête demi-circulaire qui entourent la glace sur trois côtés pour l'empêcher de remuer quand on broie. (Voyez l'une des chevilles dessinée en entier, figure &*X*.)

Le rebord *F* retient assez la glace en bas sur le devant de la table, sans qu'on y mette des chevilles; mais ce rebord doit être d'une forte ligne moins élevé que la superficie de la glace, afin qu'on ne le touche pas avec la molette en broyant. Les têtes des chevilles & doivent être à la même élévation que le rebord *F*, pour la même raison.

Z Z. Les deux fortes courroies qui empêchent la glace de tomber quand la table est pendante. Ces courroies sont vissées en *P P*, partie sur l'épaisseur du bois de côté et partie sous la table.

Les courroies doivent avoir 10 pouces de longueur de plus que toute la largeur de la table, afin qu'on ait de la prise pour les tirer et les sangler fortement; après quoi, on les boucle en *zz* à une boucle qui tient à un autre bout de courroie *ZZX*, lequel est fortement vissé *sous la table*. Toutes ces courroies auront 15 à 18 lignes de largeur, sur une ligne et demie d'épaisseur; elles devront cependant être d'un cuir souple.

ZZX (figure séparée). Bout de courroie auquel tient la boucle, pour y boucler les longues courroies *Z* et les sangler, quand on voudra abatire la table *D* et la laisser pendante contre le mur avec la glace dessus.

Quand on n'aura plus besoin de la table et qu'on aura nettoyé la glace, on placera un grand et fort carton sur la glace, pour la préserver des chocs; après quoi, l'on sanglera les courroies jusqu'à ce que les ardillons de la boucle puissent entrer dans les trous où ils entrent ordinairement; puis, pour que les courroies soient encore plus fortement tendues, l'on insinuera entre le carton et les courroies en travers, du haut et du bas de la table, deux planchettes d'un pouce d'épaisseur chacune et de 3 pouces de largeur, sur environ 3 pieds de longueur.

Le bout de courroie *ZZX*, auquel tient la boucle, doit avoir environ 6 pouces de longueur. On le vissera sous la table, de façon à ce que l'extrémité avancée de la boucle n'arrive pas plus en avant que le bord inférieur de la table: alors on aura toute facilité pour sangler.

On comprend qu'il faut faire tout cela pendant que la table est supportée par l'appui *T*, et qu'il ne faut abattre la table que quand le tout est solidement arrêté et sanglé. On aura grand soin de soutenir la table d'une main pendant qu'on enlève l'appui *T* de l'autre main; sans quoi la pesanteur de la glace entraînerait le tout trop promptement, et la table, en s'abattant brusquement, causerait quelque accident, soit à la glace, soit aux charnières, soit à la personne qui fait l'opération. Il faut donc conduire doucement le pliant, en le soutenant jusqu'à ce qu'il soit pendant contre le mur.

Il faut aussi prendre beaucoup de précaution pour relever la table et la placer horizontalement sur son appui; car elle est fort lourde. Si l'on ne se croit pas le poignet assez fort pour faire seul cette opération, il faut se faire aider par une seconde personne, qui tiendra la table élevée pendant que l'autre personne placera l'appui *T* dans les enchâsses. Dans tout cet ajustement il faut agir avec précaution. (Voyez le texte.)

S. Une tasse et sa soucoupe, placée à droite et vers le haut de la table, pour y tenir de l'huile ou de l'eau, selon qu'on broie à l'un ou l'autre de ces liquides : c'est la place où elle embarrasse le moins.

X. Grande spatule de corne blonde, pour relever la couleur autour de la glace et autour de la molette, quand on broie sur la grande glace. On peut ne se servir que de la petite spatule *Y* pour ratisser les bords de la molette.

Y. Petite spatule en corne blonde pour délayer les teintes de la palette. On se sert aussi de la grande spatule *X*, soit pour nettoyer, le soir, le bois de la palette, soit pour délayer de grandes masses de couleur, quand on peint des ciels, des fonds, etc., et qu'on a à couvrir une grande toile. On se sert encore de la grande spatule X pour nettoyer, avec un peu d'huile, les glaces, grande et petite.

U. Plan du diamètre des grandes molettes n.os 1 et 2. La partie qui broie doit avoir au moins 5 pouces de diamètre et même 6 pouces.

& *X* (figure séparée). Élévation et profil des six chevilles de bois dur, & &, qui entourent la glace sur trois côtés pour la maintenir en place.

Ces chevilles ont à peu près 3 ou 4 lignes de diamètre vers le haut de la queue (qu'on diminue un peu vers le bas). Cette queue aura 3 pouces de longueur et traversera toute l'épaisseur du bois de la table; elle ressortira assez pour qu'à petits coups de marteau on puisse, par-dessous la table, chasser les chevilles pour les sortir de leurs trous au besoin.

La tête des chevilles aura la forme d'un bouton arrondi ou d'une tête de clou arrondie *dessus* et plane *dessous*. On retranchera une partie du diamètre de cette tête jusqu'au niveau de la queue de la cheville, afin que la cheville vienne appuyer, du côté retranché et plat, contre l'épaisseur de la glace. La tête de la cheville, en la supposant circulaire et non retranchée, doit avoir environ 8 lignes de diamètre; la partie la plus élevée de la tête, au-dessus de la queue, doit être d'une forte ligne moins bombée, moins élevée que la superficie de la glace.

L'on aura soin de percer les trous dans la table pour les chevilles de manière à ce qu'il n'y ait point de vide entre la glace et la partie retranchée de la tête des chevilles, et qu'on puisse les placer et déplacer sans peine et sans risquer d'endommager les bords de la glace.

Les traces circulaires pointées sur la glace *C* indiquent le mouvement qu'il faut faire avec la molette pour rassembler la couleur au centre quand on broie *à l'eau*, où l'on tient la couleur plus liquide qu'à l'huile. On fait aussi de temps en temps ce même mouvement quand on broie à l'huile; mais le plus souvent on promène la molette vivement du haut en bas et du bas en haut de la glace, en évitant d'aller trop près des bords et des coins.

Quand on broie à l'eau, l'on commence à décrire des cercles vers le n.° 1, et l'on fait ainsi tout le tour, jusqu'à ce qu'on revienne d'où l'on est parti, au n.° 2, et ainsi de suite. L'on décrira avec la molette des cercles plus grands qu'on ne les voit tracés dans cette planche, en sorte que chaque cercle ait un diamètre qui s'étende du bord de la glace jusqu'au milieu, mais sans aller dans les quatre coins.

Après avoir fait une vingtaine de fois de cette manière tout le tour de la glace, l'on fait glisser la molette sur l'un des côtés de la glace, afin d'y introduire de l'air; on la fait donc déborder de la glace en la soutenant, puis on enlève la molette et on la replace sur le tas de couleur qui s'est amassé au milieu de la glace, et l'on recommence à décrire de nouveaux cercles, et ainsi de suite.

On relève de loin en loin la couleur, tant aux bords de la glace qu'autour de la molette, afin que le tout se broie également. (Voyez le texte pour plus ample explication, pages 134 et suiv.)

PLANCHE III.

Boîte à couleur.

Figure K. *La boîte à couleur avec tout ce qu'elle contient, dessinée en perspective, avec son pied, qui est indépendant et peut se séparer de la caisse.*

a. Couvercle de la boîte, ayant un rebord qui lui laisse un pouce de profondeur; profondeur nécessaire pour que la lame *b* puisse rester en place quand on ferme la boîte.

b. Lame de fer poli, qui sert à nettoyer les brosses et les pinceaux. Cette lame est placée au-dessus de l'un des godets *c.* (Voyez en même temps le plan de l'intérieur de la boîte, figure *I.*)

c c. Les deux godets où l'on tient l'huile. Ces godets ont la forme d'une demi-coquille de noix; ils ont chacun deux anneaux pour la facilité de les enlever et de les replacer. Ils s'enchâssent dans deux ouvertures ovales, pratiquées dans la caisse de fer-blanc *d.*

On enlève souvent ces godets pour les nettoyer : leur grand diamètre est de 4 pouces.

d. Caisse mobile en fer-blanc, comme tout l'intérieur de la boîte à couleur. Cette caisse n'a qu'un dessus percé de deux trous ovales pour les godets, et des côtés latéraux; mais elle n'a point de fond : elle repose sur le fer-blanc du fond général de la caisse; elle peut donc s'enlever à volonté, et sous sa cavité l'on peut tenir des vessies ou autres choses : elle s'enchâsse dans des compartimens, comme une boîte dans une autre boîte,

Cette caisse mobile *d* a 18 lignes de profondeur. (Voyez l'échelle pour toutes les mesures.)

e. Case où l'on tient l'assortiment de vessies de couleur pendant qu'on peint, pour les avoir sous la main. On lui donnera toute la profondeur de la caisse, depuis 6 lignes *au-dessous* du rebord de la caisse jusqu'au fond, qui est immédiatement au-dessus du tiroir supérieur *i* (environ 3 pouces de profondeur).

L'on couvre ordinairement les vessies avec une petite planchette de la proportion de la *case*, et ayant un petit bouton au milieu pour l'enlever et la remettre. Cette planchette, de 2 ou 3 lignes d'épaisseur, garantit les vessies de l'air extérieur et de la poussière pendant qu'on travaille. On a figuré un assortiment de vessies placées au fond de la case *e*.

f. L'un des pinceliers où l'on place séparément tous les pinceaux qui n'ont encore point de couleur ni d'huile, et principalement ceux qu'on ne trempe jamais dans l'huile, tels que les *blaireaux* et les *putois*.

g. Autre pincelier pour les pinceaux garnis d'huile ou de couleur.

Les deux pinceliers ont la forme d'une tuile courbe ou plutôt d'un cheneau de toit fermé aux deux extrémités. (Voyez la figure *I*.)

h. Profondeur de la boîte sans les tiroirs. Tout l'intérieur de cette boîte est en fer-blanc, ainsi que toutes les différentes pièces et cases.

i. Tiroir en layette pour y placer toutes sortes de brosses et pinceaux secs.

k. Second tiroir, où l'on tient les couleurs broyées à l'eau et en poudre sèche, renfermées dans de petites boîtes de bois dur, pour en pouvoir délayer à l'huile au besoin, quand on manque d'une couleur en vessie. On peut y tenir différentes autres choses sèches.

l. Pied de la boîte. Il est indépendant de la caisse qui s'y enchâsse à un demi-pouce de profondeur et dont on l'enlève à volonté.

Figure M. *Vessie de grosseur naturelle.*

M. Une vessie remplie de blanc. On les fait assez volumineuses, comme celle représentée ici de grandeur naturelle, parce que le blanc est la couleur dont on emploie le plus. Les vessies d'ocre jaune se font un tiers plus petites que celles de blanc; mais toutes les autres couleurs ne se mettent en vessie qu'à la moitié du volume de celle du blanc : sans quoi, elles se graissent et deviennent visqueuses.

Figure N.

Forme de la lame placée sur l'un des godets *c*. On la voit ici en face. On la fiche par les deux pointes, jusqu'au trait marqué de deux XX, dans deux trous pratiqués pour cela dans le dessus de la caisse mobile *d*.

Figure O.

La même lame, vue en perspective, telle qu'on la voit dans la boîte *K*, marquée *b*. Le haut de cette pièce doit être un peu incliné à gauche, et le tranchant de la lame doit être très-uni, fort arrondi et poli, pour qu'il ne coupe pas les pinceaux.

Figure I. *Plan de l'intérieur*, tout en fer-blanc, *de la boîte K*.

a a. Fils de fer ajustés sur les deux pinceliers *f* et *g*. Ils doivent avoir la forme courbe de l'intérieur des pinceliers ; mais ils doivent être éloignés du fond d'un pouce du côté où sont les manches des pinceaux, et seulement d'un demi-pouce de l'autre côté, où sont les poils des pinceaux. On donne cette inclinaison aux pinceaux, afin que l'huile reste dans les poils et ne coule pas le long des manches des pinceaux.

b. Lame qui sert à nettoyer les pinceaux. (Voyez les figures *N* et *O*, et l'explication.)

c. Les deux godets à tenir l'huile. Celui qui n'a point de lame au-dessus sert à tenir l'huile propre, et l'autre contient ce qui sort des brosses et des pinceaux quand on les presse un peu sur la lame pour les nettoyer.

d. Caisse de fer-blanc, qui s'enlève à volonté et qui, percée de deux trous ovales, reçoit les deux godets *c c*, qui ne reposent que par les bords.

c. Case où l'on tient les vessies pendant qu'on fait la palette ou qu'on est occupé à peindre. Mais on les place ailleurs pour les maintenir fraîches quand on cesse de peindre pour plusieurs heures. (Voyez le texte, pour maintenir les vessies long-temps fraîches.)

f et *g*. Les deux pinceliers, dont on a déjà donné une explication suffisante plus haut et aux mêmes lettres.

Les boîtes à couleur doivent être construites en bois dur; les bois tendres dessèchent les couleurs.

On pense bien qu'entre le fond en fer-blanc de l'intérieur de la boîte et le premier tiroir *i* il y a une séparation en bois qui sépare *h* du tiroir *i*.

PLANCHE IV.

Chevalets et appui-mains à crémaillère.

Figure A. *Chevalet à crémaillère, vu en face et du côté où l'on place le tableau.*

a. Branche attenante solidement par son extrémité inférieure à toute la tablette *g h i*, ainsi qu'à la pièce de bois *O*. Cette branche *a* glisse avec toute la tablette sur la branche *b*, où elle est prisonnière par la traverse *d x*.

La branche *a* peut donc s'élever et s'abaisser à volonté, et se fixer à la hauteur voulue par le moyen de la crémaillère, dont on va parler tout à l'heure; en sorte que, comme la tablette est attenante à la branche *a*, le tableau qui repose sur la tablette *g h i* monte ou descend à volonté avec la branche *a*.

On remarquera que la branche mouvante *a* entre à *queue d'aronde* dans la traverse d'en haut, *d x*, en sorte qu'elle y glisse en layette du haut en bas ou du bas en haut, sans néanmoins pouvoir se séparer de la branche *b*, sur laquelle elle glisse.

b. Branche du milieu du chevalet, sur laquelle coule la branche *a*.

Cette branche *b* a des coches pratiquées depuis le bas

jusqu'à une certaine élévation. Ces coches reçoivent le pène de la crémaillère, où il s'accroche comme le pène d'une serrure dans sa gâche. Le pène tient à un ressort; quand on veut dégager le pène, qui tend toujours à entrer dans les coches, on tire à soi, avec l'index, le bouton *T*, et alors, sans cesser de tirer à soi ce bouton, l'on fait monter ou descendre à volonté la tablette jusqu'au point où l'on désire la fixer; alors on abandonne le bouton, et le pène se place de soi-même dans la coche la plus voisine, et y reste fixément jusqu'à ce qu'on veuille de nouveau changer la tablette de place. Tous les serruriers sauront construire une pareille crémaillère, dans quelque ville que ce soit; rien n'est plus simple; mais il faut la faire solidement.

Les coches de la branche *b* sont ordinairement garnies d'une feuille de cuivre jaune ou de laiton très-mince. Cette feuille est assez souple pour qu'on l'oblige à petits coups de marteau et d'un ciseau à prendre la forme et l'ondulation des coches. Cette garniture de laiton est là pour que le pène, qui est en fer, n'endommage pas le bois et les coches de la branche *b*. L'on fixe cette garniture dans les coches avec de très-petits clous jaunes, dont on noie entièrement la tête à coups de marteau, pour que le pène de la crémaillère glisse facilement sans s'y accrocher.

La crémaillère est placée sous la pièce de bois *O*; elle y est noyée, et l'on n'en voit ressortir que le bouton *T*. (Voyez la figure *Ex*, où cette pièce est plus distincte.)

c. Les deux branches de droite et de gauche du chevalet, qui vont en s'écartant progressivement depuis le haut jusqu'en bas, comme un compas.

d x. Pièce de bois qui lie ensemble les deux branches *c c* par en haut.

Cette pièce *d x* est percée dans le milieu, pour y recevoir la branche *b*, qui y est fixée solidement.

Sur le devant de cette pièce *d x*, du côté où nous voyons le chevalet *A*, on pratique une entaille en *queue d'aronde* ou *d'hirondelle*, dans laquelle est noyée la branche *a*. C'est dans cette encoche en queue d'aronde que glisse et se meut la branche *a*, sans pouvoir se séparer de la traverse *d x*, qui la tient enfermée, et ne lui laisse que la liberté de monter ou descendre, en glissant le long de la branche *b*.

d d. Traverse qui lie les trois branches *b* et *c c* ensemble dans le bas du chevalet.

e. Queue du chevalet. Cette queue est placée à charnière dans le haut, afin qu'on puisse l'écarter ou la rapprocher du reste du chevalet à volonté : elle lui sert de troisième pied pour le tenir debout. La queue doit descendre de 7 pouces au-dessous des branches *b c c*; elle doit donc dépasser de 7 pouces le reste du chevalet quand il est fermé et qu'on le suspend quelque part sans le tenir debout. On sent que, si la queue ne dépassait pas le chevalet, celui-ci pencherait et aurait une trop forte inclinaison en arrière, quand il repose sur les trois jambes.

F. Équerre en fer, fixée sur la branche mouvante *a*, pour y accrocher l'appui-main nouveau, figure *c c*, dont on voit ici quatre figures.

On fixe cette équerre *F* par deux fortes et bonnes vis *O V* par en haut et *D V* par en bas. Il y a un petit crochet à l'extrémité de l'équerre, pour éviter que l'appui-main ne sorte sans qu'on le veuille.

La vis *O V* aura une tête en oreille, pour qu'avec les doigts on puisse la détourner facilement sans tourne-vis.

On la détourne à gauche, quand on veut laisser tomber l'équerre, et alors l'équerre ne tient plus que par la vis d'en bas, *D V*, qui a une tête fendue ordinaire et qui reste toujours fixe et en place.

On abat et on laisse tomber l'équerre *F* quand on ne veut plus s'en servir et qu'on range et plie le chevalet pour débarrasser le local.

La saillie que fait cette équerre serait embarrassante et souvent dangereuse, si l'on n'avait pas la faculté de l'abattre en détournant la vis d'en haut, *O V* : c'est pour éviter les accidens que j'ai pris cette précaution.

L'on verra bientôt comment on fait usage de l'équerre *F*

pour y suspendre l'appui-main ; en ce cas l'on redresse l'équerre et l'on remet la vis *O V*.

g. Planchette attenante solidement à la tablette *h* et à la branche *a*. C'est derrière cette planchette *g* qu'on fixe, avec des vis, les brides *q*, qu'on ne peut voir ici que dans le chevalet figure *B*.

h. Tablette où repose le tableau. Cette tablette doit être partagée en deux parties égales par une baguette *x o*. (Voyez cette séparation figure *F*.) J'ai évité de la dessiner dans le chevalet *A*, crainte de confusion, attendu la perspective. La partie *h*, qui est la plus rapprochée du corps du chevalet, est celle où repose le tableau, et l'autre, *p*, plus près du peintre, servira à poser des pinceaux et autres choses.

i i. Deux tiroirs en layette sous la tablette *h*, l'un à gauche et s'ouvrant en face; l'autre à droite et s'ouvrant de côté, dans le sens de la longueur de la tablette, afin qu'il n'embarrasse pas le peintre ni l'appui-main *C*.

k. Bride de fer plat et recourbé en portion de cercle. Cette bride tient à vis derrière la branche *b* par une charnière qui permet à la bride de se placer de côté, à droite ou à gauche, contre les branches du chevalet, quand on veut le fermer et rapprocher la queue *e*. Mais pour cela il faut commencer par écarter la queue, en desserrant la vis à oreille *l*, jusqu'à ce que la bride *k* sorte de l'ouverture *V* pratiquée dans la queue *e*, où elle est enfilée quand le chevalet porte sur les trois jambes.

l. Vis de pression en fer, ayant une tête en oreille, pour la manier aisément avec les doigts. Cette vis *l* traverse la moitié de l'épaisseur du bois de la queue *e* et vient appuyer et presser la bride *k* pour maintenir la queue *e* à l'éloignement qu'on désire; ce qui détermine le plus ou le moins d'inclinaison du corps entier du chevalet.

On ne serre cette vis *l* que médiocrement; cela suffit pour obtenir de l'immobilité.

m m. Charnière de la bride *k*, vissée et ajustée proprement derrière la branche *b*, à la hauteur où on la voit ici. (Voyez en même temps les deux chevalets *A* et *B*, qui sont les mêmes; l'un vu par devant et l'autre par derrière.)

O. Pièce de bois attenante fortement à toute la tablette *g h i*. Cette pièce *O* est percée pour envelopper la branche mobile *a*, qui y est solidement adhérente par son extrémité inférieure.

C'est aussi dans le vide pratiqué au centre de la pièce de bois *O* que passe la branche *b* et où cette pièce *O* peut couler facilement, quand on veut faire mouvoir la tablette par le haut ou par le bas.

C'est essentiellement et uniquement sur cette pièce *O* (qui est assez forte et massive) que repose solidement toute la tablette avec ses tiroirs; ainsi l'on aura soin de la construire d'un morceau de bois sain et fort, et d'y fixer la tablette le plus solidement possible.

Voyez les figures séparées *E x* et *E*, qui sont d'une proportion un peu plus grande que les deux chevalets, pour mieux développer la figure de la masse de bois *O*. C'est pour la même raison que j'ai dessiné cette pièce sans la tablette dans la figure *E x*, où on la voit un peu par dessous, et dans la figure *E*, où je l'ai dessinée en profil, pour en montrer plus clairement la coupe ou la forme.

T. Petit bouton sortant du dessous de la crémaillère. C'est ce même bouton qu'on retire à soi quand on veut dégager le pène de la coche où il se trouve, pour faire mouvoir la tablette ou plus haut ou plus bas. (Voyez ce qu'on a dit plus haut touchant la crémaillère.)

Figures E x et E. *Fragmens séparés pour l'intelligence de la pièce O et du placement de la crémaillère.*

La figure *E x* représente la pièce de bois *O*, vue un peu par dessous; elle est plus grande qu'il ne la faudrait pour la proportion des chevalets *A* et *B*, et je n'y ai pas mis la tablette, non plus qu'à l'autre figure *E*, pour laisser cette pièce *O* tout-à-fait à découvert.

Sous la pièce *O* l'on voit une plaque de fer carrée qui bouche l'intérieur où se trouve le simple mécanisme de la crémaillère ; à cette plaque de fer, vissée dans le bois par les quatre coins, tient le pène à ressort, dont on ne voit ressortir ici que le bouton *T*. Le pène communique par une ouverture pratiquée dans le trou de la pièce *O*, contre la branche *b*, et vient s'accrocher dans les coches, dont on voit ici une grande partie ; mais l'on ne peut pas voir le pène ni son ressort, parce qu'il est caché dans l'intérieur de la pièce *O*.

La figure *E* n'est que le profil de la pièce de bois *O*, sans perspective.

Figure F séparée.

Elle représente la tablette du chevalet vue en plan, avec la baguette *xo*, qui la partage dans sa longueur en deux parties égales, *h* pour placer le tableau, *p* pour placer des pinceaux, etc.

Figure B. *Le même chevalet que la figure A.*

Celui-ci est vu par derrière ; ce qui était nécessaire pour l'intelligence des brides *q*, et de quelques autres détails. Mais, comme les pièces de ces deux chevalets sont marquées des mêmes lettres, j'entrerai dans moins de détails pour les pièces déjà suffisamment expliquées dans la figure *A*.

qq. Brides en bois, placées derrière la planche *gx*, attenante à la tablette du chevalet. Ces brides, que j'ai représentées ici en bois dur, seraient meilleures, si elles étaient construites en fer rond et poli, d'environ 4 ou 5 lignes de diamètre : elles seraient plus coulantes et plus solides. Ainsi, je les conseille en fer. On aplatirait un peu l'extrémité des brides, en les forgeant au feu, et, dans cet endroit, l'on fixerait les brides par des vis.

Les brides *q q* doivent avoir une ouverture de droite à gauche, aussi large qu'on le voit ici, afin qu'elles laissent un libre passage aux deux branches *c c* du chevalet, qui s'écartent progressivement du haut en bas ; sans quoi l'on ne pourrait pas élever ou abaisser la tablette à la hauteur qu'on désire.[1]

Ces brides sont utiles pour tenir en respect la tablette contre le corps du chevalet. On comprendra que, comme la tablette avec ses tiroirs n'est fixée que sur la pièce de bois *O*, elle pourrait venir à dévier peu à peu par l'usage, et s'écarter un peu des branches *c c*; mais les brides *q q* l'obligent de rester constamment de niveau avec les trois branches principales du corps du chevalet.

d. Cette pièce est la même que celle marquée *d x* sur le chevalet *A*. On la voit ici par derrière; sa forme est celle d'un triangle dont les coins latéraux sont arrondis et le coin de derrière aplati ou retranché, pour y ajuster la queue du chevalet, *e*.

Cest sur cet angle retranché et plat qu'on fixe la pièce de bois rapportée, *r*, qui sert de charnière à la queue *e*.

r. Pièce de bois rapportée avec de la colle et des vis contre la traverse triangulaire *d*, figure *B*, ou *d x*, figure *A*. Elle est creusée convenablement pour recevoir le haut de la queue *e*. Une cheville de fer assez forte (2 lignes de diamètre) traverse la pièce *r* de part en part, ainsi que la queue *e*, qui y est enchâssée; ce qui forme une charnière naturelle très-solide, et permet à la queue de s'écarter du chevalet autant qu'il est nécessaire pour la dégager de la bride courbe *k*, quand on veut plier le chevalet pour le ranger sans qu'il occupe trop de place.

On peut ajuster la queue *e* de plusieurs manières; celle-ci m'a paru bonne et remplir très-bien le but, qui est d'être solide en même temps que simple.

Quand on craint que le chevalet ne tombe en avant, l'on peut attacher ou accrocher un fort poids de fer ou de plomb derrière et dans le bas de la queue *e*, de façon pourtant à ce que le poids ne repose pas par terre.

---

1 Du reste les deux branches *c c* du chevalet doivent glisser à frottement doux entre la planchette *g x* de la tablette et contre la partie intérieure des brides *q q*.

Figure D. *Appui-main en baguette.*

C'est celui dont on se sert le plus communément, et qui est le plus simple.

a. Bouton de bois garni de coton et d'une peau, pour que l'extrémité supérieure de l'appui-main ne crève pas la toile du tableau.

Le reste de cet appui-main est une simple baguette d'un bois léger d'environ 5 pieds de longueur, et un peu plus épais en bas qu'il ne l'est en haut, vers le bouton.

D On tient l'appui-main de la main gauche de *D* en *D*, en même temps qu'on tient la palette et quelques pinceaux à choisir selon les différentes teintes dont ils sont déjà imprégnés; et l'on repose le poignet droit sur la baguette, qui est posée en croix sur la droite et le haut du tableau.

Figure C. *Appui-main nouveau, qui s'accroche par deux crochets X sur l'équerre F.*

Celui-ci se voit par derrière sur le chevalet *B*.

L'on examinera tour à tour tous ces appui-mains, au nombre de quatre; ils sont tous semblables. Celui marqué *C* est vu par derrière et un peu en perspective. Celui marqué *C C* est vu en face.

L'on voit deux autres fragmens de ce même appui-main: l'un, figure *C C*, est accroché sur l'équerre du chevalet *A*; l'on y a joint la baguette de l'appui-main ordinaire *D*, pour montrer comment le haut de cette baguette vient reposer sur l'un ou l'autre des crochets de fer *g*; ce qui soulage beaucoup la main.

La figure *C V*, qui n'est qu'un fragment en perspective, est là pour montrer les crochets *X*, qui servent à suspendre l'appui-main nouveau à l'équerre *F*; mais c'est toujours le même que la figure *C C*.

Je reprendrai l'explication en abrégé de chacune de ces figures, pour ne rien laisser dans le doute.

Figure C. *Explication particulière de l'appui-main C, vu par derrière et suspendu sur l'équerre du chevalet B.*

a. Planchette de 4 pouces de largeur, sur 4 lignes d'épaisseur. Sa longueur se détermine par la hauteur où l'on fixe l'équerre *F*; mais il est bon de dire qu'il faut que l'équerre soit au moins aussi élevée qu'on le voit ici, si ce n'est davantage encore, attendu que plus l'équerre sera élevée sur la branche *a* du chevalet, plus l'appui-main qui s'y accroche aura une pente douce, étant plus long; car dans tous les cas il faut que le bas de la planchette *a* vienne s'appuyer contre le bord extérieur de la tablette *h i g*, et qu'il ne la dépasse que d'un demi-pouce, pour qu'elle n'embarrasse pas les genoux du peintre. Cela, bien entendu, donne la longueur précise de la planchette *a*, qui forme le corps principal de l'appui-main nouveau.

L'on tiendra donc la planchette *a* aussi longue que la distance qu'on aura établie depuis le haut de l'équerre *F*, jusqu'à un demi-pouce plus bas que le dessous de la tablette où repose le tableau.

On observera que, puisque l'équerre et la tablette sont tous deux fixés sur la branche mobile *a*, tenant fortement à la pièce *O*, où se place la crémaillère, la distance de *F* à la tablette restera toujours la même, soit qu'on élève ou qu'on abaisse la crémaillère qui porte toute la tablette, l'équerre, l'appui-main, etc. Ainsi, dans tous les cas, la planchette *a* sera toujours de bonne longueur, quand on l'aura une fois déterminée convenablement, comme on vient de l'expliquer.

f. Baguette pour renforcer le bois de la planchette *a*, afin que les crochets *g* s'y maintiennent solidement; ce qui n'aurait pas lieu dans la simple épaisseur du bois de la planchette, qui n'a que quatre lignes d'épaisseur.

La bande de bois *f* sera collée sur le côté droit de la planchette *a*; elle servira en même temps de coulisseau, *d*, pour la petite planchette *b*, qui est adhérente à l'appui-coude dont on va donner l'explication tout-à-l'heure.

On tiendra cette baguette *f* de toute la longueur de l'appui-main *a*; son épaisseur aura 7 ou 8 lignes, et sa largeur un pouce : c'est le long de cette bande de bois qu'on percera des trous pour les crochets *g*.

X. Deux crochets de fer arrondis, placés dans le haut de la planchette *a* pour la suspendre sur l'équerre *F*, qui sera elle-même un peu arrondie sur son épaisseur en haut, afin qu'on puisse aisément faire cheminer et glisser l'appui-main le long de l'équerre à droite ou à gauche, c'est-à-dire un peu plus près ou plus loin du corps du chevalet, selon le besoin.

g. Crochets de fer, fichés dans les trous pratiqués de deux pouces en deux pouces à droite et au bord de la planchette *a*, sur la bande rapportée *f* dont on a parlé plus haut.

Les crochets *g* pourront s'enlever pour les changer de place et les remettre à la hauteur qu'on voudra.

*Description particulière de l'*appui-coude, *ajusté sur la planchette a.* (Voyez le texte.)

b. Petite planchette de bois dur, glissant à coulisse dans les rainures *d* qui sont fixées à droite et à gauche, depuis le bas de la planchette *a* jusqu'à la moitié de sa hauteur.

Les mêmes bandes de bois *d*, qui servent à faire les coulisseaux, peuvent servir plus haut à renforcer le bois, du moins à droite, où sont placés les crochets de fer *g*. (Voyez l'article *f*.)

c. La petite tablette qui sert à appuyer le coude; l'on pourra la garnir d'un petit coussinet de maroquin.

La tablette *c* est supportée par une console de bois *e*, et ces deux pièces sont adhérentes à la planchette *b*.

e. Console qui supporte l'appui-coude *c*.

L'on observera que la console *e* doit être assez étroite pour qu'elle puisse glisser entre les deux coulisseaux *d d*; mais la tablette *c*, qui est fixée sur la console *e*, doit être plus large, plus grande en général, et afin qu'elle ne soit pas arrêtée par les coulisseaux *d d*, on retranchera à droite et à gauche une partie du bois de la tablette *c*, de façon à ce qu'elle puisse glisser aisément par-dessus les coulisseaux *d d*.

L'on voit des coches creusées sur une partie et au centre de la planchette *a* : ces coches sont là pour recevoir le pène d'une crémaillère ajustée dans la console *e*. Cette petite crémaillère est semblable à celle déjà décrite des chevalets *A* et *B*; elle agit de même : l'on voit le petit bouton *e T*, qu'on tire à soi avec l'index, quand on veut élever ou abaisser l'appui-coude.

On comprendra maintenant que, puisque tout l'appui-coude est adhérent à la layette ou planchette *b*, en la soulevant ou en l'abaissant, l'on fait marcher ensemble toute cette pièce, et que dans certains cas l'on peut appuyer le coude à la hauteur qu'on désire. (Voyez le texte.)

d d. Les deux coulisseaux dans lesquels glisse la layette *b*.

e T. Petit bouton de la crémaillère noyée dans la console *e*.

L'on ne fait usage de l'appui-coude que rarement, et seulement pour peindre des détails très-minutieux; en ce cas, ou du moins le plus souvent, l'on appuie la main droite qui tient le pinceau immédiatement contre la planchette, *a*, sans faire usage de la baguette ou appui-main *D*.

Quand on ne veut pas se servir de l'appui-coude, l'on peut l'enlever tout-à-fait en le glissant le long des rainures par en bas, jusqu'à ce qu'il puisse sortir des coulisseaux; alors on ne garde que la planchette *a*, garnie de quelques crochets pour y appuyer le haut de la baguette *D*, sur laquelle on reposera légèrement le poignet droit, en la tenant par le bas de la main gauche de *D* en *D*. (Voyez comment repose cette baguette *D* sur les crochets de la figure *C C* suspendue sur le chevalet *A*.)

Pour plus de solidité l'on garnit les coches de la planchette *a* de l'appui-main *C C*, comme les coches du chevalet, avec une feuille de cuivre jaune très-mince, pour que le pène de la crémaillère ne les endommage pas. (Voyez l'explication des coches du chevalet sous la lettre *b*, quelques pages plus haut.)

Figure *C C*. L'appui-main isolé, vu en face.

X. Crochets de fer qui servent à suspendre l'appui-main sur l'équerre *F*.

Figure *C*. Le même appui-main vu par derrière et accroché sur le chevalet B.

Figure *C C*. Encore un fragment du même appui-main, vu de face et accroché sur le chevalet *A*.

Figure *C V*. Un fragment isolé du même appui-main *C C*, pour montrer plus distinctement les crochets de fer arrondi *X* par où on l'accroche sur l'équerre *F*.

Les mêmes lettres se retrouvent dans les quatre figures de cet appui-main, afin qu'on puisse les consulter tour à tour et de tous les côtés.

PLANCHE V.e

Chevalet à vis de pression, Rideau mouvant et Blaireau.

Figure A. *Chevalet à vis de pression.*

Ce chevalet ayant dans sa forme générale la même figure que tous les autres, on s'est dispensé de le représenter en entier; l'on ne s'est attaché qu'à bien représenter la vis de pression *B* et la masse de bois où elle s'ajuste. (Voyez le texte pour plus d'explications.)

A A A. Les trois pièces marquées *A* sont solidement assemblées à la colle et de plus avec deux bonnes vis, en sorte qu'elles ne forment ensemble qu'une seule et même pièce. Cette pièce est percée carrément au centre pour laisser librement passer la branche du milieu *C* du chevalet; le trou de la pièce de bois *A A A* doit cependant être assez juste pour que la tablette *D* du chevalet ne ballotte pas autour de la branche *C*; mais qu'elle puisse y glisser aisément.

B. Vis de pression en bois dur, pour fixer la tablette *D* à la hauteur désirée.

C. Branche ou montant du milieu du chevalet : c'est contre cette branche que vient s'appuyer le bout de la vis B, quand on la serre pour fixer la tablette *D*. La tablette *D* est solidement adhérente à la pièce *AAA* qui la supporte et avec laquelle elle marche.

D. Tablette où repose le tableau. Elle est divisée dans toute sa longueur en deux parties égales, comme on le voit plus distinctement dans la tablette isolée, figure *F*, de la planche IV.[e], où elle se voit en plan.

f. Baguette de bois collée sur le bord extérieur de la tablette *D*.

g. Autre baguette, qui partage la tablette en deux parties égales dans toute sa longueur. (Voyez la planche IV.[e], figure *F*.)

La tablette glisse, sans trop de frottement, contre les trois branches principales du chevalet *ECE*. On savonne *à sec* les trois branches, ainsi que le derrière de la tablette, pour que le frottement soit insensible et doux.

Si l'on fait usage de ce chevalet, qui est plus simple que ceux à crémaillère, je conseille d'y adapter l'équerre en fer *F*, pour y accrocher l'appui-main *C C*; mais en ce cas il faut armer ce chevalet de la branche mouvante *a* qui coule sur la branche du milieu; sans cela, l'appui-main *C C* ne cheminerait pas avec la tablette et l'équerre, ce qui serait souvent fort embarrassant. (Voyez la planche IV.[e] pour la branche *a*.)

Figure O. *Rideau mouvant à volonté.*

Cette figure représente, en très-petit, un rideau et sa monture en fer. Le fer a la forme d'une équerre; la branche horizontale sert à suspendre le rideau par des anneaux, comme les rideaux ordinaires. Le fer de la monture est cylindrique.

La partie verticale 3 de l'équerre est plus longue que l'autre : elle tient au mur *i i* par deux anneaux en fer, 2 2, fixés dans le mur à la distance convenable, et de façon à ce qu'après avoir passé l'équerre dans l'anneau d'en bas, on puisse la passer ensuite dans l'anneau d'en haut; après quoi l'on enfonce une petite cheville de fer, 5, *au-dessus* de l'anneau d'en bas, ou *au-dessous* de l'anneau d'en haut, pour maintenir l'équerre et le rideau à leur place. On enlève à volonté l'équerre en la retirant des deux anneaux.

On place cette équerre à l'angle intérieur de l'embrasure de la fenêtre, celui qui fait saillie dans l'intérieur de la chambre, et à main droite de celui qui se placerait en face de la fenêtre, en sorte que le peintre ait tout le jour entre lui et le rideau.

Par cet ajustement, qui permet d'éloigner ou d'approcher à volonté le rideau de la croisée (puisque la tringle en équerre se meut comme une porte sur ses gonds), le peintre peut à son gré ménager la quantité de lumière qu'il veut laisser arriver sur la personne qu'il peint. Il peut même varier de plusieurs pouces l'élévation du rideau, en plaçant plus ou moins haut la petite cheville 5 dans divers trous pratiqués pour cela dans la partie verticale de l'équerre en haut et en bas.

Le peintre, tout en ne faisant venir qu'un jour plongeant de très-haut sur son modèle, peut cependant se réserver pour lui-même tout le jour de la fenêtre, si cela lui convient. (Voyez le texte pour plus d'explications.)

1 1. Angle saillant du mur, de l'embrasure de la fenêtre.

2 2. Les deux anneaux de fer qui servent comme de gonds à l'équerre en fer. Il faudra les tenir plus éloignés l'un de l'autre qu'ils ne le sont dans cette planche, afin de pouvoir remonter le rideau à volonté, et l'on tiendra la tringle verticale plus longue par en haut et par en bas.

3 3. Branche verticale de l'équerre.

4. Branche horizontale de l'équerre où l'on suspend le rideau.

5. Petite cheville de fer, qui empêche l'équerre de tomber.

R. Rideau qu'on fera de la longueur convenable, pour qu'il ne vienne aucun jour direct de la fenêtre sur le modèle par en bas.

Ce rideau se fera en coton noir du côté des vitres, et il sera doublé en coton blanc du côté de l'intérieur de la chambre. (Voyez-en la raison dans le texte.)

S. Rebord de coton blanc simple au-dessus des anneaux, afin que le rideau ne fasse pas une ligne trop tranchée aux yeux du modèle par l'opposition du grand jour venant de la fenêtre.

Figure F. *Petit blaireau.*

(Grandeur naturelle.)

Ce blaireau est monté dans une forte plume, qui est ficelée pour la renforcer. Il a la forme d'un balai rond; tous les poils à son extrémité doivent être de niveau, et avoir la fine fleur du poil, sans avoir été égalisés avec des ciseaux. Ces sortes de pinceaux ne forment jamais la pointe, et on ne les trempe jamais dans l'huile.

Figure G. *Grand blaireau plat.*

(Grandeur naturelle.)

Ce blaireau, en forme de *patte d'oie*, est monté dans une forme de fer-blanc, où il est solidement fixé par une espèce de couture faite avec une corde à boyau. On ne le trempe jamais dans l'huile. L'on s'en sert pour blairotter de grandes parties, dans les fonds, les grands ciels, les draperies, etc. On s'en sert encore pour vernir les tableaux. (Voyez le texte.)

PLANCHE VI.e

Châssis à clefs, pinceaux, etc.

Figure B. *Châssis à clefs.*

J'ai dessiné ce châssis à moitié démonté ou disjoint, pour qu'un ouvrier menuissier pût en exécuter un semblable, en voyant les *mortaises* et les *tenons*, ainsi que les petites mortaises pratiquées de côté dans l'épaisseur du bois, dans lesquelles on chasse les clefs pour tendre fortement la toile, après qu'on l'aura clouée contre le châssis.

A. Les quatre ais du châssis.

b. Les huit petites mortaises où l'on fiche les clefs *o.*

o. Les huit clefs, dont une partie n'est tracée qu'en petits points pour éviter la confusion des lignes.

Ces clefs doivent être construites en bois dur, et ne doivent avoir qu'une forte ligne d'épaisseur, sur deux ou 3 pouces de longueur, et 12 ou 15 lignes de largeur en dehors, pour les châssis de petite proportion, comme ceux depuis un pied jusqu'à 2 pieds. On les tient plus fortes pour de plus grands châssis. Celui-ci est supposé de 2 pieds de hauteur sur une largeur moindre.

Figure C.

Ce châssis est déjà tout monté et garni de sa toile; il est vu par derrière, et quoiqu'il soit ici plus petit que l'autre, figure *B*, on doit se le figurer plutôt plus grand, puisqu'il est consolidé au milieu par la traverse *K.* On ne l'a dessiné ainsi petit et enclavé dans l'autre, que pour ménager la place. Du reste, l'on construit des châssis de toutes grandeurs et proportions, selon le besoin; mais l'on tient les bois plus ou moins forts et épais, en raison de leur grandeur.

Observation essentielle.

Les quatre ais des châssis, de quelque proportion qu'ils soient, doivent être rabattus en chanfrein du côté où l'on cloue la toile, non-seulement sur les angles vifs tout autour des ais, mais surtout, et plus particulièrement encore, dans toute la largeur de chaque ais, depuis les bords extérieurs graduellement, jusqu'aux bords intérieurs, en sorte que les bords *intérieurs* aient 2 lignes de moins en épaisseur de bois que les bords extérieurs.

Cette précaution est nécessaire, sans quoi le peintre, en appuyant sa brosse pour étendre la couleur, et faisant fléchir la toile, rencontrerait, sans le vouloir, les angles intérieurs des ais; ce qui imprimerait une trace ineffaçable et très-désagréable tout autour de son tableau. Il faut, pour éviter cet inconvénient, qu'il y ait une distance convenable entre la toile et le châssis, afin qu'ils ne puissent jamais se toucher : c'est à quoi ce chanfrein est utile.

On établira aussi une distance d'environ 2 lignes à toutes les traverses dont on fera usage dans les châssis ; mais, comme dans une traverse, *K*, il ne suffirait pas de faire un chanfrein, puisqu'aucun des angles ne doit toucher la toile, l'on tiendra le bois plus mince d'une ligne ou deux que les bords extérieurs des quatre principaux ais.

D. Les quatre ais du châssis. L'on voit aux quatre jointures des ais un petit écartement causé par le placement des clefs qui ont fortement tendu la toile ; ce qui n'a pu avoir lieu que par l'écartement des ais.

Autre moyen de renforcer le bois d'un châssis.

(Voyez dans le bas du châssis figure *C*, à la lettre *I*.)

I. Renfort composé d'une petite planchette de quelques lignes d'épaisseur, pour renforcer le bois aux quatre angles du châssis, quand on craint que les mortaises aient trop affaibli le bois, pour qu'on puisse tendre la toile sans les briser.

Ces planchettes se font en bois dur et ne se clouent au châssis que du côté intérieur, où il n'y a point de tenons ni de mortaises. Les quatre clous qu'on voit ici à la lettre *I* sont mal placés ; c'est par erreur qu'on ne les a pas placés sur l'autre moitié de la planchette où se trouve la lettre *b* ; car là où ils sont, ils cloueraient ensemble les quatre ais, tandis qu'ils doivent, au contraire, rester libres.

Cette planchette, quoique clouée d'un seul côté, est néanmoins assez ferme pour que le côté non cloué et qui se trouve au-dessus des joints, résiste et empêche l'assemblage de pouvoir s'écarter ou se rompre, quoique le bois du châssis n'ait que peu d'épaisseur à l'endroit de la mortaise.

L'on voit tout autour du châssis figure *C* la manière dont la toile est clouée dans l'épaisseur du bois. (Voyez le texte.)

K. Traverse de consolidation. On ne l'a tracée ici qu'en petits points, pour éviter la confusion. Il en est de même des clefs; car il faut aussi des clefs pour chaque traverse qu'on juge à propos de mettre à un châssis dans le but de le consolider et pour qu'il garde mieux son équerre, en raison de sa grande proportion. On ne met guère de traverses qu'aux châssis qui excèdent deux pieds et au-delà.

L. La toile vue par derrière.

M. Traverse en biais pour consolider les châssis d'une grande proportion. On n'en met pas aux châssis qui n'ont que deux pieds et au-dessous.

Il faudra que ces traverses, placées en biais, aient chacune deux clefs, ainsi que toutes celles dont se compose un châssis. Il ne faut pas perdre de vue que, pour qu'on puisse tendre sa toile en mettant les clefs, il faut absolument que toutes les pièces soient libres et susceptibles de pouvoir s'écarter, et que ce n'est que la toile qui les maintient assemblées fixément. On met de ces traverses *M* aux quatre coins du châssis, quand on adopte cette construction.

b b. Les petites mortaises où l'on enchâsse les clefs.

o o. Les clefs, dont le côté qui touche le châssis est tout-à-fait droit; l'autre côté des clefs est coupé en biais, comme un coin. On retranche et l'on arrondit un peu le bout le plus étroit des clefs, pour éviter qu'elles ne percent la toile; ce qui pourrait avoir lieu si on leur laissait une pointe aiguë. Il sera suffisant d'en retrancher environ 5 ou 6 lignes. On abat aussi l'angle vif du large bout des clefs.

Petite figure P.

(On fera ces châssis d'environ 5 pieds de haut.)

Ceci représente un châssis tout simple, sans clefs, sur lequel l'on tend une toile grossière de chaque côté, comme l'on fait pour coller les papiers de tapisserie. Sur cette toile l'on colle du papier, et l'on barbouille ce papier de différentes teintes, pour s'en servir de reflets ou de fonds, selon le besoin. (Voyez le texte.)

T. Branche carrée de bois d'environ 7 pieds de longueur et 2 pouces d'épaisseur, percée de plusieurs trous de 2 en 2 pouces, où l'on fiche la cheville qui sert à suspendre le châssis à la hauteur convenable.

V. Pied en croix, au centre duquel est fixée la branche verticale *T*.

U. Plan de ce pied en croix.

S. Châssis tendu de toile et de papier peint ou seulement barbouillé de différentes teintes, comme on l'explique dans le texte.

X. Petit crochet de fer ou cheville de bois, pour y suspendre le châssis à la hauteur qu'on le désire.

L'on a oublié de tracer dans cette figure une petite règle d'un pouce de largeur, sur 2 ou 3 lignes d'épaisseur, et qu'on tiendra aussi longue que le châssis a de largeur, environ 3 pieds.

Cette règle se fixe sur le milieu de la branche *T* par une seule vis, afin qu'on puisse l'abattre quand on le veut, parallèlement avec la branche *T*. Elle sert à maintenir le châssis sans qu'il puisse ballotter, quand il est suspendu; pour cet effet on élève cette règle en croix; mais comme cette règle en croix embarrasserait beaucoup quand on range le pied pour n'en pas faire usage, on la détourne, pour qu'elle reste parallèle au pied *T*, en sorte qu'elle n'embarrasse point.

Brosses et pinceaux. (Voyez le texte.)

Tous les pinceaux qu'on voit ici, sont de grandeur naturelle; il n'y manque que les manches de bois, qu'il eût été superflu de dessiner. On a aussi rompu les manches des brosses n.° 3 et n.° 5, qui doivent avoir 12 pouces de longueur.

N.° 1. *Putois.*

Putois en forme de balai. Ils ont le poil très-ferme; on les monte dans une forte plume, dans laquelle on fait entrer un manche de bois.

N.° 2. *Putois.*

Putois plus petit. On se rappellera que les putois et les blaireaux ne se trempent jamais dans l'huile ni dans les couleurs de la palette.

N.° 3. *Petite brosse douce.*

Petite brosse blanche et d'un poil soyeux, montée et liée sur un manche de bois sans plume. Les plus petites brosses ne sont guère plus petites que celle-ci n.° 3, ou du moins elles n'ont qu'un tiers de moins dans leur diamètre et peu de chose de moins dans leur longueur. Au reste, on en fabrique de toutes les proportions. Ces petites brosses, quoique soyeuses, doivent avoir une certaine élasticité et fermeté; elles doivent former une pointe douce et moelleuse, sans que jamais on en ait retranché avec des ciseaux la fleur du poil.

N.° 4. *Pinceau en poil de marte.*

Ce sont les meilleurs de tous les pinceaux. On en fabrique de plus petits; mais il est assez rare qu'on ait besoin d'en faire usage en peignant à l'huile.

N.° 5. *Grosse brosse en poils blancs jaunâtres.*

Elle est montée et ficelée sur un manche proportionné de bois. L'on s'en sert pour étendre la couleur et peindre les grandes parties, et surtout pour les fonds, les draperies, les meubles, etc. Elle doit former une pointe ronde très-émoussée, et avoir toujours la fleur du poil. Les meilleures ont peu de ventre, et aucun des poils ne s'écarte de soi-même du corps de la brosse.

Il est très-essentiel qu'elles soient bien liées: il faut se procurer de celles liées en fil d'archal; elles ne se délient presque jamais.

Quoique l'on n'ait dessiné ici que peu de brosses (ce qui a paru suffisant pour indiquer quelle forme elles doivent avoir pour être bonnes), il est sous-entendu qu'il faut s'en procurer un plus grand nombre, en les graduant de grosseur progressivement, depuis les plus petites au-dessous de la proportion n.° 3, jusqu'aux plus volumineuses, comme le n.° 5, et même plus grosses encore, si l'on entreprend de grands tableaux. Il faut aussi avoir plusieurs brosses de même grosseur, surtout dans les petites et les moyennes proportions; sans quoi l'on perdrait beaucoup de couleur et de temps pour nettoyer les brosses quand on change de teinte; ce qui arrive à chaque instant. On n'aura pas trop de vingt-quatre petites et moyennes brosses, et de huit, six ou au moins quatre de celles plus grosses, excepté des toutes grosses, dont deux seulement pourront suffire.

PLANCHE VII.

Du bois de la palette, de sa forme et du godet d'huile grasse.

La forme de cette palette est très-commode. On la fera une fois plus grande qu'elle n'est sur cette planche, et tout le reste en proportion.

A. Trou ovale où l'on passe le pouce de la main gauche, ayant le reste de la main sous la palette pour la tenir, excepté une partie de l'index, qu'on recourbe et qu'on place dans l'entaille *B*, pour empêcher que la palette ne bascule.

B. Entaille où vient se placer l'index ou le doigt le plus près du pouce.
L'ongle du pouce doit être à la droite du trou.

C. Chanfrein ou biseau arrondi, allant en mourant dans l'épaisseur du bois, *sur la palette*, depuis le trou *A* et à droite. Ce biseau doit avoir 12 ou 15 lignes d'étendue ou de largeur vers le milieu *C.* Il est tracé en petits points.

D. Autre biseau, pareil au biseau *C*; mais ce biseau *D* est placé *sous* la palette, et il se verrait aussi à droite du trou *A*, si on tenait la palette sens dessus dessous.
L'on pratique ces deux biseaux et on en adoucit les bords

pour que le pouce ne soit pas blessé par des angles vifs, surtout quand on tient la palette plusieurs heures de suite.

E. Petite tasse ou godet, soit en ivoire, en porcelaine, ou en verre, pour y tenir une petite quantité d'huile grasse, et en puiser un peu au bout de la brosse, quand on en a besoin. (Voyez le texte.)

On fixe ce godet avec de la cire molle.[1]

Le bois de la palette doit être dur, très-uni, très-sec, et avoir le moins de nœuds possible. On laisse une fois plus d'épaisseur de bois à la palette en bas, et surtout aux environs du trou *A*, que dans les bords d'en haut, et on l'amincit progressivement jusqu'en haut où l'on place les teintes, où le bois n'a plus qu'une forte ligne d'épaisseur.

Arrangement des teintes d'une palette pour peindre les chairs.

On place toujours les teintes sur le haut du bois, à environ 2 lignes du bord, comme on les voit ici de *H* en *H*, et on range les teintes sur trois de hauteur, les unes au-dessous des autres, en les faisant converger vers le trou *A*. Ainsi toute la première ligne, qui est la plus près du bord du bois, comprend les teintes qui n'ont encore aucun mélange de blanc; celles immédiatement au-dessous sont mêlées chacune d'environ la moitié de blanc avec la teinte qui est au-dessus.

La troisième ligne se compose aussi d'une partie de la seconde ligne, avec un mélange encore plus considérable de blanc; en sorte que chacune des teintes du bord de la palette, au nombre de vingt-deux, est accompagnée de deux autres teintes semblables dans le principe, mais qui sont mélangées avec plus ou moins de blanc, comme on l'explique dans le texte; ce qui forme soixante-six teintes, sans

---

1 La cire molle se compose moitié de cire vierge et moitié d'huile d'olive. On fait fondre le tout dans une carte repliée ou dans une grande cuiller. Quand l'huile et la cire sont mêlées et fondues ensemble, on y jette une pincée de cinabre, qu'on mêle également, pour donner à cette cire un peu de consistance. La place du godet *E*, telle qu'on l'indique ici, est la plus commode : on l'enlève pour nettoyer la palette.

compter le blanc pur ni les neuf couleurs-mères placées à gauche du bois de la palette de (1) en (1).

Pour éviter de faire deux planches séparées, l'on a placé sur ce même bois les teintes pour achever les chairs de *H* en *H*, et au-dessous les teintes pour ébaucher les chairs, au nombre de quinze, pour la ligne d'en haut; ce qui fait pour les trois lignes ensemble quarante-cinq teintes de × *V* en × *V*, sans compter le blanc pur ni les couleurs-mères, qui sont à gauche de la palette. Ces couleurs-mères sont sans mélange et telles qu'on les exprime des vessies.

On voudra donc bien se rappeler que l'on ne place jamais deux assortimens de teintes sur le même bois d'une palette, et que celle pour ébaucher de × *V* en × *V* devrait être rangée sur le bord du bois, comme celle de *H* en *H*.

La lettre *O* indique le blanc pur.

La première ligne de chaque assortiment étant un mélange ou une couleur-mère quelconque, *sans mélange de blanc*, est marquée 1; celle au-dessous, où la même teinte est mélangée de moitié de blanc, est marquée 2; la troisième ligne, qui est la plus éloignée du bord, est encore la même que 1 et 2, avec beaucoup plus de blanc: elle est marquée 3.

Voyez ces chiffres placés de côté, à droite de la palette d'ébauche, de × *V* en × *V*. C'est par oubli que ces trois mêmes chiffres ne sont pas marqués de *H* en *H*; ils devraient s'y trouver. Quant aux chiffres qu'on voit au-dessus et en dehors du bord de la palette, ce sont les vingt-deux rangées qui, étant dégradées de deux autres au-dessous, mêlées de plus ou moins de blanc, forment ensemble soixante-six petits paquets de couleur pour la palette *H H*, sans compter le blanc pur ni les couleurs-mères.

Les chiffres qui expriment le nombre des rangées de la palette d'ébauche de × *V* en × *V*, sont placés au-dessous des teintes au nombre de quinze, qui, sur trois de hauteur, donnent quarante-cinq paquets de couleur, sans le blanc pur ni les couleurs-mères.

Voyez le texte avec attention pour la composition de chacune de ces teintes, pour l'une ou l'autre des deux palettes, ainsi que pour la manière de les délayer et de les arranger, et voyez la table des matières, où vous trouverez facilement les pages des articles que vous cherchez.

N.° 1. A gauche de la palette sont plusieurs n.os 1. Toute cette place doit être maintenue propre : on la réserve pour y composer, avec la spatule, les nouvelles teintes dont on peut avoir besoin pendant qu'on est occupé à peindre. C'est sur cette même place que ceux qui ne font pas usage d'une glace, font toutes leurs teintes, et délaient toutes leurs couleurs; ce qui n'est pas aussi commode, selon moi.

N.° 2. La place n.° 2, à droite de la palette, est celle où l'on compose, au bout du pinceau et avec les teintes déjà faites, toutes les petites teintes mixtes qu'on a besoin de modifier pour l'objet qu'on peint actuellement.

Il faut souvent nettoyer dans le courant de la journée les places n.° 1 et n.° 2 de la palette, tant pour éviter que cette multitude de petits essais de couleur ne se sèchent, que pour avoir ces places libres, propres et exemptes de poussière.

J'engage les personnes qui voudront suivre ma méthode pour faire leur palette, de lire attentivement les explications que j'ai données dans le texte du corps de l'ouvrage; j'ose espérer qu'elles n'auront pas grande peine alors à comprendre ce que j'ai cherché à leur enseigner, et qu'elles se familiariseront bientôt avec le principe qui m'a servi de base.

FIN.

TABLE.

Pages.

FIN DE LA TABLE.

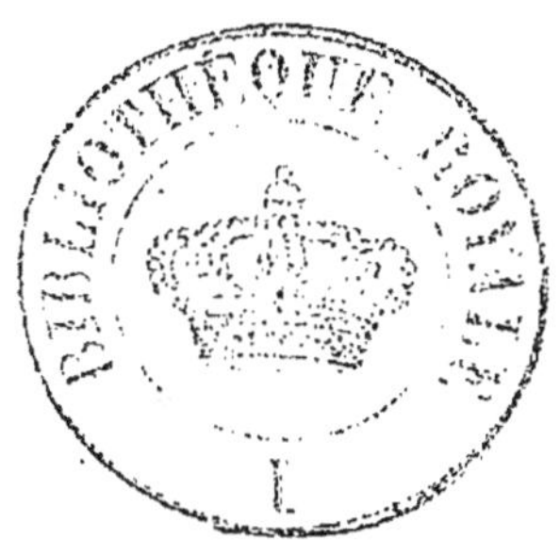

ERRATA.

Page 240, ligne 4 d'en bas; au lieu de *le teint local*, lisez : *la teinte locale*.
— 241, dernière ligne : *le mécanisme*, lisez : *la science*.
— 254, lignes 7 et 8 : *modèle*, lisez : *modelé*.
— 256, ligne 12 : *elle ressemble alors à*, lisez : *qui est la teinte locale*.
— 258, ligne 5; après les mots : *fonte assez douce*, ajoutez : *avec le blaireau seul*.
— 260, ligne 4 : *du grand*, lisez : *du plus grand*.
— 264, ligne 3 : *ne sont que visibles*, lisez : *ne sont visibles que*.
— 276, ligne 7 : *ayez*, lisez : *avez*.
— 293, lignes 2 et 3 d'en bas : *première partie*, lisez : *première leçon*.
— 345, ligne 16 : *sur*, lisez : *à*.
— 399, ligne 3 d'en bas : *ne convient*, lisez ; *convient*.
— 401, ligne 15 : *à crayon*, lisez : *aux crayons*.
— 414, ligne 21 : *rosées*, lisez : *rases*.
— 423, ligne 21 : *pli*, lisez : *plis*.
— 470, ligne 12 : *par*, lisez : *pour*.
— 479, dernière ligne : *cordes*, lisez : *corde*.
— 491, ligne 3 d'en bas : *que de*, supprimez *de*.
— 495, ligne 7 : *doigt, ou torchon, ou linge*, lisez : *doigt au torchon ou linge*.
— 499, avant-dernière ligne de la note : *le dans corps*, lisez : *dans le corps*.
— 513, lignes 4 et 5 : *et les détache*, lisez : *et les dessèche*.
— 517, ligne 22 : *les*, lisez *ses*.
— 519, lignes 5 et 6 d'en bas : *cinq ou six pouces*, lisez : *sept pouces*.
— 614, ligne 7 : *qui*, lisez : *qu'il*.

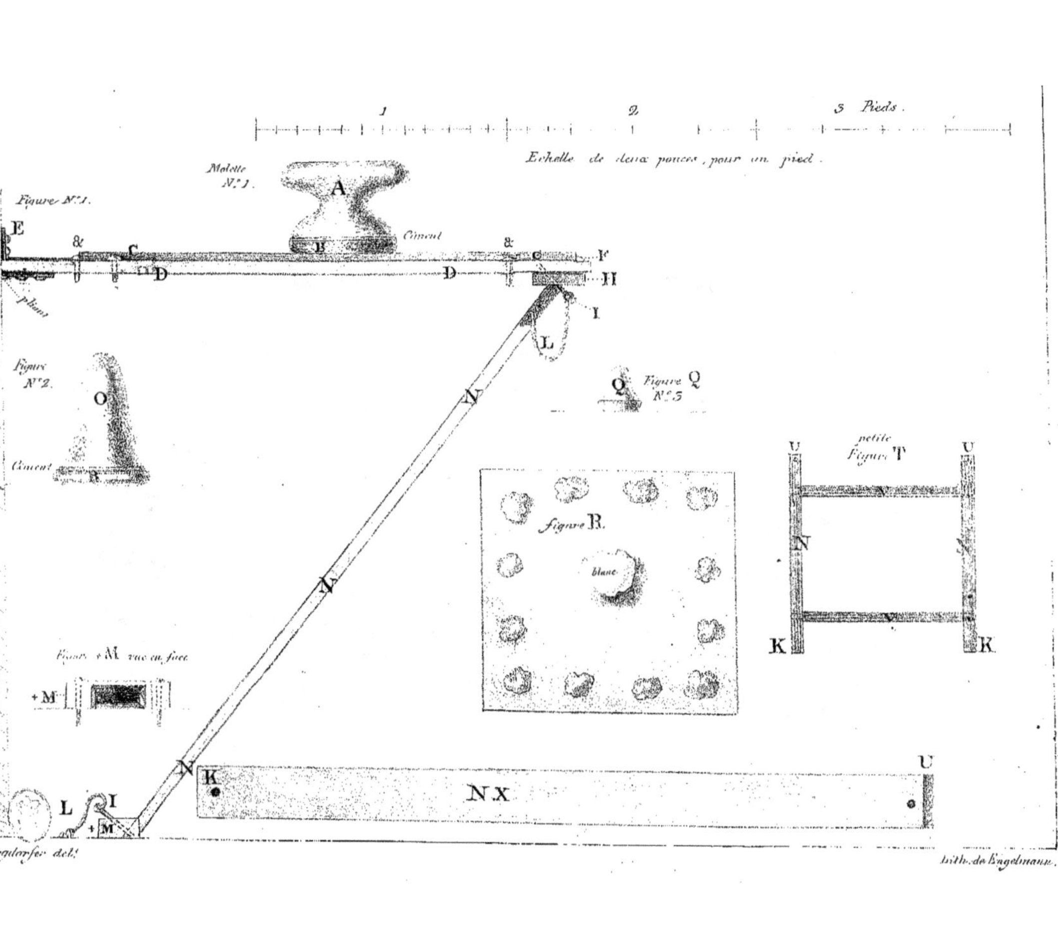

1
2
3 Pieds.
Echelle de deux pouces, pour un pied.
Molette N.° 1.
A
Figure N.° 1.
E
&
C
Ciment
B
&
F
D
D
H
I
L
N
Figure N.° 2.
O
Ciment
R
Q
Figure Q N.° 3
petite Figure T
U
U
N
K
K
figure R.
blanc
N
Figure +M vue en face
+M
N
K
NX
U
L
I
+M
ourglarfer del.t
lith. de Engelmann.

Le bois de cette PALETTE est à demi grandeur d'une palette ordinaire

N. B. L'on place toujours les teintes sur le bord de la palette comme de H. en H. Ce n'est que pour éviter de faire deux planches qu'on a placé, les teintes de la palette ie ébauchée ※ au dessous de la palette à terminer. (Voyez l'explication de cette planche.)

(1) Couleurs mères sans mélanges.

H O O H

N° 1 N° 2

A B E

1re nuance 2e id

Bourgdorfer del.t

Lith. de Engelmann

Pl. II.

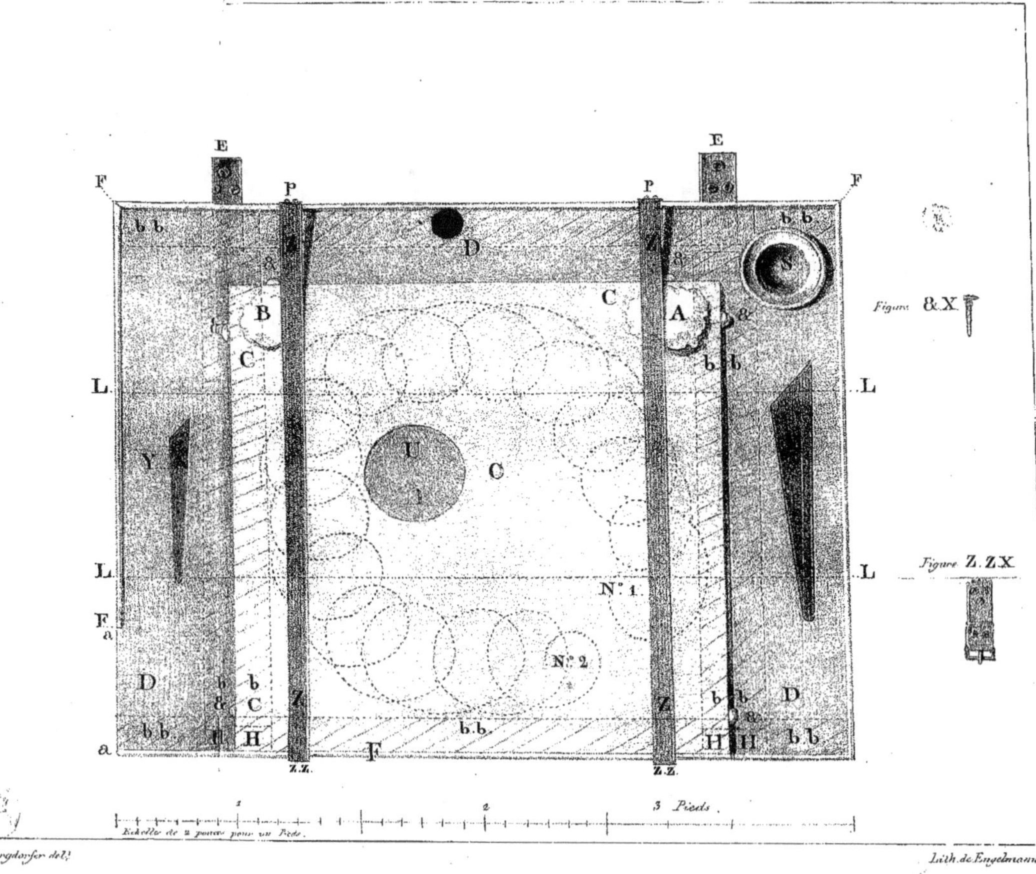

Bourgdorfer del.t

Lith. de Engelmann.

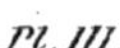

Boîte à Couleur, on la tient à sa droite.

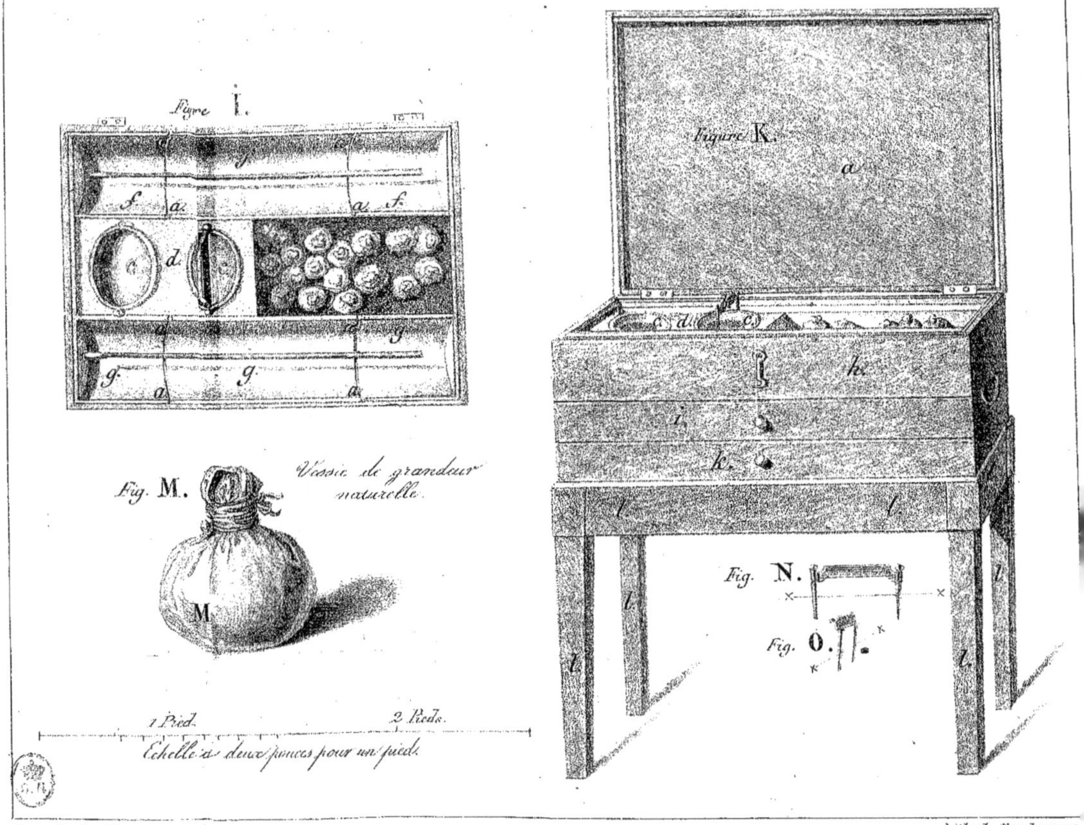

Figure I.

Figure K.

Fig. M.

Vessie de grandeur naturelle.

Fig. N.

Fig. O.

1 Pied. 2 Pieds.

Echelle à deux pouces pour un pied.

Bourgdorfer del.t

Lith. de Engelmann

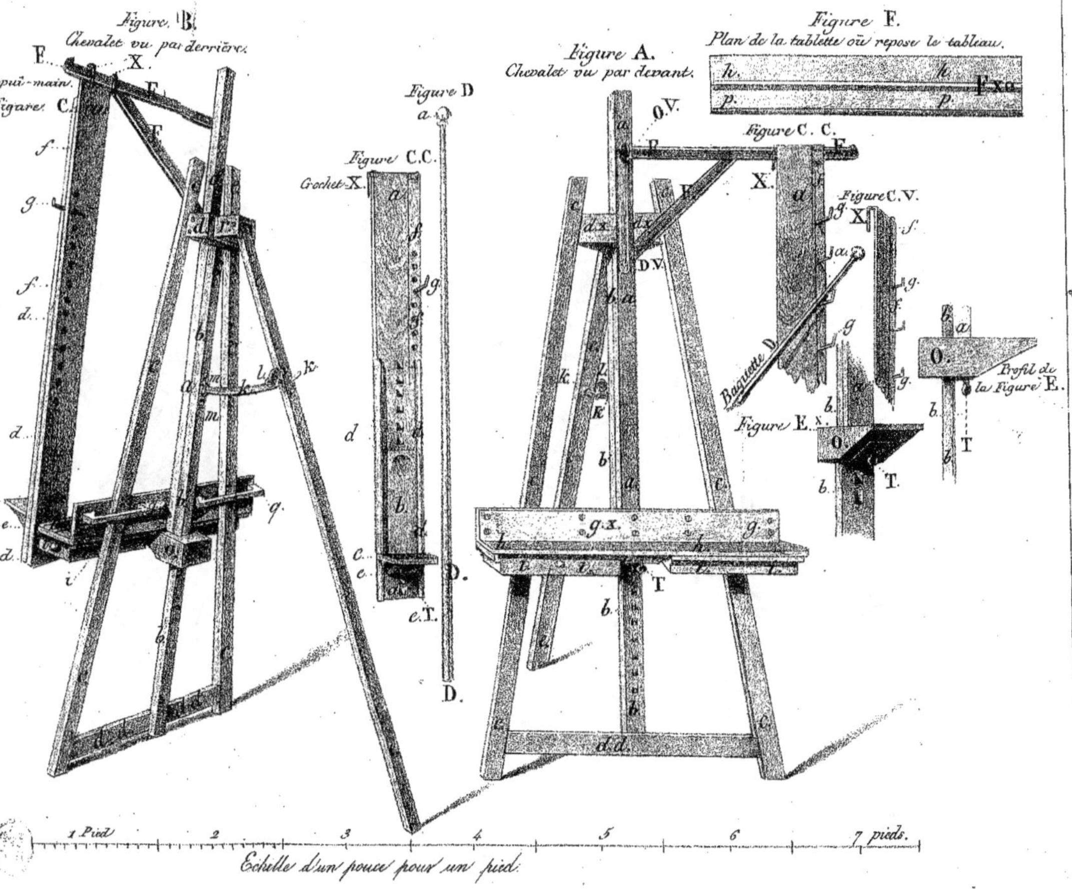

Bourgdorfer delᵗ.

Lith: de Engelmann.

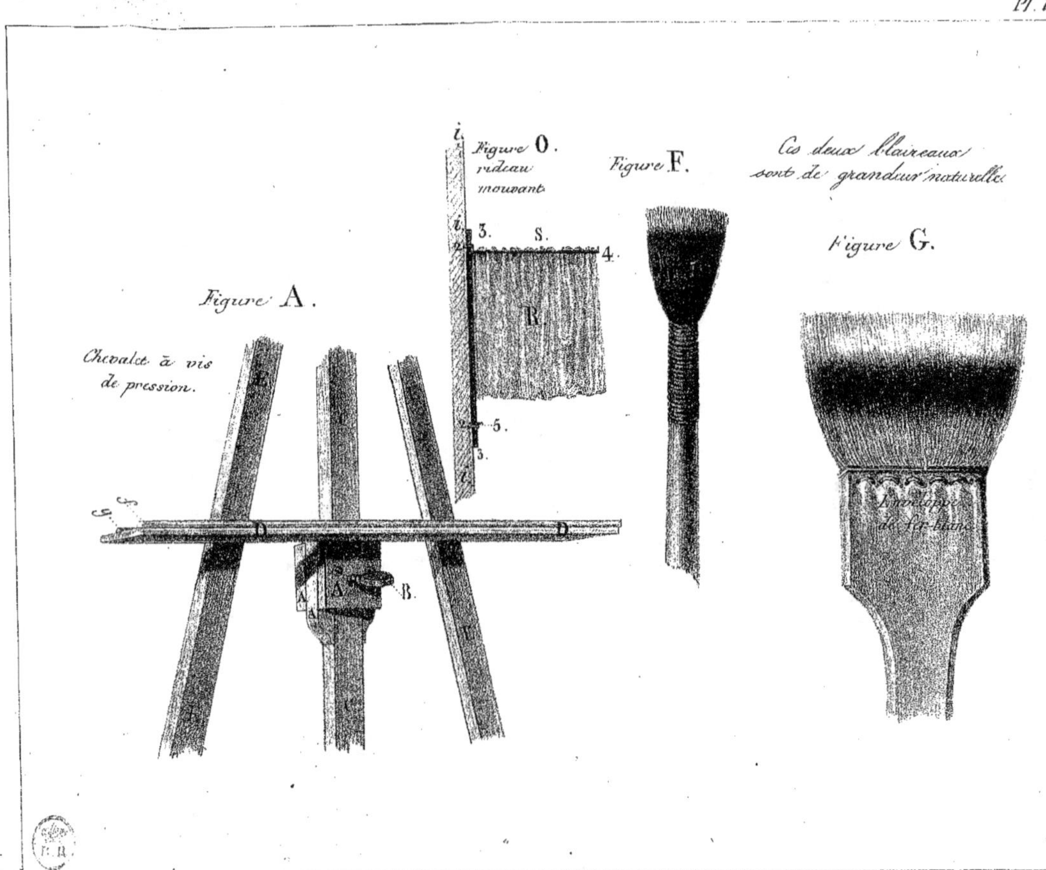

Bourgdorfer delt.

Lith. de Engelmann

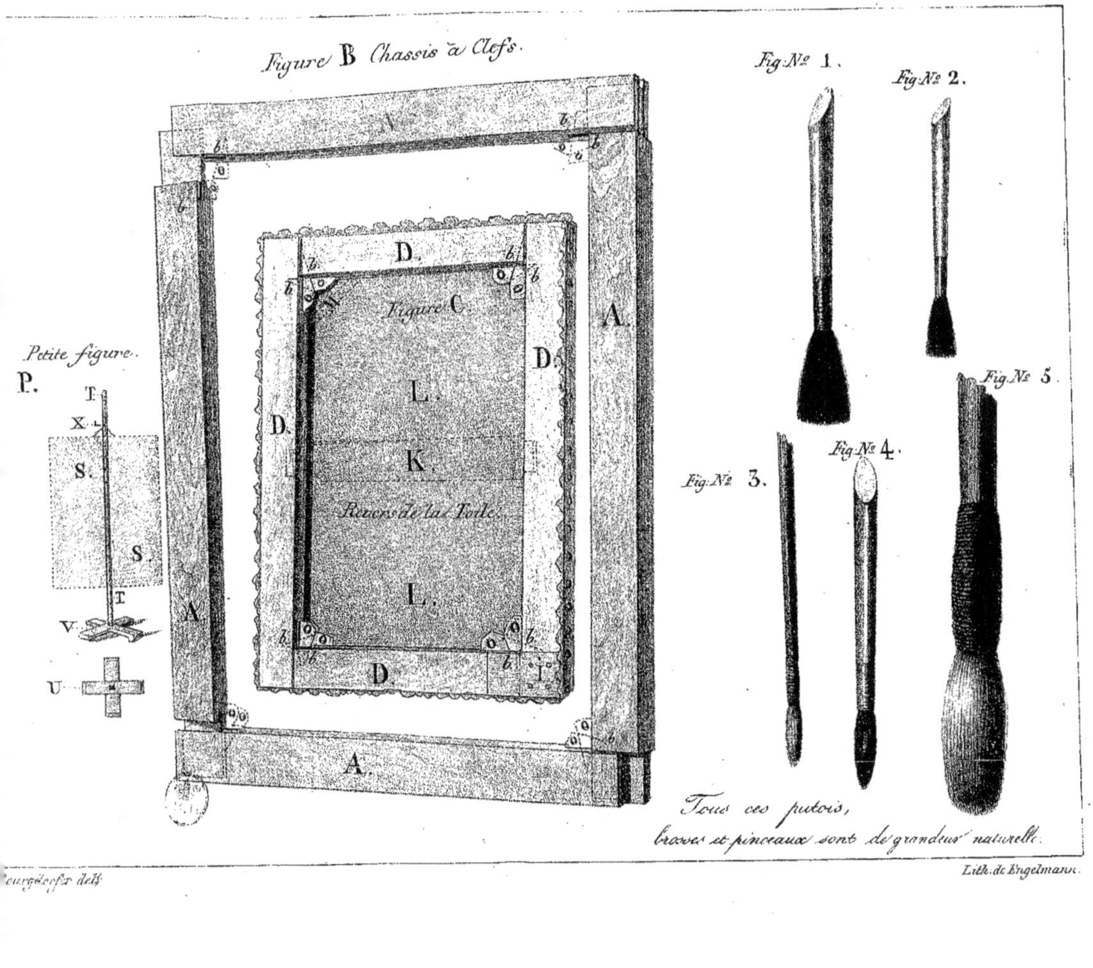

Figure B Chassis à Clefs.

Figure C.

Revers de la Toile.

Petite figure. P.

Fig. No 1.

Fig. No 2.

Fig. No 3.

Fig. No 4.

Fig. No 5.

Tous ces putois, brosses et pinceaux sont de grandeur naturelle.

ourgéois fr. delt.

Lith. de Engelmann.

www.ingramcontent.com/pod-product-compliance
Lightning Source LLC
LaVergne TN
LVHW010513100826
845148LV00001B/4
* 9 7 8 2 0 1 2 5 8 5 5 1 5 *